Einfluß der Ordnungspolitik auf die Entstehung
und Entwicklung eines unternehmerischen Mittelstandes
in Transformationswirtschaften

Europäische Hochschulschriften
Publications Universitaires Européennes
European University Studies

Reihe V
Volks- und Betriebswirtschaft

Série V Series V
Sciences économiques, gestion d'entreprise
Economics and Management

Bd./Vol. 2653

PETER LANG
Frankfurt am Main · Berlin · Bern · Bruxelles · New York · Oxford · Wien

Wolfgang Dietz

Einfluß der Ordnungspolitik auf die Entstehung und Entwicklung eines unternehmerischen Mittelstandes in Transformationswirtschaften

Am Beispiel Polens und Litauens zwischen 1990 und 1995

PETER LANG
Europäischer Verlag der Wissenschaften

Die Deutsche Bibliothek - CIP-Einheitsaufnahme

Dietz, Wolfgang:

Einfluß der Ordnungspolitik auf die Entstehung und Entwicklung eines unternehmerischen Mittelstandes in Transformationswirtschaften : am Beispiel Polens und Litauens zwischen 1990 und 1995 / Wolfgang Dietz. - Frankfurt am Main ; Berlin ; Bern ; Bruxelles ; New York ; Oxford ; Wien : Lang, 2000
(Europäische Hochschulschriften : Reihe 5, Volks- und Betriebswirtschaft ; Bd. 2653)
Zugl: Greifswald, Univ., Diss., 1999
ISBN 3-631-35287-5

Satz:
Kumpernatz + Bromann, Hamburg

9
ISSN 0531-7339
ISBN 3-631-35287-5

Für Stefanie,
Lisa, Florian und Nicolas

Inhaltsverzeichnis

1. Einleitung

Wirtschaft und Politik bestimmen sich gegenseitig und werden im demokratisch-westlichen Verständnis getragen durch die jeweilige Bevölkerung, die im jeweiligen Raum an der politischen und wirtschaftlichen Gestaltung teilhat und -nimmt.

Wirtschaftliches Geschehen im demokratisch-marktwirtschaftlichen Verständnis beruht auf der allgemeinen Annahme, daß individuelle unternehmerische Eigeninitiative und individuelle Entscheidungen über Art und Umfang der Bedürfnisbefriedigung innerhalb eines rechts-, steuer- und sozialpolitischen Rahmens einen Angebots- und Nachfrageausgleich herbeiführen. Die Produzenten entscheiden, was sie produzieren; die Konsumenten entscheiden, was sie davon konsumieren wollen – oder eben nicht. Ziel ist die Wahrung der individuellen Entscheidungsfreiheit mit der Option zur privaten Verwirklichung des Lebensentwurfs[1], was

1 Die Theorie des Konsumentenverhaltens schließt viele Ansätze zur Systematisierung und Erklärung von einflußnehmenden Faktoren auf den Kauf ein. Diese Theorie wurde vorwiegend für den Erwerb von Konsumgütern entwickelt. Anhand von „Stimulus-Organismus-Response" (S-O-R)-Modellen des Käuferverhaltens soll das Zustandekommen von Kaufentscheidungen abgebildet werden, wobei – im Gegensatz zu behavioristischen Ansätzen – auch solche Aspekte Berücksichtigung finden, die nicht direkt zu beobachten sind. Diese psychischen Variablen werden (als sogenannte „Black-Box") als hypothetische Konstrukte des Organismus eingestuft und ihr möglicher Einfluß auf das Kaufverhalten aufgezeigt. Dies erfolgt wahlweise anhand von Totalmodellen, die alle relevanten Variablen berücksichtigen, oder anhand von Partialmodellen, die sich auf die Erklärung einzelner Variablen konzentrieren (bzw. beschränken). Hierbei löst ein Stimulus (S) beispielsweise durch Werbung einen Handlungsprozeß in Richtung Kaufentscheidung aus, wobei dieser Prozeß in der Black-Box abläuft und sich auf psychische Vorgänge im Organismus zurückführen läßt. Aber nicht nur hypothetische Konstrukte beeinflussen den jeweiligen Kaufentscheidungsprozeß, vielmehr wird dieser ebenso von beobachtbaren Variablen – wie beispielsweise sozialen, demographischen, ökonomischen, technischen und situativen Komponenten – beeinflußt. Als weiteres Ziel des Handels muß die bewußte Beeinflussung des Konsumenten bei seiner Einkaufsstättenwahl angesehen werden sowie der Aufbau von Einkaufsstättentreue des Konsumenten. Eine Übertragung und Anwendung der Modelle von Käuferverhalten auf das Einkaufsverhalten im Handel fand in der einschlägigen Fachliteratur bislang nur wenig Beachtung. Lediglich wenige Autoren analysierten die psychischen Abläufe der Käufer im Handel in Korrelation zu der Einkaufsstättenwahl. Vgl. Schmalen, H.: Das hybride Kaufverhalten und seine Konsequenzen für den Handel. Theoretische und empirische Betrachtungen, in: Zeitschrift für Betriebswirtschaft 64 (1994), S. 1229 und Redwitz, G.: Handelsentwicklung, Wertewandel-Perspektiven für die Handelslandschaft, in: Wertewandel und Konsum 1991, S. 46: Der multioptionale Konsument kann freiwillig Kaufentscheidungen treffen oder aber sich in einer Art Verweigerungshaltung dem Angebot zumindest teilweise entziehen. Gerade neuzeitliche Strömungen – z.B. ökologisch orientiert oder an anderen, modischen Werten orientiert – verursachen zunehmend den Rückzug ins Private oder gar Privat-„autistische". Nach Redwitz muß die individuelle Entscheidungsfreiheit dem Kunden zugestanden werden; es ist Aufgabe des

sich in freien Wahlen und damit im freien mehrheitlichen Entscheid über die Rahmenbedingungen für individuelles wirtschaftliches Agieren ausdrückt.

Die Gesellschaftssubjekte als Wirtschaftssubjekte in einer derartigen demokratisch-marktwirtschaftlich verfaßten Gesellschaft bestimmen somit selbst – das heißt eigenverantwortlich – die Art und Weise ihrer wirtschaftlichen Bezugnahme.

Wirtschaftliches Geschehen in einem planwirtschaftlichen Verständnis beruht auf der allgemeinen Annahme, daß das gesamte Wirtschaftsgeschehen von zentralen Organisationen nach einem einheitlichen Plan für Produktion und Konsumtion geleitet und gelenkt werden kann. Ziel einer solchen Zentralverwaltungswirtschaft ist die Sicherung der angenommenen Bedürfnisse der Bevölkerung qua vorgeschriebener Produktion und organisierter Verteilung der produzierten Güter.

Ein fortgeschritten ausdifferenziertes marktwirtschaftliches System mit Käufermärkten setzt auf das freie Wechselspiel zwischen der Innovationskraft der Produzenten auf der einen und der Nachfragephantasie der Konsumenten auf der anderen Seite.[2]

Ein planwirtschaftliches System[3] kennt nur durch die für die Produktion verantwortlichen Planungskomitees gesteuerte Quasi-Produktionsmärkte und setzt auf die unbedingte Einsicht in die Kenntnis der Bedürfnisse der Konsumenten: Wechselspiel der Kräfte einerseits, administrativer Dirigismus andererseits.

1.1 Systemtransformation – ein historisch-politischer Suchprozeß

Eine Systemtransformation, wie sie derzeit in den ehemals kommunistischen ostmitteleuropäischen Ländern Polen und Litauen angestrebt wird, bedeutet zuallererst grundlegende Änderungen der Rand- und der Systembedingungen, unter denen

---

jeweiligen Anbieters, sich innovativ auf das sich ständig wechselnde Käuferprofil einzustellen.

2 Borch, K.: Wirtschaftliches Verhalten bei Unsicherheit, München 1969; vgl. Koppelmann, U.: Marketing. Einführung in Entscheidungsprobleme des Absatzes und der Beschaffung, 5. Aufl., Düsseldorf 1997, S. 69 f.; vgl. Falk, B. / Wolf, J.: Handelsbetriebslehre, 11. Aufl., Landsberg/Lech 1992, S. 232; vgl. Huppert, E.: Warenhäuser im Lebenszyklus der Betriebsformen, in: Dynamik im Handel 11-96; vgl. Fickel, F.W.: Optimale Standortwahl im Einzelhandel. Den Wettbewerb um den Kunden gewinnen, Wiesbaden 1997, S. 43.

3 Baecker, D.: Informationen und Risiko in der Marktwirtschaft, Frankfurt 1988, S. 211: „Aus Untersuchungen von Planwirtschaftssystemen kann man darüber hinaus den Eindruck gewinnen, daß der Plan *Probleme* generiert, die durch den Einsatz von *Verhandlungen* bearbeitet werden, während Verhandlungen mit Problemen zu tun bekommen, die durch den Verweis auf Pläne bewältigt werden. Denn der Plan muß nicht nur Allokationsverfahren entwerfen, sondern in diesem Entwurf zugleich auch Entscheidungen über Distributionen treffen und ausweisen. Ihm ist die Verantwortung für spezifische Einkommens- und Vermögensverteilungen zuzurechnen. Will er nicht auf alle Durchsetzungschancen verzichten, muß es ihm gelingen, diese Verantwortung zu verteilen und jene an ihr zu beteiligen, die den Plan sowohl ausführen sollen als auch ihm unterworfen sind."

sich eine stabile Marktwirtschaft entwickeln soll. Je mehr institutionelle Elemente und gewohnte Strukturen eine Veränderung erfahren sollen, um so einschneidender sind zunächst die Folgen. Das heißt, daß der nachhaltige Übergang von einer Planwirtschaft zur Marktwirtschaft mit den dazwischenliegenden Übergangsphasen immer gekennzeichnet ist durch teils dramatische Verwerfungen innerhalb Gesellschaft, Wirtschaft und Politik.

> „In keinem Land Europas hat die politische Wende von 1989 zu einem so schnellen Wandel aus eigenem Antrieb, zu einem so tiefen Umbruch der Traditionen geführt wie in Polen."[4]

Die Annahme, ein Transformationsprozeß, der die gesamte Gesellschaft und ihre politische, wirtschaftliche und soziale Organisation betrifft, verlaufe kontinuierlich sowie notwendig in eine Richtung, überzeugt, solange eine Volkswirtschaft mechanistisch betrachtet wird.

Sobald jedoch in Rechnung gestellt wird, daß Geschichte kein determinierter, sondern ein je induzierter Prozeß ist[5], steht zu erwarten, daß es neben Phasen der Eruption auch Phasen der Stagnation und – eventuell sogar – teilweisen Rückschritt gibt. Geschichte hat offenbar keine notwendige Richtung, sondern ist Ausdruck dessen, was eine Gesellschaft als konsensual formuliert und für sich gestaltet. Moscovici formuliert diesen sozial-evolutionären Gedanken wie folgt:

> „In den soziologischen und ökonomischen Lehren sieht man dieselben Prinzipien am Werk. Der Übergang von einer Gesellschaft zu einer anderen erfolgt nicht ausschließlich aufgrund irgendeiner äußeren Forderung nach Gerechtigkeit oder Glück noch auch durch den bloßen Ablauf der Zeit, die es wollte, daß jedes Gemeinwesen seinen Frühling und seinen Winter habe. Vielmehr erklären und bestimmen die inneren Bewegungen einer Gesellschaft das Aufblühen einer neuen Gesellschaft. Die gesellschaftliche Evolution findet ihre *raison d'être* nicht in der Apotheose eines Sozialismus, den sie vorbereitete: Der Sozialismus ist nur eine ihrer Äußerungen, und der Kapitalismus ist nicht dessen notwendiger Vorläufer."[6]

Geschichte scheint ein Suchprozeß zu sein, der alles andere als eindeutig, richtungsgebunden und notwendigerweise zum besseren verlaufend ist. Innerhalb einer solchen Suche nach konsensfähiger Um- und Neugestaltung eines Staates fällt dem Volk die schwierige Aufgabe zu, sich sowohl um Lösungen für aktuelle Probleme zu bemühen als auch die Zukunftsgestaltung der Gesellschaft im Auge zu behalten.

---

4 Schmidt-Häuser, C.: Wie Polen seine Geschichte verläßt, in: DIE ZEIT Nr. 49 v. 29.11.1996, S. 3.

5 Popper, K.R.: Das Elend des Historizismus, Tübingen 1974, S. 12: „Meine Widerlegung des Historizismus schließt natürlich nicht die Möglichkeit jeder Art von Sozialprognosen aus. Ganz im Gegenteil, die Möglichkeit der Prüfung von Sozialtheorien – etwa von Wirtschaftstheorien – mit Hilfe der Voraussage, daß bestimmte Entwicklungen unter bestimmten Bedingungen eintreten werden, bleibt durchaus offen. Widerlegt ist nur die Möglichkeit der Vorhersage geschichtlicher Entwicklungen, insofern diese durch das Anwachsen unseres Wissens beeinflußt werden können."

6 Moscovici, S.: Versuch über die menschliche Geschichte der Natur, Frankfurt/Main 1982, S. 55.

„In Litauen jagten die Wähler die seit 1992 alleinregierenden Reformkommunisten von der Demokratischen Arbeiterpartei davon. Von einst fast 50 Prozent der Stimmen fielen sie im ersten Wahlgang auf unter 10 Prozent zurück. Wenn in dieser Woche das Endergebnis vorliegen wird, bekommen Wahlsieger Vytautas Landsbergis und seine Vaterlandsunion zum zweiten Mal die Chance, die junge Republik aus der wirtschaftlichen Stagnation herauszuführen – eine schwierige Aufgabe, die kaum ohne soziale Erschütterungen anzupacken ist.“[7]

Unmittelbar einsichtig ist, daß nicht die bloße, wenn auch entschiedene Absicht für das Gelingen oder Mißlingen eines Umbaus verantwortlich ist, sondern daß die rechts-, steuer- und sozialpolitischen Vorgaben, innerhalb derer sich eine für alle Beteiligten zufriedenstellende – und damit von allen Beteiligten langfristig getragene – Systemtransformation vollziehen kann, großen Einfluß auf den Erfolg oder Mißerfolg der angestrebten Transformation haben. Der detaillierten wissenschaftlichen Ausgestaltung und nachfolgenden politischen Umsetzung dieser Rahmenvorgaben kommt also entscheidende Bedeutung zu, um so mehr, als dadurch übergroße Verwerfungen gepuffert werden können.

Insofern die vorliegende Arbeit die Rahmenbedingungen eines solchen Transformationsprozesses analysiert, möchte sie einen Beitrag leisten zum Verständnis dafür, wie aus ideologisierten, wirtschaftlich rückständigeren Gesellschaften demokratische, global orientierte, die Freiheit des Einzelnen[8] – eben auch des mit individuellen Verfügungs- und Handelsrechten ausgestatteten Unternehmers – garantierende Wirtschaftsgebilde werden. Ein Prozeß, für dessen umgekehrte Richtung – weg von einer marktwirtschaftlichen Organisation des Wirtschaftsgeschehens hin zur Planwirtschaft – es im Laufe dieses Jahrhunderts wesentlich mehr Beispiele und damit Vorbilder für die Gestaltungsaufgaben von Politik und Wissenschaft bzw. Pseudowissenschaft, sprich Ideologie, gegeben hat.[9]

Darüber, daß der Weg ein zwar schwieriger, letztlich aber dennoch ein eindeutiger – im Sinne der Mehrheit der Bevölkerung willentlich eingeschlagener – ist, herrscht kein Zweifel in den postkommunistischen Ländern. Das Konsensverständnis formuliert Gramatzki für Polen wie folgt:

---

7 O.Verf.: Wende ohne Ende. Die Postkommunisten verlieren die Macht, Reformpolitiker gewinnen die Wahlen – von Litauen bis Bulgarien, in: Der Spiegel, Heft 46/1996, S. 169 f.

8 Zippelius, R.: Die Rechtsgemeinschaft als System geordneter Freiheit, in: Geschichte der Staatsideen, München 1971, S. 144: „In der Idee des Staates wird der Gedanke der rechtlich geordneten und verfaßten Freiheit weitergesponnen: Es war das Prinzip des Rechts, eine Gemeinschaftsordnung zu schaffen, in der die Freiheit eines jeden mit jedermanns Freiheit nach einem allgemeinen Gesetze zusammen bestehen kann. Damit stimmt das Ideal einer Staatsverfassung überein, die jedem Freiheit und Gleichheit gewährt.“

9 Marx, E. / Engels, F.: Von der kapitalistischen zur kommunistischen Gesellschaft, in: dies., Ausgewählte Schriften in zwei Bänden, Bd. 1, Berlin 1974, S. 12.

„Ökonomischer Zwang soll die grundlegende Verbesserung der Steuerung des Wirtschaftsprozesses, die Umstrukturierung der Wirtschaft und den Umbau des Wirtschaftssystems bewirken und nicht länger administratives Kommando."[10]

Die Erfahrungen der Bevölkerung mit dem kommunistischen Regime und der Mangelwirtschaft im Sozialismus sind wohl dermaßen nachhaltig negativ, daß die Marktwirtschaft als Ordnungsprinzip weitgehend akzeptiert wurde.

1.2 Systemtransformation – Polen und Litauen als Beispiele für Staaten im Umbruch

Aus den zahlreichen osteuropäischen Reformstaaten wurden Polen und Litauen deshalb exemplarisch ausgewählt, weil in diesen Ländern die verschiedenen Optionen einer Systemtransformation mit durchaus höchst unterschiedlicher Intensität, Ausgestaltung und Erfolg Anwendung finden. Die zwei eingeschlagenen Wege von der Plan- zur Marktwirtschaft und ihre Auswirkungen auf die Volkswirtschaft bzw. den unternehmerischen Mittelstand sowie Geschwindigkeit und Gang des Reformprozesses lassen sich trotz unterschiedlicher Ausgangssituationen parametergleich analysieren und nachzeichnen.

Während Polen als Nicht-Mitgliedstaat der UdSSR, gleichwohl aber Mitglied im Warschauer Pakt und wirtschaftlich aufs engste verknüpft mit dem ehemaligen Sowjetreich, als Satellitenstaat an der Systemgrenze zur Marktwirtschaft für eine Veränderung in Richtung Marktwirtschaft und damit für die Anbindung an Mittel- und Westeuropa ungleich bessere Voraussetzungen mitbrachte, war Litauen als kleine Nation wesentlich abhängiger integriert in sowjetische Wirtschaftskalküle und auch stärker an administrative Vorgaben durch die UdSSR gebunden.

Gemeinsam ist beiden Staaten die geographische Lage; sie sind Ostseeanrainer im nordosteuropäischen Raum. Es steht zu erwarten und hat sich in Teilbereichen bereits bewahrheitet, daß deutliche Synergieeffekte aus der Zusammenarbeit der beiden Länder auf ihrem angestrebten Weg in die EU und in die NATO resultieren. Umgekehrt gilt das primäre Interesse der derzeitigen EU-Länder und NATO-Mitgliedstaaten der langfristigen politischen Stabilität in den postsozialistischen Ländern, die damit dauerhaft zu verläßlichen und potenten Handelspartnern avancieren könnten, sofern es gelingt, die traditionellen Märkte in die jungen Marktwirtschaften auszuweiten wie umgekehrt hiesige Märkte zu öffnen und damit ökonomische, politische, kulturelle und gesellschaftliche Vernetzungen zu schaffen, die ein isoliertes Zurück nicht mehr erlauben.

---

10 Gramatzki, H.-E.: Polen im Übergang zur Markt- und Geldwirtschaft. Vom „weichen" Geld zur Schocktherapie des Jahres 1990, in: Baske, S. (Hrsg.): Polen im Übergang zu den 90er Jahren, Osteuropainstitut der FU Berlin, Wiesbaden 1992, S. 1.

Aber das Streben der baltischen Staaten in die NATO und in die EU scheint noch ein schwieriger Weg:

> „Zwar lautet die offizielle NATO-Formel ..., die baltischen Staaten kämen 'voll und ganz' als NATO-Mitglieder in Frage; die Tür werde ihnen 'immer offenstehen'. Aber es ist eine eher kafkaeske Einladung. Denn niemand im Westen läßt einen Zweifel: Vorerst wird kein baltischer Staat die Türschwelle überschreiten dürfen.“[11]

Und:

> „Wer die Balten fragt, warum sie in die NATO und die EU streben, bekommt die knappe Antwort: Weil wir zur Familie Europas gehören. ... Es ist diese Identität, die ihnen die Gewißheit gibt, zu Europa zu gehören.“[12]

Einer der bedeutendsten polnischen Schriftsteller, Andrzej Szczypiorski, drückt die Irreversibilität der Entwicklung als Frage des Überlebens für sein Land folgendermaßen aus:

> „Polen kann keine Schaukelpolitik betreiben, für uns gibt es nur ein Entweder-Oder: Entweder sind wir in einem integrierten Europa dabei, oder wir existieren in 20, 30 Jahren nicht mehr als unabhängiger Staat.“[13]

1.3 Systemtransformation – Chance für einen Sozialstaat mit Vorbildcharakter?

Eine zu unentschiedene, abwartende Haltung während des Transformationsprozesses birgt zwangsläufig das Risiko des Scheiterns in sich. Andererseits bedarf es wohlkonzipierter Rahmenvorgaben, um die Chance wahrnehmen zu können, am Ende ein anderes Wirtschafts- und Sozialmodell kreiert zu haben als einen nichtfinanzierbaren Wohlfahrtsstaat, wie er sich in zahlreichen mittel- und westeuropäischen Ländern andeutet. Sauerland führt dazu aus:

> „Transformation als Gestaltung einer neuen Wirtschaftsordnung bietet auch die Chance, von Anfang an eine konsequente Ordnungs- und Wirtschaftspolitik zu betreiben, damit Entwicklungen hin zu einem ausufernden Wohlfahrtsstaat als Leviathan, wie sie zur Zeit in vielen westlichen Volkswirtschaften zu beobachten sind, vermieden werden.“[14]

In einer Zeit der krisengeschüttelten, als explizit sozial konzipierten Marktwirtschaften, deren Wohlfahrtsleistungen und ausgeprägte Auffangmechanismen sich

---

11 Bertram, C.: Der große Drang nach Westen, in: Die Zeit Nr. 12 v. 14.3.1997, S.11.

12 Bertram, C., a.a.O., S. 11.

13 Szczypiorski, A.: Berlin kommt zu uns, SPIEGEL-Archiv Nr. 4/96, S. 128-132.

14 Sauerland, D.: Die Möglichkeiten und Grenzen der Transformation – Der Versuch eines ordoliberalen Ordnungsentwurfs, in: Deutsch-Polnische Wissenschaftliche Studien, Bd. 10: Probleme der Wirtschaftsstruktur im Prozeß der polnischen Transformation und der europäischen Integration, hrsg. v. J. Schumann, Bad Honnef 1994, S.1.

letztlich aber als nicht dauerhaft finanzierbar herausgestellt haben[15], könnte der Blick auf die Entwicklung in den jungen Wettbewerbsgefügen Polen und Litauen neben wirtschaftlichen und politischen Interessen auch für alternative Wege und Formen einer sozial verträglichen, gleichwohl finanzierbaren Gestaltung der älteren Marktwirtschaften von Bedeutung sein.

Soltwedel[16] – in einem umfassenden Forschungsprogramm zur „Weiterentwicklung und Perspektiven der Sozialen Marktwirtschaft", dessen Ergebnisse plakativ lauten:

> „Denn der deutschen Marktwirtschaft gebricht es an ordnungspolitischer Reinlichkeit. Ihre Funktionsprinzipien sind durch Auswüchse des Staates erodiert; der Freiraum für private Initiative wird immer stärker beschnitten."

formuliert diesen mutmachenden Vorbildcharakter einiger neu entstehender Marktwirtschaften in einer Zeit, in der zahlreiche ältere in zumindest psychischer Hoffnungslosigkeit zu erstarren drohen, wie folgt:

> „In der Wirtschaftsgeschichte gibt es viele Beispiele von ehemals prosperierenden Gesellschaften, die aufgrund mangelnder Reformfähigkeit und -bereitschaft in (relative) Armut zurückgefallen sind. Aber es gibt auch viele Beispiele für einen Aufstieg aus Armut und Agonie. Hinweise darauf, daß eine umfassende und tiefgreifende wirtschaftspolitische Dynamik beflügeln und die Bürger wieder, so wie Erhard es formuliert hat, 'an die eigene Kraft glauben' lassen kann, finden sich nicht nur in unserer eigenen Nachkriegsgeschichte. ... Auch das, was sich gegenwärtig in vielen Transformationsländern vollzieht, macht Mut."

Es gilt jedoch zu berücksichtigen, daß bei einem solch langwierigen und vielschichtigen Prozeß einer Systemtransformation stets auch mit Rückschlägen zu rechnen ist.

Und mit Blick auf die wissenschaftliche und politische Führung der 'alten' und 'neuen' Marktwirtschaften gleichermaßen schließt Soltwedel:

> „Politiker und Wissenschaftler tragen eine besondere Verantwortung, um Denkblockaden zu lösen und die notwendigen Reformen beherzt voranzutreiben.
>
> Die Wissenschaftler müssen dazu beitragen, weitverbreitete Vorbehalte gegen die Marktwirtschaft und Trugbilder über Funktionsweise des marktwirtschaftlichen Systems auszuräumen. ... Die Politiker sollten den Reformdruck als Chance begreifen, sich mit einem solchen umfassenden Reformprogramm im politischen Wettstreit gegen die Populisten und Demagogen zu profilieren."

Polen und Litauen, neben den anderen postkommunistischen Reformstaaten, könnte damit in gewisser Weise Modellcharakter für die teilweise finanziell gescheiterten europäischen Sozialstaaten zukommen.

---

15 Zur theoretischen Kennzeichnung und Einbettung dieser Krise vgl. Bühl, W.: Krisentheorien. Politik, Wirtschaft und Gesellschaft im Übergang, Darmstadt 1988.

16 Soltwedel, R.: Die Marktwirtschaft muß neue Kraft schöpfen, in: Frankfurter Allgemeine Zeitung Nr. 57 v. 8.3.1997, S. 15.

Die lange gemeinsame Geschichte sowohl der beiden Länder untereinander als auch ihre Verbundenheit mit der Geschichte Deutschlands und Europas rechtfertigen nicht nur eine solche Hoffnung, sofern man die kommunistische Phase als historisch kurzes Intermezzo betrachtet, sondern fraglos auch ein besonderes Interesse aufgrund eines gemeinsamen Identitätsverständnisses. So ist vielleicht auch zu erklären, daß Deutschland Ende 1995 das wichtigste Herkunftsland für Direktinvestitionen in Litauen ist[17].

1.4 Systemtransformation – Rahmenbedingungen für die Entwicklung des gewerblichen Mittelstandes als treibende Kraft

Um eine solche Systemtransformation, wie sie in den beiden Ländern mit unterschiedlichen Startbedingungen teils stattgefunden hat, teils immer noch stattfindet, hinreichend zu kennzeichnen, bedarf es zunächst der dezidierten Benennung der beteiligten Elemente und Strukturen sowie deren Verknüpfungen.

Ziel der vorliegenden Arbeit ist es, einen Fokus auf die Rahmenbedingungen dieses Interaktionsgeschehens zu setzen, um die Konsequenzen für den gewerblichen Mittelstand, die wirtschaftlichen Beziehungsgefüge zwischen den mittelständischen Unternehmen und die sich daraus ergebende Organisation der Zusammenarbeit und Interessenwahrung explizieren zu können.

Ein aussagefähiges Bild vom derzeitigen Entwicklungsstand der Rahmenbedingungen der Systemtransformation für den unternehmerischen Mittelstand und der derzeitigen Situation der mittelständischen Wirtschaft in Polen und Litauen gilt es zu vermitteln. Dabei sollen Tendenzen aufgezeigt und die politische Flankierung des Reformprozesses untersucht werden. Zugrunde liegt die noch nachzuweisende These, daß es gerade der gewerbliche Mittelstand ist, der zunächst für ein mittelfristiges Gelingen des Reformprozesses bürgt.

Die Gründe für eine eingehende Analyse des wirtschaftlichen Mittelstandes liegen also in seiner Funktion als treibende Kraft des Umbaus. Gerade die mittelständischen Unternehmen als Innovationsschmieden könnten die Garanten für eine gesunde wirtschaftliche Entwicklung sein.

> „Die Entfaltung der unternehmerischen Talente kann als Schlüssel zur erfolgreichen wirtschaftlichen Umstrukturierung der jungen Marktwirtschaften angesehen werden. Hierbei kommt es wesentlich auf die Dynamik des Gründungsgeschehens und das Wachstum bereits bestehender mittelständischer Unternehmen an. ... Unter den Bedingungen des Systemum-

---

17 Frankfurter Allgemeine Zeitung (FAZ) Informationsdienste (Hrsg.): Osteuropa Perspektiven Jahrbuch 1996/1997, Bd. 1: Politischer Hintergrund und Wirtschaftsentwicklung, Frankfurt/Main und Hamburg 1996, S. 144; vgl. auch FAZ Informationsdienste (Hrsg.): Länderanalysen Baltikum, Frankfurt/Main und Hamburg 1996, S. 11.

bruchs haben Existenzgründungs- und Modernisierungshilfen also eine ungleich größere Bedeutung als in entwickelten Marktwirtschaften."[18]

Inwieweit sich welche Rahmenbedingungen fördernd auf das Gründungsgeschehen mittel- und langfristig erfolgreicher mittelständischer Unternehmen auswirken, wird noch nachzuweisen sein.

Als Gewerbe bezeichnet man generell eine dauerhaft existente selbständige Tätigkeit mit der Absicht auf Gewinnerzielung; in der Betriebs- und Volkswirtschaftslehre versteht man hierunter jedwede Art von nicht naturgebundener Güterproduktion.

> „Der Begriff der Mittelstandsgesellschaft wird an der Stelle der Lehre vom antagonistischen Widerspruch zwischen Bourgeoisie und Proletariat – der notwendig zum Übergang vom Kapitalismus zum Sozialismus führt – gesetzt und soll zum Ausdruck bringen, daß die Widersprüche des Kapitalismus nicht durch revolutionäre Beseitigung ihrer Ursachen überwunden werden, sondern durch einen Ausgleich zwischen ihnen. Das Zusammenwirken der sog. sich begegnenden Prozesse des sozialen Aufstiegs von Schichten der Industriearbeiter, der technischen, kaufmännischen und Verwaltungsangestellten sowie des sozialen Abstiegs von Teilen des sog. Besitz- und Bildungsbürgertums führe zum Abbau der Klassengegensätze, zur Formierung eines sehr breiten, relativ einheitlichen neuen Mittelstandes und damit zur sozialen Nivellierung der Gesellschaft, zur qualitativen Veränderung des Kapitalismus, zur Herausbildung einer klassenlosen Gesellschaft ohne sozialistische Revolution."[19]

Die Definition und Rezeption des Begriffs 'gewerblicher Mittelstand' in Polen und Litauen sind analog dem Verständnis des Begriffs in der Bundesrepublik Deutschland und der Europäischen Union. Als Konsensuskriterien für eine allgemeine Kennzeichnung 'Gewerblicher Mittelstand'

> „... zählen beispielsweise das allgemeine Merkmal der beruflichen Selbständigkeit der Angehörigen des gewerblichen Mittelstandes und einer hiermit zumeist verbundenen spezifischen Wirtschaftsgesinnung, ferner die Verbindung des Unternehmens mit dem Inhaber, der enge Konnex zwischen persönlichem Eigentum des Inhabers und seiner wirtschaftlichen Haftung sowie die Prägung der Wirtschaftsweise durch das vorherrschende personale Prinzip: direkte Leistung durch den Inhaber"[20].

Als pragmatisches quantitatives Kriterium bietet sich die Beschäftigungszahl der Unternehmen an. Liegt diese bei bis zu 500, gilt das Unternehmen als mittelständisch[21].

---

18 Lagemann, B. / Friedrich, W. / Döhrn, R. / Brüstle, A. / Heyl, N. / Puxi, M. / Welter, F.: Aufbau mittelständischer Strukturen in Polen, Ungarn, der Tschechischen Republik und der Slowakischen Republik, 1994, S. 93.

19 Klaus, G. / Buhr, M. (Hrsg.): Marxistisch-Leninistisches Wörterbuch der Philosophie, Schlagwort: Mittelstandsgesellschaft, Reinbek 1972, S. 727.

20 Die ausführliche Merkmalliste bei Gutersohn, A.: Das Gewerbe in der freien Marktwirtschaft, Bd. 1: Das Wesen des Gewerbes und die Eigenart seiner Leistung, in: Schriftenreihe des Schweizerischen Instituts für Gewerbliche Wirtschaft an der Hochschule St. Gallen, Bd. 3, Berlin u.a. 1977, S. 292; vgl. auch Lagemann et al., a.a.O., S. 20.

21 Lagemann et al., a.a.O., S. 20.

Der analoge Gebrauch des Terminus 'gewerblicher Mittelstand' erklärt sich aus dem Bestreben der osteuropäischen Länder, sich dem westeuropäischen Wirtschaftsmodell in Diktion und wirtschaftspolitischem Agieren zu nähern. Erklärtes Ziel ist es, die statistischen Modelle den mittel- und westeuropäischen Standards anzugleichen, um so den Beitritt zur Europäischen Union so rasch wie möglich zu erwirken.

1.5 Systemtransformation – erste politische und wirtschaftliche Erfolge in Polen und Litauen

Polen und Litauen können im betrachteten Zeitraum – nämlich von 1990 bis 1995 – beträchtliche Erfolge hinsichtlich des Aufbaus der jeweiligen Marktwirtschaft verbuchen.

Dies äußert sich zunächst in der verfassungsmäßigen Festschreibung eines neuen Wirtschaftssystems. So hat Polen beispielsweise seine Verfassung aus kommunistischer Zeit 1989 revidiert und um eine Übergangsverfassung 1992 erweitert. Die Verabschiedung einer endgültig postkommunistischen, marktwirtschaftlich orientierten Verfassung wurde zunächst in Polen seit 1992 sehr kontrovers diskutiert und erfolgte im Betrachtungszeitraum nicht. Schließlich wurde durch die Nationalversammlung am 2.10.1997 die neue Verfassung Polens verabschiedet.

Die Zeit nach 1989 in Polen bzw. nach 1991 in Litauen war zunächst geprägt von einer aufblühenden Parteienlandschaft und politischen Machtkämpfen zwischen Reformern und Exkommunisten. Eine dynamische Wellenbewegung im Wählerverhalten führte zu mehrmaligen Regierungswechseln und dem paradoxen Phänomen, daß in beiden Ländern zeitweilig die Exkommunisten wieder an die Macht kamen. Die Gründe für die Entwicklung sind vielschichtig. Waren die ersten freien Wahlen in Polen und Litauen noch ein Plebiszit für den Systemwechsel, dürfte die Hauptursache für die Wiederkehr der alten Machthaber – oder Reformkommunisten, wie sie sich nun nannten – darin zu sehen sein, daß die Hoffnung auf eine schnelle Perzipierung der Segnungen der Marktwirtschaft nach der Loslösung von Moskau von der Bürger- und Gewerkschaftbewegung in Polen oder des Reformbündnisses Sajudis in Litauen nicht so zügig wie erwartet und versprochen eingelöst werden konnte, so daß das Volk recht schnell wieder Zuflucht zur kommunistisch gefärbten Politik suchte.[22] Nachdem sich nun Ende 1995 Enttäuschung über die auch von den Exkommunisten nicht schnell genug perzipierten wirtschaftlichen Verbesserungen und Ärger über innenpolitische Skandale, Korruption und Vetternwirtschaft wie in alter Zeit breit macht, scheint sich das Wahlbürgertum wieder den Reformparteien zuzuwenden, die in beiden Ländern eine Beschleunigung des Reformtempos propagieren. In beiden Ländern scheint darüber hinaus noch kein eingefahrenes Wählerverhalten erkennbar und Faktoren wie Unsicherheit und Unentschlossenheit überwiegen. Dennoch schei-

22 O.Verf.: Wende ohne Ende, in: Der Spiegel, Heft 46/1996, a.a.O., S. 169 f.

nen die Wähler eher ihre Stimme der Partei zu geben, die in der Bewältigung der vitalen Probleme Erfolg verspricht – und diese Zusagen auch einlöst. Ob diese dynamische Wellenbewegung anhält bleibt abzuwarten und dürfte eng mit einer zunehmenden Verbesserung der wirtschaftlichen Situation der Wähler verknüpft sein.

Auch grob kennzeichnende Wirtschaftsdaten belegen erste Erfolge. In Polen waren nach fünfjährigem Transformationsprozeß 1995 immerhin 40% der ursprünglich staatlichen Betriebe über Coupons privatisiert[23]. 1995 lag der privatwirtschaftliche Anteil am Bruttoinlandsprodukt (BIP) bei 60%[24].

In Litauen galt die erste Phase der Privatisierung zum 1.7.1995 als abgeschlossen; bis dahin wurde etwa ein Drittel des zuvor staatlichen litauischen Industrie-, Anlagen- und Wohnungsvermögens gegen Gutscheine litauischen Staatsangehörigen übereignet[25]. Mitte 1995 wurden 63% des BIP von privatisierten Unternehmen erwirtschaftet[26].

Die Systemtransformation von der Plan- zur Marktwirtschaft hat in Polen mehr oder weniger klare Konturen angenommen. Die Schaffung der grundlegenden ordnungspolitischen Rahmenbedingungen für die Marktwirtschaft kann mittlerweile als weitgehend abgeschlossen angesehen werden.

In Litauen können die Verhältnisse zwar als fortgeschritten, keineswegs aber als hinreichend etabliert erachtet werden, wenngleich aber auch dort ein großer Schritt in Richtung Marktwirtschaft und Ausgestaltung der nötigen Rahmenbedingungen eindeutig auszumachen ist.

Sowohl Polen als auch Litauen verfügen über funktionierende parlamentarische Demokratien. Richtung, grober Gang und Ziel der Systemtransformation wird von allen maßgeblichen politischen Kräften als endgültig akzeptiert und getragen. In beiden Ländern scheint der anfängliche wirtschaftliche Abwärtstrend mehr und mehr einem Wirtschaftswachstum zu weichen; diese Entwicklung ist in Polen bislang noch stärker ausgeprägt als in Litauen.

1.6 Systemtransformation – Weg ohne ein Zurück

Während die institutionellen Reformen inzwischen einen solchen Reifegrad erreicht haben, daß eine Abkehr vom einmal eingeschlagenen Kurs nicht mehr möglich scheint, sind bei genauerer Betrachtung dennoch weiterhin Gefährdungen und

23 BFAI: Wirtschaftsentwicklung Polen 1995, Dokument Nr. 4746, Köln und Berlin 6/1996, S. 12.

24 BFAI: Wirtschaftsdaten aktuell – Polen 1996, Dokument Nr.: 15.916, Köln und Berlin 11/1996, S. 2.

25 BFAI: Wirtschaftsentwicklung – Litauen 1995, Dokument Nr.: 4706, Köln und Berlin 6/1996, S. 8.

26 BFAI: Wirtschaftsdaten aktuell – Litauen 1996, Dokument Nr.: 15.982, Köln und Berlin 11/1996, S. 2.

Unwägbarkeiten als Bedrohung dieses wirtschaftlichen Stabilisierungsprozesses nicht zu leugnen. Institutionen werden in demokratisch verfaßten Gesellschaften indirekt getragen – oder eben auch nicht – von der Bevölkerung, die ihre Repräsentanten qua Wahl beauftragt, die Rahmenbedingungen für die Gesellschaft institutionell zu etablieren; in Übergangsphasen bzw. in Krisenzeiten mit abgeforderten, manchmal schmerzlichen Zugeständnissen an das Gesamtsystem Gesellschaft bietet diese Situation allemal Platz für Demagogen, Populisten, Ideologen, Propheten.

Die dennoch nachhaltige Westorientierung der noch jungen Marktwirtschaften findet ihre Manifestierung in den bereits oben angesprochenen Anträgen zur Aufnahme in die Europäische Union und dem Wunsch nach einer baldigen, umfassenden Westintegration.

Die Grundsatzentscheidung für das politische System Demokratie, für das ökonomische System Marktwirtschaft und für eine Westorientierung in der Ausrichtung des Rechts-, Steuer- und Wirtschaftssystems basiert in Polen und Litauen auf einem breiten gesellschaftlichen Konsens[27], gleichwohl die Strukturumwandlungen in Litauen schleppend und inkonsequent vollzogen werden[28]. Zwar fordert eine im Vergleich zu Polen deutlich unterschiedliche Ausgangsposition ein anderes Vorgehen hinsichtlich einer Umgestaltung; inwieweit jedoch fragwürdige finanzpolitische Entscheidungen direkt hemmend auf die Privatisierung und damit Etablierung eines tragenden gewerblichen Mittelstandes einwirken können, wird diese Arbeit zeigen.

In einem demokratischen Staat mit freien Wahlen zeichnen die vom Volk gewählten Repräsentanten verantwortlich für die Formulierung und Etablierung sämtlicher Rahmenbedingungen, innerhalb derer der Einzelne sich bewegt: ökonomisch, politisch, gesellschaftlich, kulturell und sittlich. Grundsätzlich ist immer fraglich, inwieweit einzelne Subjekte als Konstituenten der Volksmeinung temporäre Nachteile zu tragen bereit sind, die aufgrund einer Neuformulierung und Umgestaltung prinzipiell entstehen könnten.

1.7 Systemtransformation – ein sozialer Balanceakt für die Bevölkerung

Zentrales Problem innerhalb des radikalen Umbaus des Wirtschaftssystems von Planwirtschaften zu Marktwirtschaften ist die erhebliche Belastung der Bevölkerung[29], eine Belastung sowohl materieller als auch psychischer Art; denn immerhin

---

27 FAZ Informationsdienste (Hrsg.), Osteuropa Perspektiven Jahrbuch 1996/1997, Bd. 1, a.a.O., S. 158.

28 FAZ Informationsdienste (Hrsg.), Osteuropa Perspektiven Jahrbuch 1996/1997, Bd. 1, a.a.O., S. 138.

29 Ginsburg, H.J. / Student, D.: Schwacher Trost, in: WirtschaftsWoche Nr. 48 v. 26.11.1993, S. 37-44, mit umfangreichem Überblick zur Belastung der Bevölkerung.

wird ein gewohntes System – planwirtschaftliche, risikolose Existenzsicherung – eingetauscht gegen ein noch unbekanntes System – marktwirtschaftliche, risiko- und aber auch chancenreiche individuelle Existenzvorsorge. Stärken und Schwächen des alten Systems sind allgemein bekannt, Vor- und Nachteile des neuen Systems bleiben dagegen abzuwarten.

Die generelle Verunsicherung innerhalb der polnischen Bevölkerung stellte sich 1993 so dar:

> „Wie anderswo auch, schafft die zunehmende Armut in Polen den idealen Nährboden für populistische politische Programme. Dazu kommen noch verschärfte soziale Spannungen zwischen Transformationsgewinnern und -verlierern.
> Realeinkommenseinbußen sowie drohende Entlassungen im Rahmen von Unternehmensumstrukturierungen schüren die Streikbereitschaft. Dabei kommt den Gewerkschaften eine eigenartige Rolle zu: Als erfolgreiche Bannerträger der antikommunistischen 'Revolution' gehören sie nunmehr zu den staatstragenden Kräften Reform-Polens, müssen jedoch diejenigen vertreten, deren Lebensumstände im Lauf der Transformation von einer Plan- in eine Marktwirtschaft am stärksten beeinträchtigt werden."[30]

In Litauen bot sich im vergleichbaren Zeitraum kein grundsätzlich anderes Bild:

> „Die litauische Wirtschaft versinkt immer weiter im ökonomischen Morast. Gemäß den offiziellen Statistiken machte die Industrieproduktion von 1992 nur gerade 55% des Standes von 1989 aus. Die landwirtschaftliche Produktion ist sogar auf ein Drittel des Umfangs von 1989 geschrumpft. Gleichzeitig stiegen die Preise dramatisch; im Energiebereich um das 114fache, im Chemiesektor um das 16fache, in der Metallurgie um das 24fache usw. Die Inflationsrate überschritt 1992 die Grenze von 900%, die durchschnittlichen Arbeitslöhne erhöhten sich dagegen nur um 400%."[31]

Tiefgreifende Umbrüche mit aktuellen Nachteilen für einen Großteil der Bevölkerung, aber mit der Aussicht auf mittel- und langfristige Vorteile bedürfen des Vertrauens der Bevölkerung in die von ihnen gewählten Repräsentanten – und dies über tagespolitische Zeiträume hinaus.

Dieses Aufeinandertreffen von Interessen, die unterschiedlichen Zeithorizonten unterliegen, bewerten die *Orientierungen zu Wirtschafts- und Gesellschaftspolitik* für den Umbau in Polen wie folgt:

> „Erst in vier bis fünf Jahren wird eine umfassende Privatisierung der polnischen Wirtschaft erwartet. Dieser Zeitraum ist zu lang, um die Früchte einer Marktwirtschaftlichen Ordnung rasch zu ernten."[32]

Auch in Litauen treffen vorschnelle Erwartungen bzw. Versprechungen auf die Realität der zeitintensiven Umsetzung und führen damit zu allzu frühzeitiger Resignation und übereilten Rückschrittstendenzen.

---

30 Piontek-Rapetzki, R.: Die Entbehrungen beginnen sich auszuzahlen, in: Süddeutsche Zeitung Nr. 91, Beilage v. 21.4.1993.

31 O.Verf. und Titel, in: Neue Zürcher Zeitung, Nr. 27 v. 16.2.1993, S. 9.

32 Orientierungen zu Wirtschafts- und Gesellschaftspolitik v. 30.4.1991.

„Doch im ersten Überschwang versprach etwa Landsbergis in Litauen ... zu leichtfertig schnellen Wohlstand. Die litauischen Freiheitskämpfer unterschätzten die Probleme bei der Umstellung von der Plan- zur Marktwirtschaft. [Landsbergis'] Nationalismus führte Litauen ins Wirtschaftschaos – und zum Comeback der zu Sozialisten gewandelten KP, der demokratischen Arbeiterpartei."[33]

Die aufgezeigten Tendenzen können stellvertretend für die angespannte Lage in den baltischen Reformländern insgesamt stehen.

„Wenn das heutige Tempo der Privatisierung so weitergeht, gehört die gesamte Wirtschaft dieser Länder erst im Jahre 2020 nicht mehr dem Staat. Längst hat die schleppende Privatisierung die Volkswirtschaften Osteuropas in arge ökonomische Bedrängnis gebracht. Wichtigstes Manko: Seit dem Zusammenbruch der alten Staatswirtschaft mit ihren Fünfjahresplänen und zentralisierten Entscheidungsstrukturen kontrolliert niemand mehr die Betriebe. Manager und Beschäftigte steuern heute im wesentlichen nach eigenem Gutdünken. ... Zum Verzicht aufs schnelle Kassemachen haben die Belegschaften auch keinen Grund. Weil jeder Beschäftigte, vom Direktor bis zum Hilfsarbeiter, damit rechnen muß, im Zuge der Reform oder als Folge der Anpassungskrise seinen Job zu verlieren, ist ihm die Zukunft des Gesamtunternehmens eher schnuppe."[34]

Obwohl die Privatisierung nur schleppend vonstatten geht, kann sich ein beträchtlicher Anteil der Bevölkerung – zumindest kurzfristig und teilweise auch halbherzig – mit den Reformplänen identifizieren. Abhängig Beschäftigte suchen die Vorzüge der Reform – unmittelbare immaterielle Vorteile wie: persönliche und wirtschaftliche Selbstbestimmung, Aussicht auf Vermögensbildung und nicht zuletzt eine freiheitliche politische Willensbildung und eine unzensierte Meinungsäußerung – für sich zu nutzen, so lange dies möglich ist. Persönliche Verbundenheit zum Unternehmen und Skrupel treten in den Hintergrund, da es an staatlicher Kontrolle mangelt. Nie sicher, morgen auch noch beschäftigt zu sein, bedient man sich mehr oder minder ungehemmt.

Für das stolze litauische Volk bedeutet die wiedererlangte nationale Souveränität einen zusätzlichen immateriellen Vorteil. Die Wertigkeit, die das einzelne Wirtschaftssubjekt solchen subjektiven Gewinnen zuschreibt, bewirkt in ihrer Gesamtheit, daß die Bevölkerung trotz Senkung der materiellen Lebensverhältnisse ein höheres Nutzenniveau erkennt und honoriert. Und damit ist letztlich eine wachsende Akzeptanz gegenüber notwendigen Engpässen und Härten während des Transformationsprozesses vergesellschaftet.

Die Unternehmer stellen ihr Vertrauen in die Volksrepräsentanten dadurch unter Beweis, daß sie tätig werden und investieren, und zwar da, wo sie sich auf Dauer Gewinne versprechen, selbst wenn es zunächst einmal Opfer zu erbringen gilt.

Änderungen, Umgestaltungen, Neukonzipierung im Zuge der Systemtransformation auf ordnungspolitischem, wirtschafts- und steuerpolitischem, rechtspolitischem, sozialpolitischem und bildungspolitischem Gebiet fordern zwangsläufig auch einige unpopuläre Maßnahmen.

---

33 O.Verf.: Wende ohne Ende, in: Der Spiegel Nr. 46/1996, a.a.O., S. 170.

34 Ginsburg, H.J.: Zwielicht im Übergang, in: WirtschaftsWoche Nr. 50 v. 6.12.1991, S. 44.

Mit einer sensiblen Sozialpolitik, die es schafft, eine breite Akzeptanz innerhalb der Bevölkerung zu finden, ist es ungleich leichter, diese von der Richtigkeit des eingeschlagenen Kurses zu überzeugen, auch wenn sich Erfolge auf anderen Gebieten erst zögerlich einstellen.

Insofern kommt der Sozialpolitik als Initial der Vertrauensbildung prinzipiell eine Schlüsselrolle zu. Sie schafft die Akzeptanz in der Bevölkerung, die für die erfolgreiche Umsetzung des Wirtschaftsprogramms notwendig ist.

Gleichzeitig sind es die Konsumenten, die, haben sie denn Vertrauen gefaßt zu der neuen Staatsform, der neuen Wirtschaftsform, zu neuem Geldsystem und sozialem Netz, als Nachfragepotential begünstigend auf das Gründungsgeschehen von Privatunternehmen einwirken. Und diese sind es wiederum, die mit ihren Abgaben an den Staat – Steuern, Sozialabgaben – maßgeblich zur Finanzierung der Sozialpolitik beitragen. Ein gegenseitiges Abhängigkeitsverhältnis, das im besten Fall für die Herausbildung eines florierenden, Arbeitsplätze zur Verfügung stellenden Mittelstandes bürgt und das für eine den Reformen gegenüber aufgeschlossene Haltung innerhalb der Bevölkerung sorgt, die den Wandel in Richtung Demokratie und Marktwirtschaft aktiv zu unterstützen bereit ist.

> „Es gibt keine Demokratie ohne Unterstützung der Bevölkerung und es gibt keine Wirtschaft ohne Menschen."[35]

1.8 Systemtransformation – ostmitteleuropäische Übergangsstaaten aus wissenschaftlicher Sicht: Stand der Forschung

Übergeordnetes Ziel der Systemtransformationen der ostmitteleuropäischen Staaten ist die Änderung des Wirtschaftssystems. Insofern diese Änderung wissenschaftlich-analytisch und gestalterisch begleitet wird, schließt sich die Frage an, ob eine Theorie der Transformation existiert bzw. inwiefern die vorherrschende Wirtschaftstheorie – die Neoklassik – Modelle anbietet, wirtschaftlichen Wandel zu fassen.

Die Neoklassik verfolgt den Gleichgewichtsanspruch der Klassik, wobei der subjektiven Wertlehre und dem sog. Marginalkalkül Rechnung getragen werden. Allokation und Verteilung gewinnen an Bedeutung, Produktion und Wachstum treten in den Hintergrund., das heißt, Analyse und Verteilung der – teils knappen – Güter auf die Konsumenten stehen im Vordergrund.[36]

Ebenso kurz wie klar beantwortet Witt in einem Übersichtsartikel über neuere Strömungen innerhalb der Ökonomik diese Frage:

---

35 Rose, R. / Haerpfer, C.: Mass Response to Transformation in Post-Communist Societies, in: „Euro-Asia-Studies", Abingdon, Vol. 40 (1994), S. 3 ff.

36 Wichtigste Vertreter der Neoklassik sind Jevons, Menger, Walras.

> „Der 'harte Kern' des neoklassischen Paradigmas ist eine Synthese aus beschränktem Maximierungskalkül und Gleichgewichtskonzept. Die Hauptkritik der Opposition ist, daß diese Kernkonzepte dem neoklassischen Ansatz den Zugang zum Verständnis von Prozeß und Wandel nehmen, den beiden entscheidenden Zügen der modernen Wirtschaftsgeschichte."[37]

Und Baecker führt aus:

> „Der Markt gilt der *ökonomischen Theorie* als Voraussetzung der Interdependenz voneinander unabhängiger einzelwirtschaftlicher Kalküle. Diese Formulierung bezeichnet jedoch bereits den Nullpunkt der Markttheorie in den Wirtschaftswissenschaften. Denn als Theorie eines allgemeinen Gleichgewichts postuliert sie Prämissen für die Existenz eines *Marktgleichgewichts*, die sie als Wettbewerbstheorie wieder aufheben muß, um die *Funktionsfähigkeit* des Marktes verstehen zu können. So gelten sachliche, räumliche, persönliche und zeitliche Homogenität und Transparenz als notwendige Annahmen für die Existenz eines Gleichgewichts."[38]

Ansatzpunkte für eine Theorie evolutionären Wandels bzw. für eine Theorie der Transformation münden derzeit in das weite Feld der evolutionären Ökonomik, die bislang jedoch kein geschlossenes Modell darstellt, sondern sich „am besten als eine neue Heterodoxie im ökonomischen Denken kennzeichnen"[39] läßt.[40]

Als gedankliche Hauptstränge auf dem Weg zu einer einheitlichen Theorie der Transformation lassen sich nach Witt ausmachen:

- In der Tradition von *Schumpeters* „schöpferischer Zerstörung" stehende Theorien, die jedoch in der Betonung des Wandels von Einzelunternehmen und Märkten nicht auf ein gesamtgesellschaftliches Niveau gelangen;
- die Denkschule des „alten" Institutionalismus, die jedoch jene Aspekte vernachlässigt, die mit individuellem Verhalten zu tun haben;
- die österreichische/subjektivistische Schule, die den methodologischen Individualismus zum Ausgangspunkt gewählt hat und eine kohärente Theorie der Erwartung, des Kapitals und des Zinses sowie der durch Arbitrageprozesse geleiteten Marktprozesse vorgelegt hat – und die damit am ehesten einen Allgemeinheitsanspruch verfolgt.

---

37 Witt, U.: Überlegungen zum gegenwärtigen Stand der evolutorischen Ökonomik, in: Biervert, B. / Held, M. (Hrsg.): Evolutorische Ökonomik. Neuerungen, Normen, Institutionen, Frankfurt/Main 1992, S. 24.

38 Baecker, D., a.a.O., S. 19 f.; vgl. hierzu Robbins, L.: An essay on the nature and significance of economic science, 2. ed., London, Basingstone 1972 (reprint).

39 Witt, U., a.a.O., S. 24.

40 Bei allen Einschränkungen gegen die „Fiktion der Neoklassik" und aller Würdigung der Märkte als „Anreiz- und Steuerungssysteme" findet sich diese Auffassung noch bei Hans Albert, Markt und Organisation: der Marktmechanismus im sozialen Kräftefeld, in: ders., Marktsoziologie und Entscheidungspolitik: ökonomische Probleme in soziologischer Perspektive, Neuwied/Berlin 1967, S. 392-417, zitiert nach Baecker, D., a.a.O.

Selbst wenn jedoch diese und weitere Überlegungen in Richtung eines Modells, das evolutionären, systemtransformatorischen Wandel erklärt, fortgeführt werden, bleibt fraglich, ob überhaupt jemals ein solches Modell zu erreichen ist.

Wird – im Analogieschluß probehalber – und angesichts der Tatsache, daß die Träger wirtschaftlichen, politischen und sozialen Geschehens evolutionsbiologische Resultate darstellen, die naturwissenschaftliche Theorie der Evolution befragt, dann lautet die Antwort durch einen der führenden Theoretiker für die Entstehung von Information und Ordnungsstrukturen:

> „Naturgesetzlich erklären läßt sich ... nur das 'Dasein' biologischer Strukturen, nicht aber ihr 'Sosein'. Das 'Sosein' spiegelt die historische Einzigartigkeit lebender Systeme wider und entzieht sich prinzipiell einer naturgesetzlichen Beschreibung."[41]

Es verwundert daher nicht, daß selbst eine explizit theoretische, den Faktor Zeit mit einbeziehende Betrachtung von wirtschaftlichen Transformationsprozessen in Ostmitteleuropa zu einem relativ ernüchternden Ergebnis kommt.

V. Delhaes und Fehl, die einen Transformationsprozeß in drei grundlegende Komponenten zerlegen, nämlich

1. Etablierung des Regelsystems,
2. polyzentrisch vermittelte Herstellung konkreter Ordnung,
3. Aufbau einer neuen realwirtschaftlichen Struktur,

kommen zu dem Schluß:

> „Auch bei dem Versuch der Bewertung von Dauer und Reihenfolge systemverändernder Maßnahmen kann somit nicht mehr erwartet werden als Musteraussagen von der Art, wie sie die Ordnungstheorie liefert, wenn sie – ausgehend von bestimmten Rahmenbedingungen – auf Marktergebnisse zu schließen versucht."[42]

Haffner kommentiert apodiktisch:

> „Bis heute fehlt es an einer ausgearbeiteten Transformationstheorie und darauf aufbauenden Ratschlägen."[43]

Vielleicht aus diesem Grunde folgt die konkrete wissenschaftliche Auseinandersetzung mit den Transformationsprozessen in den Ländern Polen und Litauen bisher nur ansatzweise der Bedeutung, die diesen beiden Ländern aus mehrfachen Gründen zukommt: als aufstrebender Handelspartner, als Unsicherheitsfaktor für

---

41 Küppers, B.-O.: Der Ursprung biologischer Information. Zur Naturphilosophie der Lebensentstehung, München 1986, S. 26.

42 v. Delhaes, K. / Fehl, U.: Der Transformationsprozeß in der Zeit: Konsequenzen von Dauer und Reihung systemverändernder Maßnahmen, in: Hartwig, K.-H. / Thieme, H.J. (Hrsg.): Studies in Contemporary Economics, Transformationsprozesse in sozialistischen Wirtschaftssystemen. Ursachen, Konzepte, Instrumente, Berlin u.a. 1991, S. 460.

43 Haffner, F.: Ansätze zur Theorie einer Transformation. Die Entwicklung von Märkten, in: Biervert, B. / Held, M. (Hrsg.): Evolutorische Ökonomik. Neuerungen, Normen, Institutionen, Frankfurt/Main 1992, S. 145.

die politische Stabilität in Westeuropa als auch als Alternativmodell für einen finanzierbaren Sozialstaat.

Erwartet werden könnte ein umfangreiches Material mit einer detaillierten Analyse des bisherigen Ablaufs der Transformationsprozesse; für Polen eher als für Litauen, da Polen sich offenbar zunächst als der interessantere Handelspartner darstellt und auch dort der Transformationsprozeß hier schon deutlichere Konturen angenommen hat, so daß prinzipiell eine bessere Datengrundlage gegeben ist.

Litauen hingegen weist eine schwächere ökonomische Potenz auf, der Transformationsprozeß verläuft dort deutlich langsamer, so daß prinzipiell auch weniger Daten zur Verfügung stehen können. So läßt sich auch unter Berücksichtigung der zahlreichen Monographien und Anthologien sowie der Artikel der einschlägigen Wochenmagazine bzw. der Tagespresse die eklatante Unterrepräsentation Litauens erklären.

Inwieweit diese unterschiedliche Materialfülle auf Schwierigkeiten in der Erhebung oder auf ein grundsätzliches Interessenungleichgewicht zurückgeht, muß notwendigerweise offenbleiben.

Die folgenden Institutionen bzw. Schriftenreihen nehmen aufgrund ihrer statistisch zuverlässigen sowie inhaltlich profunden Darstellungen und Studien eine hervorzuhebende Stellung innerhalb der Beschäftigung mit Gesellschaft, Politik und Ökonomie in Osteuropa ein:

- Bundesinstitut für ostwissenschaftliche und internationale Studien, Köln;
- Bundesstelle für Außenhandelsinformation, Köln;
- Deutsch-polnische wirtschaftswissenschaftliche Studien, Bad Honnef;
- Editionszusammenschluß (manager magazin, Rödl & Partner, FAZ Informationsdienste) Investitionsführer Mittel- und Osteuropa, Frankfurt/Main, Hamburg, Nürnberg;
- Frankfurter Allgemeine Zeitung Informationsdienste, Frankfurt/Main;
- HWWA-Institut für Wirtschaftsforschung-Hamburg, Hamburg;
- Institut für Baltische Kulturdokumentation, Trier;
- Osteuropa Perspektiven Jahrbuch, Frankfurt/Main;
- Rheinisch-Westfälisches Institut für Wirtschaftsforschung, Essen.

Der Stand der gegenwärtigen Forschung bezüglich Polen und Litauen läßt aber dennoch – auch ohne zusätzliche Originaldatenerhebungen vor Ort – eine umfassende wissenschaftliche Betrachtung der Transformationsprozesse unter neuen Gesichtspunkten zu.

Die vorliegende Arbeit stützt sich in der Analyse der Herausbildung des gewerblichen Mittelstandes im postkommunistischen Polen und Litauen bevorzugt auf einschlägige Standardwerke zu Geschichte, Politik, Gesellschaft, Wirtschaft und

Rechtsgeschichte sowie Rechtsordnung, Veröffentlichungen internationaler Organisationen, auf offizielle Selbstdarstellungen der beiden Länder (wobei diesen Darstellungen eines Landes im Umbruch stets ein gewisser Propagandacharakter anhaftet, weswegen diese Angaben mit Vorsicht zu benutzen sind), auf Erhebungen verschiedener Drittstaaten sowie auf Presseveröffentlichungen.

Generell fällt auf, daß statistische Daten unterschiedlicher Quellen zu vergleichbaren Sachverhalten teilweise deutlich in ihren Absolutwerten voneinander abweichen. Die Tatsache, daß Tendenzen und Trends dennoch oft in dieselben Richtungen weisen, deutet letztendlich aber doch auf eine zuverlässige Abbildung der tatsächlichen Sachverhalte hin.

Auch ist festzustellen, daß gleichlautende Variablen unterschiedlich gebildet werden, so daß sich scheinbar vergleichbare statistische Erhebungen auf teils erheblich unterschiedliche Sachverhalte beziehen. Im Hauptteil der Arbeit wird diese Methodenproblematik noch näher betrachtet.

1.9 Gang und Zielsetzung der vorliegenden Untersuchung

Der Aufbau der vorliegenden Arbeit orientiert sich an der Bedeutung von Rahmenbedingungen für die Genese des gewerblichen Mittelstandes.

In Kapitel 2 wird ein theoretischer Teil die Systemtransformation und die allgemeine Entstehungsweise mittelständischer Unternehmen beleuchten, um einen ersten Eindruck vermitteln zu können von den besonderen Entstehungsbedingungen in Reformstaaten unter Berücksichtigung der Gestaltungsaufgaben und Gestaltungsoptionen der Politik.

In Kapitel 3 wird der Prozeß der Systemtransformation einer Volkswirtschaft aufgegliedert in die diesen Prozeß induzierenden Randbedingungen. Eine vorangestellte allgemeine Annäherung beschreibt die *Entstehung und Problematik der Institutionalisierung der Rahmenbedingungen.* Analysiert werden im einzelnen dann der ordnungspolitische, der wirtschafts- und steuerpolitische, der rechtspolitische, der sozialpolitische und der bildungspolitische Rahmen.

Eine Übersicht über die *historische Entwicklung* in Polen und Litauen sowie die Entstehungsgeschichte bis hin zum demokratischen Rechtsstaat, dessen Bevölkerung sich gegen das kommunistische Regime entschieden hat – bzw. überhaupt erst entscheiden durfte –, bilden die Basis für ein eingehenderes Verständnis der nachfolgenden Unterkapitel.

Die Darstellung *des wirtschafts- und steuerpolitischen Rahmens* soll einerseits verdeutlichen, welche tiefgreifenden Einflußmechanismen dem Staat bei der Ausgestaltung des Wirtschaftsgefüges zur Verfügung stehen, andererseits soll die Darstellung die speziellen Probleme sowie die Gestaltungschancen des finanzpolitischen, geld- und währungspolitischen Instrumentariums in Umbruchstaaten – auch im Hinblick auf seine Bedeutung für den Binnen- und Außenhandel – referieren.

Die Analyse der *rechtspolitischen Rahmenbedingungen* soll darlegen, wie die Wiederherstellung der Gewerbefreiheit und die Sicherung des Privateigentums – Pfeiler einer jeden Marktwirtschaft – geregelt wurden und wie Marktein- und -austritt sowie die vertraglichen Beziehungen der Wirtschaftssubjekte untereinander gesetzlich gewährleistet wurden.

Das nächste Unterkapitel widmet sich dem *sozialpolitischen Rahmen*. Hier wird ein Überblick gegeben über staatliche Maßnahmen und Interventionen sowie nichtstaatliche Organisationen und Interessenvertretungen, die beiderseits, wenn auch graduell unterschiedlich und mit anderer Motivation, das gemeinsame Ziel verfolgen, Verarmungstendenzen entgegenzuwirken, die Beziehungen zwischen Arbeitgebern und Arbeitnehmern zu regeln, sowie auszuhandeln, wer mit welchen Abgaben – Steuern, Sozialbeiträge – den Sozialstaat trägt.

Eine kurze Betrachtung *des bildungspolitischen Rahmens* gibt Einblick in die gewandelte Bedeutung einer beruflichen Erstausbildung sowie Aus- und Weiterbildungsmaßnahmen bis hin zur Führungskräfterekrutierung und -qualifizierung.

Das Kapitel 4 widmet sich der *Mittelstandspolitik*, der allein schon aufgrund der tragenden Rolle des Mittelstandes für das Reformgeschehen eine besondere Wichtigkeit zukommt. Deswegen wird der Mittelstand von der Regierung in die konzeptionelle Planung einbezogen und werden ihm bestimmte Vergünstigungen zuteil – spezielle Kreditprogramme, Beschäftigungshilfen, Steuervergünstigungen, aber auch Beratungshilfen und gezielte Schulungen etc.

Kapitel 5 untersucht die *Entwicklung des unternehmerischen Mittelstandes* in den Ländern Polen und Litauen zwischen 1990 und 1995 im Gegensatz zum Mittelstand vor 1989, das heißt der Weg des Mittelstandes aus dem kommunistischen System hin zum demokratischen System mit dem neuen Phänomen der Privatisierung wird vorgestellt. Hierbei kommen sowohl die Bedeutung der Privatisierung, ihre noch zaghaften Anfänge als auch der weitere Verlauf zur Sprache, wobei nicht darauf verzichtet wird, die Auswirkungen der Privatisierung näher zu beleuchten und auf eventuelle Alternativen zur Privatisierung einzugehen. Insgesamt geht es hier um eine Nachzeichnung der mikroökonomischen Entstehungsprozesse und deren makroökonomische Konsequenzen.

In der Zusammenfassung wird der *Transformationsprozeß* kritisch beleuchtet mit besonderer Berücksichtigung der Rahmenbedingungen, der Entwicklung des gewerblichen Mittelstandes und der damit verbundenen Mittelstandspolitik. Abschließend wird die derzeitige Situation in den behandelten Ländern untersucht und eventuelle Schwachstellen – z.B. die noch immer nicht ausreichend greifende Sozialpolitik – herausgearbeitet. Auch der Akzeptanz der Bevölkerung kommt noch einmal besondere Bedeutung zu, besonders in Hinblick auf die Zukunft der beiden Länder Polen und Litauen.

2. Systemtransformation und unternehmerischer Mittelstand aus theoretischer Sicht

Die Naturwissenschaften können nahezu beliebig oft Experimente durchführen mit schrittweiser Abänderung der Kontrollparameter. Der Weg von der *Beobachtung* über die *Beschreibung* hin zur *Erklärung* bis zur *Prognose* über zukünftiges Verhalten kann so oft beschritten werden, wie es forschungspragmatische Gründe (u.a. Technologie, Finanzierung) zulassen. Am Ende kommt es zur Formulierung einer neuen hypothetiko-deduktiven Ebene in Form einer Theorie, die Aussagen über das Verhalten der am Experiment beteiligten Dinge macht. Als erklärt gilt etwas dann, wenn der Kausalzusammenhang für die Entstehung oder Veränderung aufgeschlüsselt wurde.[1]

Ein solch mechanistisches Verständnis der Entstehung und Veränderung von Dingen, Strukturen und Systemen trifft dann auf Probleme, wenn am „Experiment" Entitäten beteiligt sind, die intentional, zielorientiert handeln, wie etwa der Homo oeconomicus im Rahmen der den Sozialwissenschaften zugehörigen Ökonomie bzw. Politologie.

Gäbe es eine allumfassende verhaltensdeterministische Theorie für ihn, die bestätigt wäre, würden auch Voraussagen über beispielsweise den Systemzusammenbruch in den osteuropäischen Ländern möglich gewesen sein. Prognosen darüber – mit zwingender Logik und begrenztem Zeitrahmen – bestanden jedoch nicht, gleichwohl es ein Fülle von Theorieansätzen für Transformationsprozesse gibt. Paraskewopoulos[2] teilt diese in zwei Gruppen, die exakt das oben angesprochene Verhältnis von natur- und sozialwissenschaftlichem Verständnis widerspiegeln. In die Gruppe „Entwicklungstheoretische Ansätze deterministischer Art" fallen

1. die marxistische Entwicklungstheorie,
2. die *Schumpetersche* Entwicklungstheorie,
3. die klassifikatorischen entwicklungsstufentheoretischen Ansätze von *Rostow*,
4. die Konvergenzthese als transformationstheoretischer Ansatz.

Allen gemeinsam ist, daß sie eine Art Geschichtsnotwendigkeit zur Grundlage der Überlegungen machen.

In die Gruppe „Nichtdeterministische entwicklungstheoretische Ansätze" fallen:

1. der Ansatz der 'unsichtbaren Hand',
2. die ordoliberale Konzeption,

1 Ros, A.: Kausale, teleologische und teleonomische Erklärungen, in: Zeitschrift für allgemeine Wissenschaftstheorie XIII/2 (1982), S. 320-335.

2 Paraskewopoulos, S.: Erklärungsansätze der Systemtransformation, in: Hartwig, K.H. / Thieme, H.J. (Hrsg.): Transformationsprozesse in sozialistischen Wirtschaftssystemen. Ursachen, Konzepte, Instrumente, Reihe: Studies in contemporary Economies, Berlin u.a. 1991, S. 10 f.

3. die Institutionenökonomik,
4. die evolutorische Ökonomik als Transformationstheorie.

Diesen gemeinsam ist, daß sie Grundgrößen innerhalb der Entstehung von Ordnungsstrukturen in ihrem Wechselspiel betrachten, um die Entstehung von Strukturen und Systemen höherer Ordnung erklären zu können. Nicht selten sind ein Anklang bzw. explizite Anleihen an Selbstorganisationstheorien. Bisweilen drängt sich der Verdacht auf, daß plausible ex post-Erklärungen als Ersatz für Unsicherheit hinsichtlich einer Prognose herhalten müssen.

Paraskewopoulos faßt daher zusammen:

> „Was die ökonomische Theorie bisher nicht geleistet hat und offensichtlich allein nicht leisten wird, ist die Beantwortung der Frage, wie und wann sich die effizienten Ordnungsstrukturen etablieren, warum auch ineffiziente Ordnungsstrukturen entstehen und wie lange sie bestehen bleiben werden.“[3]

Der Systemtheoretiker Niklas Luhmann[4] konstatiert:

> „Die funktionale Analyse benutzt Relationierungen mit dem Ziel, Vorhandenes als kontingent und Verschiedenartiges als vergleichbar zu erfassen. Sie bezieht Gegebenes, seien es Zustände, seien es Ereignisse, auf Problemgesichtspunkte und sucht verständlich und nachvollziehbar zu machen, daß das Problem so oder auch anders gelöst werden kann. Die Relation von Problem und Problemlösung wird dabei nicht um ihrer selbst willen erfaßt; sie dient vielmehr als Leitfaden der Frage nach anderen Möglichkeiten, als Leitfaden der Frage nach anderen Möglichkeiten, als Leitfaden der Suche nach funktionalen Äquivalenten.“

In der *Allgemeinen Markttheorie* von Heuss[5] beschreibt dieser die Schwierigkeiten einer theoretischen Analyse wie folgt:

> „Wenn in der theoretischen Analyse das Phänomen der Verschiedenartigkeit nicht in dem Ausmaße berücksichtigt wird, wie es seiner Bedeutung in der Wirtschaftswirklichkeit zukommt, so ist es vor allem darauf zurückzuführen, daß das, was die Verschiedenartigkeit ausmacht, schwer zu fassen ist.“

Der überraschende Zusammenbruch der planwirtschaftlichen Systeme Osteuropas war also nicht ein Ereignis, das außerhalb des Blickfeldes der Ökonomen gelegen hätte und dadurch nicht vorhergesagt wurde, sondern der Niedergang war schlichtweg deshalb nicht prognostizierbar, weil bis heute keine konsistente und mehrfach bestätigte Theorie für Aufstieg, Dauer, Niedergang und Transformation eines Wirtschaftssystems existiert.

Fehlt aber eine solche Theorie, dann stellt sich unweigerlich die Frage nach den wirtschaftspolitischen und sozialen Effekten bewußt etablierter, neuer Rahmenbe-

---

3 Paraskewopoulos, S., in: Hartwig / Thieme, a.a.O., S. 22.

4 Luhmann, N.: Soziale Systeme: Grundriß einer allgemeinen Theorie, Frankfurt/Main 1984, S. 83 f.

5 Heuss, E.: Allgemeine Markttheorie, Tübingen, Zürich 1965, S. 145.

dingungen für eine Gesellschaft im Übergang. Konkret heißt das für die vorliegende Arbeit:

- Waren die politischen Entscheidungen über Rahmenbedingungen für die Entstehung und Entwicklung eines unternehmerischen Mittelstandes in Polen und Litauen derart, daß sie den angezielten Effekt erreicht haben?
- Hatten sie den gewünschten Einfluß?

Es muß konstatiert werden, daß die Gestaltung der politischen, wirtschaftlichen und sozialen Landschaft in den beiden Ländern Polen und Litauen nicht ohne die Erfahrungen der mittel- und westeuropäischen Länder vonstatten ging, somit also Vorbilder – im neutralen Sinn – bestanden haben. Inwieweit die analoge Übertragung dieser Modelle jedoch zur Bildung des Mittelstandes als eine der tragenden Säulen der Gesellschaft beigetragen hat, wird im folgenden zu klären sein.

Denkbar ist, daß es zu Kollisionen kommt zwischen jahrzehntelang Gewachsenem und seiner relativ abrupten Umstellung, seiner Transformation.

2.1 Systemtransformation und Mittelstand

Generell wird unter Transformation einer Wirtschaftsordnung oder eines Wirtschaftssystems die Abschaffung, die Auflösung bzw. der vollständige Zusammenbruch des alten Systems verstanden bei Erschaffung bzw. Entstehung eines neuen – mit allen Unwägbarkeiten, die mit jedwedem Transformationsprozeß zwangsweise in Kauf genommen werden müssen.

Baecker[6] grenzt Marktwirtschaft und Planwirtschaft voneinander ab wie folgt:

> „Diese Manöver von Planwirtschaft sollten hier nur angedeutet werden, um den Eindruck der ökonomischen Theorie plastischer werden zu lassen, daß Marktwirtschaften auf solche Manöver verzichten können. Das Marktwirtschaftssystem legt die Differenzen offen und überläßt die Herstellung von Interdependenzen einem ökologischen, also weder gesteuerten noch kontrollierten Zusammenprall und Zusammenspiel sozialer, psychischer und natürlicher Systeme und Umwelten. In der Anlaufphase glaubte man, entsprechende Reibungsverluste als unvermeidlich in Kauf nehmen zu können und durch den Verweis auf den Fortschritt und die Hoffnung auf Kompensationsmöglichkeiten auffangen zu können. Heute ist man sich dessen nicht mehr so sicher, hält jedoch an den Vorteilen der Marktwirtschaft gegenüber der Planwirtschaft fest.“

Als „Soziale Marktwirtschaft“[7] definiert Baecker eine Allianz von Wirtschaft und Politik. Des weiteren läßt die Marktwirtschaft nach Baecker „Überraschungen“ zu, um „Lerneffekte auszulösen“[8]. Über die Fähigkeit des genauen Beobachtens

6 Baecker, D., a.a.O., S. 212.
7 Baecker, D., a.a.O., S. 215.
8 Baecker, D., a.a.O., S. 217.

aller beteiligter Faktoren und über das je auf diese Beobachtungen abgestimmte Agieren und Operieren verfügt jedes Teilsystem nach Baecker „selbstreferentiell“[9].

Paraskewopoulos schreibt dazu:

> „Mit anderen Worten, es findet hierbei keine Übertragung, sondern eine neue Schöpfung statt. Bei der Transformation in diesem Sinne handelt es sich um die totale Veränderung der konstituierenden Ordnungsformen des gegebenen Wirtschaftssystems. Als solche gelten in der Ordnungstheorie die Planungsformen der Wirtschaftsprozesse, die den Koordinationsmechanismus des Wirtschaftssystems bestimmen, sowie die Eigentumsformen, die besonders die wirtschaftliche Effizienz beeinflussen.“[10]

Schon diese wenigen Worte belegen, wie verwirrend der Themenkomplex „Transformation“ ist. Eine Schöpfung aus dem Nichts kann nicht gemeint sein, da der betreffende Staat bzw. die Nationalökonomie nicht wegen Umbau geschlossen werden kann. Wandeln kann er sich, transformieren, nicht aber gänzlich selbst neu erschaffen; dies um so weniger, als das Zeitalter der transnationalen politischen und wirtschaftlichen Beziehungen ein Mindestmaß an Einbindung in bestehende Bündnisse verlangt. Die kategorische Zurückweisung der möglichen Übertragung bzw. Übernahme von Ordnungsformen erscheint ebenso fragwürdig, wenn in Rechnung gestellt wird, daß neben den Marktanbindungs- und Markterweiterungsinteressen das Ziel politischer Stabilität hinter den in- und ausländischen Interessen steht. Warum sollten nicht diejenigen Staaten, die gute Erfahrungen mit ihren Ordnungsformen gemacht haben, Vorbildfunktion einnehmen?

Auch erkenntnistheoretisch bereitet der Terminus „Schöpfung“ eines neuen Systems mit vorangegangener vollständiger Zerstörung des alten Wirtschaftssystems erhebliche Probleme. Wäre ein solcher übergangsloser Systemwechsel möglich, dann würde sich dieser prinzipiell einer wissenschaftlichen Erklärung entziehen, die ja gerade darauf aus ist, Kausalketten und Bedingungsgefüge nahtlos aneinander zu reihen.

Anstelle von Zerstörung oder radikalem Wechsel sollte daher besser von einem extrem schnellen Übergang gesprochen werden. Denn nicht der Wechsel an sich stellt das Problem dar (denn dieser kann weder entgegen den am Wechsel Beteiligten induziert noch aufgehalten werden), sondern die Geschwindigkeit, in der neue institutionelle Übereinkünfte zur Gewohnheit werden können. Es läßt sich vermuten, daß je breitere Akzeptanz solche Übereinkünfte finden, desto schneller und nachhaltiger werden Wirtschaftssubjekte evolvieren, die diesen Teil der Transaktionskosten – nämlich die Institutionen – via Abgaben und Steuern zu tragen bereit sind.

---

9 Baecker, D., a.a.O., S. 215.

10 Paraskewopoulos, S., in: Hartwig / Thieme, a.a.O., S. 23.

2.1.1 Entstehung und Bildung von Institutionen

Richter definiert:

> „Eine Institution ... ist ein auf ein bestimmtes Zielbündel abgestelltes System von Normen einschließlich deren Garantieinstrumente, mit dem Zweck, das individuelle Verhalten in eine bestimmte Richtung zu steuern."[11]

Und der Philosoph Popper gibt zu bedenken:

> „Man kann keine absolut betriebssicheren Institutionen bauen, d.h. Institutionen, deren Funktionieren nicht in großem Maße von Personen abhängig würde: Institutionen können die Unsicherheiten des personalen Faktors bestenfalls herabsetzen, indem sie jenen Menschen helfen, die auf die Ziele der Institutionen hinarbeiten und von deren persönlicher Initiative und persönlichem Können der Erfolg in hohem Maß abhängt. (Institutionen sind wie Festungen. Sie müssen nach einem guten Plan entworfen *und* mit einer geeigneten Besatzung versehen sein.)"[12]

Damit sind Institutionen Ordnungsformen einer Gesellschaft bzw. Koordinationsmechanismen für Aspekte des Verhaltens und der Tätigkeiten der Gesellschaftsmitglieder. Institutionen können formal sein, das heißt rechtlich festgeschrieben in Form von objektivem Recht (wie z.B. Verfassung, Grundgesetz, BGB) oder subjektivem Recht (wie z.B. konkretes Eigentum) beispielsweise in Form von Sitten, Gebräuchen oder Traditionen.

Zwischen den zwei extremen Entstehungsmöglichkeiten von Institutionen als sich (1) aus den Eigeninteressen der Individuen herausbildend oder aber (2) durch eine Autorität organisiert, besteht in einem demokratisch verfaßten Staat jederzeit die Möglichkeit der Änderung der Institutionen durch die Repräsentanten des Volkes.

Ausgangspunkt für die Analyse bzw. für Überlegungen einer konkreten Ausgestaltung oder Ausgestaltetheit von Institutionen bildet die Frage, wie eine Organisation beschaffen sein muß, damit zuvor formulierte Ziele (wie beispielsweise Wohlstand, politische Stabilität, wirtschaftliche Prosperität) erreicht werden können.

Nach Richter[13] bestehen im Rahmen einer solchen Betrachtung drei Grundannahmen:

1. methodologischer Individualismus: Die Erklärung von Handlungen sozialer Gruppierungen (z.B. Partei, Unternehmen) muß von den Einstellungen und Verhaltensweisen ihrer individuellen Mitglieder ausgehen. Anders formuliert heißt das, daß hinter jedem Verhalten einer solchen sozialen Gruppierung individuelle Entscheidungsträger stehen. Eine soziale Gruppierung als solche besitzt keine Entscheidungsinstanz.
2. individuelle Rationalität: Die Entscheidungsträger verhalten sich perfekt oder zumindest eingeschränkt rational. Hierauf beruht das Konzept der wirtschaft-

---

11 Richter, R.: Institutionen ökonomisch analysiert. Zur jüngeren Entwicklung auf dem Gebiete der Wirtschaftstheorie, in: Landeszentralbank im Saarland (Hrsg.), Saarbrücken 1992, S. 8.

12 Popper, K.R., a.a.O., S. 53.

13 Richter, R., a.a.O., S. 8.

lichen Anreize, was wiederum eine geeignete institutionelle Zuordnung von Verfügungsrechten ermöglicht.

3. Transaktionskosten: Es existiert kein Geschäft ohne 'Reibungsverluste', seien sie bedingt durch die Suche nach potentiellen Käufern oder durch den Abschluß eines Kaufvertrages. Zuzurechnen sind ebenfalls die Überwachung bzw. die Durchsetzung von Vertragspflichten.

Allgemein läßt sich damit eine Wirtschaft kennzeichnen als System, das aus einer Anzahl an rational handelnden Individuen besteht, die mittels Regeln bzw. Normen (als Institutionen) miteinander verknüpft sind. Letztere gewähren (und regeln) jedem Individuum absolute Verfügungsrechte (Eigentumsrechte) und relative Verfügungsrechte (aus interindividuellen Verträgen) sowie die Übertragung dieser Verfügungsrechte.

Wird als Grundlage, gleichsam als Motivation für individuell rationales Verhalten, die individuelle Nutzenmaximierung gesehen, entspricht die oben dargestellte Kennzeichnung einer Wirtschaft dem Konzept des Property Rights-Ansatzes.[14]

Wenn auch das Menschenbild in unterschiedlichen Wirtschaftsystemen differieren mag (beispielsweise egoistisch, altruistisch, individuell, egalitär), so bleiben doch jene anthropologischen Konstanten, die Ergebnis der menschlichen Evolution sind. Eine – und die grundlegendste – dieser Konstanten ist die Nutzenmaximierung.[15] Art und Umfang sowie die wirtschaftlichen, politischen und gesellschaftlichen Konsequenzen jedoch ergeben sich notwendigerweise aus den Rahmenbedingungen zur Verwirklichung und Ausgestaltung dieser Nutzenfunktion. Das heißt, sie sind abhängig vom Grad dessen, über das eigentumsrechtlich verfügt werden kann.

Im Ausmaß dieser Verfügungsrechte bzw. der Eigentumsordnung unterscheiden sich planwirtschaftliche von marktwirtschaftlichen Systemen nun erheblich. Kurz: Kollektivvermögen auf der einen, Privateigentum auf der anderen Seite.

Da erst privates Eigentum sowie individuelle Verfügungsrechte die Grundlage unternehmerischer Eigeninitiative bilden, besteht die vordringliche Aufgabe der Umgestaltung bzw. Etablierung von Institutionen darin, eine rechtliche Rahmenordnung zu schaffen, die ebensolche Rechte verfassungsmäßig garantiert.

Nach Lagemann et al.[16] geht es im Rahmen einer Transformation von einem planwirtschaftlichen in ein marktwirtschaftliches System um (1) die Änderung der Wirtschaftsgesetzgebung in Form des Vertrags-, Gesellschafts-, Steuer-, Arbeits- und Sozialrechts sowie (2) allgemein um die Befreiung der Märkte von planwirtschaftlichen Kontrollmechanismen.

---

14 Dawkins, R.: Das egoistische Gen, Heidelberg 1978, S. 32.

15 Dawkins, R., a.a.O., S. 35.

16 Lagemann et al., a.a.O., S. 24.

Auch wenn Einzelregelungen im Rahmen dieser Institutionen – gerade aus evolutorischer Sicht – ändernd, ergänzend, verfeinernd im Verlauf der weiteren Entwicklung einer Marktwirtschaft festgelegt werden, so ist der Transformationsprozeß mit dem Zeitpunkt abgeschlossen, zu dem die Güter- und Faktorenallokation zum größten Teil über Marktmechanismen, über Angebot und Nachfrage, stattfindet. Güter- und Faktorenbewegungen entsprechen zu diesem Zeitpunkt den individuell ausgestalteten Nutzenfunktionen der Teilnehmer, Vertragsvereinbarungen können im Falle von Verstößen rechtlich durchgesetzt werden, die Erwartungshaltung und das Vertrauen hinsichtlich des Funktionierens von Transaktionen ändern sich mit jeder erfolgreichen Konsequenz von getroffenen Verfügungsentscheidungen.

Da das Verhalten auf der Ebene formaler Institutionen einer direkten und rechtlich garantierten Sanktionierbarkeit unterliegt, steht zu erwarten, daß sich hier ein recht rascher Wandel im Verhalten der Wirtschaftssubjekte vollzieht.

Inwieweit dies auch für informelle Institutionen gilt, bleibt zunächst fraglich. Denkbar ist, daß sich hier eine andere Geschwindigkeit des Transformationsprozesses feststellen läßt, um so mehr, als wirtschaftliche Nutzenmaximierung immer nur zukunftsgerichtet sein kann, kulturelle oder psychische hingegen durchaus etwas mit der Bewahrung des Status quo zu tun hat.

2.1.2 Bedeutung mittelständischer Strukturen für die Transformation

Planwirtschaftlich organisierte Systeme sind gekennzeichnet durch eine extrem hohe Konzentration von Unternehmensaktivitäten in Folge von Verstaatlichungspolitik und Unterdrückung privatwirtschaftlicher Initiative.

Allgemein festzustellen ist eine monopolartige Anbietermacht auf den Gütermärkten sowie überwiegend nicht optimale Betriebsgrößen.[17] Ausgangspunkt für eine Entflechtung und Reorganisation der Betriebsstruktur bilden sozialistische Kombinate, die nicht nur horizontal verknüpft sind, sondern in erheblichem Maße auch vertikal, also administrativ weisungsgebunden sind anstelle von konkurrierend dem Marktprozeß ausgesetzt.

Ist das Ziel der Entflechtung dieser Verknüpfungen eine effiziente Güter- und Faktorenallokation, dann kommt mittelständischen Strukturen im Rahmen eines Transformationsprozesses eine erhebliche Bedeutung zu. Nur sie sind in der Lage, die regionalen und landesweiten Monopole der sozialistischen Großunternehmen aufzubrechen. Nur unter dem Druck des Marktes als Konkurrenzdruck durch andere mittelständische Unternehmen entstehen optimale Betriebsgrößen[18].

---

17 Apolte, Th. / Cassel, D.: Dezentralisierung durch „kapitalistische Marktwirtschaft“: Radikaler Systembruch, in: Hartwig / Thieme: Transformationsprozesse in sozialistischen Wirtschaftssystemen. Ursachen, Konzepte, Instrumente. Reihe: Studies in Contemporary Economics, Berlin 1991, S. 15.

18 Es wird unterschieden zwischen kostenoptimaler und gewinnoptimaler Betriebsgröße. Eine optimale Betriebsgröße ist wegen zu vieler Bestimmungsfaktoren (z.B. Standort, Pro-

Neben diesen grundsätzlichen Punkten kommt den mittelständischen Strukturen aber noch eine Reihe weiterer Funktionen innerhalb des Transformationsprozesses zu.[19]

1. Kleinere und mittlere Unternehmen mit optimaler Betriebsgröße arbeiten nach Lagemann et al. nicht nur effizienter, sondern sie geben dem Marktgeschehen auch eine deutlich höhere Dynamik. Damit wird also nicht nur ein Ausgleich von Angebot und Nachfrage innerhalb des Marktes erreicht, sondern auch eine wesentlich schnellere Anpassung an internationale Standards, als es den weitgehend unflexiblen, großdimensionierten Staatsunternehmen möglich wäre. Hinzu kommt, daß nur durch die Marktpräsenz konkurrenzfähiger Wettbewerber die Dominanz der sich noch im Staatsbesitz befindlichen oder ehemaligen Staatsunternehmen gebrochen werden kann. Nicht eine administrative Verordnung zur Entflechtung kann dies leisten, sondern nur die Effizienz der jeweiligen Betriebe, die dann auch in der Lage sind, das freiwerdende Arbeitskräftepotential aufzunehmen.
2. Eine so einschneidende Änderung wie ein Systemwechsel stößt notwendigerweise zunächst auf Akzeptanzprobleme, gleichwohl das Gelingen einer solchen Reform in erheblichem Maße von der Zustimmung der Bevölkerung in ihrem alltäglichen Verhalten – und das ist auch Budgetierungsverhalten – abhängt. Je mehr Personen auf eigene Rechnung und Risiko erfolgreich arbeiten, desto eher kann die marktwirtschaftliche Ordnung ihre Vorteile unter Beweis stellen, desto größer wird letztlich die Akzeptanz durch die Bevölkerung sein. Wie viele Mittelständler sich am Markt beteiligen, kann als Gradmesser für das in die neue Wirtschaftsordung gesetzte Vertrauen gewertet werden.
3. Insofern eine funktionierende Marktwirtschaft in nicht unbeträchtlichem Maße an neue Ideen gebunden ist, kommt den mittelständischen Strukturen als Innovationspotential die Funktion des Impulsgebers für einen Strukturwandel zu.

Zumindest aus theoretischer Sicht kann also gesagt werden, daß im Rahmen eines Transformationsprozesses Bedeutung und Funktion des Mittelstandes nur schwerlich überschätzt werden können. Sobald die institutionellen Rahmenbedingungen privates Eigentum und private Verfügungsrechte zulassen, läßt sich nur schwer vorstellen, daß der nutzenmaximierende Homo oeconomicus nicht davon Gebrauch machen wird.

---

duktionstiefe, Absatzvolumen, technischer Fortschritt etc.) eine relative Größe. Die Betriebsgröße wird bestimmt durch den Umfang des Gesamteinsatzes von Produktionsfaktoren im Kombinationsprozeß. Mögliche Maßgrößen sind Ausstoß, Anzahl der Beschäftigten, Anzahl der Maschinen, Umsatz, Bilanzsumme etc.; vgl. auch Gabler Wirtschaftslexikon, 14. Aufl., Wiesbaden 1998, CD Rom-Ausgabe, Eintrag: Betriebsgröße und Betriebsgrößenvariation

19 Das Folgende in Teilen nach Lagemann et al., a.a.O., S. 27 f.

2.1.3 Grundlagen für die Entstehung mittelständischer Strukturen

Eine Kennzeichnung von Grundlagen für die Entstehung mittelständischer Strukturen außerhalb von institutionellen Rahmenbedingungen stößt auf methodische Probleme. Ex post läßt sich alles, was vor einer gelungenen Transformation liegt, als Grundlage ansprechen. Jeder Gang der Geschichte läßt sich im nachhinein allein aufgrund der Tatsache, daß er stattgefunden hat, plausibel erklären. Mögliche alternative Entwicklungen sind daneben immer denkbar, nicht aber als Experiment durchführbar.

Ebensowenig läßt sich aufgrund von ähnlichen historischen Voraussetzungen – selbst bei gleichem Verlauf – auf notwendige Voraussetzungen bzw. Grundlagen für die Entstehung nachhaltiger mittelständischer Strukturen schließen.

Parallelen zwischen bzw. Unterschiede in wirtschaftlichen, sozialen, kulturellen und historischen Ausgangspositionen der ostmitteleuropäischen Reformstaaten heranzuziehen, um eine gleiche oder differentielle Geschwindigkeit und Intensität in der Herausbildung des Mittelstandes zu erklären[20], ähnelt doch eher den entwicklungstheoretischen Ansätzen deterministischer Art auf der Grundlage einer verschwindend kleinen Stichprobe.

Der Fokus auf politische und damit institutionelle Rahmenbedingungen ergibt wenig Sinn, wenn Voraussetzungen gegen bewußte Gestaltung abgewogen werden. Logisch betrachtet gerät die Bestimmung von spezifischen Grundlagen entweder zur Tautologie oder – angesichts historischer Einmaligkeiten – zur unsauberen Methodik.

Übrig bleiben als allgemeine Grundlagen:

- der nutzenorientierte Mensch[21],
- der Ideen generierende Mensch[22,23],
- individuelle Verfügungsrechte,[24]
- ein Faktorenmarkt,
- ein Absatzmarkt,
- eine politische Struktur, die Garantien gibt und damit Erwartungshaltungen begründet.[25]

---

20 Wie es etwa Lagemann et al. in Ansätzen vornehmen, in: Lagemann et al., a.a.O., S. 28 f.

21 Dawkins, R., a.a.O., S. 34.

22 Dawkins, R., a.a.O., S. 34.

23 Baerwald, J.M.: Egoismus ohne Reue, Die Kunst, sich nicht selbst im Weg zu stehen, München 1993, S. 48.

24 Baerwald, J.M., a.a.O., S. 53.

25 Baecker, D., a.a.O., S. 187 f.

2.2 Entstehungsprozesse des unternehmerischen Mittelstandes

Die Herausbildung eines unternehmerischen Mittelstandes in den ostmitteleuropäischen Staaten im Umbruch – conditio sine qua non für das Gelingen einer Systemtransformation – mußte vorrangig betrieben und gefördert werden.

Da dem unternehmerischen Mittelstand eine derart tragende Rolle im Transformationsprozeß zufällt, sollen im folgenden die unterschiedlichen Entstehungsprozesse beleuchtet werden; ferner soll die jeweilige Bedeutung, die der Entstehung dieser Strukturen – teils aus Gründung, teils aus Privatisierung – für die Systemtransformation zukommt, im Mittelpunkt der Betrachtung stehen.

Nicht unbeachtet bleiben darf die Tatsache, daß sich die ostmitteleuropäischen Staaten – im Gegensatz zu den übrigen ehemaligen Ostblockstaaten – viel zügiger von der Planwirtschaft hin zur freien Marktwirtschaft entwickelten, weil sie die Zwangsübernahme des sowjetischen Modells in den Nachkriegsjahrzehnten eher als kurzes Intermezzo denn als historisch gewachsene, notwendige Effizienzstrukturen betrachtet hatten. Und demzufolge besann man sich auch gleich nach dem Zusammenbruch des Sowjetsystems auf seine emotionale Verwurzelung und war bestrebt, rasch sowohl politischen, wirtschaftlichen als auch kulturellen Anschluß an den traditionellen Bezugspartner Europa zu finden.[26]

Aber auch Hürden galt es zu überwinden bei der Entwicklung eines Mittelstandes, der bislang an staatliche Reglementierung gewohnt war und der sich in der Übergangsphase plötzlich mit völlig neuen Problemfeldern und Phänomenen konfrontiert sah: Führte in der Planwirtschaft das geschickte Jonglieren und Taktieren mit der staatlichen Bürokratie zum Erfolg, so entließ die Planwirtschaft ihre zukünftigen Selbständigen gänzlich unerfahren hinsichtlich der eigentlichen unternehmerischen Fähigkeiten, die nie geschult worden waren. Für die tägliche Bewerkstelligung war damit schon viel Energie aufzubringen, die im günstigsten Falle als „learning by doing" qualifiziert werden kann.

2.2.1 Entstehung aus Gründung

Grundsätzlich bildet sich eine mittelständische Wirtschaft während eines Systemtransformationsprozesses entweder durch die Privatisierung bereits bestehender, bisher staatlich organisierter Unternehmen oder durch die Gründung von neuen Unternehmen.

Theoretisch ist dies sauber abzugrenzen, in der Praxis jedoch bestehen hier nur allzuoft fließende Grenzen: so ist beispielsweise die private Übernahme von Lie-

---

26 Die vorsozialistischen mittelständischen Strukturen, die Reformansätze während der planwirtschaftlichen Phase sowie die traditionelle Bindung an den Kulturraum Westeuropa der ostmitteleuropäischen Staaten waren Voraussetzung bzw. Grundlage für deren – im Vergleich zu anderen Staaten des ehemaligen Ostblocks – schnelle Entwicklung in Richtung Marktwirtschaft mit Herausbildung mittelständischer Strukturen, vgl. auch Lagemann et al., a.a.O., S. 25 f.

genschaften oder Teilen eines bisherigen Staatsbetriebes oft mit dem originären Gründungsakt eines neuen Betriebs oder eines neuen Unternehmens verbunden.

Tatsache ist, daß bei der Privatisierung von bisher staatseigenen Betrieben oder Unternehmen eher mittlere Unternehmen entstehen, während die neugegründeten Unternehmen eher kleiner sind, da ein völliger Neustart, zumal ohne vorherige Erfahrung und Schulung, sich ungleich schwieriger gestaltet.

Andererseits hat die relative Fülle von kleinen, neugegründeten Unternehmen in Polen die nur zögerlich stattfindende Privatisierung zu kompensieren geholfen, so daß damit dem Gründungsgeschehen besondere Bedeutung beigemessen werden muß.

2.2.2 Entstehung aus Privatisierung

Allgemein bedeutet Privatisierung die Überführung staatlichen Sachvermögens in private Hände. Mit Blick auf die Entstehung eines unternehmerischen Mittelstandes ist damit die Frage u.a. berührt, inwieweit sich aus einer solchen Vermögensumverteilung nachhaltig erfolgreiche betriebliche Einheiten ergeben können.

Berührt die sozialpolitische Dimension der Übereignung von Vermögen an das Volk die Frage nach Gerechtigkeit, so kommen bei der beabsichtigten Herausbildung und Förderung mittelständischer Strukturen noch andere Dimensionen ins Spiel.

Folgende Fragenkomplexe gilt es, im theoretischen Vorfeld zu berücksichtigen:

- Welche Teile des staatlichen Vermögens in Form von Betrieben sollen privatisiert werden?
- Welche Betriebsgrößen sind sinnvoll?
- Auf welche Art und Weise soll privatisiert werden? Welche Privatisierungsmethode ist für die Herausbildung des Mittelstandes die geeignetste?
- An welchen Personenkreis soll staatliches Vermögen zum Zweck der selbständig-betrieblichen Betätigung übereignet werden?

Die erste Frage bewegt sich im Spannungsfeld zwischen Sicherung der Grundversorgung der Bevölkerung einerseits und risikobehafteter Übernahme von Geschäftstätigkeiten durch neue Besitzer. Prinzipielle sozialpolitische wie wirtschaftspolitische Überlegungen sind gefordert.

Die zweite Frage wird vor dem Hintergrund großer, zentral geführter Industriebetriebe, Kombinate, Handels- und Hotelketten u.ä. gestellt.

Da im Vorfeld schwer abzuschätzen ist, inwieweit sich marode Betriebe überhaupt noch in einer freien Marktwirtschaft führen lassen bzw. werden behaupten können, gilt es zunächst abzuwägen zwischen prinzipiell zwei Möglichkeiten: der Schaffung einer Vielzahl von kleinen Betrieben oder von entsprechend weniger größeren. Eine Privatisierung zugunsten vieler kleiner Betriebe bedeutete eine Streuung, Dezentralisierung des Risikos, eine größere Flexibilität der Betriebe sowie ein

Agieren vor dem Hintergrund lokaler Bedürfnisse. Umgekehrt könnte es aber auch zum Nachteil gereichen, daß bereits bestehende Informations- und Warenströme zerbrochen werden.

Die Beantwortung der dritten Frage, eben nach der Privatisierungsmethode zur Unterstützung der Herausbildung eines erfolgreichen Mittelstandes, ist von zentraler Bedeutung, wenn es um die Kapitalisierung der neuen Unternehmen geht. Wird das staatliche Vermögen etwa über Anteilsscheine unters Volk gebracht, die dann wieder dazu benutzt werden können, Anteile an Unternehmen zu erwerben, fließt keinerlei neues Kapital in die Betriebe, das investiert werden könnte. Immerhin könnten so allerdings die Unternehmenswerte beliehen werden, vorausgesetzt, es existiert ein funktionierendes Kredit- und Bankensystem.

Eine noch nachteiligere Alternative – bezogen auf die Kapitalisierung – wäre, Betriebe zunächst nur zu verpachten. Weder würde hier neues Kapital zufließen, noch könnte der Betrieb beliehen werden, um Investitionen zu tätigen.

Kapital könnte prinzipiell durch ausländische Investoren eingebracht werden, jedoch ist eine konkrete und rechtlich eindeutige Regelung unablässige Voraussetzung dafür, daß sich ausländische Investoren finden, die bereit sind, ihr Kapital hier anzulegen.

Die vierte Frage schließlich ist eine Frage nach dem notwendigen Know-how der neuen „Unternehmer“. Know-how heißt hier: Kenntnisse der Produktionsabläufe bzw. Kenntnisse im Umgang mit Handelsgütern, Kenntnisse lokaler bzw. regionaler Strukturen sowie der Besitz allgemeiner unternehmerischer Fähigkeiten (z.B. Flexibilität, Risikobereitschaft, Entscheidungsfreudigkeit, Führungsqualität etc.). Allesamt Eigenschaften, die die Grundvoraussetzung für den Erfolg neuer mittelständischer Unternehmen darstellen. Eine Übereignung staatlichen Vermögens könnte hier beispielsweise erfolgen an die Belegschaft, das Management, bzw. an die Betreiber von kleineren Verkaufsläden oder Hotels. Umgekehrt ließe sich aber auch argumentieren, daß die Entscheidungsträger aus der Zeit vor einer marktwirtschaftlichen Wirtschaftsordnung womöglich ungeeignet sind, unter Konkurrenzbedingungen zu wirtschaften. Den Vortritt sollten diejenigen bekommen, die sich am ehesten zutrauen und das Risiko übernehmen wollen, einen mittelständischen Betrieb zu führen. Selektionskriterium wäre dann die Stärke des Interesses, bekundet etwa durch eine entsprechende Verschuldungsbereitschaft oder durch Gebote bei öffentlichen Ausschreibungen, gepaart mit unternehmerischer Kompetenz, Wissen um Marktgesetze und Nutzen und Funktionsweise von Dienstleistungsunternehmen.

Die Entstehung von Unternehmen aus Privatisierung staatlicher Unternehmen, von Experten in aller Welt wie auch in den betroffenen Ländern selbst als dringende Notwendigkeit auf dem Weg zur Marktwirtschaft eingefordert, fand dennoch nur zögerlich statt. Sowohl die Art und Weise der Abwicklung selbst als auch eine gewisse Saumseligkeit in der Ausführung erstaunten die Beobachter des Transformationsprozesses.

So charakterisiert die Bundesstelle für Außenhandelsinformationen die Situation für Litauen folgendermaßen:

> „Die erste Phase der Privatisierung wurde zum 01.07.1995 für abgeschlossen erklärt. ... Ein nennenswerter Zufluß von Know-how und Kapital wurde damit nicht erzielt. Dies wurde auch Anfang 1996 von Präsident Brazauskas eingeräumt, der diese Phase als 'mißlungen' bezeichnete. In einer zweiten Phase sollen nunmehr ein knappes weiteres Drittel des Industrievermögens sowie die 'Ladenhüter' aus der ersten Phase auch an Ausländer verkauft werden."[27]

Auch in Polen, wo der Privatisierungsprozeß im Juli 1990 startete, sieht die Bilanz nicht wesentlich anders aus: „Der Privatisierungsprozeß setzt sich recht kontinuierlich fort, auch wenn es bei den einzelnen Vorhaben immer wieder zu Verzögerungen kommt"[28], konstatiert der Investitionsführer Mittel- und Osteuropa.

Gleichwohl verlief die Privatisierung kleinerer Vermögensobjekte – die sog. „kleine Privatisierung" – recht unkompliziert und ging demnach relativ zügig vonstatten.

Anders sah es bei der Privatisierung größerer Staatsunternehmen – der sog. „großen Privatisierung" – aus: Direktverkauf, öffentliche Ausschreibungen, Aktienverkauf und Auktionen entpuppten sich im Zusammenprall mit dem Widerstand aus den eigenen Reihen, in Verbindung mit einer unzureichenden Kapitaldecke auf Seiten der potentiellen inländischen Interessenten und in Konfrontation mit einem generellen Informationsdefizit in Sachen Firmengründung bzw. Firmenübernahme als nahezu unüberwindbare Stolpersteine.

Investoren aus dem Ausland blieben vom Privatisierungsprozeß wegen der latent vorhandenen Überfremdungsängste in ganz Ostmitteleuropa[29] weitgehend ausgeschlossen, zumindest in bezug auf Investitionen in mittelständische Unternehmen. Zwar haben Auslandsinvestionen in Polen immerhin mit 9 Mrd. US$ zu Buche geschlagen[30]; berücksichtigt wurden in dieser Statistik jedoch ausschließlich Investitionen mit einem Investitionsvolumen von mehr als 1 Million Dollar; unklar bleibt, wie hoch der Anteil an mittelständischen Unternehmen ist, in die derart hoch investiert wurde.

Somit muß konstatiert werden, daß die Privatisierung von staatseigenen Betrieben und Unternehmen bislang noch nicht befriedigend gegriffen hat, das heißt, daß hier noch Potential zur Bildung von mittelständischen Unternehmen ungenutzt brachliegt. Das heißt aber auch, daß die neugegründeten kleineren und mittleren Unter-

---

27 BFAI, Wirtschaftsentwicklung – Litauen 1995, a.a.O., S. 8.

28 FAZ Informationsdienste (Hrsg.): Investitionsführer Mittel- und Osteuropa, Polen 1997, Frankfurt/Main und Hamburg 1997, S. 32.

29 Lagemann et al., a.a.O., S. 31.

30 O.Verf.: An mehr als 8000 Firmen Polens sind Ausländer beteiligt, in: Welt am Sonntag Nr. 33/1996, S. 36.

nehmen bis heute noch hauptsächlich für den weiteren Aufbau und Ausbau der mittelständischen Wirtschaft verantwortlich zeichnen.[31]

2.2.3 Entstehungsprozesse aus mikroökonomischer Sicht

Nachdem die Planwirtschaft in den sog. „Ostblockstaaten" aufgelöst worden war, sah sich die Bevölkerung mit einer völlig neuen Situation konfrontiert; während in der Zeit der Planwirtschaft der Arbeitsplatz gesichert, das Einkommen festgeschrieben und zumindest gewisse, grundlegende Sozialleistungen garantiert waren – all dies jedoch nur bei systemtreuem Verhalten –, so hieß es nun Abschied nehmen von der vielzitierten „Inkassomentalität". Und wenn auch die niedrigen Löhne in der Planwirtschaft meist ergänzt wurden durch kleinere Zubrote, teils legal, teils weniger legal, so war doch der eigentliche, zwar knappe Lohn ausreichend zum Befriedigen der elementaren Bedürfnisse.

Nach Auflösung der Planwirtschaft sah sich ein Großteil der Bevölkerung nicht mehr in der Lage, mit dem niedrigen Einkommen aus lediglich einer Beschäftigung das tägliche Leben zu bestreiten, so daß – ähnlich wie in den sog. Entwicklungsländern – die verständliche Flucht in die Zweit- und Drittbeschäftigung einsetzte. Und – in Analogie zu den Entwicklungsländern – führte die Ausübung verschiedener Tätigkeiten auch hier zwar zu höherem Verdienst, mikroökonomisch gesehen ist sie aber stets ein Desaster, da von mehreren nebeneinander ausgeübten Tätigkeiten letztendlich jede unter den anderen leidet: Mental nie wirklich einem Betrieb sich verbunden fühlend, wird die ausgeübte Tätigkeit zur bloßen Geldbeschaffungsmaßnahme degradiert – und dementsprechend nachlässig bewältigt.

Je mehr zusätzliche Konsumreize aber nach Auflösung der Planwirtschaft auf die Bevölkerung einwirkten, desto vehementer bemühte sich diese um zusätzliche Einnahmequellen, um die Einkommenslage zu verbessern und dadurch am neuerlichen Konsum möglichst intensiv partizipieren zu können.

Daß sich Erwerbstätige nun auch unternehmerisch betätigen wollten, lag nahe, zumal durch das herrschende Informationsdefizit sicherlich die positiven Aspekte unternehmerischen Agierens überbewertet, die Nachteile eher verniedlicht wurden.

Generell muß festgestellt werden, daß es letztlich stets die wirtschaftlichen Rahmenbedingungen sind, die darüber entscheiden, ob eine ausreichend große Menge der Bevölkerung den Schritt in die unternehmerische Selbständigkeit – mit den dazugehörigen Erwerbschancen als auch dem unternehmerischen Risiko – wagt, oder ob sie ein Abhängigkeitsverhältnis – mit Sicherheit des Arbeitsplatzes und sozialem Netz – bevorzugt.

Bestimmte institutionelle Rahmenbedingungen mußten geschaffen und dann auch konsequent angewandt werden, damit nach Aufhebung der zentralverwaltungswirt-

31 An Zahlenmaterial vgl. Kapitel 5.1.1. und 5.2.2. mit weiteren Nachweisen

schaftlichen Reglementierung die neuen Selbständigen nicht in gewinnbringende, aber illegale Aktivitäten abglitten[32]:

- So eignete man sich beispielsweise willkürlich Ressourcen an („Insider-Privatisierung"), wodurch letztlich die Akzeptanz der Systemtransformation von seiten der Bevölkerung litt.
- Einer damit einhergehenden Bereitschaft zur Korruption galt – und gilt es weiterhin – Einhalt zu gebieten.
- Eine weitverbreitete schlechte Steuermoral, die man mit der Ablehnung staatlicher Einmischung bemäntelte, die aber auch einer Nicht-Identifikation mit öffentlichen Belangen gleichkommt, muß mittels angemessener Rahmenbedingungen verändert werden.
- Ebenso sind eine auffallend niedrige Vertragstreue gepaart mit schlechter Zahlungsmoral der Geschäftsleute nicht dazu angetan, eine Volkswirtschaft aufzubauen, zu tragen oder gar zu stabilisieren.

Somit verfügten die osteuropäischen Staaten im Umbruch zwar über ein erhebliches unternehmerisches Potential, das sich aber wegen Informationsdefizit und mangelnder Erfahrung im eigenverantwortlichen Umgang noch mit der praktischen Umsetzung der – qualitativ umstrittenen – vorgegebenen rechtlichen Rahmenbedingungen schwertat.

2.2.4 Wirtschaftsstrukturelle Rahmenbedingungen

In den osteuropäischen Staaten im Umbruch konzentrierte sich das unternehmerische Interesse zuerst auf diejenigen Wirtschaftsbereiche, die am leichtesten zugänglich waren (geringe Investition, wenig Konkurrenz) und die – wenn möglich gleichzeitig – den Nachholbedarf der Gesellschaft am ehesten zu befriedigen versprachen. Besonders beliebt waren bei den neuen Selbständigen der Handel und das Gastgewerbe sowie das produzierende Handwerk und konsumorientierte Dienstleistungen. Aber auch das Baugewerbe verbuchte einen großen Zuwachs an neuen Unternehmen.

Die Neugründung von Unternehmen erfolgte in unterschiedlich schnell durchlaufenen Phasen: Konzentrierten sich die Neugründung von Betrieben zuerst auf die Sektoren Handel und Dienstleistungen, so folgte die Baubranche zwar recht vehement, aber doch zeitversetzt.

Als Grund hierfür führen Lagemann et al. an:

> „In diesem Zusammenhang ist auf den längst nicht abgeschlossenen Umstrukturierungsprozeß der Staatsindustrie hinzuweisen: die monopolistischen Strukturen in den meisten Industriezweigen müssen erst aufgebrochen werden, ehe ein Markteintritt von Unternehmens-

32 Lagemann et al., a.a.O., S. 35.

gründern in Frage kommt. Privatisierte Unternehmen hingegen können die von ihren staatlichen Vorläufern behaupteten Positionen besetzen."[33]

Tatsache ist also, daß sich neugegründete Unternehmen erst mühsam etablieren müssen – ganz besonders vor dem Hintergrund des herrschenden Informationsdefizits –, wohingegen diejenigen neuen Selbständigen, die einen staatlichen Betrieb übernehmen, von dessen bereits bestehender Infrastruktur profitieren und damit einen ungleich leichteren Start haben.

Tendenziell ist nach Lagemann et al.[34] in den osteuropäischen Staaten mit einer weiteren, wenn auch geringer ansteigenden Anzahl der Selbständigen zu rechnen. Ein Grund hierfür dürfte auch in einer mittlerweile realistischeren Einschätzung der Marktchancen liegen – im Vergleich zu einer gewissen anfänglich euphorischen Erwartungshaltung, die sich später dann nicht bewahrheiten sollte.

2.2.5 Allgemeine Gestaltungsaufgaben der Politik beim Strukturaufbau

Grundlegendes Ziel der Politik hinsichtlich der Unterstützung des Aufkeimens mittelständischer Unternehmen ist es, Strukturen zu schaffen, die eine privatwirtschaftliche Betätigung ermöglichen. Die Aufgabe besteht dann in der Schaffung eines marktwirtschaftlichen Rechtsrahmens sowie der Stabilisierung des makroökonomischen Umfeldes.[35]

Allgemein gesprochen geht es um die Verankerung eines marktwirtschaftlichen Regelwerks im Wirtschaftsleben.

Die Gestaltungsaufgaben und die Gestaltungsoptionen der Politik sind – trivialerweise – nicht nur unmittelbar abhängig von dieser Zielsetzung, sondern auch von der Auffassung dessen, was eine Systemtransformation ist, also von der Art und Weise, wie ein Übergang von einer Zentralverwaltungswirtschaft zur Marktwirtschaft prinzipiell induziert und institutionell begleitet werden kann.

Unmittelbar einsichtig ist, daß der Staat als Impulsgeber fungieren muß. Nur er ist es, der jene Strukturen zu schaffen in der Lage ist, innerhalb derer ein unternehmerischer Mittelstand entstehen und prosperieren kann.

Ausgangspunkt bildet zunächst ein erster gestalterischer Akt der Legislative und Exekutive, wobei es eine Illusion wäre, hier Unfehlbarkeit und Endgültigkeit anzunehmen.

Der Staat könnte aber nicht nur Katalysatorfunktion haben, sondern – überambitioniert – gleichsam zu viel des Guten tun, indem er das strukturelle Netz zu eng knüpfte. Übergroße und dann später zwangsläufig enttäuschte Erwartungen könnten beispielsweise dazu führen, daß institutionell allzu früh nachgebessert

33 Lagemann et al., a.a.O., S. 36.
34 Lagemann et al., a.a.O., S. 37.
35 Lagemann et al., a.a.O., S. 37.

wird, obwohl sich späterhin womöglich automatisch ein effizientes Wirtschaften eingestellt hätte. Lagemann et al. sprechen hier von einer 'konstruktivistischen Sicht' der Dinge, also von einem eigentlich planwirtschaftlichen Vorgehen, von einer übertriebenen Detailplanung, die außer acht läßt, daß gesellschaftlich verankerte, informelle Institutionen, Gewohnheiten, Einstellungen innerhalb einer Bevölkerung nicht weggeplant werden können. Haffner schreibt dazu:

> „Aber der Staat kann bei allen notwendigen Aktivitäten der Rahmen und prozessualen Überleitungspolitik die eigentlichen marktwirtschaftlichen Motivationen und Aktivitäten nicht selbst erschaffen. Sie müssen aus der Gesellschaft kommen. Marktwirtschaft ist in diesem Sinne nicht befehlbar, wohl aber kann sie durch übermäßige Interventionen und Regulierung erstickt werden."[36]

Wird Marktwirtschaft verstanden als dauerhafter Suchprozeß nach unternehmerisch sinnvollen Einzellösungen, als Entdeckungsverfahren zur Ermittlung des höchsten Nutzenniveaus, als stetiger Wandlungs- und Anpassungsprozeß, dann müssen die strukturellen Rahmenbedingungen zur Schaffung neuer Handlungsräume notwendigerweise liberal und flexibel sein, um der Dynamik Rechnung zu tragen, die jedwedem Suchprozeß innewohnt. Ebenso können geeignete Rahmenbedingungen dazu beitragen, den Faktor Unsicherheit zu minimieren. Unmittelbar abhängig von einem solchen Verständnis ist die Definition der Aufgabenstellung für einen Strukturaufbau:

Große Strategien als Resultat der Annahme, man könne den Prozeßverlauf en detail planen – einerseits –, die Schaffung der Mindestbedingungen als Resultat der Überlegung, eine Systemtransformation in Richtung Marktwirtschaft und ihre dauerhafte Etablierung sei eher ein trial-and-error-Prozeß – andererseits.[37]

Angesichts der Tatsache, daß ein Abschied von der Zentralverwaltungswirtschaft eine multivariable Veränderung der wirtschaftlichen und sozialen Verhältnisse ist, die in ihrem vollen Umfang weder rational noch qua analogem Vorbild erfaßbar ist, sind die Gestaltungsaufgaben der Politik beim Strukturaufbau eher allgemeiner Natur; nicht die planerische Beherrschung aller weiteren Entwicklungen sollte im Vordergrund stehen, sondern vielmehr das „auf den Weg bringen".

Einen eindrucksvollen Einblick in die Schwierigkeiten, die entstehen können, wenn eine solche Induktion nicht konsequent erfolgt, also wenn betriebliche Einzelentscheidungen zwar zugelassen werden, allerdings nur im enggesetzten Rahmen einer – noch von planwirtschaftlichem Denken – geprägten Kontrollabsicht, gibt Peterhoff[38] für Rußland unter Gorbatschow. So wird im Gesetz über die staatlichen Unternehmen und Vereinigungen (1987) bestätigt, daß selbständig Verträge abgeschlossen werden

---

36 Haffner, F., in: Biervert / Held, a.a.O., S. 18.

37 Kleer, J. / Laurinkari, J. / Brazda, J.: Der Transformationsprozeß in Osteuropa und die Genossenschaften, in: Berliner Schriften zum Genossenschaftswesen, Bd. 7, hrsg. von Hagedorn, K. / Turner, G. / Wickström, B-A., Göttingen 1996, S. 8 f.

38 Peterhoff, R.: Wirtschaftsreformen als Krisenmanagement: Systemerhalt durch „muddling through"?, in: Hartwig / Thieme, a.a.O., S. 4.

dürfen, die Produktion – nach Art und Umfang – unterliegt jedoch administrativ vorgegebenen Kontrollziffern sowie einer Definition staatlicherseits, was gesellschaftlich vorrangige Bedürfnisse deckt. Folge war, daß Produktions- und Erlöspreise nicht die Knappheit von Gütern widerspiegelten, sondern lediglich eine Rechengröße blieben.

Die jungen Marktwirtschaften Polen und Litauen haben sich selbst politisch bereits auf den Weg gebracht. Grundlage bildeten die politische Entscheidung gegen die Plan- und für die Wettbewerbswirtschaft, die Neuformulierung des Rechtsrahmens, die Änderung des Geldsystems sowie der Aufbau eines marktwirtschaftlichen Informationssystems, das Aufschluß gibt über Preise, Mengen, Qualitäten und Nebenbedingungen.

Innerhalb dieses Rahmens machen Lagemann et al. die folgenden allgemeinen Gestaltungsaufgaben für die Politik beim Aufbau eines unternehmerischen Mittelstandes aus, die Gegenstand der grundsätzlichen Überlegungen einer erfolgreichen Mittelstandspolitik sein müssen:

- effektive Durchsetzung des neuen Rechtsrahmens,
- Beseitigung festgestellter Hemmnisse für die mittelständische Wirtschaft durch Korrektur der Rahmenbedingungen,
- Beseitigung der Benachteiligung der kleinen und mittleren Unternehmen in Steuer- und Gesellschaftsrecht,
- wettbewerbspolitische Maßnahmen zur weiteren Aufbrechung der noch in Teilbereichen bestehenden monopolistischen Marktstrukturen,
- Ausgleich größenbedingter Nachteile der mittelständischen Unternehmen,
- Förderung privatwirtschaftlicher Aktivitäten, die Unterstützung der Selbsthilfeorganisationen der privaten Wirtschaft und Aufbau eines Netzwerkes von Hilfs- und Unterstützungseinrichtungen.

Unmittelbar einsichtig ist, daß eine auch noch so konsequent durchgeführte Mittelstandspolitik nicht das Votum der Konsumenten ersetzen kann.

Selbst bei günstigsten und begünstigenden Bedingungen für mittlere Betriebe bedeutet erst die beständige Nachfrage nach Produkten eine dauerhafte, erfolgreiche Entwicklung.

3. Ansatzpunkte für die Systemtransformation einer Volkswirtschaft

Vor dem Hintergrund der in Kapitel 2 dargestellten Theorien und Optionen für den Umbau eines planwirtschaftlichen in ein marktwirtschaftliches System sollen im folgenden mögliche Ansatzpunkte konkretisiert werden, die eine Transformation erfolgversprechend induzieren können.

Allgemein gesagt geht es um die Beantwortung der Fragen: Wo kann die Politik ansetzen, um entsprechend der Zielsetzung die Transformation zu gestalten? Welche Problemlagen gilt es notwendig zu beachten? In welchem zeitlichen Rahmen kann oder sollte sich ein Umbau bewegen?

Bevor in den Unterkapiteln 3.2 bis 3.6 institutionelle Umsetzung der einzelnen politischen Rahmenbedingungen und ihre Auswirkungen auf tatsächliches wirtschaftliches und soziales Geschehen in Polen und Litauen näher betrachtet werden, sollen zunächst noch einige allgemeine Probleme bei der Konzeption einer Transformation angesprochen werden.

3.1 Allgemeiner Ansatz

Sucht man nach Grundphänomenen, die alle ostmitteleuropäische Staaten im Übergang gemeinsam aufweisen, so lassen sich im wesentlichen anführen das Sinken des Bruttoinlandsproduktes, die Liberalisierung des Binnenmarktes, eine Senkung der Einkommen der Privathaushalte, eine schnelle Differenzierung der sozialen Schichtung sowie eben ein einschneidender Eigentumswandel.[1] Daneben greifen Maßnahmen – wie beispielsweise ein auf die neuen Gegebenheiten angepaßtes Bildungswesen – verändernd in das Leben der Bevölkerung ein. Schießlich blieben Charakteristika der Planwirtschaft zunächst unverändert bestehen, so u.a. ein chronischer Nachfrageüberhang, ein die Knappheiten nicht wiedergebendes Preissystem und eine nicht am wirtschaftlichen Potential orientierte Geldversorgung. Gleichzeitig war der Staat als Ordnungsfaktor geschwächt und marktwirtschaftliche Regeln noch nicht in Kraft. Auf der einen Seite wurde die Wirtschaft aus den Zwängen des Plans entlassen, auf der anderen Seite funktionierten die Marktmechanismen noch nicht. Die Folge war zunächst eine makroökonomische Destabilisierung. Die Inflation stieg stark an, die Industrieproduktion brach ein, die Defizite im Staatshaushalt nahmen zu und die Arbeitslosigkeit wuchs. Zu den für den Weg in die Marktwirtschaft ohnehin erforderlichen Schritten wie Herstellung eines institutionellen Rahmens, einer Reform der Eigentumsordnung

1 Kleer et al., a.a.O., S. 10.

und der Schaffung von Märkten kam nun noch das Erfordernis der makroökonomischen Stabilisierung.[2]

Verdichtet man diese Charakteristika weiter, so gelangt man zu einem Spannungsdreieck aus (1) dem *Verhältnis von Staat und Markt*, (2) der Frage nach der *politischen Stabilität oder Instabilität* sowie (3) dem *gesellschaftlichen Bewußtsein*, das den Reformprozeß begleitet.[3] Punkt 1 wirft die Frage auf nach dem *Wie* der Deregulierung, dem Aufbrechen der überkommenen planwirtschaftlichen Strukturen sowie das Problem, in welchem Ausmaß der neu entstandene freie Markt einer Regulierung bedarf, das heißt wie stark und mit welchen Mitteln der Staat das Wettbewerbsgeschehen beeinflussen darf und soll. Wird der Transformationsprozeß (mangels mechanistischer Übergangsmodelle) als Suchprozeß aufgefaßt[4], dann steht zu erwarten, daß innerhalb dieses Prozesses die politischen, sozialen und vor allem ökonomischen Regeln von Zeit zu Zeit maßvoll modifiziert werden müssen, um die Ziele einer Transformation erreichen zu können. Andernfalls könnte nicht nur die Glaubwürdigkeit des Staates in ökonomischen Fragen leiden, sondern auch die Entwicklung als solche.

Ein ökonomischer Suchprozeß ist aber nicht losgelöst zu betrachten: vielmehr ist er gleichzeitig ein politischer Suchprozeß.

Punkt 2 fokussiert erstens auf die Transformationskosten des Umbaus und zweitens auf die je eigene geschichtliche Vergangenheit, auf die Kontinuität eines nationalen Selbstverständnisses, vor dessen Hintergrund Veränderungen leichter vorzunehmen sind.

Zusätzliche Transformationskosten können dann entstehen, wenn staatliche Entscheidungen häufig wechseln oder gar die Regierungen selbst, da die fortwährende Etablierung von Institutionen Aufwand bedeutet. Es steht zu erwarten, daß mit zunehmender Stabilität der politischen Führung es eher gelingt, den Weg des Systemwechsels zu beschreiten. Umgekehrt gilt dann: Je öfter Entscheidungen revidiert und durch neue Konzepte ersetzt werden, desto mehr Verunsicherung macht sich in der Bevölkerung breit, desto schneller schwindet die politische Glaubwürdigkeit, desto weniger Rückhalt werden die Neuerungen finden. Denkbar ist jedoch, daß Reformen vor dem Hintergrund eines tiefverwurzelten nationalen Selbstverständnisses als bewahrende Kraft ungleich leichter durchzusetzen sind, als wenn nur Augenblickserfolge ins Kalkül gezogen werden. Gerät die Transformation zur unumwundenen Schocktherapie mit Ableugnung alles Alten und Hochstilisierung des neuen Systems, ist nicht nur das nationale Identitätsverständnis berührt, sondern auch unmittelbar das gesellschaftliche Bewußtsein. Die Verlierer innerhalb des Umbaus, jene, die ein sinkendes Einkommen haben, ein geringeres Sozialprestige, oder arbeitslos werden, wären bei drastischen Refor-

2 Lagemann et al., a.a.O., S. 41.
3 Kleer et al., a.a.O., S. 10 f.
4 Vgl. Kapitel 1.

men nicht einmal mehr in der Lage, wenigstens aus der Geschichte ihres Landes Identität zu ziehen.

Die allgemeinste Überlegung in Zusammenhang mit möglichen Ansatzpunkten für einen Transformationsprozeß ist vielleicht eine solche, die darauf abzielt, das Spannungsfeld zwischen Bewahrung und Veränderung entsprechend der Zielsetzung inhaltlich auszugestalten und gesellschaftlich verträglich auszubalancieren.

3.1.1 Konzeptionen der Transformation

Die Eckpfeiler einer Gesellschaft bilden die Ordnungspolitik, die Wirtschafts- und Steuerpolitik, die Rechtspolitik, die Sozialpolitik sowie die Bildungspolitik. Diese Bereiche sind es, die maßgeblich die Struktur, die Wettbewerbsfähigkeit und die Entwicklung eines Gesellschaftssystems ausmachen und daher im Zuge der Konzeption einer Transformation besondere Beachtung verdienen.

Nicht nur aufgrund der Tatsache, daß die Funktion und die Ausgestaltung dieser institutionellen Bereiche unmittelbar an – immer begrenzte – Haushaltsmittel gebunden sind, setzt sie in ein gegenseitiges Bezugs- und Abhängigkeitsverhältnis, sondern auch, daß Entscheidungen und Maßnahmen in einem Bereich immer auch in systemischer Verflochtenheit andere Bereiche beeinflussen; theoretisch können sie getrennt betrachtet werden, in der Realität aber sind sie hochgradig interdependent. Das wirft die schwierige Frage nach einer Reihenfolge von Reformschritten auf[5] bzw. nach der Geschwindigkeit, mit der einzelne Bereiche – und mit ihnen das angestrebte Gebilde als Ganzes – reformiert werden sollen. Die Frage nach der Reihenfolge fassen Lagemann et al.[6] unter dem Begriff „sequencing-problem", für das Tempo der Reformen geben sie gleichsam die Extremalprinzipien als „Schocktherapie" oder „gradualistisches Vorgehen".[7] Kleer et al.[8] grenzen diese – zumindest wissenschaftlich-theoretisch – sogar als zwei unterscheidbare Modelle des Übergangs voneinander ab. Die „Schocktherapie" oder auch „Big-Bang-Strategie" ordnen sie der neoklassischen ökonomischen Theorie zu und damit einer Betonung entschieden liberal-marktwirtschaftlicher Ideen, die „Gradualistische Strategie" oder auch „Piecemal-Strategie" der *Keynesschen* Theorie und damit der Betonung staatlicher Interventionismen, die allzu große Verwerfungen verhindern sollen.

Allgemein gesprochen besteht die Herausforderung innerhalb einer Konzeption eines Überganges darin, die Rahmenbedingungen so zu gestalten, daß die wirt-

5 Verwiesen sei hier auf eine gewisse artifizielle Willkür hinsichtlich der Reihenfolge, die der bereits angesprochenen Interdependenz der Realität nur bedingt gerecht zu werden vermag.

6 Lagemann et al., a.a.O., S. 41.

7 Leipold, H.: Politische Ordnung und wirtschaftliche Umgestaltung: Zu Restriktionen und Reformen in Politik und Verwaltung, in: Hartwig / Thieme, a.a.O., S. 242.

8 Kleer et al., a.a.O., S. 75.

schaftlichen und gesellschaftlichen Konsequenzen daraus sowohl inhaltlich als auch zeitlich zusammenpassen; es ist das Problem der Synchronisation der notwendigen Veränderungen in Abhängigkeit von einem festgelegten, gleichwohl äußerst spekulativen Gesamtzeitplan.

Auf die oben aufgeworfenen Fragen nach den allgemeinen Zielen und dem Modus des Übergangs sowie nach der Reihenfolge und der Geschwindigkeit geben Kleer et al.[9] eine ebenso ernüchternde wie herausfordernde Antwort:

> „Die Anworten auf diese Fragen werden nicht so sehr von der Wissenschaft, sondern von der Praxis kommen müssen, da die Wahl des Modells, das Tempo des Übergangs und die Reihenfolge der zu setzenden Maßnahmen in Abhängigkeit vom jeweiligen Istzustand der Wirtschaft jedes Landes, vom Verlauf der Stabilisationsperiode, aber auch von den neuen Machthabern und deren Unterstützung durch die Bevölkerung erfolgen werden müssen. Der Wissenschaft obliegt es, die zur Auswahl stehenden Übergangsmodelle, die dabei zum Einsatz kommenden Instrumente und deren zeitliche Abfolge für die (wirtschafts-)politischen Entscheidungsträger in konsistenter Form aufzubereiten."

Kopplung und Koordination der verschiedenen Abstraktionsniveaus stehen in direkter Abhängigkeit zum Istzustand der Wirtschaft. Je kleiner im konzeptionellen Vorfeld das Raster aus Zielen, Instrumenten und Maßnahmen wird, desto unwahrscheinlicher scheint eine Realisierung, zu viele Unwägbarkeiten tun sich auf. Die wissenschaftliche Begleitung eines Transformationsprozesses scheint dort ihre Grenzen zu finden, wo aufgrund von eigendynamischem Verhalten statistisch-stochastische Modelle versagen. Statt auf mechanistischen Kausalerklärungen und daraus resultierenden Prognosen zu bauen, sollten eher plausible Gestaltungsoptionen zur Verfügung gestellt werden.

3.1.1.1 Transformationsprioritäten und -ziele

Gleichermaßen erste Priorität sowie beständige Zielgröße bildet die Verpflichtung, den Reformprozeß so zu gestalten und durchzuführen, daß weitere Reformschritte jederzeit möglich bleiben. Es ist dies die einfache Überlegung der Nachhaltigkeit der Entwicklung. Augenblickserfolge nutzen wenig, wenn sie letztlich den Weg in die Zukunft versperren.

Weder ist es möglich, eine Gesellschaft wegen Umbaus zu schließen, noch gegen die Akzeptanz weiter Bevölkerungsschichten Veränderungen vorzunehmen. Reformen, die nicht beständig neue Optionen für die Entwicklung der Gesellschaft und ihrer einzelnen Mitglieder eröffnen, erinnern eher an die Konstruktion einer Staatsmaschine als an ein Gebilde, daß Neuerungspotential besitzt und dauerhaft freisetzen kann.

Die Kunst der Staatsführung in Reformzeiten besteht also allgemein darin, die Prioritäten und Ziele so festzulegen, daß jederzeit halbwegs verläßliche Regelwerke existieren, die für die aktuelle oder zumindest hochwahrscheinlich zukünf-

---

9 Kleer et al., a.a.O., S. 75.

tige Durchsetzung individueller Entwürfe einer Nutzenmaximierung bürgen. Konkret bedeutet das, (1) die *Herstellung eines institutionellen Rahmens* als Regelwerk, (2) die *Reform der Eigentumsordnung*, um überhaupt individuelle Entwürfe entstehen lassen zu können, sowie (3) die *Schaffung von Märkten*, auf denen der Verwirklichung individueller Interessen nachgegangen werden kann.

Gleichsam Ausgangspunkt für die Überlegungen und die Festlegung dieser Ziele bilden die mit dem Zusammenbruch der planwirtschaftlichen Systeme einhergehenden Probleme:

Das von Johann Gottlieb Fichte entworfene Staatsmodell eines planwirtschaftlichen Modells, in dem der Staat dafür Sorge trägt, daß jedes Individuum hinreichend abgesichert ist, daß die „objektive gemeingültige" Vernunft den Rahmen bildet, der durch freiwillige Zustimmung aller Beteiligten Freiheit „nach der Vernunft" sicherstellt, bleibt leider nur ein idealisierendes Modell.[10]

In Wahrheit ist das Verhältnis von Angebot und Nachfrage verschoben in Richtung eines chronischen Nachfrageüberhangs, die Preise sind keine Funktion der Knappheit der Güter und Dienstleistungen, die Geldversorgung ist nicht adäquat dem ökonomischen Potential, der Staat als Ordnungsfaktor ist geschwächt, die Etablierung marktwirtschaftlicher Regeln noch nicht gelungen. Etwas plastischer bringen es Apolte und Cassel zum Ausdruck:

> „Das über Generationen propagierte Leitbild eines kommunistischen Wirtschafts- und Gesellschaftssystems muß ausgewechselt werden, die Planbürokratie abgeschafft, die etablierten Machtverhältnisse abgelöst, marktwirtschaftskonformes Verhalten eingeübt und neues Wissen um die Funktionsweise einer Marktwirtschaft erworben werden. Hinzu kommt der Aufbau einer gänzlich neuen Wirtschaftsordnung sowie eine durchgreifende Reform des Rechts- und Verwaltungssystems."[11]

Da Marktwirtschaft trivialerweise von Märkten lebt und bestimmt wird, kommt der theoretischen Definition von Marktsegmenten innerhalb der Zielsetzung einer Reform vornehmliche Bedeutung zu. „Die Waren können nicht selbst zu Markte gehen und sich nicht selbst austauschen", befindet Karl Marx in seinem *Kapital*.[12] Das heißt letztlich nichts anderes, als daß jedwede angebotene Ware oder Dienstleistung im Kontext zu sehen ist mit denen, die von Mitbewerbern angeboten werden. Oder anders ausgedrückt: „jede Leistung bestimmt sich in Differenz zu anderen Leistungen"[13].

Vorrangige Bedeutung messen auch Kleer et al. der theoretischen Definition von Marktsegmenten zu. Kleer et al.[14] bestimmen die folgenden Teilmärkte, die jeweils auch differenzierte Methoden der Etablierung erfordern:

---

10 Zippelius, R., in: Geschichte der Staatsideen, a.a.O., S. 149 f.

11 Apolte, Th. / Cassel, D., in: Hartwig / Thieme, a.a.O., S. 114.

12 Marx, K.: Das Kapital: Kritik der politischen Ökonomie, Bd. 1, Berlin 1980, S. 99.

13 Baecker, D., a.a.O., S. 266.

14 Kleer et al., a.a.O., S. 77 ff.

- *Güter- und Dienstleistungsmarkt*: Hier würde eine gänzlich liberale Preisfreigabe unmittelbar einen drastischen Anpassungsprozeß hinsichtlich Nachfrage und Angebot induzieren. Der Markt würde auch zwischen den einzelnen Unternehmen Differenzierungen erzwingen, die in neue Preis- und Kostenrelationen münden. Entscheidet der Staat, schrittweise die Preise freizugeben, würden viele unrentable Unternehmen durch Subventionen o.ä. künstlich weiter am Leben gehalten. Die Zielsetzung ist damit abhängig von der sozialen Zumutbarkeit drastisch erhöhter Preise einerseits und der jeweiligen Situation des Staatshaushalts, aus dem Subventionen bezahlt werden könnten, andererseits. Es gilt also abzuwägen zwischen Vor- und Nachteilen einer gänzlich liberalen Preisfreigabe und einer lediglich graduellen Freigabe der Preise, um zu heftige Überwerfungen der Bevölkerung zu vermeiden.
- *Kapitalmarkt*: Inhaltliches Ziel ist die Errichtung einer entsprechenden Infrastruktur (Börsen, Finanz- und Rechtsinstitutionen, Bankensystem), die Ausbildung von Fachpersonal sowie die Kumulation in- und ausländischen Privatkapitals. Da ersteres in der Anfangsphase nur sehr begrenzt vorhanden ist bzw. gänzlich fehlt, kommt der Einwerbung von Auslandskapital große Bedeutung zu. Entscheidet sich der Staat, die staatseigenen Betriebe zunächst zu kommerzialisieren (Umstellung auf Marktregeln und -anreize) und noch nicht zu privatisieren, könnte diese Schwierigkeit dadurch umgangen werden, daß die Gewinne aus den staatlichen Betrieben in staatliche Kreditprogramme fließen könnten.
- *Arbeitsmarkt*: Insofern Arbeit Mehrwert und damit Entwicklung schafft, kommt der Schaffung eines Arbeitsmarktes als Produktionsfaktor neben Kapital und Boden erste Priorität zu. Arbeit wird als Potential des Menschen zur Existenzsicherung gesehen, daß soziologische, psychologische, ökonomische und produktive Dimensionen besitzt. Inhaltlich bedeutet das eine Abkehr von der sozialistischen Vollbeschäftigungsdoktrin, von dem Verständnis des Unternehmens als sozioökonomische Einrichtung mit sozialen Sonderfunktionen (z.B. Kindergarten, Urlaubsfinanzierung oder -bezuschussung) sowie von der zentralistisch gesteuerten Allokation des Humankapitals und der Höhe der Löhne.
- *Valutamarkt* (Auslandsverkehr und Konvertibilität der Währung): Teilziele wären hier die Abschaffung des staatlichen Außenhandelsmonopols, die Liberalisierung der Zollgesetze sowie die Erlangung einer vollen Währungskonvertibilität.

Einen konkreteren Rahmen für den Fokus auf das Marktgeschehen geben Apolte und Cassel[15], indem sie den Prioritäten und Zielen einer Transformation methodische Ansatzpunkte zuordnen. Damit werden die oben angeführten drei basalen Ziele einer Transformation (Herstellung eines institutionellen Rahmens, Reform der Eigentumsordnung, Schaffung von Märkten) ausformuliert als konkrete Aufgabenstellungen, deren Untergliederung in Teilschritte die Ansatzpunkte für die Systemtransformation einer Volkswirtschaft wesentlich deutlicher heraustreten

15 Apolte, Th. / Cassel, D., in: Hartwig / Thieme, a.a.O., S. 114 ff.

lassen. Unterteilt in (1) Rechts-, Finanz- und Verwaltungsordnung sowie (2) Wirtschaftsordnung, lassen sich folgende Zielsetzungen formulieren:

1. Rechts-, Finanz- und Verwaltungsordnung

Die *Einführung eines marktwirtschaftskonformen Rechtssystems* umfaßt die Änderung resp. Neuformulierung des Eigentums-, Schuld- und Sachenrechts, des Gesellschafts-, Gründungs- und Insolvenzrechts, des Wechsel- und Scheckrechts sowie des Wettbewerbsrechts.

Der *Aufbau eines marktwirtschaftskonformen Steuersystems* berührt Fragen der Unternehmens-, Einkommens-, Vermögens-, Verbrauchsbesteuerung sowie einer Gebühren- und Abgabenordnung.

Eine *Verwaltungsreform* muß sich beziehen auf die Auflösung bürokratischer Macht- und offiziöser Begünstigungsstrukturen, auf den Aufbau einer neuen öffentlichen Verwaltung sowie auf die institutionelle und personelle Reform der Rechtspflege.

2. Wirtschaftsordnung

Die *Reform der Preisbildung* bedeutet eine Ablösung der administrativen Preis- und Lohnbildung durch die Bildung der Preise durch Marktmechanismen.

Die *Reform des Geld- und Kreditwesens* beinhaltet die Schaffung eines zweistufigen Bankensystems mit einer unabhängigen Notenbank und privaten Geschäftsbanken.

Die *Reform der Außenwirtschaft* besteht in der Liberalisierung des grenzüberschreitenden Leistungs- und Kapitalverkehrs, in der damit einhergehenden Abwertung der Währung[16] und der Freigabe des Wechselkurses sowie in der Einführung der Konvertibilität der Währung, vorzugsweise für Ausländer und inländische Betriebe.

Die *Reform der Eigentumsordnung* umfaßt die Sicherung privater Eigentumsrechte und die Gewährleistung der Gewerbefreiheit, die Überführung bestehender Betriebe in privatrechtliche Organisationsformen, die allgemeine Privatisierung durch Verkauf oder unentgeltliche Beteiligungen und Schaffung eines Kapitalmarktes sowie die Förderung der Neugründung von Unternehmen durch In- und Ausländer.

Die *Neuordnung bestehender Wirtschaftsstrukturen* bezieht sich auf die Entflechtung von Kombinaten und Konglomeraten, die Entflechtung von Lenkungsbüro-

16 Stabile Wechselkurse verursachen bei hoher Inflationsrate eine reale Aufwertung der Währung, wodurch sich Exportchancen verringern. Durch eine vorweggenommene Abwertung sollen reale Aufwertungen ausgeglichen werden. Durch die ständige Wechselkursanpassung an Inflationsunterschiede („crawling peg") steigen die Exportchancen.

kratien und Betrieben sowie allgemein den Import von Wettbewerb und die Verstärkung des Anpassungsdruckes durch verstärkten Güter- und Kapitalimport.

Die *soziale Absicherung* erwächst aus der sozialen Flankierung der Preisreform durch offene Einkommentransfers[17], aus der Absicherung bei Arbeitslosigkeit und Vorruhestand sowie aus Programmen zur Qualifikations- und Mobilitätsförderung.

Bislang unausgesprochen, nichtsdestoweniger aber von fundamentaler Bedeutung für das politische Klima in einem jungen Reformstaat nach zum Teil dramatischen Erfahrungen mit ebenso mächtigen wie willfährigen Sicherheitsdiensten und entsprechender Legislative ist eine Prioritätenforderung, die Leipold aufstellt:

> „Höchste Priorität sollten die Prinzipien der Rechtsstaatlichkeit und des Föderalismus erhalten, die auch als Leitprinzipien für die Neuordnung der Staatsverwaltung zu gelten haben. ... Die alten Macht- und Schaltzentren, insbesondere die mächtigen Sicherheitsapparate, sind aufzulösen, und die Verantwortlichen sind für ihre Taten strafrechtlich zu belangen."[18,19]

3.1.1.2 Zeitliche Abfolge der Reformschritte und Geschwindigkeit

Die Sequenz der Reformschritte und das Tempo ihrer Umsetzungen bergen mannigfaltige Probleme. Unter der Annahme, daß der Übergang nicht konstruktivistisch, also vom Reißbrett aus in allen Teilbereichen plan- und kontrollierbar ist, sondern eher dem Wesen einer sich in weiten Teilen selbst regulierenden Veränderung unter politisch gesetzten Rahmenbedingungen entspricht, ließe sich eine Transformation grundsätzlich so bestimmen: Eine Transformation ist in weiten Bereichen ein autokatalytischer Prozeß, dessen Anschub freilich extern erfolgen muß. Sind erst einmal erste institutionelle Weichenstellungen auf den Weg gebracht, kann sich ein Markt mit Produzenten und Konsumenten ausbilden, die beide wieder besteuert werden können, um weitere staatliche Schritte (Förderprogramme, Investitionskredite, Außenhandelsbeziehungen etc.) finanzieren zu können. Überdies steht zu erwarten, daß mit dem Aufblühen wettbewerblicher Strukturen und schrittweiser individueller Vermögensbildung die Akzeptanz des Gesamtgeschehens wächst. Ein Reformstaat in der Übergangsphase könnte damit

---

17 Transferszahlungen sind Zahlungen der öffentlichen Hand an private Haushalte oder Unternehmen (Subventionen), ohne daß eine marktliche Gegenleistung damit verbunden ist.

18 Leipold, H., in: Hartwig / Thieme, a.a.O., S. 243.

19 Diese Sicht der Dinge scheint aus mehreren Gründen diskutabel: Zum einen bedeutet die gänzliche Beseitigung der vormaligen Führungskräfte das Ausschalten kompetenter Kräfte, zum anderen ist es ungleich schwieriger, aus der Bevölkerung ähnlich Geschulte zu rekrutieren – aus einer Bevölkerung, bei der mit einem erheblichen Erfahrungs- und Qualifikationsdefizit bzw. -rückstand gerechnet werden muß. Zum anderen ist fraglich, ob nach dem Zusammenbruch eines Systems die Oberen zur Rechenschaft gezogen werden können – zumal das Innehaben einer solchen Machtposition nicht zwangsläufig auf verbrecherische Vergangenheit schließen läßt –, da dies als Eingriff in die Souveränität eines Staates gewertet werden kann. Gleichwohl sind Sicherheitsapparate ein Symbol für fehlende Rechtsstaatlichkeit. Die psychologische Wirkung der Abschaffung bei den Marktteilnehmern sollte nicht unterschätzt werden.

auch gekennzeichnet werden als ein in sich rückgekoppeltes System aus Institutionenbildung, Unternehmensgründung, Arbeit, Besteuerung, staatlichen Hilfs- und Unterstützungsprogrammen, begleitet von einer weiten gesellschaftlichen Akzeptanz, im günstigsten Fall durch eine Art Aufbruchstimmung. Im Idealfall wäre der Übergangsstaat ein sich selbst beschleunigendes System, das sich in seiner Entwicklung evolutiv auf eine Wettbewerbsgesellschaft zubewegt.[20]

Diese Rückgekoppeltheit birgt dann sogleich auch ein Dilemma zwischen den Auswirkungen der Politik der makroökonomischen Stabilisierung (von Produktion und Beschäftigung) einerseits und der Durchsetzbarkeit andererseits: Je konsequenter – das heißt je schneller und direkter – der Weg der Um- und Neugestaltung beschritten wird, desto einschneidender sind die wirtschaftlichen und sozialen Folgen, um so weniger Rückhalt wird sich in der Bevölkerung finden lassen. Umgekehrt gilt aber auch: Je zögerlicher die Reformen, je länger der Reformprozeß andauert, desto enttäuschter wird die Bevölkerung sein, so daß möglicherweise die Akzeptanz für weitere Opfer ebenfalls schwindet.[21]

Hier setzt die Systemtheorie nach Nikolas Luhmann an: Anders als schlichte herkömmliche Erklärungsmuster im Sinne einer bloßen Analyse von *Ursache* und *Wirkung* bezieht sie auch die Faktoren *Selbstreferenz* und *Zeit* mit ein, des weiteren werden *Selbstorganisation* und *Autopoiesis* bei von Foerster[22] mitberücksichtigt.

Wichtigstes Instrument der Systemtheorie bleibt das exakte Beobachten sowie das exakte Beobachten des Beobachtens. Demzufolge ist jede Beschreibung als das Produkt einer Interaktion zweier *black boxes* anzusehen, nämlich als Interaktion von beobachtendem System und beobachtetem System. Lediglich die Beschreibung selbst wird transparent, nicht aber der Beobachter noch der beobachtete Gegenstand.[23]

Die Auflösung dieses Dilemmas könnte darin bestehen, die zu erreichenden Etappenziele und die zu treffenden Maßnahmen der Bevölkerung so transparent wie möglich zu machen, so daß das Votum, die Akzeptanz in der Bevölkerung weniger auf der je aktuellen Situation, sondern viel eher auf der Erwartungshaltung hinsichtlich künftiger Änderungen der persönlichen Situation beruht.

Will man den Übergang trotz der angesprochenen Interdependenzen der einzelnen Reformbereiche und -schritte und der schwer abzuschätzenden Gesamtdynamik sich selbst organisierender Systeme – einer eigenwilligen, unberechenbaren Eigen-

---

20 Lagemann et al., a.a.O., S. 41.

21 Lagemann et al., a.a.O., S. 47.

22 v. Foerster, H.: On self-organizing systems and their environments, in: Yovits, M. / Cameron, S. (Hrsg.).: Self-organizing systems, London 1960, S. 31-50.

23 Glanville, R.: Inside every white box there are two black boxes trying to get out, Behavioral Science 27 (1982), S. I-II.

zeit unterliegend – dennoch in Sequenzen fassen, so bietet sich ein Schema an, dessen drei Phasen sich nach ihrer Funktion und ihrer Dauer unterscheiden.[24]

Die Einteilung in drei Phasen mag fälschlicherweise implizieren, daß es sich hier um sequentielle, aufeinander aufbauende Stufen handelt; vielmehr überlagern, überlappen und verdrängen sich diese aber gegenseitig, so daß nicht von einem linearen Ablauf gesprochen werden kann.

In der *Stabilisationsphase* wird der neue institutionell-rechtliche Rahmen gesetzt, der Initial und Rahmenbedingung der künftigen Entwicklung darstellt. Gleichzeitig werden diejenigen – überkommenen – Institutionen beseitigt, die hemmend auf die neue Richtung der Entwicklung wirken würden.

In der *Übergangsphase* erfolgt die tatsächliche Umgestaltung der Eigentumsverhältnisse in der Form der Privatisierung der Staatsbetriebe sowie der Herausbildung eines Mittelstandes. Eine Vorabaussage über die Dauer dieser Phase ist deshalb problematisch, weil zum einen die historischen Ausgangssituationen in den einzelnen postkommunistischen Ländern unterschiedlich sind, zum anderen je nach Gefüge der politischen Gruppierungen und der Effizienz ihrer Interessenwahrung sich gänzlich andere Konstellationen ergeben können. Kleer et al. schreiben dazu:

> „Wie die Übergangsperiode und die in ihr auftretenden Schwierigkeiten verlaufen werden, hängt primär davon ab, wie schnell sich die Anpassungsprozesse vollziehen, und zwar nicht nur jene in der Produktions- und Konsumsphäre, sondern auch jene im Kommunikationssystem zwischen den Unternehmen und einer modernen Infrastruktur. Insgesamt wird die Übergangsperiode, obwohl man ihre Aufgaben sehr genau kennt, von großen Unsicherheiten begleitet sein."[25]

Die dritte Phase, die *Herausbildung der Marktwirtschaft*, dient der Modifizierung des Verhältnisses von staatlichen Funktionen zu ökonomischem und sozialem Geschehen. Letztlich geht es in dieser Periode um die Klärung der Frage, welche Art von Marktwirtschaft (liberal, sozial) künftig in der Gesellschaft vorherrschen soll, das heißt, wie umfangreich die staatliche Einflußnahme bzw. seine Fürsorge sein soll.

Die Abfolge der Reformschritte ist damit grob gekennzeichnet, allgemeingültige Aussagen über die Geschwindigkeit lassen sich ungleich schwerer machen (vgl. auch Kapitel 3.1.1.6 sowie 3.2).

3.1.1.3 Wirtschaftliche Erfordernisse und soziale Restriktionen

Wäre ein politischer Umbau eines sozialistisch-kommunistischen Staates und seiner Marktordnung anstelle von tiefgreifenden Einschränkungen mit einem von Anfang an stetigen Plus für die Bevölkerung möglich, dann würden die für den

---

24 Kleer et al., a.a.O., S. 83.

25 Kleer et al., a.a.O., S. 84.

Umbau erforderlichen Maßnahmen und deren Auswirkungen von der breiten Masse getragen, es gäbe weder eine Bilanzierung von zu erbringenden Opfern auf der einen Seite und Hoffnung auf bessere Zeiten auf der anderen.

Die Realität in den ostmitteleuropäischen Reformstaaten sieht jedoch anders aus. Es existiert ein Wählerauftrag, ein breites Votum für Veränderungen durch die Staatsgewalt. Sie ist es, die einerseits Ursache für die mit dem wirtschaftlich Notwendigen einhergehenden Restriktionen ist, und andererseits gleichzeitig weitere Unterstützung für die Umsetzung des Reformprogramms einfordert. Eine fast schon im klassischen Sinne paradoxe Situation, deren kurz- und mittelfristiges Bestehen und deren langfristige Auflösung eben nur vor dem Hintergrund eines geordneten Zeithorizontes aus unwiederbringlich Vergangenem und schmerzlicher Gegenwart in der Hoffnung auf eine weitaus bessere Zukunft verstanden werden kann. Voraussetzung für die Auflösung des o.a. Paradoxons ist die objektiv-institutionelle Etablierung von Neuem und die subjektiv-individuelle Einsicht, daß es ein Zurück nicht gibt, daß der Reformprozeß irreversibel ist, daß eine Alternative zu sozialen Verwerfungen nur theoretisch existiert. Praktisch jedoch haben die Bürger des Reformstaates eine Diskrepanz auszuhalten. Gewohnte, nun aber eingeschränkte oder gänzlich aufzugebende Besitzstände stehen gegen Ungewohntes, noch nicht Bekanntes, in einer nahezu unbegrenzte Optionen offerierenden Zukunft.

Wirtschaftlich einhergehend mit dem Umbau eines ehemals kommunistischen Staates ist der Rückgang der Produktion und damit zeitweiliger Unterversorgung, das Ansteigen der Preise aufgrund wegfallender Subventionen, insbesondere für Miete, Energie und Grundnahrungsmittel, Realeinkommenseinbußen, Entlassungen und Arbeitslosigkeit durch die Privatisierung ineffizienter Staatsbetriebe sowie durch den Abbau der Bürokratie, die – freundlich ausgedrückt – allesamt als deutlich spürbare Wohlfahrtsverluste zusammengefaßt werden könnten, durchaus aber auch in weiten Teilen als Verarmung aufgrund von sozialer Destabilisierung angesprochen werden können.

Verständlich ist, daß ein individuelles Interesse besteht, die eigentlich je persönlich zu tragenden Kosten des Umbaus der Volkswirtschaft nicht tragen zu wollen und diese statt dessen auf später oder auf andere Gruppen zu verlagern. Konsequent wäre eine stimmenwirksame Weigerung, die marktwirtschaftliche Transformationspolitik beim nächsten Urnengang nicht zu unterstützen. Leipold[26] sieht jedoch noch eine andere Folge sozialer Restriktionen resp. die aus ihnen entstehenden Anreize zu einem Verhalten, daß gegen eine konsequente Durchsetzung marktwirtschaftlicher Strategien gerichtet ist. Wird der ökonomische Übergang aus der politischen Überlegung heraus, daß ein allzu konsequentes Vorgehen zu große Opfer abverlange, gepuffert (durch marktinkonforme und wettbewerbsbeschränkende Regelungen, wie z.B. Marktzugangsbeschränkungen, staatliche Mindestpreise, Subventionen oder Steuererleichterungen), dann könnten sich rasch Inter-

26 Leipold, H., in: Hartwig / Thieme, a.a.O., S. 245.

essen organisieren, weil die staatlichen Vorzugsregelungen direkt gruppenspezifisch zurechenbare Vorteile bringen. Ein Lobbyismus könnte sich breitmachen, der mit spezifischen Gruppeninteressen bei Politikern und Parteien Handlungszwang erzeugt, ordnungspolitische Konzessionen oder direkte Hilfe einfordert, die zu Lasten der breiten Wählerschicht gehen.

Insgesamt zeigt die Erfahrung der ostmitteleuropäischen Reformstaaten, daß nicht ein einziges Land den Umbau so vornehmen konnte und kann, daß das ökonomisch Erforderliche ohne soziale Einschränkungen durchgesetzt werden kann.

3.1.1.4 Schaffung der Rahmenbedingungen und deren Umsetzung

Eine konzeptionelle Unterteilung in makroökonomische Rahmenbedingungen und mikroökonomische betriebliche Tätigkeit bei der Betrachtung einer planwirtschaftlich organisierten Volkswirtschaft ist nur schwer möglich. Durch u.a. Zuteilung der eigenen und importierten Produktionsfaktoren, durch Etatisierung, durch Produkt- und Produktionsmengenvorgaben und durch eine staatliche Festlegung der Preise waren die Betriebe integraler Teil der politökonomischen Konzeption der Kommandowirtschaften. Sie waren von der personellen Besetzung her und in ihren betrieblichen Aktivitäten verlängerter Arm der ideologisierten Politik, ausführende Organe eines mechanistischen Staatsapparats.

Eine Unterteilung in Rahmenbedingungen und sich unter diesen entwickelnden mikroökonomischen Einheiten ergibt nur dann Sinn, wenn der Rahmen explizit verstanden wird als politisches und makroökonomisches Regelwerk, innerhalb dessen sich in freier Entscheidung und Kompetenz Produzenten und Konsumenten bewegen.

Die basale Forderung an ein solches Regel- und Gesetzeswerk, das in seiner Umsetzung freie wirtschaftliche Prosperität aufkommen lassen kann und nachhaltig unterstützen soll, ist im Zuge einer Umstellung der Marktordnung der Abschied von der Angebotsorientiertheit mit verordneten Abgabepreisen hin zum freien Wechselspiel von Angebot und Nachfrage mit entsprechender Preisbildung; so der Idealzustand.

Dem entgegen steht jedoch eine Reihe von Möglichkeiten von teils überkommenen, teils zur Pufferung der Transformationslasten und -kosten neu institutionalisierten staatlichen Mechanismen der Einflußnahme auf die Entwicklung eines Wettbewerbssystems, oder direkt auf betriebliche Strukturen. Gleich, ob die Rahmenbedingungen nun eine „Schocktherapie“ oder einen „gradualistischen Übergang“ (vgl. Kapitel 3.1.1.2) vorsehen: Auf jeden Fall sollten folgende Punkte – teilweise nach Kleer et al.[27], teilweise nach Lagemann et al.[28] und nach Melnikas[29] – umgesetzt werden:

27 Kleer et al., a.a.O., S. 93 ff.
28 Lagemann et al., a.a.O., S. 44 f.

- eine *Entpolitisierung* der staatlichen Großbetriebe bzw. ein staatlicher Verzicht auf Interventionen bei personellen Besetzungen in Wirtschaft (und Verwaltung), das heißt eine freie Bestellung der Führungskräfte. Nicht nur offiziöse Begünstigungsbeziehungen („Seilschaften“) werden so erschwert oder unmöglich gemacht[30], sondern es wird auch mit einer kommandowirtschaftlichen Mentalitäts- und Entscheidungsgewohnheit gebrochen;[31]
- eine *Entetatisierung* der staatlichen Großbetriebe, einhergehend mit einem Abbau staatlicher Zuschüsse, Ermäßigungen und Privilegien, so daß Subventionen ausschließlich der Charakter eines wohlüberlegten Steuerungsinstruments im Sinne volkswirtschaftlicher bzw. gesamtgesellschaftlicher Interessen zukommt;
- eine Privatisierung (oder Kommerzialisierung) staatlicher Großbetriebe;
- eine Entmonopolisierung staatlicher Großbetriebe durch eine Öffnung der Märkte bzw. durch Investitionsanreize in der jeweiligen Branche. Andernfalls könnte die entschiedene Umsetzung der Rahmenbedingungen durch die starke Verhandlungsposition eines Monopolisten gegenüber der Regierung zu Zugeständnissen führen, da hier eventuelle Vorteile direkt zurechenbar sind (vgl. Kapitel 3.1.1.3);
- eine raschestmögliche Klärung der Besitzverhältnisse, um die in den Rahmenbedingungen festgeschriebenen Verfügungsrechte als Grundvoraussetzung wettbewerblicher Tätigkeit auch zuordnen zu können bzw. betriebliche Entscheidungen zu ermöglichen;
- eine Klärung der Frage nach den Vermögenswerten der zu privatisierenden Betriebe, so daß für mögliche Investoren tatsächlich auch eine Entscheidungsgrundlage besteht;
- eine raschestmögliche Klärung der Rechtmäßigkeit von Schuldtiteln bzw. des tatsächlichen Umfangs und der Tilgungsmöglichkeiten betrieblicher Altverschuldungen. Unmittelbar einzusehen ist, daß Zins- und Tilgungslast (bei einem nun freien Kapitalmarkt) für an sich wettbewerbsfähige Unternehmen ein großes Hemmnis darstellen;
- eine Klärung der Frage nach Steuerstundungen bzw. des Konkursrechts angesichts der stetigen Verminderung staatlicher Interventionen, um einerseits nicht künstlich am Leben zu halten, was eigentlich dem Druck des Wettbewerbs nicht standhalten kann, und um andererseits nicht – womöglich – ein so hohes Staats-

---

29 Melnikas, B. / Melnikas, L.: Die aktuelle politische und wirtschaftliche Situation in Litauen, Sonderveröffentlichung des Bundesinstitut für ostwissenschaftliche und internationale Studien, Köln 1995, S. 24.

30 O.Verf.: Litauens Wirtschaft auf dem Weg der Besserung, Rohstoff- und Energieabhängigkeit als Nachteil, in: Neue Zürcher Zeitung Nr. 146 v. 27.6.1999, S. 10

31 Flexibilität und Qualifikation, beides Qualitäten, die in der Ära der „Inkassomentalität“ nicht oder nur rudimentär ausgebildet waren, müssen die zuvor vorhandenen, ineffizienten Netzwerkstrukturen ablösen.

defizit aufkommen zu lassen, das die weitere Durch- und Umsetzung des staatlich-institutionellen Rahmens gefährdet.

Da eine Wettbewerbsgesellschaft, wie eingangs dargelegt, im Unterschied zur hochgradig administrativen Planwirtschaft, maßgeblich durch eine mikroökonomische Eigendynamik gekennzeichnet ist, stellt sich die gesamtwirtschaftliche Entwicklung als immerwährendes, interdependentes Wechselspiel zwischen mikroökonomischer Entwicklung und makröokonomischer Rahmensetzung dar. Die Schaffung der Rahmenbedingungen und deren Umsetzung gehen somit einher mit einer stetigen Ausdifferenzierung und weiteren Ausjudifizierung, wobei Sorge getragen werden sollte, daß erstens nicht zu schnell und zu oft die Regeln des Spiels geändert werden, und zweitens, daß nicht am Ende Regelungswut und -wahn eine Marktwirtschaft zu einer Quasi-Planwirtschaft verkommen lassen.

3.1.1.5 Probleme institutioneller Reformen

Neben der Herausforderung, die Teilbereiche der institutionellen Reformen effektiv aufeinander abzustimmen, besteht die Grundproblematik einer derartigen Umgestaltung eines Systems aus zwei Größen: Erstens entstehen Transformationskosten, zweitens müssen die Reformen Akzeptanz und Rückhalt in der Bevölkerung finden. Die Herstellung dieser könnte auch als Transaktionskosten innerhalb einer Bestimmung des gesamtwirtschaftlichen Ertrags einer Systemtransformation auftauchen. Andererseits schafft die institutionelle Gewährung von Freiheitsgewinnen durch die Reduktion staatlicher Einflußnahmen nichtpekuniäre Erträge für die Bevölkerung, die gegengerechnet werden müßten und darüber hinaus günstigenfalls sogar noch die Transformationskosten senken könnten, da die Durchsetzung der Reformen bei größerer Akzeptanz einfacher wird.

Sieht man von diesen „weichen" Problemfaktoren ab, bildet die Frage nach den „harten" Transformationskosten das Grundproblem. Worin bestehen diese? Wie hoch könnten sie sein? Wie können sie reduziert werden? Zur Beantwortung der ersten Frage bieten Kratz und Thieme[32] eine detaillierte Übersicht, die außerdem erlaubt, zwischen Faktoren zu unterscheiden, die den Transformationsprozeß hemmen (Kosten) oder beschleunigen (Erträge).

Die *Transformationskosten* lassen sich aufteilen in (1) einzelwirtschaftliche Kosten und (2) gesamtwirtschaftliche Kosten. Unter (1) fallen zunächst die Transformationsverlierer. Es kann *Arbeitslose* geben, *Inflationsgeschädigte* und nicht anpassungsfähige *Parteikader*. Sie alle sind schlechter gestellt als zuvor. Daneben fallen noch an Kosten der *Anpassung von Fähigkeitspotentialen*, was man zusammenfassen könnte als soziale und berufliche Um- und Neuqualifizierung, sowie *Informations- und Suchkosten*, oder mit anderen Worten Kosten der allgemeinen privaten Neuorientierung. Unter (2) fallen ebenfalls *Informations-*

---

32 Kraatz, K. / Thieme, H.: Abbau von Transformationshindernissen: Ursachen, Formen, Flankierungsstrategien, in: Hartwig / Thieme, a.a.O., S. 417.

und Suchkosten, nun aber staatlicherseits. Selbst wenn der Übergang als Schocktherapie vorgenommen wird, so fallen doch auch *Friktionskosten* durch ein temporäres Nebeneinander von Institutionen unterschiedlicher Wirtschaftssysteme an sowie *Investitionskosten* zum Aufbau neuer und zum Abbau der alten Institutionen, was einschließt, das in *Humanvermögen*, also in die Ausbildung des in den neuen Institutionen arbeitenden Personals, investiert werden muß. Zahlenmäßig sicherlich schwer zu erfassen, dennoch aber zu berücksichtigen sind die durch *Sabotage* der Parteikader anfallenden Kosten bzw. diejenigen, die durch Beharrung am alten System innerhalb der Bürokratie entstehen. Und letztlich bilden die Kosten aus *inkonsistenten Transformationsstrategien* einen nicht unerheblichen Posten.

Die *Transformationserträge* lassen sich auch aufteilen in (1) einzelwirtschaftliche Umverteilungserträge und (2) gesamtwirtschaftliche Allokationserträge. Unter (1) finden sich die Transformationsgewinner. Für risikofreudige Unternehmer und *Pionierunternehmer* bilden die neuen Märkte erhebliche Chancen, ebenso für *mobile, flexible Arbeitskräfte*. Und sicherlich werden auch die *neuen Führungskräfte* in transformierenden, sich an das neue System rasch anpassenden Unternehmen zu den Gewinnern zählen. Die Erträge aus (2) ergeben sich zunächst durch den *Abbau von Marktungleichgewichten*, das heißt durch die Austarierung von Angebot und Nachfrage, sowie durch Effizienzsteigerungen aufgrund einer *Erhöhung der Produktivität*. Ebenfalls in diesen Bereich fallen *Leistungsanreize und -kontrollen auf den Märkten* – insgesamt also eine effizientere Allokation, die durch den *Abbau von Bürokratiehemmnissen und Handlungsrestriktionen* noch einmal verbessert werden kann.

Die eingangs gestellte Frage nach der Höhe der Kosten ist nur spekulativ zu beantworten, denn nahezu alle der Kostenpositionen einer Reform sind mittelbar oder unmittelbar von der Geschwindigkeit des Wandels abhängig, die wiederum abhängig ist vom Beschleunigungspotential des Übergangsstaates selbst (vgl. Kapitel 3.1.1.2). Je schneller sich z.B. Pionierunternehmer finden, desto weniger kostenverursachende Arbeitslose bzw. mehr verdienende Arbeitnehmer gibt es, desto größer wird die Binnennachfrage, desto schneller steigt das Steueraufkommen, desto schneller und nachhaltiger kann in den weiteren Umbau der Institutionen, in Infrastrukturen, in Ausbildungs- und Fortbildungsprogramme etc. investiert werden. Andererseits muß konstatiert werden, daß ein rascher Wandel vielfältige Gefahren birgt – wie z.B. mentale Überforderung oder überhastete und daher nachlässige Schritte, die sich auf Dauer nachteilig auswirken und die die Effizienz der Transformation in Frage stellen.

Zwar kann ein zügiger Transformationsablauf die Kosten reduzieren, doch ist eine solche Umwandlung mit der ihr inhärenten Dynamik nur begrenzt planbar, da ihr eine (nicht planbare) Eigenzeit zukommt.

Gelingt es der Staatsführung nicht, diese selbstrekursiven Schleifen zu knüpfen und damit die Entwicklung nach vorne in Richtung Marktwirtschaft zu treiben, besteht die Gefahr der makroökonomischen Destabilisierung aufgrund der nicht mehr aufzubringenden, gleichwohl notwendigen Staatsausgaben. Aber auch, wenn die Anschubfinanzierung gesichert ist, können sich Probleme ergeben. So fallen zunächst einmal die Staatseinnahmen aufgrund der schlechten Verfassung von Betrieben oder aufgrund sinkender Realeinkommen und schlechter Steuermoral im Privatsektor[33], gleichwohl auf der anderen Seite dringende staatliche Investitionen anstehen. Nicht unbeachtet darf der Faktor der staatlichen Konsumtion (z.B. durch Ausschreibungen mit anschließender Vergabe von Aufträgen) bleiben, wodurch dem Staat wieder lenkende Funktion zukommt. Allgemein stellt sich die Frage, ab wann und in welcher Höhe was besteuert werden soll. Offenbar ist ein Kompromiß zu finden zwischen den die nötigen staatlichen Investitionen sichernden Staatseinnahmen und der Gefahr, bei einem zu hohen Steuer- und Abgabenniveau marktwirtschaftliche Initiative und Unternehmungsgeist abzutöten – und damit den Reformprozeß zu verlangsamen oder gar zum Stillstand zu bringen.

So eindeutig jedenfalls, wie Lagemann et al.[34] das jeweils ausgewiesene Staatsdefizit als Indikator für die Güte – und damit für die Gesamtproblematik – der institutionellen Reformen ausmachen, scheint die Sache nicht zu sein. Die inländische Bevölkerung wird die alltäglichen Vor- und Nachteile für ihre Bewertung der Veränderungen nehmen. Und ausländische Investoren werden sich im klaren darüber sein, daß selbst staatliche Investitionen in staatliche Institutionen zunächst einmal vorfinanziert sein wollen, um dann – vielleicht – Früchte tragen zu können.

3.1.1.6 Zeithorizonte

Die Frage von Reihenfolge und Dauer der Systemtransformation wurde schon in Kapitel 3.1.1.2 angesprochen mit dem Ergebnis, daß sich exakte Aussagen über die Gesamtdauer schlechterdings nur schwerlich treffen lassen. Zwar lassen sich theoretisch – je nach Modellierung – Anfangspunkt und Übergangsphase bestimmen, wann allerdings empirisch bestimmbar der Endpunkt erreicht sein wird, läßt sich schwer vorhersagen. Delhaes und Fehl schreiben dazu:

> „Mit der vollständigen Herstellung der gewünschten Wirtschaftsverfassung hätte man zwar eine empirisch beobachtbare Zäsur, ein großer Teil der konkreten Ausformung der Wirtschaftsordnung bliebe dabei jedoch außer Betracht. Da dies nicht befriedigen kann, wird man bei der Bestimmung des Endes der Transformation Unschärfen in Kauf nehmen müssen ....“[35]

Von einer theoretischen Ebene aus betrachtet liegen die zeitlichen Extreme eines Reformprozesse zwischen einem Umbau gänzlich ohne Zeitbedarf und einer unendlichen Dauer. Ersteres wäre aus Gründen der Logik nur dann gegeben, wenn durch die Regierung ein geheimer Stichtag für die Umstellung des Systems festgelegt werden würde. Selbst unter der – unwahrscheinlichen – Annahme, daß die

---

33 Lagemann et al., a.a.O., S. 46.

34 Lagemann et al., a.a.O., S. 46.

35 v. Delhaes, K. / Fehl, U., in: Hartwig / Thieme, a.a.O., S. 440.

Vorbereitungen geheim bleiben würden, wäre wohl zumindest mit Friktionen aufgrund von informellen Institutionen zu rechnen. Würde, was viel wahrscheinlicher ist, der Systemwechsel nicht geheimgehalten werden können, käme es zu antizipatorischem Verhalten im Vorfeld, so daß von einem Wechsel ohne Zeitbedarf nicht mehr zu sprechen wäre.[36]

Das andere Extrem – eine unendliche Dauer – ist ebenfalls aus Gründen der Logik nicht möglich, da „unendlich" nicht zu einem diskreten Zeitpunkt bestimmt werden kann, abgesehen davon, daß sich ineffiziente Strukturen[37] nicht unendlich lange aufrechterhalten können.

Zwischen diesen Extremen wird sich der Transformationsprozeß als Planung und Etablierung der neuen Institutionen und deren Umsetzung in ökonomisches Geschehen abspielen. Ähnlich wie bereits in Kapitel 1, Stand der Forschung, angedeutet, sehen es auch v. Delhaes und Fehl; solange man nichts über das konkrete *Wie*, also die einzelnen konkreten Ergebnisse des Weges einer Gesellschaft im Umbau, aussagen kann, so lange bleibt auch die Frage nach dem Zeithorizont relativ ungeklärt:

> „[Es] wird deutlich, daß der Transformationsprozeß aus der Überlagerung zweier Komponenten resultiert: Die eine besteht in Planung und Durchsetzung der vom Staat bzw. seiner ordnungspolitischen Instanz getragenen Wirtschaftsverfassung, die andere ist der Prozeß der beständig ablaufenden spontanen, polyzentrisch vermittelten Ordnung. Dieser Prozeß wechselt in der Tendenz bereits mit der Ankündigung und entscheidend mit der Inkraftsetzung der neuen Regeln. Seine jeweiligen Ergebnisse sind aber lediglich in ihrem allgemeinen Muster vorhersehbar, also nicht im einzelnen planbar. ... [Es] werden das gesetzgeberische Verfahren, die Schaffung von Institutionen zur Durchsetzung und Kontrolle der Einhaltung der Regeln, Anwerbung oder Schulung geeigneten Personals etc. Zeit benötigen."[38]

Daß ein solch konkretes – voraussagbares – *Wie* und damit die Bestimmung eines Zeitrahmens unmöglich ist, stellt Dietl[39] in einer Untersuchung über den allgemeinen Zusammenhang von Zeit und Institutionen dar. Er versteht eine institutionelle Ordnung als evolviertes Resultat von zahlreichen Entscheidungsprozessen. Diese Ordnung bildet damit mittelfristig einen verläßlichen – weil sanktionierenden – Rahmen, innerhalb dessen wiederum Mittel-Zweck-Entscheidungen getroffen werden. Das Phänomen Transformation ist dann gegeben, wenn die Entscheidungen ihren eigenen Rahmen verändern, also den Raum, in dem Entscheidungen zu treffen sind. Dieser Vorgang ist ein evolutiver, der Variations- und Selektionsprozessen unterliegt.

---

36 v. Delhaes, K. / Fehl, U., in: Hartwig / Thieme, a.a.O., S. 441.

37 Da Effizienz ein dynamischer Begriff ist, kann, was heute als ineffektiv bzw. effektiv klassifiziert wird, bereits morgen gegenteilig bewertet werden (vgl. hierzu auch 3.1.1.2).

38 v. Delhaes, K. / Fehl, U., in: Hartwig / Thieme, a.a.O., S. 441 f.

39 Dietl, H.: Institutionen und Zeit, Tübingen 1993, S. 201 f.

Es bestätigt sich auch hier, daß es richtig war, in Kapitel 3.1.1.2 von sich selbst organisierenden Systemen im Zusammenhang mit einer Sozial- und Wirtschaftstransformation zu sprechen. Und diesen kommt eine Eigenzeit zu, die in hohem Maße von äußerst sensiblen Ausgangsbedingungen abhängig ist[40]: ein Präsident, der wortreich um Akzeptanz werben kann, eine zufällige Schlüsselinnovation, ein ausländischer Aufbaukredit, der gegeben wird – oder eben nicht.

3.2 Ordnungspolitischer Rahmen

Im vorangegangenen Kapitel wurde mehrfach darauf hingewiesen, daß neben den allgemeinen Ansatzpunkten und politischen Instrumenten für die Induzierung und Durchsetzung einer Transformation die spezifische Ausgangslage im jeweiligen Land nicht unerheblich für die Ausgestaltung der Instrumente und für die Wahrscheinlichkeit eines Gelingens der Reformen ist.

Im folgenden sollen sowohl diese Ausgangslage historisch und politisch für Polen und Litauen gekennzeichnet werden (Kapitel 3.2.1 und 3.2.2) als auch aus ordnungspolitischer Sicht die Etablierung demokratischer und marktkonformer Institutionen sowie deren Auswirkungen (Kapitel 3.2.3 und 3.2.4) nachgezeichnet werden.

3.2.1 Historische Entwicklung in Polen und Litauen

Die Staatsbildung bis hin zum Großfürstentum Litauen (seit dem 14. Jahrhundert) begann in der zweiten Hälfte des ersten Jahrtausend n.Chr. durch die litauischen Stämme. Von 1392 bis 1430 erstreckte sich das Großfürstentum als multinationales Großreich, das dem angrenzenden Großfürstentum Moskau Land und Boden streitig machte, von der Ostsee bis zum Schwarzen Meer.

1385 kam es zur Bildung einer polnisch-litauischen Union als föderatives Staatengebilde aufgrund der Heirat der polnischen Thronerbin mit dem Großfürsten von Litauen. Mit dieser Personalunion endete auch die bisherige machtpolitische Rivalität der beiden Länder, Litauen wurde christianisiert. 1569 kam es zur Realunion der beiden Länder. Es hielt sich eine litauische Führungsschicht, zunehmend wurde diese aber – durchaus freiwillig – polonisiert. Die Bevölkerungsmehrheit war ostslawisch, die Amts- und Kanzleisprache zunächst westrussisch, im 17. und 18. Jahrhundert zunehmend polnisch. Im Zuge der letzten polnischen Teilung 1795 verschwand das polnisch-litauische Doppelreich von der Landkarte, der Hauptteil des litauischen Siedlungsgebiets wurde Rußland zugeschlagen, der Südwesten kam zu Preußen.

In der zweiten Hälfte des 19. Jahrhundert entwickelte sich in Abgrenzung zum polnischen Adel und zur russischen Beamtenschaft ein erstarkendes bäuerlich-

40 Nowotny, H.: Eigenzeit. Entstehung und Strukturierung eines Zeitgefühls, Frankfurt/Main 1989, S. 6.

bürgerliches litauisches Nationalbewußtsein. Begünstigt durch die deutsche Politik im Ersten Weltkrieg, durch das Auseinanderbrechen der Kaiserreiche Rußland und Deutschland sowie durch die dann in den Pariser Vorverträgen garantierten Neustaatenbildungen in Osteuropa, bildete sich die Republik Litauen, deren neue Regierung 1918 Wilna als Hauptstadt vorsieht, sich aber gegen Polen nicht durchsetzen konnte. 1920 wurde Litauens Selbständigkeit durch Sowjetrußland anerkannt. 1926 wurde die Verfassung nach einem Militärputsch aufgehoben, es folgte eine Militärdiktatur nationalistischer Prägung. 1929 wurde diese Diktatur gestürzt und es kam zur Kabinettsbildung. 1936 entwickelte sich eine faschistische Regierungsform, es fanden gelenkte Einparteienwahlen statt. 1939 erhielt Litauen das Wilna-Gebiet durch einen Vertrag mit der UdSSR, mußte im Gegenzug aber Truppen der Roten Armee Stützpunkte gewähren. Endgültig verlor Litauen seine Souveränität 1940, es wurde Unionsrepublik der UdSSR als Litauische SSR. Während der gezielten Russifizierung des Baltikums erfolgte eine starke russische Besiedelung der litauischen Industriegebiete.

Im Zuge von Glasnost und Perestroika beginnt die Befreiung von der Sowjetunion 1987 mit dem Ziel politischer und wirtschaftlicher Selbständigkeit. Am 27.11.1989 wird im Obersten Sowjet das Gesetz über die wirtschaftliche Selbständigkeit der Litauischen, Lettischen und Estnischen Unionsrepubliken verabschiedet. Die staatliche Unabhängigkeitserklärung der Republik Litauen erfolgt am 11.3.1990, die Konsequenz ist eine Handelsblockade durch Moskau.[41]

Will man die politische Geschichte Polens in einem Satz zusammenfassen, so bietet sich der folgende an: Polen ist das Land, das in einer ausgeprägten, vormodernen pluralistischen Tradition steht in Form von Adelsdemokratie, Adelsparlamentarismus und Adelsrepublik. Darin unterscheidet es sich deutlich von den Ländern des aufgeklärten oder nicht aufgeklärten Absolutismus.

Vor der Personalunion mit Litauen (1385) existierte im ausgehenden ersten Jahrtausend n.Chr. ein aus einem Polonia Minor und einem Polonia Major entstandenes Herrschaftsgebiet, das späterhin kurzfristig die Königswürde erwarb, dann aber wieder geteilt wurde. Zur Missionierung der heidnischen Preußen wurde der Deutsche Orden ins Land gerufen. Dynastische Kämpfe ermöglichten um die Wende zum 14. Jahrhundert die Vorherrschaft Böhmens in weiten Teilen Polens, die 1306 endete. Eine erneute Vereinigung von Großpolen und Kleinpolen schloß mit der Königskrönung 1320 ab. Ab 1506 gab es Reichstage des Adels, die demokratisch die Geschicke des Landes steuerten. Bis 1572 gab es eine Erbmonarchie, ab 1573 bis 1795 wurde das Reich von Wahlkönigen beherrscht, Polen wurde praktisch zu einer Adelsrepublik mit einem weitgehend entmachteten König an der Spitze. Der ab 1652 praktizierte Grundsatz der Einstimmigkeit führte jedoch zur fast permanenten Beschlußunfä-

---

41 An Literatur vgl. Hellmann, M.: Grundzüge der Geschichte Litauens und des litauischen Volkes, Darmstadt 1990; Meyers Lexikonredaktion (Hrsg.): Schlaglichter der Weltgeschichte, Bundeszentrale für politische Bildung, Bonn 1994; Butenschön, M.: Estland, Lettland, Litauen. Das Baltikum auf dem langen Weg in die Freiheit, München 1992.

higkeit der Reichstage. Aufgrund von innerpolnischen Reformbestrebungen kam es zur ersten polnischen Teilung 1772, in der 30% des Landes an Rußland, Österreich und Preußen verloren gehen. Nach einer Reformperiode im polnischen Reststaat kommt es 1791 zur ersten geschriebenen Verfassung Europas. Die zweite polnische Teilung 1793 durch eine unter russischem Einfluß stehende reaktionäre Adelsopposition hinterläßt ein nicht mehr lebensfähiges Restpolen, das in der dritten Teilung 1795 gänzlich verschwindet.

In den Teilungsgebieten greift Resignation um sich, während die in Oberitalien im Dienst Napoleons stehenden 'Polnischen Legionen' den nationalen Gedanken im Bestreben einer Wiedererrichtung Polens aufrechterhalten. Nach der Niederlage Preußens entsteht das nach französischem Vorbild durch Friedrich August von Sachsen verwaltete Herzogtum Warschau. Im Zuge des Wiener Kongresses erneut verkleinert (teils an Preußen), geht das nunmehrige Kongreßpolen als Königreich Polen in Personalunion an Rußland. Nach niedergeschlagenen Aufständen mit dem Ziel, den in Wien garantierten nationalen Besitzstand zu wahren sowie einer Wiederherstellung eines Nationalstaates, wird die Autonomie vollends abgebaut. Die polnische Führungsschicht entwickelt das Konzept der 'Arbeit an den Grundlagen' (Entwicklung einer nationalbewußten Gesellschaft), nachdem aus dem Exil unternommene diplomatische Bemühungen fruchtlos blieben. Im preußischen Teil und in Galizien kann sich ein polnischer Beamtenstand entwickeln (ab 1868 polnische Statthalter), im russischen Teil, dessen Industriezentren mit scharfer Politik russifiziert wurden, propagieren die Sozialisten ab 1900 den bewaffneten Kampf für die Unabhängigkeit von Rußland, während die bürgerlichen Nationaldemokraten einen Ausgleich mit Rußland anstreben.

1916 proklamieren die Mittelmächte, im Krieg gestützt durch die Polnischen Legionen in Galizien, die Wiedererrichtung des Polnischen Staates, eine ebensolche Erklärung erfolgt 1917 durch die russische provisorische Regierung. In Lausanne folgt die Gründung eines Polnischen Nationalkomitees. Zwischen 1918 und 1921 erhält das polnische Staatsgebiet seine Grenzen, in der 'Märzverfassung' wird die parlamentarische Demokratie verankert. 1926 kommt es zum Staatsstreich durch Pilsudski, 1935 wird eine autoritäre Verfassung in Kraft gesetzt. 1939 marschieren Wehrmacht und Rote Armee in Polen ein, das Staatsgebiet wird aufgeteilt in deutsche und sowjetische Interessensgebiete, dem polnischen Volk soll die politische Führung genommen werden, die Bevölkerung wird als Arbeitskräftereservoir betrachtet. Die Reaktion auf diese Unterdrückungspolitik ist die Bildung einer (kommunistischen) Untergrundorganisation mit Untergrundarmee. Parallel dazu kommt es 1939 zur Gründung einer Exilregierung in Paris, die 1940 nach Großbritannien verlegt wird. Nach einer Annäherung an die UdSSR bildet 1944 der zunächst im Untergrund befindliche Landesnationalrat (gestützt durch die UdSSR) das 'Polnische Komitee der nationalen Befreiung', das sich 1945 umbenennt in 'Provisorische Regierung', in der die Kommunisten das Übergewicht haben. Von 1946 bis 1956 wird die Verfassung der Volksrepublik Polen an das sowjetische Vorbild angeglichen.

Mit der Rückkehr Gomulkas an die Spitze der Regierung 1956 wird die Kollektivierung gestoppt, die katholische Kirche wird toleriert, und es kommt zur Hinwendung zum polnischen Patriotismus. Die 70er Jahre sind geprägt von einer pragmatischen Politik des wirtschaftlichen Aufbaus sowie der Betonung nationaler Interessen. 1980 erfolgen Preiserhöhungen, die Wirtschaftslage ist äußerst angespannt, Werft- und Bergarbeiter reagieren auf diese Krise mit Dauerstreiks. Überbetriebliche Streikkomitees (Sprecher: Lech Walesa) fordern die Zulassung freier, parteiunabhängiger Gewerkschaften, 'Solidarität' (und 'Landsolidarität' der Bauern) wird gegründet. Ende 1981 wird der Kriegszustand verhängt, die Betätigung der Gewerkschaft 'Solidarität' wird verboten, führende Mitglieder interniert. 1983 wird der Kriegszustand wieder aufgehoben, ab 1985/86 (Messner wird Ministerpräsident unter Jaruzelski als Staatspräsident) betätigt sich die formal noch verbotene 'Solidarität' in aller Öffentlichkeit. 1988 ist die Wirtschaftspolitik endgültig gescheitert, die Regierung Messner tritt zurück. Am 'Runden Tisch' (unter Beteiligung von Regierungsvertretern, des offiziellen Gewerkschaftsverbandes sowie von Vertretern der 'Solidarität' – alle mit vollem Stimmrecht), werden für Mitte Juni 1989 Parlamentswahlen (Nationalversammlung) unter Staatspräsident Jaruzelski vereinbart, aus denen eine Koalitionsregierung unter Mazowiecki als erstem nichtkommunistischen Ministerpräsidenten seit 1945 hervorgeht. Durch Verfassungsänderungen wird aus der Volksrepublik Polen die Republik Polen, man kehrt zum alten Staatssymbol des Königsadlers zurück. Noch vor der Regierungsübernahme durch Mazowiecki wurden ein Verfassungsgerichtshof, ein Staatsgerichtshof sowie die Institution eines Ombudsmanns für Bürgerrechte geschaffen.[42]

3.2.2 Entstehung eines demokratischen Rechtsstaates

Schon im Zuge des politischen „Tauwetters" unter Nikita Chruschtschow in den 50er Jahren hatte sich in Litauen ein relativ reformistischer, entschieden nationaler KP-Flügel herausgebildet. Ziel war es, die litauische Sprache in der Republik zu stärken sowie innerhalb der von Moskau eingeräumten Möglichkeiten die landeseigene Wirtschaft, Wissenschaft und Kultur zu entwickeln. Abgesehen von dem kurzen nationalstaatlichen Intermezzo 1918 bis 1940 deutete sich nach Jahrhunderten der Fremdherrschaft wieder eine kulturelle Eigenständigkeit an.

Der Weg in eine demokratische Gesellschaft war aber keineswegs zwingend vorgezeichnet, denn – gleichsam in einer Art Überbetonung des Nationalgefühls – hält sich bis heute ein aggressiver Nationalismus mit zum Teil rechtsextremen

42 An Literatur vgl.: Mampel, S. / Uschakow, A.: Die Reformen in Polen und die revolutionären Erneuerungen in der DDR, Berlin 1991; Meyers Lexikonredaktion (Hrsg), a.a.O.; Fuhrmann, R.: Polen Handbuch. Geschichte, Politik, Wirtschaft, Hannover 1981.

Tendenzen, die jedoch nach Einschätzung Paulauskas[43] keine grundsätzliche Gefahr für die weitere demokratische Entwicklung Litauens darstellen. Heutiges Vorbild bieten die westlichen Demokratien, die Mitgliedschaft im Europarat tut ihr übriges.

Deutliche Zeichen einer Entwicklung in Richtung Demokratie war die Abspaltung der kommunistischen Partei Litauens (KPL) von der KPdSU Ende 1989 durch ihren ersten Sekretär und späteren Staatspräsidenten Litauens, Brasauskas, der die KPL umbenannte und zu einer Partei machte, die bis heute entschieden für Unabhängigkeit und Demokratie eintritt. Etwa zur selben Zeit entstand die „vierte Gewalt", eine freie Presse. Heute sind die unabhängigen Zeitungen und Zeitschriften in deutlicher Mehrheit gegenüber der staatlichen Presse.[44]

Im selben Jahr der ersten freien Parlamentswahlen wird 1990 ein Gesetz über politische Parteien verabschiedet, das die Tätigkeit einer Partei verbietet, wenn diese totalitäre, autoritäre oder vergleichbare Ideen verfolgt und gewalttätige Methoden der Machtergreifung propagiert. Angewandt wurde dieses Gesetz bislang jedoch auf noch keine Partei in Litauen. 1992 wird im Parlament ein Gesetz zur „Desowjetisierung" vorbereitet, das jedoch nicht verabschiedet wird, da es an einigen Stimmen mangelt.

Die demokratische Entwicklung in Litauen wird nicht nur in Regierungsprogrammen beider großer politischen Gruppierungen (der LDLP und der Vaterlandsunion) deutlich, sondern auch an Ereignissen wie etwa der Absetzung des Ministerpräsidenten Slezevicius wegen Korruption und Vetternwirtschaft 1996. Daß jedoch noch weiterer Bedarf an der Umsetzung eines demokratischen Verständnisses besteht, zeigt z.B. die Gründung eines Nationalkomitees nach einer Resolution des Europarats, das sich explizit gegen Rassismus, Antisemitismus, Xenophobie und Intoleranz ausspricht. Formell sind 30 Jugendorganisationen beteiligt.

In Polen wurde zunächst die Verfassung aus kommunistischer Zeit 1989 revidiert, ergänzend wurde 1992 eine Übergangsverfassung verabschiedet, die aufgrund von zahlreichen unpräzisen Formulierungen jedoch in den letzten Jahren häufig zum Streit der Staatsgewalten und Kompetenzen und Rechtsauslegungen geführt hat.

Unabhängig davon war die Grundsatzentscheidung für Demokratie, Marktwirtschaft, eine Westorientierung in Rechts-, Steuer- und Wirtschaftssystem im Zuge der Gespräche am „Runden Tisch" 1989 gefallen. Unter dem Druck des Volkswillens in Form der seit den frühen 80ern stattfindenden Proteste kam man überein, Parlamentswahlen abzuhalten unter der Bedingung, daß die Polit-Büro-Partei PVAP automatisch Ministerämter bekommt. Seit 1989 besteht eine Nationalversammlung aus

43 Paulauskas, V.: Erscheinungen des Rechtsextremismus und Nationalismus in Litauen, Berichte des Bundesamtes für ostwissenschaftliche und internationale Studien, Bd. 21, Köln 1996, S. 34.

44 Paleckis, R.: Medienlandschaft in Litauen, Berichte des Bundesinstituts für ostwissenschaftliche und internationale Studien, Bd. 37 (1993), S. 1.

zwei Kammern: dem „Sejm", Unterhaus, mit 460 Abgeordneten sowie dem Senat, Oberhaus, mit 100 Abgeordneten, der neu installiert werden mußte, aber schon in der polnischen Verfassungsgeschichte tradiert war.

Nach dem Amtsantritt von Mazowiecki erfolgte die endgültige Demokratisierung Polens. Strobel beschreibt die Situation so:

> „Der Verzicht, den die PVAP-Sejmfraktion unter Orzechowski auf die Ausübung der führenden Rolle der Partei in Staat und Gesellschaft nach der Regierungsbildung ausgesprochen hatte, eröffnete Mazowiecki die Möglichkeit, relativ frei zu agieren. Der Verzicht der kommunistischen Sejmfraktion bedeutete zugleich einen Verzicht auf die wichtigsten Ordnungsprinzipien kommunistischer Staaten: das Prinzip des demokratischen Zentralismus und des Nomenklaturprinzips, also das Recht, Positionen im Staate nur mit Zustimmung der Partei zu besetzen."[45]

Will man die Entstehung eines demokratischen Rechtsstaates in Polen und Litauen miteinander pointierend vergleichen, so bietet sich folgende Sichtweise an:

Die demokratische Entwicklung in Polen wurde vom breiten Volk vorgenommen und getragen als Protestbewegung gegen nationale Mißstände, organisiert in Gewerkschafts- und Bürgerrechtsbewegungen rund um die „Solidarität" auf der Basis einer jahrhundertelangen Tradition von pluralistischem, föderalem Denken, trotz oder gerade wegen der Zerteilungen des Landes (vgl. Kapitel 3.2.1).

In Litauen dagegen ging und geht es zunächst um eine nationale Identitätsfindung in Abgrenzung zu Rußland, eine keineswegs inhaltlich, aber formal ähnliche Situation wie zu Zeiten Adenauers.

Der Reformer Walesa in Polen war legitimiert durch einen breiten, gleichsam offiziösen demokratischen Konsens in der Bevölkerung. Der sich von der KPdSU abwendende Brasauskas in Litauen war vielleicht eher eine historische Zufallsfigur – fraglos mit weitreichenden Konsequenzen in Richtung Demokratie. Nimmt man die wirtschaftliche Entwicklung der vergangenen Jahre in Polen und Litauen als Indikator für ein von der breiten Masse getragenes demokratisches Bewußtsein, dann kommt man nicht umhin, Polen weit eher als Litauen demokratische Kultur und politische Freizügigkeit zu attestieren.

3.2.3 Politische Entwicklung von 1990 bis 1995

Nach der Souveränitätserklärung am 18.5.1989 und der Unabhängigkeitserklärung am 11.3.1990 mit ersten freien Parlamentswahlen wurde im Zuge des Putsches des „Notstandskomitees" gegen Präsident Gorbatschow in Moskau (19.8.1991) die Republik Litauen am 6.9.1991 offiziell von Rußland anerkannt, der Handelsboykott wurde aufgehoben. Noch Anfang 1991 versuchten reaktionäre Kräfte der KPdSU und des Militärs, die legitime Regierung in Vilnius unter Parlamentspräsident Vy-

45 Strobel, G.: Politisches System und Pluralismus in Polen, in: Aus Politik und Zeitgeschichte. Beilage B12-12/90 zur Wochenzeitung Das Parlament v. 16.3.1990, S. 10.

tautas Landsbergis zu stürzen und die Sowjetmacht wiederherzustellen – vergeblich. Landsbergis, Anführer der Unabhängigkeitsbewegung und Vorsitzender der konservativen Vaterlandsunion, versprach mit den Ministerpräsidenten Kazimiera Prunskiene (bis 7.1.1991) und Gediminias Vagnosius dem litauischen Volk einen raschen wirtschaftlichen Aufschwung. Eine eigenständige Transformations- und Wirtschaftspolitik wurde möglich mit dem Ziel, die Lenkungsstrukturen der ehemaligen Sowjetrepublik in einen souveränen, demokratischen Rechtsstaat umzubilden bei gleichzeitiger Einführung der Marktwirtschaft – die Privatisierung wird in die Wege geleitet.

In Litauen – ähnlich wie auch in den übrigen Reformstaaten – konnte eine Radikalisierung der Gesellschaft beobachtet werden: Rechtsradikalismus und gar -extremismus wurden oft als ganz natürliche und richtige Begleiterscheinungen in der postkommunistischen Entwicklung gewertet.[46]

Litauen hat aus den Zeiten der Republik eine parlamentarische Tradition, an die man 1990 wieder anknüpfte. Die neue Verfassung 1992 schrieb ein Ein-Kammer-Parlament unter dem historischen Namen Seimas fest, dessen 141 Mitglieder zur Hälfte in indirekter Wahl (71 Sitze), zur Hälfte in direkter Wahl (70 Sitze) gewählt werden mit einem Mindeststimmenanteil von 4% (außer den Parteien der ethnischen Minderheiten). 1996 wurde ein reines Verhältniswahlrecht eingeführt mit einer Sperrklausel von 5% bzw. 7% für Wahlplattformen.

Ebenso blühte die Parteienlandschaft wieder auf: Eine Reihe von Parteien der alten Republik lebten wieder auf, dazu kamen viele Neugründungen. Derzeit prägen 28 Parteien unterschiedlichster Ausrichtung die politische Landschaft mit freilich sehr unterschiedlichem Gewicht[47]. Sie unterscheiden sich oftmals nur durch feine politische Nuancen. Klare inhaltliche Abgrenzungen zwischen den einzelnen Parteien werden so für den Bürger oftmals schwer.[48]

Damit einhergehend kann sich – zumindest auf lange Sicht – Politikverdrossenheit breitmachen.

Derzeit gehören zu den stärksten Parteien in Litauen:

- Vaterlandsunion/Litauische Konservative (hervorgegangen aus der Bewegung Sajudis; V. Landsbergis),
- Litauische Christlich Demokratische Partei (A. Saudargas),
- Zentrumspartei (R. Ozolas),
- Litauische Sozialdemokratische Partei (A. Sakalas),

46 Paulauskas, V., a.a.O., S. 4.

47 Kaunas University of Technology, Department of Public Administration (o.Verf.): Basic Facts on Lithuania's Political Parties. 1988-1996, in: http://vingis.sc-uni-ktu.lt/rinkimai/basipart.htm, Kaunas, Oktober 1996.

48 Ryssel, G.: Innenpolitische Demokratisierungsprozesse und grenzüberschreitende Vernetzungen der Bevölkerungen als Motor einer zukünftigen Stabilisierung und Intensivierung der polnisch-litauischen Beziehungen, Bornheim 1997, S. 387.

- Litauische Demokratische Arbeiterpartei – LDLP (hervorgegangen aus der alten kommunistischen Partei; C. Jursenas),
- Nationalpartei „Junges Litauen" (S. Buskevicius),
- Frauenpartei (K. Prunskiene),
- Christlich Demokratische Union (K. Bobelis).

Die anderen 20 Parteien[49] bewegen sich im Bereich von jeweils unter 3%, sind damit Ausdruck einer Meinungsvielfalt, aber haben kein politisches Gewicht.

Die Vielfalt – selbst in der Spitzengruppe von acht Parteien – darf nicht darüber hinweg täuschen, daß die Parteiprogramme eher plakativ, nicht sehr ausgefeilt und oft in sich widersprüchlich sind und viele Überschneidungen mit anderen Aufweisen. „*Votes count, resources decide*" ist auch nach Meinung litauischer Politologen die grundlegende Maxime. Den litauischen Parteien fehlten in der Regel (Ausnahmen wie die Liberal Union betätigen das) noch die intellektuellen Strategen wie die Geldmittel und etwas auch die Motivation, ideologisch klar strukturierte und kohärente Programme zu entwerfen.[50]

Der sozioökonomische Druck tut sein übriges: Die Wählergunst kommt nur noch über sozioökonomische Stabilisierung und wirtschaftliches Wachstum[51]. So konzentriert man sich auf die aktuellen – vor allem wirtschaftlichen – Probleme und läßt Grundsatzdiskussionen außer Acht, was neben der Betonung und Herausstellung der Person des Spitzenkandidaten eine Empfehlung der Meinungsforscher wie der Wahlkampfstrategen war.[52] Es ist von daher auch die Entwicklung zu einer Parteienlandschaft mit sehr viel weniger, „effektiven" Parteien abzusehen.

Die Kernaussagen der führenden Parteien zu den letzten Seimas-Wahlen im Herbst 1996 belegen dies.

Die Vaterlandsunion/Litauische Konservative nennt als grundsätzliche Programmpunkte

- Belebung der Wirtschaft, Schaffung von Arbeitsplätzen, Förderung von Handel und Export,

---

49 Im einzelnen sind dies: Koalition der Demokratischen Partei mit der Nationalistischen Union, Polnische Wahlinitiative (Partei der polnischen Minderheit in Litauen), Allianz der ethnischen Minderheiten, Liberale Partei, Litauisch-russische Union, Union der Freiheit Litauens, Union litauischer politischer Gefangener und Deportierter, Wirtschaftspartei, Freiheitsliga für soziale Gerechtigkeit, Sozialistische Partei, Republikanische Partei, Partei der Fortschritts der Nation, Volkspartei, Partei des Lebenssinns.

50 Zeroulis, D.: Comparative Analysis of Parties' Electoral Programs, Institute of International Relations and political Science, University of Vilnius 1998, S. 1 ff.

51 Kaunas University of Technology, Department of Public Administration (Hrsg.): Second Reverse Wave: Position of the Lithuanian Conservatives are becoming Stronger in New Parliament Again, in: http://vingis.sc-uni.ktu.lt/rinkimai/iiround.htm, Kaunas 1996.

52 Lukosaitis, A.: Lithuania's Parties in the Seimas Elections, Department of Analysis and Information, Lithuania's Seimas, in: www.vingis.sc-uni-ktu.lt/rinkimai/expert1.htm.

- Unabhängigkeit der Zentralbank, Versicherung der Sparguthaben, Ansiedlung internationaler Banken in Litauen,
- Subventionierung des Agrarexports,
- Kampf gegen das organisierte Verbrechen, Kontrolle der Korruption im öffentlichen Dienst,
- Verteidigungsausgaben von 5-6% der BSP.

Die Litauische Christlich Demokratische Partei (LChDP) nennt als Prioritäten

- Umbau des Energiesektors, freier Wettbewerb für ausländisches Kapital, Unterstützung der mittelständischen und kleinen Unternehmen,
- Unabhängigkeit der Zentralbank,
- Landrückgabe an die Besitzer im Agrarbereich,
- Enteignung durch Verbrechen angehäufter Vermögen, restriktivere Amnestieregelungen.

Die Zentrumsunion setzt folgende Schwerpunkte:

- Neues Haushaltsrecht, Förderung von Exportkrediten,
- Unabhängigkeit der Zentralbank,
- Nationale Verbrechensbekämpfungsbehörde,
- Förderung industrieller Produktionseinrichtungen in ländlichen Gebieten.

Die Litauische Demokratisch Arbeiterpartei (LDLP) tritt an für

- Wirtschaftliches Wachstum, Schaffung einer positiven Außenhandelsbilanz, Exportförderung,
- Versicherung der Sparguthaben, Ansiedlung internationaler Banken in Litauen,
- Unterstützung der landwirtschaftlichen Produktion mit 10% des Jahreshaushalts,
- Einrichtung spezieller Programme zur Verbrechensverhütung, Unterstützung von Bürgerinitiativen auf diesem Sektor.

Die Überschneidungen der Priorität sind augenfällig: Die Förderung der Wirtschaft steht bei allen an erster Stelle, die Nuancen sind unterschiedlich; bei der LChDP steht die Förderung des Mittelstandes *expressis verbis* unter den Prioritäten.

Die junge litauische Demokratie zeichnet aus, daß die Wähler noch kein eingefahrenes Wahlverhalten haben und ihre Stimme an die geben, die in der Bewältigung der vitalen ökonomischen Probleme Erfolge aufweisen konnten. So mußte das national-konservative Reformbündnis Sajudis wegen seiner tatsächlichen oder auch nur so perzipierten Unfähigkeit, die Probleme des Übergangs zu lösen, 1992 die Macht an die aus der kommunistischen Partei entstandene LDLP mit Algirdas Brazauskas an der Spitze abgeben, diese sank danach – wohl auch aus Unzufriedenheit über als nicht ausreichend schnell perzipierte wirtschaftliche Verbesserungen – in der Popularität kontinuierlich ab bis zu einem Tiefststand

1996, der in einer zweiten Wende gipfelte[53], die gegebenenfalls Vorreiterfunktion für die anderen baltischen Staaten haben kann.

Sozio-demographisch lassen sich trotz des ausgeprägten Wechselwählerverhaltens und einer großen Unentschlossenheit (bei Meinungsumfragen einen Monat vor der Wahl zu Seimas im Oktober 1996 waren noch um 45% der Befragten unentschlossen[54]) schon ein Profil der jeweiligen Klientel erkennen. Die LDLP findet ihre Wähler vorwiegend bei den Älteren (>50) mit meist Grundschulbildung in bescheidenen, aber geregelten finanziellen Verhältnissen im städtischen Umfeld, wobei der Anteil an nicht-litauischen Anhängern größer ist als bei den anderen Parteien, sieht man von den Parteien der ethnischen Minderheiten ab. Die Vaterlandsunion/Litauische Konservative als Hauptgegenspieler ist in der gleichen Altersgruppe beliebt, bei Leuten von höherer Schulbildung aus mittleren und hohen Einkommensverhältnissen, weniger ausgeprägt städtisch[55].

Obwohl die langjährige Unterdrückung nationaler oder nationalistischer Emotionen den extremistischen Parteien und Gruppierungen Anhänger und Sympathisanten nach der Unabhängigkeit in die Hände spielte, stellten diese extremistischen Parteien dennoch nie eine ernstzunehmende Gefahr für die junge Demokratie dar. Nach dem Wahlsieg der LDLP im Herbst 1992 vollzog sich der Machtwechsel ohne jegliche größere Ausbrüche.

Die Wiederkehr der Postkommunisten kam überraschend, denn in den Massenmedien sprach man – ging es um die Einschätzung der Vergangenheit – durchgängig von den Verbrechen des kommunistischen Systems, von den Qualen und den Verlusten Litauens in den vergangenen letzten fünf Jahrzehnten.

„Sajudis" und andere kleinere radikale Parteien, die dem rechten Spektrum zuzuordnen sind, reagierten auf die unerwartete Wahlniederlage mit teilweise dezidierten Äußerungen dahingehend, daß die Ereignisse von 1926 zu wiederholen seien; im Klartext heißt das nichts anderes, als daß es gelte, die Postkommunisten zwangsweise von der Macht zu entfernen.

Die „Partei des Fortschritts der Nation", die „Union der Freiheit Litauens" und die nationalistische Partei „Junges Litauen" müssen als profaschistoide Gruppen eingeordnet werden. Mit ihrer ablehnenden Haltung zum Beitritt zur Europäischen Union und mit ihrer Xenophobie – die sich beispielsweise darin äußert, daß sie gegen den Verkauf von Grund und Boden an Ausländer sind – behindern sie unmittelbar eine bessere Etablierung des unternehmerischen Mittelstandes. Immerhin erhielten diese drei rechtsradikalen Parteien bei den Seimas-Wahlen insgesamt etwa 7% der Wähler-

---

53 Kaunas University of Technology, Department of Public Administration (Hrsg.): Dynamics of Public Opinion; Lithuania Seimas, in: http://vingis.sc-uni.ktu.lt/rinkimai/opinion.htm, Kaunas 1996.

54 Gaidys, V.: New Public Opinion Poll And New Predictions; Lithuania Seimas, in: Kaunas University of Technology, Department of Public Administration (Hrsg.), in: http://vingis-sc-uni.ktu.lt/rinkimai/opinnew. htm, Kaunas 1996.

55 Gaidys, V., a.a.O. (vgl. Rz. 125).

stimmen, und lediglich die 4%-Klausel verhinderte ihren Einzug ins Parlament. Bei den Kommunalwahlen 1995 konnten sie insgesamt stattliche 6% auf sich vereinen: ein Wahlergebnis, das von anderen Parteien als ein ernstzunehmendes Warnsignal gedeutet wird.[56]

Der KP Litauens gehörten 1940 – überschattet von Antisemitismus, Okkupation und Annexion in Litauen – viele Juden an. Gleichwohl ließ sich ein Großteil der Bevölkerung leicht davon überzeugen, daß Juden und Kommunisten gleichsam schlecht und zu vernichten seien. Das gemeinhin als stolz und nationalbewußt bekannte Litauen scheint somit gefährdet für Übergriffe gegenüber Minderheiten oder Fremden.

Das heutige politische Szenario nimmt sich nach Paulauskas wie folgt aus:

> „Im Laufe der letzten Jahre gingen die Auseinandersetzungen zwischen 'Rechten' und 'Linken', zwischen 'Patrioten und Nationalisten' einerseits und 'Kosmopoliten' sowie 'Ost-Orientierten' andererseits deutlich zurück. Die politische Führung Litauens bemühte sich im Gegensatz zu der in den Jahren 1990 bis 1992 verfolgten Linie darum, die innenpolitischen Auseinandersetzungen zu vermindern bzw. im Rahmen europäischer Standards zu führen. Sie versuchte vor allem, die politische Trennung zwischen 'Unseren' und 'Nicht Unseren', zwischen 'Patrioten' und 'Nicht-Patrioten' zu mildern."[57]

Und weiter:

> „Einen großen Einfluß auf die Eindämmung der radikalen Kräfte hatte bisher das Vorbild der demokratischen westlichen Staaten und wird ihn auch weiterhin haben – natürlich unter der Voraussetzung, daß dort der rechte Extremismus nicht an die Macht gelangt. Die Tatsache, daß Litauen gemeinsam mit den anderen baltischen Staaten Mitglied des Europarats wurde und den Status eines assoziierten Mitglieds der Europäischen Union erhielt, beeinflußt die innere Entwicklung des Landes sehr positiv. Es wäre sehr wichtig, wenn die Innen- und Sicherheitspolitik noch mehr mit Brüssel koordiniert würde. Eine gewisse Enttäuschung und ein nationalistischer Ausbruch sind zu erwarten, falls die von Politikern und den Massenmedien geweckten Hoffnungen auf eine baldige Aufnahme Litauens in die NATO nicht in Erfüllung gehen."[58]

Die Zeit nach der Unabhängigkeitserklärung war jedoch geprägt durch eine erhebliche politische Unübersichtlichkeit und wenig Effizienz im Hinblick auf ökonomische Veränderungen zum Guten. Statt dessen folgte eine große Rezession, und mit ihr wurde Landsbergis zunehmend unpopulärer, bis er beim Volksreferendum Ende 1992 nicht einmal mehr 20% der Stimmen erhielt. Der SPIEGEL[59] kommentiert folgendermaßen:

> „Doch im ersten Überschwang versprach etwa Landsbergis in Litauen – wie auch andere Symbolfiguren der osteuropäischen Dissidenten- und Bürgerrechtsbewegung – zu leichtfertig zu schnellen Wohlstand. Die litauischen Freiheitskämpfer unterschätzten die Probleme bei der Umstellung von der Plan- zur Marktwirtschaft. Landsbergis wurde außerdem zum Verhängnis, daß er immer wieder das Pathos des Befreiungskampfes gegen die rus-

---

56 Paulauskas, V., a.a.O., S. 4.

57 Paulauskas, V., a.a.O., S. 4.

58 Paulauskas, V., a.a.O., S. 4.

59 O.Verf.: Wende ohne Ende, in: Der Spiegel Nr. 46/1996, a.a.O., S. 169-170.

sische Vorherrschaft beschwor, obwohl Rußland der wichtigste Handelspartner und Energielieferant blieb. Sein Nationalismus führte Litauen ins Wirtschaftschaos – und zum Comeback der zu Sozialisten gewandelten KP, der demokratischen Arbeiterpartei."

Die reformkommunistische, demokratische Arbeiterpartei (LDLP) des früheren KP-Chefs Algirdas Brazauskas erhielt beim Referendum im Oktober 1992 knapp 45%. Am 2.11.1992 trat die neue Verfassung Litauens in Kraft, am 14.2.1993 wurde der erste Präsident Litauens seit dem Zweiten Weltkrieg frei gewählt: Brazauskas erhielt 61,1% der Stimmen. Die LDLP erklärt, den marktwirtschaftlichen Kurs fortsetzen zu wollen, gibt aber auch zu bedenken, daß der ökonomischen Realität – Strukturen, wie sie in fast 50 Jahren der Einbindung Litauens in das Sowjetreich entstanden sind – Rechnung zu tragen sei, wie ebenfalls der geopolitischen Lage Litauens zwischen Ost und West. Eine Verlangsamung des Reformprozesses war die Folge dieser Einschätzung.

Schon hier wird – im Gegensatz zu Polen – die zögerliche Haltung Litauens gegenüber rasch und konsequent durchzuführenden Reformen deutlich.

Das Parlament ('Seimas') setzt sich nun (Stand: Ende 1995) zusammen aus 141 Abgeordneten (LDLP: 73 Sitze; Sozialdemokratische Partei: 8 Sitze; Union der Polen: 4 Sitze; Sajudis-Koalition/Vaterlandsunion: 30 Sitze; Union litauischer politischer Gefangener und Deportierter: 5 Sitze; Christlich-Demokratische Partei: 9 Sitze; Litauische Demokratische Partei: 4 Sitze; unabhängige Mitglieder: 8).

Bei den Kommunalwahlen Anfang 1995 – mit einer erschreckend niedrigen Wahlbeteiligung von 42,5% – wendete sich das Blatt wieder zugunsten Landsbergis. Mit 426 von 1488 Sitzen konnte er die Mehrheit erlangen, die LDLP kam auf nur 291 Mandate.

Obwohl diese Arbeit den Zeitraum 1990-1995 fokussiert, sei ein kurzer Exkurs zum weiteren Verlauf gestattet: Die Lage Litauens (Stand: April 1996) schildert Hesse in seinem Artikel „Moralische Krise nach dem wirtschaftlichen Aufschwung"[60] folgendermaßen:

> „Es sah alles so hoffnungsvoll aus: Die demokratischen Postkommunisten, die in Litauen seit 1993 mit absoluter Mehrheit regierten, setzen unter ihrem energischen Ministerpräsidenten Slezevius den wirtschaftlichen Reformkurs konsequent fort. Die Wirtschaftsdaten für 1995 wiesen deutliche Erfolge aus, die zusammen mit den stabilen politischen Verhältnissen das Vertrauen in eine gute Entwicklung des Landes stärkten. Doch damit ist es vorbei: Korruption und moralisches Versagen stürzen das Land in die Krise."

Und weiter:

> „Hauptaufgabe ... wird es sein, das Vertrauen der Bevölkerung, der Weltbank und ausländischer Investoren schnell wiederzugewinnen und so die Regierungspartei LDLP zusammenzuhalten, neu zu motivieren und vielleicht doch noch die Parlamentsmehrheit

60 Hesse, W.: Moralische Krise nach dem wirtschaftlichen Aufschwung, Aktuelles Zeitgeschehen Informationsdienst, Siegburg 1996, in: www.aziheister.com/april96/litauen.htm.

bei den Wahlen im Oktober zu halten. Dies alles allerdings dürfte so schnell kaum zu schaffen sein."[61]

Unabhängig vom Wahlausgang der bevorstehenden Parlamentswahl in Oktober 1996 aber steht fest: Alle maßgeblichen Parteien Litauens treten für eine Fortsetzung der Wirtschaftsreformen, für eine möglichst schnelle Integration in EU und NATO sowie für eine verstärkte Bekämpfung der Korruption ein. Der Zielkonflikt zwischen der gleichzeitig angestrebten Verbesserung des Lebensstandards und einem erhöhten Reformtempo wurde in bisherigen Wahlkämpfen nicht thematisiert. So bleibt festzustellen, daß Litauen den Reformpfad nicht verlassen wird, indes ist davon auszugehen, daß bei einem Regierungswechsel das Tempo leicht anziehen dürfte. Das Ergebnis der Kommunalwahl 1995 war ein erstes Zeichen einer Rückbesinnung der Wähler. Deutlich wurde der Wunsch der litauischen Bevölkerung, die Reformen voranzutreiben.

Fast scheint die politische Entwicklung in Litauen ein Abbild der sozioökonomischen Situation der Wahlbürger zu sein und offenbart eine dynamische Wellenbewegung zwischen Postkommunisten und Reformparteien. Nach der Loslösung von Moskau überwog zunächst die Hoffnung, die jedoch von den Reformparteien nicht eingelöst werden konnten, so daß man rasch wieder Zuflucht zur kommunistisch gefärbten Politik suchte. Nachdem sich nun Enttäuschung über die nicht schnelle genug perzipierte wirtschaftliche Verbesserung durch die regierenden Exkommunisten breit macht, scheint sich das Wahlbürgertum wieder zu den Reformparteien hin zu bewegen. Das Wahlverhalten ist so noch stark von Faktoren wie Unsicherheit und Unentschlossenheit geprägt.

Auf die nicht zu unterschätzende Machtposition der Medien[62] soll an dieser Stelle kurz hingewiesen werden, sind sie es doch, die den Bürger in seiner politischen Haltung bestärken oder anderenfalls seine apolitische Haltung fördern können. Und damit halten sie letztlich die Fäden in der Hand, weltweit.

Die politische Entwicklung in Polen unter kommunistischem Regime zu Beginn der achtziger Jahre kann als Folge des Ausbleibens verbindlicher Direktiven aus Moskau, der wirtschaftlichen Notlage sowie des Verlustes an Vertrauen in die Staats- und Parteiführung gesehen werden, so daß General Jaruzelski aus nationalem Verantwortungsbewußtsein heraus eine eigenständige Lösung der Krise zu finden suchte, gleichzeitig aber nicht das gesamte Herrschaftssystem gefährden wollte.[63]

Bereits in den 80er Jahren entstand in Polen eine demokratische Opposition, die ihre stärksten Vertreter in der zunächst verbotenen Gewerkschaft „Solidarität" fanden.

Politische Unruhen sowie die verheerende wirtschaftliche Talfahrt zwangen schließlich die Führung der Polnischen Vereinigten Arbeiterpartei (PVAP) unter

---

61 Hesse, W., a.a.O., www.aziheister.com/april96/litauen.htm.

62 Ryssel, G., a.a.O., S. 455 ff.

63 Meyers Lexikonredaktion (Hrsg.), a.a.O., S. 555.

Rakowski, die verbotene Gewerkschaft „Solidarität“ mit ihrem Sprecher Lech Walesa zu Gesprächen am „Runden Tisch“ (vom 6.2.-5.4.1989) zu bitten.[64] Ergebnis war die Vereinbarung über Wahlen zum Parlament im Juni, bei denen allerdings der PVAP und ihren Blockparteien 65% der Mandate vorbehalten sein sollten. Erster nicht-kommunistischer Ministerpräsident wird jetzt der Walesa-Rivale Tadeuz Mazowiecki, Jaruzelski wird – durchgesetzt von der PVAP – Staatspräsident.[65]

Zu Anfang des Jahres 1990 löst sich die PVAP selbst auf, ein radikales Reformprogramm beginnt, dessen geistiger Vater der erste nicht-kommunistische Finanzminister Leszek Balcerowicz ist. Er leitet eine Schocktherapie ein, die die wirtschaftliche Stabilisierung umfassen sollte, eine Liberalisierung sowie die marktwirtschaftliche Umwandlung der polnischen Wirtschaft. Es folgte eine tiefe Anpassungsrezession mit hohen sozialen Kosten.

Im Dezember 1990 wird Lech Walesa Staatspräsident. Die Diskussion über die Kandidatur Walesas führt zum Entstehen verschiedener Parteien wie Zentrumsallianz (Porozumienie Centrum) geführt von J. Kaczynski, die Walesa unterstützen, jedoch auch zur Formierung der Gegenspieler in der Bürgerbewegung Demokratische Aktion (ROAD – Ruch Obywatelski-Akcja Demokratyczna) um T. Masowiecki. Im Jahre 1991 finden sich die Demokratische Union (UD – Unia Demokratyczna), die Polnische Volkspartei (PSL – Polskie Stronnictwo Ludowe) um Waldemar Pawlak und die Sozialdemokratische Partei der Republik Polen (SdRP – Socjaldemokracji Rzesczpospolitje Polskiej), UD und ROAD schließlich finden 1994 zusammen zur Freiheits-Union (UW – Unia Wolnosci).

Am 27.10.1991 werden die ersten freien Parlamentswahlen der Nachkriegsgeschichte abgehalten. Zuvor kam es zum überraschenden Wechsel des Ministerpräsidenten. Der liberale Demokrat Bielecki (Liberal demokratischer Kongreß – KLD) füllte das Amt aus bis zur Amtsübernahme durch Olszewski (Bewegung für Polens Wiederaufbau – ROP – Ruch Odbudowny Polski) im Dezember 1991, dessen Kabinett aus Christ-Sozialen, Rechtskatholiken und der reformfeindlichen Polnischen Bauernpartei PSL bestand. Den Erfolg verdankte es der Kritik an Balcerowiczs Schocktherapie.

Die Parteienvielfalt, die Parteienzersplitterung bei diesen Parlamentswahlen (keine Partei bekam mehr als 12,3%) ließ deutlich werden, daß sich das Land im radikalen Umbruch befindet. Die WirtschaftsWoche kommentiert:

> „Die Unsicherheit über den künftigen Wirtschaftskurs des Landes wächst. 29 Parteien sind im polnischen Parlament vertreten, und es sieht so aus, als wollten sie jede rechnerisch denkbare Koalition einmal für ein paar Wochen ausprobieren.“[66]

---

64 Krzoska, M.: Entwicklung und Bedeutung der Solidarność, in: Danzig Gdansk. Deutsch-polnische Geschichte, Politik und Literatur, Dillingen 1996, S. 124-135.

65 Jaruzelski, W.: Hinter den Türen der Macht, Leipzig 1996, S. 77.

66 Ginsburg, H.J.: Soziale Basis, in: WirtschaftsWoche Nr. 27 v. 26.6.1992, S. 50.

Gleichwohl sich ab 1992 der wirtschaftliche Aufschwung in Polen abzuzeichnen beginnt, getrieben durch die starke Expansion der Privatwirtschaft, halten die innenpolitischen Machtkämpfe an, die Führungen wechseln in kürzesten Abständen. Im Juli 1992 wird Hanna Suchocka Ministerpräsidentin, deren Regierung sich wiederum aus sehr unterschiedlichen Gruppierungen zusammensetzt, so daß Sollbruchstellen vorgezeichnet sind. Im Mai 1993 werden nach einem Mißtrauensvotum gegen Suchocka für den 19.9.1993 vorgezogene Neuwahlen angesetzt, bei denen erstmals eine 5%-Sperrklausel für Parteien und eine 8%-Sperrklausel für Parteibündnisse gelten soll. Ab Oktober regiert ein Bündnis aus dem exkommunistischen Aleksander Kwasniewski (Allianz der demokratischen Linken (SLD – Sojusz Lewicy Demokratycznej)) und dem Führer der nationalistischen, gleichwohl reformfeindlichen Bauernpartei PSL, Waldemar Pawlak. Ministerpräsident und damit Chef der nächsten Koalitionsmöglichkeit wird im März 1995 – im selben Jahr der Abwahl Lech Walesas als Staatspräsident – Jozef Oleksy, der jedoch aufgrund des Verdachts der Spionage für das KGB seinen Platz im Februar 1996 Wlodzimierz Cimoszewicz räumen muß. Größte Oppositionspartei bildet die Freiheitsunion (UW) um Suchocka, Bielecki, Masowiecki und Balcerowicz, eine im April 1994 aus der demokratischen Union (UD) und dem Liberal-Demokratischen Kongreß (KLD) aufgrund der 5%-Sperrklausel hervorgegangene konservative, marktliberale, reformfreundliche Gruppierung.

Die politische Mitte ist derzeit in Polen noch sehr schwach ausgeprägt. Einigkeit herrscht jedoch sowohl bei der Union der Freiheit als auch beim Regierungsbündnis darüber, daß die vollständige Westintegration anzustreben und zu forcieren ist.

Im Februar 1996 stellt Finanzminister Grzegorz Kolodko das Stabilitätsprogramm „Paket 2000“ vor. Die ehrgeizigen makroökonomischen und steuerpolitischen Ziele stoßen sowohl in den eigenen Reihen als auch in der Opposition auf Kritik. Daß die weiteren wirtschaftlichen Pläne und Ambitionen nicht nur blanke Theorie waren bzw. sind, sondern daß tatsächlich das Regierungsbündnis resp. die Regierungspartei SdRP (postkommunistische Sozialdemokratische Partei der Republik Polen) an der weiteren wirtschaftlichen Entwicklung dringend interessiert ist, ergibt sich aus ihrem direkten Einfluß über – teils personengebundene – Beteiligungen an zahllosen Unternehmen. Unter direktem oder indirektem Einfluß stehen u.a. 16 polnische Banken, zwei Versicherungen und die Landwirtschaftsagentur mit mehr als einer halben Million Klein-, Mittel- und Großbetrieben. An zentralen Positionen finden sich Mitglieder der Partei im Verband Polnischer Banken, in der Wertpapierbörse und im polnischen Business-Rat. Über die Mehrheit verfügen sie in der Landeigentumsagentur, im größten Zeitungsvertriebskonzern Ruch, im Sportlotto und sogar im Rehabilitationsfonds für Behinderte. Auch weite Teile der Groß- und Schwerindustrie bzw. Energieversorgung unterliegen dem direkten Einfluß der SdRP. Die Polnische Kupfer AG gehört dazu, die gleichzeitig das Monopol für den Kupferabbau hält, wie ebenso die größte polnische Baufirma Budimex oder der größte Elektrokonzern Elektrim.[67]

Streitbar ist jedoch die fast schon schamlose Bevorzugung der eigenen Klientel, der Nomenclatura der eigenen Reihen bei der Besetzung all dieser Verwaltungsämter. Die ZEIT zitiert Finanzminister Kolodko und kommentiert:

> „... 'Die Privatisierung soll nicht so schnell, sondern so gut wie möglich erfolgen.' Das postkommunistische Linksbündnis (SLD) hat die Privatisierung unter dem Druck des reformfeindlichen Koalitionspartners von der Bauernpartei (PSL) verlangsamt. Doch sie hat dabei den Prozeß nicht verbessert, sondern verwässert. Und sie ist auf dem besten Wege, Aufsichtsratsposten von kommerzialisierten, aber nicht privatisierten Staatsunternehmen für die eigene Klientel zu sichern."[68]

Man kann sicherlich von Verlangsamung sprechen, die aber auch für eine gewisse Ausgewogenheit im Sinne eines Kompromisses zwischen Liberalisierung der Wirtschaft und sozialer Verträglichkeit steht. Es gilt jedoch zu berücksichtigen, daß eine solch enge Verzahnung von Politik und Wirtschaft nicht in staatliche Bevormundung ausartet.

Die Sicherung des Einflusses in den kommerzialisierten Staatsunternehmen ist mit Blick auf den unternehmerischen Mittelstand nur insoweit bedenklich, als Monopolstrukturen dauerhaft beibehalten werden könnten, die eine weitere Heterogenisierung der Unternehmen beeinträchtigen könnten.

Auch in Polen scheint die politische Entwicklung die sozioökonomische Situation der Wahlbürger wiederzuspiegeln. Wie in Litauen überwog zunächst die Hoffnungen auf gesellschaftliche und wirtschaftliche Verbesserungen mit der Folge schnell wechselnder Regierungen von Reformern und Exkommunisten, nachdem die Erwartungen zunächst nicht erfüllt werden konnten.

Nun aber, nachdem sich die wirtschaftliche Situation in Polen deutlich zum Guten gewandelt hat, scheint sich das Wählerverhalten zu stabilisieren. Der SPIEGEL kommentiert die gesamte Entwicklung:

> „Sogar die freiheitsliebenden Polen, Vorkämpfer beim Kampf gegen Osteuropas kommunistische Diktaturen, folgten dem paradoxen Trend zurück in die Vergangenheit. Von den internen Streitigkeiten ihrer einstigen Solidarność-Kämpfer enttäuscht, stimmten sie bei den Wahlen im September 1993 für die Ex-KP und die sozialistisch ausgerichtete Bauernpartei. Im vergangenen Herbst mußte dann auch noch der Arbeiterheld Lech Walesa gehen, der als Staatspräsident allzu willkürlich von seiner Machtfülle Gebrauch gemacht hatte. Doch nun schwingt das Pendel wieder zurück: Wenn die Polen heute wählen würden, müßte die regierende Linkskoalition mit einer Niederlage rechnen."[69]

Eine Prognose, die sich bestätigt hat, wie ein Exkurs auf die Wahlen von 1996 belegt: In den Wahlen zum Sejm 1996 kam das neu formierte antikommunistische Wahl-

67 O.Verf.: Postkommunisten in Polen beherrschen die Wirtschaft, in: Welt am Sonntag Nr. 49/1996, S. 71.

68 Schmidt-Häuser, C., in: DIE ZEIT Nr. 49 v. 29.11.1996, a.a.O., S. 3.

69 O.Verf.: Wende ohne Ende, in: Der Spiegel Nr. 46/1996, a.a.O., S. 169-170.

bündnis Solidarität (AWS – Akcja Wyborcza Solidarność) unter Marian Krzaklewski aus dem Stand auf 33,8%. Es ist bemerkenswert, daß das regierende Linksbündnis SLD seinen Anteil an Wählerstimmen im Vergleich zu 1993 sogar noch deutlich ausbauen konnte auf 27,1% (20,4% in 1993). Deutliche Einbußen mußte der Koalitionspartner des SLD, die Bauernpartei PSL des Waldemar Pawlak hinnehmen (von 15,4% auf 7,3%). Die Freiheitsunion UW des einst geschmähten Leszek Balcerowicz konnte sich auf 13,4% verbessern, die Bewegung für den Wiederaufbau Polens ROP des einstigen Ministerpräsidenten Jan Olszewski schaffte die 5%-Hürde (5,6%). Der einzige weitere aussichtsreiche Kandidat für den Sejm, die sozialistische eingefärbte Union der Arbeit (UP), scheiterte an eben dieser 5%-Hürde.

Freilich gibt es bei den Grundfragen keine sehr prinzipiellen Meinungsunterschiede zwischen den im Sejm vertretenen Parteien mehr: Alle treten entschieden für die Marktwirtschaft ein, wenn auch mit unterschiedlichem Impetus und Ansatz, befürworten die Westintegration, ob NATO oder EU. Selbst die ideologischen Etiketten – kommunistisch, links, konservativ, national – sind anders zu bewerten. Die postkommunistische SLD steuert den Privatisierungskurs weiter und befürwortet eine liberale und marktorientierte Wirtschaft; die als konservativ bezeichnete Opposition, als Abkömmling einer Gewerkschaftsbewegung, hat in ihrem Programm eine aktive Arbeitsmarktpolitik, eine großzügige Sozialpolitik und steht zu wirtschaftlichem Interventionismus.[70]

Was die Parteien viel mehr trennt, sind ideologische Differenzen in anderen Bereichen. Stehen etwa SLD und die ehemalige Blockpartei PSL einer Aufarbeitung der kommunistisch-diktatorischen Vergangenheit abweisend gegenüber, drängen die aus der alten Oppositionsbewegung entstandenen Parteien, deren Mitglieder ja oft die Leidtragenden dieser Zeit waren, auf öffentliche Vergangenheitsbewältigung. Die Parteien, die sich aus den Flügeln der Solidarność, die nach dem Wegfall des gemeinsamen Feindes rasch dissoziierten, entwickelt haben, stehen sich mehr auf der Schiene der persönlichen Erfahrungen miteinander fern, abgesehen von Unvereinbarkeiten wie zwischen aufgeklärten, eher rational geprägten kirchenkritischen UW-Vertretern und national-pathetischen, extrem katholisch orientierten AWS oder ROP-Köpfen.

Die Chancen, daß ein – wie auch immer geartetes – Regierungsbündnis des konservativen Lagers über solche Unvereinbarkeit recht schnell wieder zerbricht und dem SDL, das trotz Verlust der Regierungsmacht zu den Gewinnern dieser Wahl gehörte, eine neue Möglichkeit erwächst, ist groß. In Wirtschaftskreisen weckt weder dieser Wechsel noch die Möglichkeit weiterer Wechsel große Unruhe: Man erwartet die prinzipielle Fortführung des eingeschlagenen Weges von jeder Seite.

Aber noch ein anderer Aspekt wird nach diesem Wahlergebnis deutlich. Das zu Beginn sehr bunte Parteienspektrum beginnt, wie in den meisten Demokratien

70 Kalnoky, B.: Die Investoren hoffen auf einen Wahlsieg der Linken, in: Welt am Sonntag Nr. 38 v. 21.9.1997, S. 51.

des Westens, drei große Lager herauszukristallisieren, das konservative, geschart um AWS, das linke um SDL und ein konservativ-liberales um UW.

Für Polen und Litauen gleichermaßen gilt, daß seit der politischen Wende in den Jahren nach 1989 die Grundsatzentscheidung für Demokratie, Marktwirtschaft, Westorientierung des Rechts-, Steuer- und Wirtschaftssystems und Integration in EU und NATO von keiner wesentlichen politischen Kraft in den Ländern ernstlich in Frage gestellt wird. Die gesellschaftlichen Fundamente in den untersuchten Ländern scheinen daher stärker als die teilweise heftigen innenpolitischen Auseinandersetzungen und Regierungswechsel der vergangen Jahre vermuten lassen. Querelen, Skandale und ständige machtpolitische Auseinandersetzungen gehörten in Polen und Litauen in den vergangenen Jahren zum politischen Alltag. Die politischen Turbulenzen haben jedoch den Prozeß der Transformation wegen der stabilen Grundsatzentscheidung zu keiner Zeit ernstlich gefährdet. Sie haben gleichwohl zu Verzögerungen in der Umsetzung der Reformen geführt.

3.2.4 Verlauf der Systemtransformation in Polen und Litauen

Maßstab für eine Bewertung des Reformprozeßverlaufs sollte nicht die Erwartung an einen friktionslosen und in kurzer Zeit zu bewerkstelligender Übergang zu perfekten marktwirtschaftlichen Verhältnissen sein. Vielmehr muß der Verlauf eines solchen Reformprozesses an vergleichbaren Entwicklungen der jüngeren europäischen Wirtschaftsgeschichte und der Entwicklungsländer gemessen werden.

Das institutionelle Gefüge der entwickelten Marktwirtschaften hat in einem jahrhundertelangen Suchprozeß seine heutige Gestalt gefunden an dem bis zum Aufkommen der Planwirtschaft auch die ostmitteleuropäischen Staaten teilhatten und der bis heute auch in den entwickelten Marktwirtschaften nicht abgeschlossen scheint.

Bedenkt man, wie wenig erfolgreich und teilweise langwierig einfachste Reformversuche in Entwicklungsländern waren oder ordnungspolitische Reformen gescheitert sind, muß man den Ländern Polen und Litauen konstatieren, daß die Bilanz für die wenigen Jahre seit Beginn des Reformprozesses eine bemerkenswert positive ist. Dies um so mehr, wenn man Vergleiche mit den bisherigen Ergebnissen anderer Staaten in Transformation anstellt.

Die ordnungspolitischen Grundlagen für die Marktwirtschaft scheinen im wesentlichen gelegt, Polen und Litauen verfügen über funktionierende parlamentarische Demokratien und die Systemtransformation wird von allen maßgeblichen politischen Kräften als irreversibel akzeptiert. Die Reformprozesse sind indes in den untersuchten Ländern unterschiedlich verlaufen.

Will man den Verlauf des Reformprozesses in Polen und Litauen kontrastierend und auf eine Formel gebracht gegenüberstellen, so läßt sich sagen: Die polnische Regierung hatte ihrem Land eine Schocktherapie verordnet, Litauen ist eher homöopathisch vorgegangen.

Verständlich ist die weitaus zögerlichere Haltung Litauens allemal. Zum einen war Litauen wesentlich stärker politisch und wirtschaftlich der ehemaligen Sowjetunion verpflichtet, zum anderen konnte Litauen nicht mit einer der polnischen *Solidarität* ähnlichen Arbeiterinteressenvertretung, die geschlossen organisiert gegen den Staat zog, aufwarten.

Konsequenz war, daß die vollständige Demokratisierung und die Errichtung eines marktwirtschaftlichen Systems westlichen Zuschnitts in Litauen wesentlich langsamer vor sich ging als in Polen. Ob man nun die geographische Nähe Polens zum Westen oder das mit der Solidarität unter Beweis gestellte, von der breiten Bevölkerung getragene Reformverlangen zur Erklärung der unterschiedlichen Geschwindigkeit und wirtschaftlichen Effizienz der Transformation in den beiden Staaten heranzieht – offenbar traute die Regierung Mazowiecki/Balcerowicz mit ihrer Schocktherapie für Polen ihrem Volk mehr Leidensfähigkeit mit der Aussicht auf ein Leben in Selbstbestimmung, Rechtsstaatlichkeit und ökonomischer Besserstellung zu als die Regierung Landsbergis/Prunskiene in Litauen. Gleichwohl waren die sozialen Friktionen in beiden Ländern zunächst vergleichbar.

Der weitere Verlauf der Systemtransformation mit seinen wirtschaftlichen Auswirkungen hat jedenfalls dem polnischen Weg Recht gegeben. Das ausländische Interesse an der polnischen Wirtschaft ist erheblich größer, die Privatisierung weiter fortgeschritten, der Lebensstandard der Bevölkerung mittlerweile weitaus höher.[71]

Polen jedenfalls kann vor dem Hintergrund zahlreicher Ungewißheiten hinsichtlich des weiteren Verlaufs der Systemtransformation in eine Vorreiterrolle beim Aufbau der Marktwirtschaft hinein wachsen und insbesondere den im Reformprozeß deutlich zurückliegenden Staaten Osteuropas als Beispiel dienen, daß der erfolgreiche Übergang möglich ist.[72]

Allgemein aus einer solchen Gegenüberstellung jedoch zu schließen, ein politisch-historisches Ablaufmuster für zukünftige Transformationsstaaten ableiten zu können, wäre voreilig. Historischen Konstellationen sind stets einmalig und damit nicht standardisierbar, Verlaufsmuster deshalb auch nicht übertragbar.

3.3 Wirtschafts- und steuerpolitischer Rahmen

Der Gang der ordnungspolitischen Rahmensetzung für ein marktmäßig koordiniertes, eigenverantwortliches Wirtschaften der Bürger – eben die Entscheidung für Demokratie, Rechts- und Sozialstaatlichkeit sowie Marktwirtschaft –, wurde im Kapitel 3.2 umrissen. Die wirtschafts- und steuerpolitische Ausgestaltung dieser Vorgaben soll im folgenden theoretisch-prinzipiell und konkret für Polen und

71 Zur quantitativen Darstellung vgl. Kapitel 5.2.5.1.

72 Das gesteigerte Interesse des Westens an der wirtschaftlichen Entwicklung Polens läßt sich neben zahlreicher weiterer Faktoren auf den – im Vergleich zu Litauen – erheblich größeren Markt und die unmittelbare Nähe zu Westeuropa zurückführen.

Litauen dargestellt werden. Unter Wirtschaftspolitik soll dabei allgemein verstanden werden alle Aktivitäten staatlicher Instanzen, die entsprechend der politischen Zielsetzung die Wirtschaftsordnung gestalten und sichern, indem sie auf die Struktur, den Ablauf und auf die Ergebnisse des arbeitsteiligen Wirtschaftsprozesses Einfluß nehmen.[73]

Unter Steuerpolitik soll allgemein verstanden werden der Einsatz steuerlicher Maßnahmen im Dienste der Finanz- und Wirtschaftspolitik mit dem – fiskalischen – Ziel der Steigerung des Steueraufkommens sowie jedem anderen staatspolitischen Ziel wie etwa allokative Ziele durch differenzierte Umsatzsteuersätze, wachstums-/investitionspolitische Ziele durch Abschreibungsmöglichkeiten oder verteilungspolitische Ziele durch einen progressiven Einkommensteuertarif.[74]

Übergeordnetes Ziel wirtschafts- und steuerpolitischer Maßnahmen bildet zunächst fraglos die dauerhafte Finanzierung der Transformationskosten (vgl. Kapitel 3.1. und 3.3.1.). Die grundsätzlichen Überlegungen gehen damit in die Richtung einer Konsolidierung der Staatshaushalte in Polen und Litauen, der Steigerung des Bruttoinlandsproduktes mit Blick auf die Außenhandelsbilanz und die Auslandsverschuldung sowie der Beantwortung der Fragen, ob und welche Wirtschaftsbereiche subventioniert werden sollen und wie eine Schattenwirtschaft vermieden werden kann.

Die Ausgangsdaten[75] für diese Überlegungen sind schnell umrissen:

Der *Haushaltssaldo* (in % des BIP) betrug für

	Polen	Litauen
1992	-6,8	+0,9
1993	-4,1	+0,9
1994	-2,8	-1,9
1995	-2,7	-1,8

Das BIP betrug in

	Polen	Litauen
1992	84.357 Mio. US$	2.476,5 Mio. Litas[76] (LTL)
1993	85.898 Mio.	11.075,4 Mio.
1994	93.474 Mio.	16.980,7 Mio.
1995	119.282 Mio.	22.232,0 Mio.

73 Gabler Wirtschaftslexikon, 13. Aufl., Wiesbaden 1993, Bd. 8, S. 3822.

74 Gabler Wirtschaftslexikon, 13. Aufl., a.a.O., Bd. 7, S. 3138.

75 Alle Daten sind entnommen für Litauen: BFAI, Wirtschaftsdaten aktuell – Litauen 1996, a.a.O., S. 1 f.; für Polen: BFAI, Wirtschaftsdaten aktuell – Polen 1996, a.a.O., S. 1 f.

76 Seit 25.6.1993 alleinige Währung; ab 1.4.1994 feste Bindung an den US-Dollar (1 US$ = 4 LTL); Jahresdurchschnitt 1994: 1 DM = 2,46 LTL; Jahresdurchschnitt 1995: 1 DM = 2,80 LTL; vgl. BFAI, Wirtschaftsdaten aktuell – Litauen 1996, a.a.O., S. 1.

Der Saldo der *Außenhandelsbilanz* beträgt für

	Polen (in Mio. US $)	Litauen (in Mio. US $)
1992	+512 (Exporte : 13.997)	–
1993	-4.691 (Exporte : 14.143)	-155 (Exporte : 2026)
1994	-4.329 (Exporte : 17.240)	-205 (Exporte : 2029)
1995	-6.155 (Exporte : 22.895)	-317 (Exporte : 2476)

Die *Inflationsrate* nahm in Litauen von 1.163% in 1992 auf 20,3% in 1995 ab. In Polen betrug sie 1989 251,1%, 1990 85,8%, 1991 70,3%, 1992 43% und nahm bis 1995 auf 27,8% ab.

Die *Außenverschuldung* nahm in Litauen stetig zu. Waren es 1992 noch 99 Mio. US$, sind es im Jahr 1995 bereits 822 Mio. US$. Für Polen bewegt sich die Außenverschuldung zwischen 45,3 Mrd. US$ in 1993 und 43,9 Mrd. US$ in 1995.

Deutlich wird, daß beide Länder zwar mit einem erheblichen Wachstum des BIP aufwarten können, gleichzeitig aber unter einer dramatisch unausgeglichenen Außenhandelsbilanz sowie einer hohen Außenverschuldung leiden, die die finanziellen Spielräume der Staaten einschränken. Betrachtet man eine solche Situation als „Anfangsverluste" für die Transformation eines planwirtschaftlichen Systems, dann bleibt zu klären, welche prinzipiellen wirtschafts- und steuerpolitischen Instrumente und Maßnahmen für eine Umgestaltung notwendig sind.

3.3.1 Finanzpolitik

Schon die Bedeutung des Geldes in administrativen Plansystemen macht deutlich, daß die Umstellung des monetären Sektors auf eine marktwirtschaftliche Basis in Transformationsökonomien spezielle Probleme bereitet. Geld sollte eine passive Rolle in den Planwirtschaften ausüben, es sollte lediglich der leichteren Planung naturaler Variablen sowie – als Rechengröße – einer leichteren Abwicklung des arbeitsteiligen Wirtschaftens dienen. Die institutionelle Ausgestaltung monetärer Bestands- und Stromgrößen spiegelte diese Auffassung wider:

> „Staatliche Festpreise und -löhne, administrativ fixierte Kredit- und Einlagenzinssätze, zentrale Kredit- und Bargeldpläne sollten das Gleichgewicht zwischen monetären und naturalen Plänen im Zeitablauf sichern, Inflation ausschließen und damit die Überlegenheit des sozialistischen Plansystems für alle Welt sichtbar machen."[77]

In einer Marktwirtschaft bestimmt die Knappheit einer Ware oder Leistung deren Preis, was letztlich nach Luhmann dazu führt, daß das „Kommunikationsmedium Geld" mit „der Moral" konkurriert.[78]

77 Thieme, H.J. (Hrsg.): Geld und Kredit im Transformationsprozeß, Schriften des Vereins für Socialpolitik, Bd. 236, Berlin 1995, S. 5.

78 Luhmann, N., Soziale Systeme, a.a.O., S. 405 f.

Marx definiert das aus Mehrwert geschöpfte Kapital als den „flukturierenden Teil des gesellschaftlichen Reichtums“[79], zu dem eine Art „Zwangsverhältnis“[80] bestünde, die es aber keineswegs zu mystifizieren gelte.

Und Baecker skizziert im nachfolgenden Zitat eine auf den ersten Blick verblüffende Ähnlichkeit zwischen Planwirtschaft und Marktwirtschaft, indem er schreibt:

> „Schließlich könnte man einige wichtige Aspekte der modernen Wirtschaft selbst dann beschreiben, wenn man von der Vorstellung einer *Planwirtschaft* ausgeht. Zwar kann man von einer Bürokratisierung und Hierarchisierung der Gesamtwirtschaft durch zentral koordinierte Pläne nur in einigen wenigen Weltregionen sprechen, aber auch in anderen Regionen finden sich natürlich Pläne auf allen Ebenen des wirtschaftlichen Geschehens. Man denke nur an einzelne Haushalte und Unternehmen, an Branchenkartelle, an nationale und internationale Industrie- und Strukturpolitik, an Strategien zur Förderung oder Behinderung von Handelsbeziehungen mit Industrie- und Entwicklungsländern. Man denke aber auch an manche Kreislauftheoretiker, die sich den Gesamtprozeß der Wirtschaft als aus Gläubiger/Schuldner-Beziehungen bestehend vorstellen, die den Spielraum möglicher Entscheidungen einschränken und vorziehen. Hier wird fast so etwas wie eine sich hinter dem Rücken aller Akteure verwirklichende Planwirtschaft beschrieben, in der es überflüssig ist, die Planungshoheit etwa dem Kapital zuzuschreiben.“[81]

Das zentrale Ziel einer marktwirtschaftlichen Finanzpolitik, nämlich der nachhaltige Ausgleich des Staatshaushalts bzw. in Transformationsökonomien die Verringerung des Haushaltsdefizits durch u.a. Anwendung steuerpolitischer Instrumentarien, war in den Planwirtschaften nicht notwendig, bzw. es existierte nicht einmal ein ausgebautes Steuersystem. Die Zentralgewalt konnte sich jederzeit Finanzmittel durch Buchungen auf den Konten der Zentralbank beschaffen oder einfach die relativen Preise ändern.[82]

Die grundsätzlichen Schwierigkeiten hinsichtlich einer Finanzpolitik vor dem Hintergrund eines planwirtschaftlichen institutionellen und mentalen Erbes liegen in den fehlenden Institutionen sowie in dem Wandel der Bedeutung des Geldes innerhalb der Marktwirtschaft. Neben dem Ziel, staatliche Einnahmen und Ausgaben auszugleichen, muß es auch zu einem Verständnis dafür kommen, daß Geld nun auch zu einem aktiven staatlichen Steuerungsinstrument geworden ist wie zu der – schmerzlichen – Einsicht, daß zusätzlich benötigtes Geld nur über den Kapitalmarkt beschafft werden kann und nicht via Druckpresse.

Gelingt es, die Staatseinnahmen via Steuererhebungen (vgl. Kapitel 3.3.9) und einer effizienten Steuerverwaltung an das wirtschaftliche Wachstum zu koppeln, dann ist die Einnahmenseite bedacht. Auf der staatlichen Ausgabenseite gilt es zu überlegen, welche Leistungen nötig sind, um beispielsweise soziale Friktionen abzufedern, und welche Subventionen gestrichen werden könnten.

---

79 Marx, K.: Das Kapital: Kritik der politischen Ökonomie, Bd. 1, a.a.O., S. 636.
80 Marx, K.: Das Kapital: Kritik der politischen Ökonomie, Bd. 1, a.a.O., S. 328.
81 Baecker, D., a.a.O., S. 309.
82 Lagemann et al., a.a.O., S. 54.

„The only way to balance the budget in transition countries was to cut subsidies and expenditures because there were no monetary instruments to finance budget deficits. The elimination of this cash-flow problem has been the crucial factor in successful economic reforms."[83]

Die polnische Finanzpolitik resp. das polnische Stabilisierungsprogramm konnte erst greifen, nachdem 1990 die Preise freigegeben wurden. Es folgte eine kurze Phase der Hyperinflation, zunächst induziert durch das spekulative Verknappen von Agrarerzeugnissen, welche dann wieder massenhaft auf den Markt geworfen wurden, dann durch die hohe Nachfrage nach Serviceleistungen – einem Sektor, der vor der Reform völlig unterentwickelt gewesen war. Schnell stellte sich hier ein Wachstum ein, dessen Dynamik von der Regierung unterschätzt und somit nicht in der Steuergesetzgebung berücksichtigt worden war. Die rasche Einführung einer Lohnsteuer sowie einer Mehrwertsteuer ab 1993 (Steuersatz 22%) als wesentliche Säule eines modernen Steuersystems spülte zwar Geld in die Regierungskassen, aber durch die extreme Zunahme der Arbeitslosigkeit in dieser Anfangsphase der Transformation (1990: 6,3%; 1991: 11,8%) und die hohen Kosten zur Abfederung sozialer Härten wurde diese Einnahmequelle nun jedoch weniger ergiebig.[84]

Zur Haushaltsentlastung begrenzte Polen seine Subventionen und Steuerermäßigungen im Haushaltsgesetz 1991 selbst für erstrangige Ausgaben (u.a. Gesundheitswesen, Bildung, soziale Sicherung für Ältere und Kranke, infrastrukturelle Investitionen) drastisch.[85] Durch diese äußerst disziplinierte bzw. restriktive Ausgabenpolitik gelang es in Polen – trotz weiterhin ansteigender Arbeitslosenquote – den Haushalt in Relation zum BIP (vgl. Punkt 3.3) immer weiter in Richtung eines ausgeglichenen Saldos zu bringen.

Wie schwierig es ist, Finanzpolitik in einer Transformationsökonomie zu betreiben bzw. das Finanz- und Steuersystem im Abgleich mit den durch die Wirtschaftsreformen entstandenen Erfordernissen einzurichten, wird in Litauen deutlich. Pissulla[86] führt dies für die Anfangsphase der Transformation aus. So existiert keine einheitliche Regelung und zentrale Erfassung zur Berechnung der persönlichen Einkommensteuer, da die Steuererfassung an verschiedenen Stellen und zu unterschiedlichen Zeitpunkten offenbar erhebliche Schlupflöcher bietet. Weitere Steuereinnahmeverluste entstehen durch die fehlende Bewertung von Grundbesitz und Immobilien sowie durch die nicht geregelte Bewertung von Vermögen auf Auslandskonten, auf denen betriebliche Einnahmen aus Exportgeschäften (geschätzt für Ende April 1993 durch das Finanzministerium: zwischen 1 Mrd. und 10 Mrd. US$) deponiert sind.

---

83 Lehtonen, K.: Theory of Economic Reform and the Case of Poland, in: Suomen Pankki / Bank of Finland: Review of Economic Transition, Vol. 6/1997, S. 27.

84 Lehtonen, K., a.a.O., S 27.

85 Poznanska, K.: Transformationsprozesse in Polen, Hamburg 1994, S. 11 f.

86 Pissulla, P.: Aktuelle Entwicklungslinien, Problemfelder der Wirtschaftspolitik und ordnungspolitischen Veränderungen in Litauen, in: HWWA Institut für Wirtschaftsforschung-Hamburg (Hrsg.), Report Nr. 122/1993, Hamburg 1993, S. 17 f.

Das Haushaltsjahr 1994 schloß in Litauen mit einem Minus von 1,9% des BIP (vgl. Punkt 3.3). Das mit dem IWF vereinbarte Defizitlimit des Staatsbudgets wurde damit um 0,4% überschritten, so daß zugesagte Stabilisierungskredite für Anfang 1995 zunächst eingefroren wurden.

Der Grund für die erhöhten Staatsausgaben ist in nicht eingeplanten Lohnerhöhungen im öffentlichen Sektor zu suchen sowie – möglicherweise – in der Tatsache, daß Litauen auf den permanenten Import von Energieträgern angewiesen ist.[87] Die steuerliche Überwachung gerade dieser Geschäfte sowie des Handels mit Genußmitteln – neben strikten Maßnahmen zur Unterbindung schattenwirtschaftlicher Aktivitäten – trugen zu staatlichen Mehreinnahmen in 1995 bei. Die eingeführte Mehrwertsteuer (Steuersatz 18%) leistete ebenso einen erheblichen Beitrag zu den Staatseinnahmen. Das Haushaltsjahr 1995 endete mit einem Minus von 1,8% des BIP; eine unwesentliche Differenz zu 1994, die um so mehr überrascht, als das BIP erheblich gestiegen ist (vgl. Punkt 3.3). Dieser Trend setzte sich auch in 1996 fort. Das Defizit schnellte auf 2,5% hoch[88], eine Befürchtung, die bereits 1995 dezidiert geäußert wurde:

> „... die restriktive Stabilitätspolitik der litauischen Regierung trägt zwar makroökonomisch erste Früchte, jedoch sollte nicht übersehen werden, daß sie auf der Mikroebene kurzfristig soziale Spannungen forciert. Eine der größten Gefahren für die weitere Gesundung des Staatshaushaltes und der davon beeinflußten makroökonomischen Indikatoren liegt darin, daß die Beschäftigten des staatlichen Sektors vor den Wahlen Lohnerhöhungen durchdrücken wollen, die über den laufenden Produktivitäts- und Preisniveausteigerungen liegen. ... Der aktuelle Stimmungsbarometer ... zeigt deutlich, daß es für die LDLP durchaus eine Alternative sein könnte, politischem Opportunismus Vorrang vor ökonomischer Realität einzuräumen."[89]

3.3.2 Geldpolitik

War das finanzpolitische Ziel die Konsolidierung des Staatshaushalts, so richtet sich die Geldpolitik auf die Geldmenge innerhalb einer Geldordnung, die einerseits Kapital als Faktor begreift, andererseits Preise als Ausdruck der Knappheit von Produkten. Beides war in planwirtschaftlichen Systemen nicht gegeben, vielmehr hatte sich ein Geldüberhang akkumuliert. Vordringliches Ziel der Geldpolitik ist es also – in Zusammenhang mit der Preisfreigabe – diesen Überhang möglichst rasch abzubauen, um einer Inflation vorzubeugen, sowie dann ein monetäres Gleichgewicht herzustellen. Eine Politik des knappen Geldes ist daher das

87 Boroch, W.: Litauen – Regulierung und Deregulierung im Transformationsprozeß; Die wirtschaftliche und soziale Entwicklung, in: HWWA Institut für Wirtschaftsforschung-Hamburg, Report Nr. 157/1996, Hamburg 1996, S. 34.

88 Bank of Lithuania: Main economic indicators 1998, Vilnius 1998, in: www.lbank.lt.

89 Boroch, W.: in: HWWA-Report 157/1996, a.a.O., S. 34.

zentrale Bemühen innerhalb eines Transformationsprozesses.[90] Damit Preise und Zinsen ihre Funktion bei der Lenkung von Produktion und Kapital wahrnehmen können, muß eine neue Geldordnung aufgebaut werden.

Die dafür notwendige Institution ist ein zweistufiges Bankensystem aus einer möglichst unabhängigen Notenbank sowie privaten oder zumindest kommerzialisierten Geschäftsbanken, ein funktionsfähiger Geld- und Kapitalmarkt nach innen und die Einbindung in internationale Finanzmärkte durch die Konvertibilität der Währung nach außen. Fehlen ausländische Kreditgeber, dann ist die Notenbank alleinige Institution für eine Kreditvergabe an den Staat, so daß die Inflation gleichsam zu einer Funktion der Höhe des Haushaltsdefizits wird. Finanz- und Geldpolitik können dann nicht mehr eindeutig voneinander abgegrenzt werden.[91]

Smeets[92] listet die folgenden Regelungen auf, die der Staat in Form von Selbstverpflichtungen formulieren und eingehen sollte, um die Glaubwürdigkeit seiner geldpolitischen Bemühungen mit der Errichtung einer Notenbank zu unterstreichen:

- Vorgabe des Ziels der Preisniveaustabilität,
- Weisungsunabhängigkeit der Zentralbank,
- Verbot des Ankaufs staatlicher Schuldtitel,
- Unabhängigkeit des Leitungsgremiums vom politischen Prozeß.

Bleibt zu betonen, daß eine Regierung nur dann glaubwürdig ist, wenn o.a. Verpflichtungen entweder Verfassungsrang besitzen oder zumindest nur durch eine deutlich über die Regierungssitze im Parlament hinausgehende Mehrheit geändert werden können.

3.3.2.1 Ausgestaltung der Geldordnung

In Polen und Litauen wurden die Notenbanken nach westlichem Vorbild aufgebaut, das heißt, sie sind nach dem Gesetz von den Weisungen der jeweiligen Regierungen weitgehend unabhängig, sollen die Wirtschaftspolitik der Regierung aber unterstützen. Die Unabhängigkeit der Notenbanken ist indes derzeit eher noch formal zu sehen. Nach wie vor haben politische Entscheidungen erheblichen Einfluß auf die Geldpolitik.

---

90 Hartwig, K.-H.: Geldpolitik im Transformationsprozeß. Verlauf und Restriktionen, in: Thieme, H.J. (Hrsg.): Geld und Kredit im Transformationsprozeß, Schriften des Vereins für Socialpolitik, Bd. 236, Berlin 1995, S. 157.

91 Hartwig, K.-H., in: Thieme, a.a.O., S. 157 f.; auch: Korhonen, I.: A Few Observations on the Monetary and Exchange Rate Policies of Transitions Economies, in: Review of Economies in Transition, Suomen / Pankken / Bank of Finland, Vol. 3 (1997), S. 13.

92 Smeets, H.-D.: Preisniveaustabilität durch Wechselkursbindung. Eine erfolgversprechende Strategie für die Länder Mittel- und Osteuropas?, in: Thieme, H.J. (Hrsg.), Geld und Kredit im Transformationsprozeß, Schriften des Vereins für Socialpolitik Bd. 236, Berlin 1995, S. 101.

In Polen wurde mit dem Bankgesetz von 1989 ein zweistufiges Bankensystem aus Nationalbank und Geschäftsbanken eingeführt. Die Polnische Nationalbank (NBP) dient als Zentralbank und Kontrollinstanz des gesamten Bankwesens, der Notenbankpräsident wird durch das Parlament bestätigt. Aus den ehemaligen Regionalabteilungen der alten Nationalbank wurden zwischen 1989 und 1991 kommerzielle Banken in Staatseigentum gegründet, die ab 1992 jedoch sukzessive privatisiert wurden.

Zur Unterstützung der Bankenreform stellte die Weltbank 50 Mio. US$ bereit. Zusätzlich kam es noch zur Unterzeichnung von sieben sog. „twin agreements" zwischen polnischen und westlichen Banken; Kooperationsverträge, die den polnischen Geldinstituten technische Unterstützung und Personaltraining zusichern. Im Gegenzug erhalten die westlichen Geldinstitute die Option auf eine Beteiligung von 20%.

Eines der größten Probleme für die polnische Nationalbank war, daß sich nach Schätzung der Weltbank bei etwa 25% der ausgereichten Geschäftskredite die Tilgungs- bzw. Rückzahlungen verzögerten oder gänzlich ausblieben. Kreditnehmer waren überwiegend große Unternehmen. 11% der polnischen Firmen wurden 60% aller Kredite gegeben: ein so risikoreiches Verhältnis, das die Regierung im Februar 1993 dazu veranlaßte, ein Gesetz zur Restrukturierung des Bankenengagements zu verabschieden.

In Litauen wurde eine eigenständige Geldpolitik ab Ende 1992 verfolgt, als zusätzlich zum Rubel die Coupon-Übergangswährung Talonas eingeführt wurde und die Zinspolitik in die alleinige Verantwortung der Notenbank gelegt wurde. Das zweistufige Bankensystem geht zurück auf Gesetze aus dem Jahre 1990 zur Notenbank und den Geschäftsbanken. Die Gesetze wurden 1994 umfassend überarbeitet.

Kommerzialisiert wurden Banken, indem die Notenbank einen Refinanzierungszinssatz für andere Banken via Kreditauktionen festlegte, dem eine ähnliche Funktion zukommt wie den Diskontsätzen westlicher Notenbanken. Zur Inflationsbekämpfung wurden zeitweilig Kreditvergabelimits gesetzt sowie Mindestreservemengen verpflichtend gemacht.[93]

Zum Erreichen des vorrangigen Ziels der Geldpolitik – der Inflationsbekämpfung – verfügen die Institute beider Notenbanken über die einschlägigen Instrumente. Die Feinsteuerung der Geldpolitik ist indes ungleich schwieriger, da bei einem noch im Aufbau befindlichen Bankensystem sich die Auswirkungen einzelner Maßnahmen, wie beispielsweise Zinssatzänderungen, kaum vorherbestimmen lassen. Eingeengt wird der Spielraum der Geldpolitik weiter dadurch, daß aufgrund einer hohen Auslandsverschuldung die Sicherung des Devisenbestandes zum weiteren wichtigen Ziel der Notenbanken geworden ist.

---

93 Pissulla, P., in: HWWA-Report 122/1993, a.a.O., S. 24 f.

3.3.2.2 Geldpolitische Instrumente

Als wichtigstes geldpolitisches Instrument der Notenbanken zur Eindämmung der mit der Preisfreigabe einhergehenden Inflation sowie zur allgemeinen Stabilisierung der Funktion des Geldsystems als Rahmenbedingung für wirtschaftliches Wachstum kann genannt werden die Festlegung von Kontingenten für Zentralbankkredite – entsprechend der angezielten Geldmenge bzw. des Kapitalbedarfs für Investitionen –, die den kommerzialisierten resp. privatisierten Banken zugeteilt werden. Mit dieser Formulierung von Refinanzierungsquoten geht einher die Festlegung von Refinanzierungssätzen für kommerzialisierte bzw. privatisierte Banken, wobei sich der Refinanzierungssatz durchaus auch – orientiert an vorgegebenen Mindestzinsen – über Auktionen zur Zuteilung von Zentralbankgeld herausbilden kann. Daneben sollte die Möglichkeit des Vorhalts von Mindestreserven[94] festgeschrieben sein sowie auf die Sicherung bzw. den Ausbau des Devisenbestandes geachtet werden.

Zwischen 1989 und 1991 wurde die freie Preisbildung für Güter und Dienstleistungen über den Markt zum vorherrschenden Prinzip in Polen. Einher ging ein hyperinflationärer Preisanstieg (vgl. Kapitel 3.3). Eingriffe in das Preissystem fanden überwiegend nicht durch amtliche Preisfestlegungen statt, sondern durch die Einführung einer allgemeinen Benachrichtigungspflicht im Fall einer geplanten Preiserhöhung.[95]

Die Absicht des radikal marktwirtschaftlichen Reformprogramms der Regierung Mazowiecki/Balcerowicz war es, durch eine strikte Geldmengen- und Zinspolitik die Inflation erheblich einzudämmen, um ein Gelingen der Systemänderung gleichsam zu erzwingen. Wenn auch die Erwartungen etwas zu kühn waren[96] – prognostiziert wurde bei konsequenter Anwendung des Anti-Inflationsprogramms eine monatliche Inflationsrate von nicht mehr als 3-5%, tatsächlich lag sie 1990 bei

---

94 Das Instrument der Mindestreserve ist praktisch wie theoretisch umstritten. Die Mindestreserve verpflichtet jedes Kreditsinstitut einen bestimmten Teil seiner kurz- und mittelfristigen Einlagen bei der jeweiligen Notenbank als Guthaben zu unterhalten. Ursprünglich diente die Mindestreserve allein der Sicherheit der Kunden und der jederzeitigen Zahlungsfähigkeit der Bank. Heute ist die Mindestreserve zu einem wichtigen geldpolitischen Instrument zur Grobsteuerung des Geldmarktes mit vorherrschend ordnungspolitischem Charakter geworden und soll stabile Rahmenbedingungen für den effizienten Einsatz der übrigen geldpolitischen Instrumente schaffen. Die Mindestreservewirkung hängt zum einen von der Abgrenzung der reservepflichtigen Verbindlichkeiten, zum anderen von der Höhe der Mindestreservesätze ab. Ein Mindestreservesystem dient dazu, monetäre Impulse zu geben. So sollen die Geldmarktzinsen stabilisiert, eine strukturelle Liquiditätsknappheit herbeigeführen oder vergrößert und die Geldmengensteuerung erleichtert werden. Über die konkreten Wirkungen monetärer Impulse herrschen gravierende Meinungsunterschiede. Wesentliche Ansätze finden sich in der klassischen Geldlehre, der Keynesschen Lehre, der postkeynesianischen Geldtheorie, im Monetarismus sowie der neuen klassischen Makroökonomie.

95 Poznanska, K., a.a.O., S. 18 f.

96 Gramatzki, H.E., a.a.O., S. 120 f.

ca. 47% –, gibt aber schon die Zahl von 1992 mit 3,6% pro Monat dieser „Schocktherapie" Recht. In Polen hat sich die rasche Umgestaltung und Neustrukturierung der Geldordnung sowie das eingesetzte geldpolitische Instrumentarium bewährt. Nimmt man die Devisenreserven als einen zusätzlichen Indikator, so zeigt sich Gleiches. Von Ende 1993 mit 4,1 Mrd. US$ ist diese kontinuierlich gestiegen auf 14,8 Mrd. US$ in 1995.[97]

In Litauen wurde eine Preisliberalisierung 1990 beschlossen, Anfang 1992 wurden die meisten Preise für Lebensmittel und Konsumgüter freigegeben. Innerhalb von 24 Stunden stiegen die Preise um bis zu 200%.[98] Im Jahresdurchschnitt betrug die Inflationsrate 1.163%. Zurückzuführen ist dieses auf das unkontrollierbare Geldmengenwachstum in der damaligen Rubelzone Litauens (vgl. Kapitel 3.3.2.1) sowie auf die Kreditexpansion an die Unternehmen. Erst nachdem sich Litauen im Oktober 1992 aus der Rubelzone ausgeklinkt hatte, war eine nationale Geld- und Anti-Inflationspolitik überhaupt möglich. Die Zinssätze für Kredite wurden entsprechend der politischen Geldmengenvorgaben angehoben. Anfang 1993 betrugen sie 125% p.a. bei der Zentralbank und zwischen 120-200% p.a. – je nach Kreditvergaberisiko – bei den kommerziellen Banken für Dreimonatskredite. Für längerfristige Kredite, die weniger für schnelle Import-Exportgeschäfte oder Spekulationen dienen konnten, sondern für längerfristige Investitionen gedacht waren, lagen die Zinsen 1993 mit ca. 40% deutlich niedriger.[99] In den Jahren 1994 und 1995 gingen die Zinsen teilweise drastisch zurück. Bereits im September 1994 betrug der Durchschnittszins für Dreimonatskredite noch ca. 50% und lag für längerfristige Kredite bei ca. 35%. Der Durchschnittszinssatz im Dezember 1995 lag bei 16,7% für Kredite bis zu einem Jahr und bei 16,8% für Kredite über einem Jahr Laufzeit.[100]

Auch in Litauen hat sich angesichts der Abnahme der Inflation von anfangs 1.163% auf 20,3% in 1995 eine Politik des knappen Geldes bewährt. Der Anstieg der Devisenreserven (einschließlich Gold) bestätigt den Aufwärtstrend. Ende 1993 waren es 412 Mio. US$, Ende 1995 bereits 819 Mio. US$.[101]

Nicht unerwähnt bleiben soll die Bankenkrise von 1995 in Litauen. Wegen Betruges schloß die Regierung die zwei größten kommerziellen Banken, fünf andere Banken gingen aufgrund von faulen Krediten und Kapitalknappheit Bankrott, was für erhebliche Unruhe unter der Bevölkerung sorgte. Das Vertrauen der Litauer in die litauischen Banken und die litauische Wirtschaft insgesamt war zu-

97 BFAI, Wirtschaftsdaten aktuell – Polen 1996, a.a.O., S. 3.

98 Pissulla, P., in: HWWA-Report 122/1993, a.a.O., S. 46 ff.

99 Pissulla, P., in: HWWA-Report 122/1993, a.a.O. S. 24 ff.

100 Bank of Lithuania, The Monthly Bulletin of the Bank of Lithuania, Vilnius März 1997, in: www.lbank.lt.

101 BFAI, Wirtschaftsdaten aktuell – Litauen 1996, a.a.O., S. 3.

tiefst erschüttert[102], darüber hinaus waren potentielle ausländische Investoren verunsichert. Um das erschütterte Vertrauen wieder herzustellen sah sich die Regierung gezwungen, neue Bankengesetze zu formulieren.

> „These failures have hastened the introduction of new legislation. The Bank of Lithuania has required the banks to adjust the calculation of their capital adequacy ratio to standards set by EU, the banks are required to set up their own internal auditing units, and the rules for banks' required reserves have been tightened (Bank of Lithuania 1995b). In addition, foreign investment in Lithuanian banks is now actively encouraged, and the Bank of Lithuania has created credit facilities for banks with liquidity problems. It remains to be seen if these measures are enough to prevent larger crises in the financial system."[103]

3.3.3 Währungspolitik

Der Währungspolitik als unmittelbarer Bestandteil der Wirtschaftspolitik kommt in zweierlei Hinsicht Bedeutung zu. Binnenwirtschaftlich geht es um die Stabilitätssicherung der Währung, außenwirtschaftlich einerseits und allgemein um die Möglichkeit, sich qua Wert der eigenen Währung in eine Beziehung zu möglichen Handelspartnern zu setzen sowie andererseits durch eine Konvertibilität der Währung auch tatsächlich außenwirtschaftliche Beziehungen aufnehmen zu können, ohne mit festen Unternehmen im Ausland Devisen erwirtschaften zu müssen.

Die Schwierigkeiten einer Währungspolitik in Transformationsstaaten wurden teilweise schon im Kapitel 3.3.2 angedeutet. Ist Geld nicht mehr nur eine passive Rechengröße bzw. ein Wertaufbewahrungsmittel ohne tatsächliche Optionen zur Einlösung, sondern im Zuge der Transformation mehr und mehr eine Universalressource mit eindeutiger Funktion als Abbildner der Produktivität respektive der Knappheit von Gütern und Dienstleistungen[104], dann kommt der Währungspolitik eine besondere Bedeutung zu: Die Stabilität bzw. Stabilisierung der Währung gibt Auskunft über den Erfolg der politischen Bemühungen und ist damit ein Gradmesser für den Erfolg des eingeschlagenen Weges der Transformation, die Herstellung der Währungskonvertibilität ist ein Gradmesser für den Erfolg auf dem Weg in die internationale marktwirtschaftliche Staatengemeinschaft[105].

3.3.3.1 Währungsstabilität

Sowohl Produktion als auch Konsum sind innerhalb einer hochgradig instabilen Währung äußerst problematisch. Die Inflationsraten der Anfangsphasen der Preisfreigaben in Polen und Litauen (vgl. Punkt 3.3) belegen eindrücklich die Entste-

---

102 O.Verf.: „Polen korrigiert den Wechselkurs" und „Litauische Banken zahlungsunfähig", in: Neue Zürcher Zeitung Nr. 299 v. 23/24.12.95, S. 11.

103 Korhonen, I.: Banking Sectors in Baltic Countries, in: Review of Economies in Transition, Suomen Pankken / Bank of Finland, Vol. 3, Helsinki 1996, S. 46.

104 Lagemann et al., a.a.O., S. 335.

105 Lagemann et al., a.a.O., S. 59.

hung einer rasanten Lohn-Preis-Spirale. Unter solchen Bedingungen kann weder Konsumverzicht zugunsten späteren Konsums betrieben werden, noch kann ernsthaft an eine privatwirtschaftlich vorzufinanzierende Produktion gedacht werden. Alles läuft darauf hinaus, daß die Inflationserwartungen zur Befriedigung jeweils aktueller Bedürfnisse zwingen, so daß ein geordneter Aufbau von längerfristigen Strukturen oder Verhaltensmustern, sprich Vertrauen in die heimische Währung, nicht aufgebaut werden kann.

Aufbau und Sicherung der Währungsstabilität beginnen also damit, die Inflationsängste zu brechen und dies um so mehr, als soziale Restriktionen ohnehin erhebliche Ansprüche an das Vertrauen in den Staat stellen.

Das geldpolitische Instrumentarium dazu wurde bereits angesprochen: eine strikte Geldmengenpolitik, ausgerichtet an der Produktivität, einhergehend mit einer Preisbelegung des Kapitals, eben mit Kreditzinsen, um so auch diese Variable staatlicherseits verknappen zu können. Lagemann et al.[106] weisen jedoch in diesem Zusammenhang auf einen nicht unerheblichen Zielkonflikt hin. Die Stabilität der Währung kann nur erreicht werden, wenn die Inflation eingedämmt wird durch Erhöhung der Kreditzinsen, andererseits soll die Kreditversorgung des privaten Sektors gewährleistet sein. Ein Dilemma, das wohl nicht strukturell gelöst werden kann, sondern nur durch eine besonnene und den jeweiligen ökonomischen Situationen angepaßte Politik in der Zeit: innerhalb des Korridors zwischen absoluter Hyperinflation und prohibitiv hohen Zinsen.

Über die zirkulierende Geldmenge und deren Deckung durch Gold- und Devisenreserven sowie über die Höhe der Kreditzinsen wacht in Polen ebenso wie in Litauen eine unabhängige Zentralbank. Standen den jungen Marktwirtschaften anfangs nur geringe Gold- und Devisenreserven zur Deckung der Währung zur Verfügung konnten beide Länder im Betrachtungszeitraum Ihre Währungsreserven auch aufgrund einer Politik des knappen Geldes deutlich erhöhen, während andere Transformationsökonomien mit weniger rigider Geldmengenpolitik einen teilweise deutliche Verschlechterung der Währungsdeckung verkraften mußten. Problematisch für diese Länder ist, daß sie bei noch fehlender Akzeptanz an den Kapitalmärkten und mangels eigener Bonität im Gegensatz zu entwickelten Marktwirtschaften neben Gold- und Devisenreserven keine weiteren zugelassenen Deckungsmittel wie Staatspapiere und lombardfähige Wertpapiere zur Deckung der Währung eingesetzen können.

3.3.3.2 Konvertibilität der Währung

Allgemein bedeutet die Konvertibilität der Währung die Setzung des monetären Rahmens für außenwirtschaftliche Beziehungen, das heißt für eine Teilnahme am internationalen Waren- und Dienstleistungsverkehr. Die explizite Bindung an ausländische Währungen hat – neben anderen Maßnahmen – zusätzlich noch den

106 Lagemann et al., a.a.O., S. 56.

Vorteil der Preisniveaustabilität im Inland, da feste Wechselkurse es erlauben, Stabilität und Vertrauen aus dem Ausland zu importieren.[107]

In Polen wurde im Mai/Juni 1995 der Mechanismus der Zlotyabwertung[108] gegenüber einem Devisenkorb (US$, DM, Pfund, FF und sfr) eingeführt, um die Wettbewerbsfähigkeit auf Auslandsmärkten zu testen bzw. dann zu sichern. Ab diesem Zeitpunkt besteht eine freie Konvertibilität. Vorausgegangen war eine Umbewertung am 1.1.1995 von 10.000 alten Zloty in einen neuen Zloty.

Vor der Einführung der Coupon-Talonas als Übergangswährung bestanden in Litauen in der Praxis drei verschiedene Wechselkurse für den Rubel: Der kommerzielle Kurs galt für an den Staat abzuliefernde Deviseneinnahmen, der Verrechnungskurs galt für aus dem staatlichen Fonds erwerbbare Devisen, der Marktkurs schließlich wurde zwischen den Unternehmen frei ausgehandelt, wobei die Bank von Litauen als Vermittler auftrat.[109] Seit dem 25.6.1993 bildet der Litas die alleinige Währung in Litauen, die ab dem 1.4.1994 fest an den US$ (Stand 1.4.1994: 1 US$ = 4 Litas) gebunden ist.

Lagemann et al.[110] sehen die Gesamtproblematik eines stabilen Wechselkurses so: Einerseits begünstigt er die Preisniveaustabilität, beeinträchtigt aber andererseits bei hoher Inflation im Vergleich zu westlichen Ländern die Exportchancen. Eine exportorientiert unterbewertete Währung aber fördert den Inflationsimport. Eine Abmilderung dieses Konfliktes könnte dadurch erreicht werden, daß die volle Konvertibilität erst nach und nach hergestellt wird; ein Weg, den sowohl Polen als auch Litauen gegangen sind, indem sie vor der vollständigen Konvertibilität der Währung zunächst für eine relative Stabilität der Währung innerhalb der Binnenwirtschaft gesorgt haben.

3.3.4 Kapitalmarkt

Allgemein wird unter Kapitalmarkt ein Markt für längerfristige, durch Wertpapiere verbriefte Kredite verstanden. Die auf dem Kapitalmarkt entstehenden Forderungen sind im Gegensatz zum Bankenkredit-/Einlagenmarkt besonders fungibel. Zu unterscheiden sind der durch den Staat beaufsichtigte *organisierte* Kapitalmarkt, dessen ausgeprägteste Form die Börse darstellt, sowie der *nichtorgani-*

---

107 Smeets, H.-D., a.a.O., S. 83.

108 Der Mittelkurs des Zloty ist seit Oktober 1991 unverändert an einen Korb westlicher Währungen gebunden, der sich wie folgt zusammensetzt: US$ (Gewichtung 45%), DM (35%), Pfund Sterling (10%), Französischer Francs (5%), Schweizer Franken (5%). Gegenüber diesem Währungskorb wird der Zloty monatlich abgewertet, wobei der monatliche Regelabwertungssatz bei 1,2% (ab 1996 1%) liegt. Seit Mai 1995 kann der Zloty darüber hinaus um ±7% um den offiziellen Notenbankkurs schwanken. Vgl.: FAZ Informationsdienste (Hrsg.), Investitionsführer Mittel- und Osteuropa, Polen 1997, a.a.O., S. 14.

109 Pissulla, P., in: HWWA-Report 122/1993, a.a.O., S. 55.

110 Lagemann et al., a.a.O., S. 58.

sierte Kapitalmarkt, zu dem etwa Kreditbeziehungen zwischen Unternehmen (z.B. langfristige Lieferantenkredite) sowie zwischen privaten Haushalten und Unternehmen zählen.[111]

Für die vorliegende Arbeit soll mit Blick auf die Herausbildung eines unternehmerischen Mittelstandes mit erheblichem Kapitalbedarf für Investitionen unter Kapitalmarkt verstanden werden: alle längerfristigen Transaktionen, die der Finanzierung der Privatwirtschaft unter Beteiligung von Kreditinstitutionen bzw. übrigen Kapitalsammelstellen dienen.

3.3.4.1 Entwicklung der Finanzsysteme

Die Entstehung der Nationalbanken in Polen und Litauen wurde bereits in Punkt 3.3.2 dargestellt. Dienen sie in erster Linie als Währungshüter, so kommt u.a. den Geschäftsbanken die Rolle der Finanzierung der Wirtschaft zu, gleichwohl sie aber auch als Kreditgeber in Zeiten eines staatlichen Haushaltsdefizits fungieren können, sofern die Notenbanken explizit abgekoppelt wurden von einer Einflußnahme durch die politischen Mandatsträger.

Um die Entwicklung einer finanziellen Infrastruktur in Polen allgemein zu kennzeichnen, bietet sich die stichworthafte Übersicht von Poznanska[112] an. Seit 1989 wurden demnach folgende Reformmaßnahmen im Finanzsystem eingeleitet und durchgeführt:

- Gründung eines zweistufigen Bankensystems und Neugestaltung der Funktion und Organisation der Zentralbank (NBP),
- stufenweise Privatisierung staatlicher Banken,
- Gründung von Banken mit in- und ausländischer Kapitalbeteiligung,
- marktwirtschaftliche Reformen im Versicherungsbereich,
- Entwicklung eines Wertpapiermarktes,
- Gründung spezialisierter Finanzinstitutionen.

Im einzelnen gab es in Polen bereits Ende 1992 neun staatliche Banken, 68 Banken auf Aktienbasis, einige davon mit überwiegend staatlichem Kapitalanteil, sieben Banken mit ausländischem Kapitalanteil sowie 1.665 kleinere gemeinschaftliche Banken. Von den staatlichen Banken wurden sieben bis Ende 1995 privatisiert, wobei zahlreiche westeuropäische Banken sowie die European Bank of Reconstruction and Development (EBRD) Beteiligungen eingingen.

Die Entwicklung eines Wertpapiermarktes nahm ihren Anfang mit der Ausgabe von Aktien staatlicher Betriebe sowie mit der Ausgabe von Staatsdarlehen. Ab 1990 wurden öffentlich Aktien einiger staatlicher Gesellschaften und mehrerer Staatsschatzgesellschaften verkauft, die in das Kapitalprivatisierungsprogramm aufgenommen worden waren. Im März 1991 wurde die Wertpapierbörse in War-

111 Gabler Wirtschaftslexikon, a.a.O., Bd. 4, S. 1790.

112 Poznanska, K., a.a.O., S. 14 f.

schau eingerichtet, einhergehend mit 25 Maklerhäusern. Ende 1995 waren an der Warschauer Börse 72 Titel mit einer Marktkapitalisierung von 4,5 Mrd. US$ notiert. Der erste Treuhandfond „Pioneer" entstand 1991 als Folge des Gesetzes zum öffentlichen Handel von Treuhandfonds. Parallel wurde ein staatliches Kontrollamt eingerichtet, die Kommission für Wertpapiere. Mittlerweile existiert eine Reihe von Finanzinstitutionen, die die Restrukturierung und die Kreditierung der polnischen Wirtschaft z.B. in Form von Kreditgarantien unterstützen soll. Zu nennen ist etwa die Agentur für Entwicklung der Industrie, die Polnische Bank für Entwicklung, die Bank der Sozial-Ökonomischen Initiativen oder die Korporation der Exportversicherungen.[113]

In Litauen wurde mit Beginn der Unabhängigkeit das gesamte Finanzsystem umorganisiert. Im Dezember 1990 wurden alle in Litauen ansässigen, ehemals sowjetischen Banken umregistriert. Seit Juli 1992 wurden Tätigkeiten, Rechte und Pflichten von Geschäftsbanken durch die Verabschiedung des Commercial Banking Act festgelegt. Ende April 1992 gab es 22 konzessionierte Geschäftsbanken (drei davon vollständig in privater Hand), 53 Filialen der Sparkasse (100% in Staatsbesitz, kommerzialisiert) sowie 700 Zweigstellen der Landwirtschaftsbank (100% in Staatsbesitz, kommerzialisiert). Anfang November 1991 wurde die Litauische Investitionsbank als Teil der Baltischen Investitionsbank gegründet, die wiederum zu 70% der finnischen Nordic-Investmentbank gehört. Aufgabe der Litauischen Investitionsbank ist die Kreditbeschaffung in harten Währungen.[114] Im September 1993 wurde durch das litauische Finanzministerium und die European Bank of Reconstruction and Development die Litauische Entwicklungsbank gegründet. Aufgabe dieser Bank ist die kurz- und mittelfristige Finanzierung der privaten Wirtschaft.

Die litauische Regierung hat als Folge der Bankenkrise vom Herbst 1995 verfügt, daß alle Geschäftsbanken 10% ihrer Einlagen als zinslose Mindestreserven bei der Nationalbank zu hinterlegen haben.

Beim Aufbau der Kapitalmärkte kann in Polen ein rasches Tempo verzeichnet werden, was in Zusammenhang mit den bereits vor 1989 durchgeführten Reformversuchen zu sehen ist.

Durch die umfassende Liberalisierung des Geld- und Kreditwesens sowie durch das Ersetzen des Monobankensystems zugunsten eines zweistufigen Systems gewannen Privatbanken in Polen und Litauen zunehmend an Bedeutung, wenngleich sie die Dominanz der alten Staatsbanken erst langsam aufzuweichen vermochten.[115] Aber schon 1992 waren in Polen mehr als 100 Aktienbanken tätig – zwar teilweise mit schwacher Eigenkapitaldeckung und einem noch niedrigen Beratungsniveau.[116]

---

113 Poznanska, K., a.a.O., S. 14 f.

114 Pissulla, P., in: HWWA-Report 122/1993, a.a.O., S. 33 ff.

115 Lagemann et al., a.a.O., S. 132.

116 Lagemann et al., a.a.O., S. 133.

Kreditportefeulle und Eigenkapitaldecken der Banken sind jedoch noch dürftig, insbesondere durch eine Fülle von notleidender Kredite.

In den Untersuchungsländern mußten die Banken Rücklagen für nicht wieder einbringbare Kredite bilden. Diese deckten sie aus den Zinseinnahmen, was wegen des nur geringen Wettbewerbs möglich war.

3.3.4.2 Kreditierung der Wirtschaft

Bei der Kreditierung der Wirtschaft ergibt sich allgemein das bereits in Punkt 3.3.2.2 und 3.3.3.1 angesprochene Problem der staatlichen Verknappung des Kapitals mittels einer strikten Geldmengenpolitik sowie hohen Zinsen, um die Inflationsraten zu senken. Die in Punkt 3.3 dargestellte Lage der Haushalte in Polen und Litauen zur Zeit der Systemänderung läßt erahnen, daß alles andere als genügend inländisches Kapital zur Kreditierung der Wirtschaft zur Verfügung stand. Überdies waren die Steuersysteme noch nicht voll entwickelt, so daß auch hier nicht mit genügend Einnahmen gerechnet werden konnte. Weitere Probleme ergeben sich prinzipiell aus der Infrastruktur eines neugegründeten Bankensystems (z.B. wechselseitige Abrechnungsmodalitäten oder die allgemein geringe Eigenkapitalausstattung) sowie aus der nicht vorhandenen Erfahrung der Banken, Risiken von Investitionen und damit Krediten abschätzen zu können.

Grundlegendes Problem bei der Realisierung privater Unternehmensinitiativen bleibt die Tatsache, daß es sich um einen positiv rückgekoppelten Prozeß handelt, der über Kredite vorfinanziert in Gang gebracht zu werden verlangt. Private, privatwirtschaftliche und staatliche Kapitalakkumulation kann eben nur dann stattfinden, wenn Konsumverzicht geübt wird resp. Überschüsse erwirtschaftet werden, die dann reinvestiert werden können. Dem voraus geht – bei einer solchen Sicht – die Finanzierung der Wirtschaft durch ausländisches Kapital.

Polen hat zu diesem Zweck im Rahmen des Umstrukturierungsprogramms seiner Wirtschaft eine Reihe von Anreizsystemen geschaffen, die erstens die Entwicklungsbedingungen der privaten polnischen Wirtschaft umfassen sowie zweitens gute Bedingungen für Auslandsunternehmen und Auslandsinvestitionen eröffnen. So wurde z.B. 1991 ein Gesetz über Gesellschaften mit ausländischen Beteiligungen erlassen, das eine erhebliche Investitionsdynamik nach sich zog. Die Zahl der ausländischen bzw. mit überwiegend ausländischem Kapital ausgestatteten Firmen stieg von 429 Ende 1989 auf 12.804 im Juni 1993 an.[117] Ende 1995 waren bereits 24.086 Unternehmen mit ausländischer Kapitalbeteiligung registriert.[118] Es verwundert nicht, daß einhergehend mit dieser Dynamik über Steueraufkommen, Privatersparnisse und Überschüsse eine zunehmende Kapitalakkumulation in Polen stattgefunden hat, so daß nunmehr eine wesentlich verbesserte Kreditierung von

117 Poznanska, K., a.a.O., S. 26.

118 FAZ Informationsdienste (Hrsg.), Investitionsführer Mittel- und Osteuropa, Polen 1997, a.a.O., S. 36.

Investitionsvorhaben möglich ist. In 1995 ging die wesentliche Investitionsdynamik in Polen von kleineren und mittleren Betrieben und dem Privatsektor aus, gleichwohl noch relativ hohe ausländische Direktinvestitionen (2,4 Mrd. US$) flossen.[119]

In Litauen wurde am 29.12.1990 ein Joint Venture-Gesetz verabschiedet, das sowohl ausländische Kapitalbeteiligungen an litauischen Unternehmen zuläßt als auch die Gründung von Auslandsunternehmen mit 100% ausländischem Kapital. In einer späteren Novellierung wurden die zuvor äußerst restriktiven Bedingungen für den Wiederausstieg des ausländischen Partners sowie für den Verkauf von Kapitalanteilen an Dritte von allen gesetzlichen Einschränkungen befreit.[120]

Jedoch noch Ende 1994 stellt sich die Situation der Kapitalversorgung der privaten Wirtschaft in Litauen in der Einschätzung des IWF bedenklich dar. Der IWF sieht einen weiteren Handlungsbedarf der Regierung insbesondere bei der Dynamisierung der Banken gegeben. Gefordert werden strengere Auflagen für den privaten Finanzsektor in Form einheitlicher Arbeitsrichtlinien, höhere Sockelbeträge für das Mindestkapital in Gesellschaften sowie die Stimulierung weiterer Zinssenkungen, um den produzierenden Bereich mit den notwendigen Investitionsmitteln aus nationalen Quellen besser versorgen zu können.[121]

Ende 1994 fehlt es in Litauen dringend an – ausländischem – Kapital, um den Investitionsbedarf decken zu können. Am Beispiel der Landwirtschaft zeigt sich, wie knapp in Litauen Kapital ist. Anfang November 1994 schuldeten die Verarbeitungsbetriebe den Landwirten insgesamt 78 Mio. LTL. Die Nahrungsmittelindustrie ihrerseits meldete offene Rechnungen gegenüber dem Handel in Höhe von 110 Mio. LTL.[122]

Offenbar nicht zufällig ist die Kreditierung der Wirtschaft in Litauen erheblich schwieriger als in Polen. Schon Ende 1992 war mit notleidenden Krediten[123] in Höhe von 11,3 Mrd Talonas bei Bankausleihungen von 34,5 Mrd Talonas fast jeder dritte Bankkredit ausfallgefährdet. Die Bruttoverbindlichkeiten litauischer Betriebe gegenüber anderen litauischen Unternehmen lagen im Januar 1993 bei 37 Mrd. Talonas (gleich 13% des BIP von 1992) und es bestanden Forderungen von 17 Mrd. Talonas gegenüber anderen Betrieben in ehemaligen Sowjetrepubliken.[124]

---

119 BFAI, Wirtschaftsentwicklung Polen 1995, a.a.O., S. 8.

120 Pissulla, P.: Litauen: Wirtschaftspotential und Wirtschaftsordnung, in: HWWA Institut für Wirtschaftsforschung-Hamburg (Hrsg.) Report 113/1993, Hamburg 1993, S. 110.

121 BFAI: Länderreport Litauen. Wirtschaftstrends zum Jahreswechsel 1994/1995, Dokument Nr. 3260, Köln und Berlin 1/1995, S. 3.

122 BFAI, Länderreport Litauen, a.a.O., S. 7; mangels Datenmaterial kann das Verhältnis der Gesamtforderungen zu den offenen Forderungen nicht beziffert werden.

123 Summe aller kurz- und langfristiger Forderungen.

124 Pissulla, P., in: HWWA-Report 122/1993, a.a.O., S. 19, 26.

Den Grund für die chronische Kapitalknappheit in Litauen sah das BFAI Ende 1994 so:

> „Das Interesse an der Privatisierung in der Industrie konzentrierte sich auf Unternehmen, denen bereits in der Vergangenheit gute Ergebnisse nachgesagt wurden. Da die Änderungen der Eigentumsformen in den weniger erfolgreichen Betrieben bislang hauptsächlich über Privatisierungsvoucher realisiert wurden, blieb notwendiges investives Kapital aus. Eine schnelle Besserung der Lage ... ist daher nicht realistisch. Die ab Januar 1995 vorgesehene zweite Phase der Privatisierung, in der ausschließlich gegen Barmittel verkauft wird, könnte zumindest rein theoretisch Fortschritte bringen.“[125]

3.3.5 Außenhandel

Aufnahme und Betreiben von außenwirtschaftlichen Beziehungen setzt voraus, daß fungible Güter und Dienstleistungen existieren, daß Rechen- oder Umrechnungsgrößen für Forderungen wechselseitig akzeptiert sind sowie daß nicht dauerhaft eine negative Außenhandelsbilanz ausgewiesen wird.

Außenhandel im Fall von Polen und Litauen bedeutet darüber hinaus, daß eine Chance zum dringend notwendigen Know-how- und Technologieimport gegeben ist.

Die Liberalisierung des Außenhandels in Polen nach 1989 wurde erreicht durch die Einführung zunächst der inneren Konvertibilität des Zlotys (s. Punkt 3.3.3.2), der Beseitigung des staatlichen Monopols im Außenhandel sowie einer Reform des Zollwesens. Im Jahre 1990 wurden zunächst nahezu alle Handelsbarrieren aufgehoben. Die Zollsätze sanken auf durchschnittlich 5,5% im Jahre 1991 nach 18,3% in 1989.[126] Die Ein- und Ausfuhrgenehmigungen wurden weitgehend aufgehoben (Ausnahmen: ausgesuchte Güter wie Zigaretten, Milchprodukte, Gas, Benzin und Spirituosen). Nach erheblichen – negativen – Auswirkungen auf die Außenhandelsbilanz wurden die Zölle wieder angehoben und betrugen Ende 1992 18,4%. Im Jahre 1993 wurde eine Importsteuer eingeführt und Polen schloß verschiedene multilaterale Handelsabkommen mit der EU, EFTA und CEFTA.

In 1995 betrug der Durchschnittszollsatz auf industrielle Güter noch 9,3%, die Importsteuer – die Ende 1996 abgeschafft worden ist – noch 5%. Seit Juli 1995 ist Polen Mitglied der WTO und – ebenso wie Litauen – sehr bestrebt, seine Zollbestimmungen an die Anforderungen der Marktwirtschaft und insbesondere an die EU-Zollstandards heranzuführen. Nach dem Assoziierungsabkommen der EU mit Polen soll bis 1998 schrittweise die Aufhebung aller Zölle im Warenverkehr zwischen der EU und Polen erfolgen.[127]

---

125 BFAI, Länderreport Litauen, a.a.O., S. 6.

126 Bielecki, J.: European Bank of Reconstruction and Development (Hrsg.): Country Profile Poland 1996, Part 3, in: www.ebrd.org., S. 2.

127 FAZ Informationsdienste (Hrsg.), Investitionsführer Mittel- und Osteuropa, Polen 1997, a.a.O., S. 50.

Auch Litauen konnte seinen Außenhandel entscheidend liberalisieren, u.a. durch die Bindung des Litas an den US-Dollar, durch eine nahezu völlige Freigabe von Ein- und Ausfuhren sowie durch eine zollrechtliche Neuordnung, die moderate Zölle nur Hartwährungsimporten auferlegt.

Die Salden der Außenhandelsbilanz sind in beiden Ländern unverändert seit 1993 stark negativ (in % des BIP) Polen: 1994 -4,7%, 1995 -5,2,%; Litauen: 1994 -7,6%, 1995 -15,8%.[128] Polen kann diese Lücke relativ gut schließen durch ausländisches Investitionskapital sowie durch den Grenzhandel mit Deutschland, der zusätzliche Devisenflüsse bringt. In Litauen dagegen ergeben sich Probleme mit dem dauerhaften Ausgleich der Handelsbilanz.

Haupthandelspartner Polens war 1995 mit rd. 38% am polnischen Gesamtexport und rd. 27% des Gesamtimports Deutschland. Haupthandelspartner Litauens Ende 1994 war mit 51,2% am litauischen Gesamtexport und 52,2% am Gesamtimport die GUS, gefolgt von der EU mit 22,5% Export und 25,9% Import. Im Jahre 1995 zeigt sich in Litauen bereits ein deutlicher Trend zur EU. Der Anteil des Gesamtimports in die GUS betrug nur noch 38,6% des Exports und 37,7% des Imports.[129]

Polen verhält sich im Außenhandel stärker westorientiert als Litauen.

3.3.6 Wettbewerbs- und Marktordnung

Wettbewerb wird allgemein definiert als das Konkurrieren der Anbieter untereinander mit dem Ziel, möglichst viele Nachfrager für das eigene Produkt oder die jeweilig angebotene Dienstleistung zu interessieren und letztlich als Nachfrager zu gewinnen. Dabei steht die Freiheit sowohl des Anbieters als auch die des Nachfragers gleichermaßen im Vordergrund.

Wettbewerb ist damit eine wesentliche Säule der Marktwirtschaft. Aufgabe einer Regierung muß es sein – zur Förderung eines gesunden Mittelstandes – Wettbewerbsbedingungen zu schaffen und über ihre Einhaltung zu wachen und monopolartige Marktstrukturen aufzubrechen bzw. ihre Entstehung zu verhindern.

Das Wettbewerbsrecht stellt den ordnungspolitischen Rahmen dar, in dem sich alle heutigen und künftigen wirtschaftlichen Aktivitäten in einer Volkswirtschaft vollziehen. Es beinhaltet Verbotsregeln, Maßnahmen der Mißbrauchsaufsicht und gegebenenfalls Maßnahmen der Marktstrukturpolitik.[130]

---

128 United Nations / Economic Commission for Europe, The Economic Survey of Europe 1996, Basic Data on transition economies 1994-1996, Geneva 1997, in: www.unece.org, Table 3.1.1.

129 United Nations / Economic Commission for Europe: Statistical Divison, Trends in Europe, Lithuania, Geneva 1997, in: www.unece.org/statistics, S. 1.

130 Cox, H. / Hübener, H.: Wettbewerb, Eine Einführung in die Wettbewerbstheorie und Wettbewerbspolitik, in: Cox, H. / Jens, U. / Markert, K. (Hrsg.): Handbuch des Wettbewerbs, Wettbewerbstheorie, Wettbewerbspolitik, Wettbewerbsrecht, München 1981, S. 35.

Darüber hinaus können im Wettbewerbsrecht Ausnahmebereiche festgelegt werden, die bedeutsame Wirtschaftsbereiche ganz oder teilweise von ihren allgemein geltenden Bestimmungen freistellen.

Einen besonderen Handlungsbedarf für die Wettbewerbspolitik bzw. die Marktordnung machen Lagemann et al.[131] in den ehemals sozialistischen Ländern auch nach Kommerzialisierung und Privatisierung aus. Verzerrungen ergeben sich insbesondere durch die privilegierte Stellung der ehemals staatlichen Großunternehmen. Oft profitieren diese durch weiche Budgetgrenzen, sprich Sondersubventionen, und können ihre Interessen aufgrund einer besseren, weil tradierten Kooperation mit staatlichen Finanzinstituten und der Verwaltungsbürokratie nachdrücklicher durchsetzen. Hinzu kommt, daß die Großbetriebe nicht selten Quasi-Produktionsmonopole besitzen oder durch unfaire Preispraktiken kleine und mittlere Unternehmen diskriminieren können. Allerdings darf die Privilegierung von Großunternehmen nicht als ein ausschließliches Problem der Zentralverwaltungswirtschaften oder Transformationsökonomien gesehen werden; vielmehr geschieht sie weltweit, das heißt unabhängig von der Ökonomie des jeweiligen Staates.

In Polen wurde 1990 ein Gesetz verabschiedet, das monopolistische Praktiken verhindern soll. Gleichzeitig wurde die Errichtung einer zentralen staatlichen Wettbewerbsbehörde beschlossen. Diese Behörde beobachtet u.a. alle Unternehmen mit einem Marktanteil von über 80%. Waren dies noch über 200 im Jahre 1990, wurden Ende 1994 noch 70 Unternehmen mit einem entsprechenden Marktanteil beobachtet. Anfang 1993 wurde ein Wettbewerbsrecht eingeführt, das in enger Anlehnung an die westlichen Industrieländer Gewerbe- und Vertragsfreiheit sowie den freien Marktzutritt garantiert.

In Litauen wurde die Schaffung einer wettbewerblich organisierten Marktwirtschaft sogar verfassungsrechtlich gesichert. Die Verfassung Litauens verbietet die Monopolisierung von Produktion und Märkten und stellt darüber hinaus den Schutz der Wettbewerbsfreiheit heraus (Art. 46).

Kern der neuen Wettbewerbsordnung in Litauen sind zudem ein Preisgesetz vom 26.7.1990 und das Wettbewerbsgesetz vom 15.11.1992 mit zwischenzeitlich vier Novellierungen (Dezember 1992, Juli und November 1993, April 1994). Es besteht ebenfalls Gewerbe- und Vertragsfreiheit, sofern nicht politisch-strategische Sektoren (z.B. Kommunikation, Energieversorgung, Waffenproduktion) betroffen sind.

Die Einhaltung des Wettbewerbs- und Preisgesetzes überwacht ein Preis- und Wettbewerbsamt als staatliche Behörde der Regierung.

Das litauische Wettbewerbsgesetz regelt den Schutz des Wettbewerbs und richtet sich gegen wettbewerbsbeschränkende Praktiken und unlauteren Wettbewerb. Ferner werden für wettbewerbswidrige Aktivitäten Haftungsregeln festgelegt.

---

131 Lagemann et al., a.a.O., S. 91.

Unmittelbar einsichtig ist, daß Wettbewerb nur dort entstehen kann, wo konkurrenzwillige Marktteilnehmer aufeinandertreffen. Der politisch gestalteten Wettbewerbs- und Marktordnung obliegt es, dieses Aufeinandertreffen einerseits prinzipiell lukrativ für die Teilnehmer zu machen, andererseits die Versorgung der Bevölkerung mit notwendigen Produkten zu annehmbaren Preisen im Auge zu behalten.

3.3.7 Lohn- und Arbeitsmarktpolitik

Mit dem erheblichen Produktionsrückgang zu Beginn der Transformationsphase, einhergehend mit den personellen Überkapazitäten zu Zeiten der Planwirtschaft, wurde Arbeitslosigkeit zum gleichzeitig unbekannten wie drängenden Problem. In Polen stieg die Arbeitslosenquote drastisch, bis sie 1994 mit rd. 16% ihren Höhepunkt erreichte und ab dann wieder leicht abnahm (12/1995 14,9%). In Litauen zeigt sich ein etwas anderes Bild. Hier lag die Quote zunächst um 1%, bis sie über 3,8% 1994 auf 7,1% in 1995 kletterte.

Eine mögliche Erklärung für die wesentlich niedrigere Quote in Litauen bietet der wesentlich schleppender vorangegangene Privatisierungsprozeß, so daß die Überkapazitäten in den Staatsbetrieben zunächst nicht sichtbar wurden.

Unter die für mittelständische Unternehmen relevanten arbeitsmarktpolitischen Maßnahmen fallen vor allem Beschäftigungszuschüsse und Existenzgründungsbeihilfen für Arbeitslose.

Die Grundlagen für die Ausgestaltung einer Lohn- und Arbeitsmarktpolitik sind in Polen in zahlreichen Gesetzen normiert. Das polnische Arbeitsrecht wurde im Arbeitsgesetzbuch vom 1.1.1975 kodifiziert und in zahlreichen weiteren Gesetzen ausgestaltet.[132] Im Jahre 1989 wurde das Arbeitsgesetzbuch von sozialistischen Altlasten befreit und dem marktwirtschaftlichen System angepaßt. Es stimmt weitgehend mit den in Deutschland geltenden Vorschriften überein und enthält u.a. in Kapitel 11 umfassende Regelungen zum Tarifvertragsrecht. Danach können flächendeckende überbetriebliche und betriebliche Tarifverträge vereinbart werden. Alle weiteren relevanten Bereiche wie Kündigungsschutz sind berücksichtigt.

Im Bereich der Lohnpolitik reduzierten die polnischen Behörden ab dem Jahre 1990 im Rahmen des Privatisierungsprozesses die Beaufsichtigung über Lohnniveau und Lohnentwicklung[133] deutlich. Die Parteien haben nach polnischem Arbeitsrecht bezüglich der Lohngestaltung weitgehende Gestaltungsfreiheit, Mindestlohngrenzen sind jedoch vom Arbeits- und Sozialministerium vorgegeben. Das Lohnniveau ist, wenngleich in den vergangenen Jahren prozentual stark an-

132 Eine umfassende Darstellung des Arbeitsrechts in Polen ist anzutreffen in: FAZ Informationsdienste (Hrsg.): Wirtschaftshandbuch Polen, Bd. 3: Unternehmensgründung, 2. Aufl., Frankfurt/Main und Hamburg 1997, S. 13 ff.

133 Zur Lohnentwicklung in Polen vgl. Kapitel 3.5.1.

gestiegen, verglichen mit anderen Industriestaaten niedrig (Durchschnittslohn in der Industrie 1995 727 Zloty = ca. 425 DM monatlich). Grundsätzlich wird dieser Umstand als Wettbewerbsvorteil begriffen.

Durch das Gesetz über die Beschäftigung und Abbau von Arbeitslosigkeit vom 14.12.1994, novelliert am 22.12.1995, verlegte die polnische Regierung den Schwerpunkt der Arbeitsförderung von der passiven Leistung für Arbeitslose (Arbeitslosengeld) auf aktive arbeitsmarktpolitische Instrumente. Die gesetzlichen Regeln enthalten u.a. Instrumente wie

- Trainingsmaßnahmen für Arbeitslose,
- Einarbeitungszuschüsse für Arbeitgeber,
- Darlehen für Arbeitslose und Arbeitgeber für Existenzgründung und Schaffung von Arbeitsplätzen,
- Unterstützungsleistungen für die Eigeninitiative von Arbeitslosen,
- Steuerliche Vergünstigungen für Arbeitgeber bei der Schaffung neuer Arbeitsplätze.

Trainigsmaßnahmen werden in Polen für Arbeitslose in der Rangfolge der Vermittlung einer beruflichen Erstausbildung, Fortbildung, Umschulung gewichtet und dauern zwischen sechs und zwölf Monaten. Teilnehmer erhalten 115% des Arbeitslosengeldes, das i.d.R. 36% des Durchschnittslohns beträgt. Die Kosten des Trainings werden dem Teilnehmer erstattet, sind jedoch zurückzuzahlen, wenn vorzeitig abgebrochen wird.

Arbeitgeber mit mindestens 50 Beschäftigten können 50% der Kosten des Trainings von Arbeitslosen erhalten, wenn die Eingearbeiteten anschließend mindestens ein Jahr beschäftigt werden.

Arbeitgeber und Arbeitslose können für die Schaffung von Arbeitsplätzen Darlehen in Höhe von 20/24 des Lohnes einer 24-monatigen Beschäftigung erhalten. Arbeitslosen kann das Darlehen bei Erfolg ganz oder teilweise erlassen werden.

Schließlich wurde durch die Novellierung vom Dezember 1995 die Arbeitslosenhilfe vom Durchschnittslohn entkoppelt und auf 260 Zloty pro Monat festgelegt.[134] Damit soll ein stärkerer Druck auf die Arbeitslosen ausgeübt werden, Eigeninitiative zu entwickeln oder einen angebotenen Arbeitsplatz anzunehmen.

Litauen kennt ein Arbeitsgesetzbuch nach polnischem Vorbild nicht. Vielmehr sind die arbeitsrechtlichen Normen in einer Vielzahl von Einzelgesetzen niedergelegt. Die wichtigsten Gesetze sind im Tarifvertragsrecht das Gesetz über Kollektivverträge vom 4.4.1991, im Arbeitsrecht das Gesetz über Löhne vom 9.1.1991, das Gesetz über Arbeitsverträge vom 28.11.1991, das Gesetz zur individuellen Einkommensicherung vom 27.9.1990 sowie das Gesetz über die Beschäftigung der Bevölkerung vom 13.12.1990.

134 FAZ Informationsdienste (Hrsg.), Wirtschaftshandbuch Polen, Bd. 3, a.a.O., S. 27.

Letzteres enthält Garantien des Staates, die das Recht auf Arbeit durch aktive und passive Arbeitsmarktpolitik gewährleisten sollen, und ist als erster Ansatz in Richtung gesetzlicher Absicherung des Arbeitsmarktes aufzufassen. Das Gesetz ermöglicht rechtlich erstmals Arbeitslosigkeit und gewährt privaten Unternehmen volle sowie staatlichen Unternehmen eingeschränkte Lohnautonomie.[135]

Das Lohngesetz ist noch weitgehend geprägt von sozialistischem Gedankengut. Es bestimmt zwar zunächst formal, daß sich die Löhne entsprechend Angebot und Nachfrage frei bilden sollen. Der Staat jedoch bestimmt nach wie vor die Höhe des Mindestlohns und die Höhe von Löhnen in solchen Betrieben, die direkt aus dem Staatsbudget finanziert werden. Darüber hinaus werden in dem Gesetz in sozialistischer Manier einige soziale Standards gesetzt, ohne Rücksicht zu nehmen, daß die Lohnnebenkosten in Marktwirtschaften für die Rentabilität und damit für die Überlebensfähigkeit von Unternehmen von entscheidender Bedeutung sind. So sind beispielsweise Mütter und alleinerziehende Väter unkündbar. Weitere Bevölkerungsgruppen, für die der Staat Quoten festsetzt, genießen weitreichenden Kündigungsschutz. Schließlich sichert und steuert eine Bestimmung (Art. 5) die Reallohnhöhe durch Indexierung entsprechend einer Vorschrift des Gesetzes über die individuelle Einkommensicherung. Darüber hinaus regelt das Lohngesetz die Art und Weise der Lohnzahlung und enthält weitere, eher großzügige Regularien zur Lohnfortzahlung.

Arbeitsvermittlungskosten und Arbeitslosenunterstützung werden aus einem staatlichen Beschäftigungsfonds bezahlt, der Teil des Budgets für Sozialversicherungen ist. Zwar bleibt in Litauen die Zahlung an Arbeitslose noch an den Durchschnittslohn gekoppelt, die Zahlungen enden jedoch nach sechs, spätestens nach zwölf Monaten.[136]

Die arbeitsmarktpolitischen Instrumente innerhalb dieses Gesetzes sind nahezu deckungsgleich mit den Regelungen in Polen. Es sind vorgesehen u.a. Trainigsprogramme, zinslose oder zinsverbilligte Darlehen für Existenzgründer, Lohnzuschüsse für Arbeitgeber.

Wie wenig wirkungsvoll die Regelungen jedoch tatsächlich sind, zeigt die Tatsache, daß beispielsweise in Litauen im Jahre 1995 gerade 592 Arbeitslose Darlehen zur Existenzgründung in Anspruch genommen haben.[137] Bei einer Arbeitslosenzahl von 109.000 Erwerbstätigen[138] ist diese Anzahl verschwindend gering.

Daneben sieht das Gesetz den Einsatz von Arbeitslosen im Kommunalbereich vor, die von den Kommunen entlohnt werden; ein durchaus positiver Aspekt, wenn man außer acht läßt, daß hier Kosten der Arbeitslosen auf Kommunen ver-

135 Pissulla, P., in: HWWA-Report 122/1993, a.a.O., S. 36.

136 Zur Frage der Arbeitslosenvergütung in Litauen und Polen vgl. Kapitel 3.5.2.

137 United Nations Development Programme: Lithunian Human Development Report 1996, Vilnius 1997, Chapt. 4, S. 10.

138 Lithuanian Department of Statistics: Main Economic Indicators, Information on Unemployment, Vilnius 1995, in: www.std.lt.

lagert werden, deren Kassen im Zweifel leer sind. Die Kommunen werden in beiden Untersuchungsländern über Zuweisung von Mitteln aus den Staatshaushalten alimentiert. In Polen ist eine umfassende Verwaltungsreform in Vorbereitung, deren dritte Stufe über die Quellen von kommunalen Eigeneinnahmen entscheiden soll. Für Litauen sind keine konkreten Pläne bekannt.[139]

Außerdem steht zu befürchten, daß hier billige Arbeitskräfte befristet angeheuert werden, die den Arbeitsmarkt – vergleichbar mit den im Zusammenhang mit der Einrichtung von ABM-Stellen auftretenden Problematik – lediglich verzerren und langfristig nicht entlasten.

Der ohne Zweifel richtige arbeitsmarktpolitische Ansatz in Polen und Litauen darf jedoch nicht darüber hinwegtäuschen, daß ein Erfolg dieser Maßnahmen indes aus strukturellen Gründen noch wenig wahrscheinlich erscheint. Die für die Maßnahmen zur Verfügung stehenden Finanzmittel sind aufgrund ihrer geringen tatsächlichen Höhe nur bedingter Anreiz, zumal es für vormals Arbeitslose wegen des fehlenden Eigenkapitals schwierig sein dürfte, für eine eigene unternehmerische Tätigkeit weitere Kredite aufzunehmen und es seitens der Arbeitsverwaltung kaum möglich ist, die Existenzgründer über die Gründung hinaus zu beraten. Die Gefahr ist – auch mangels einer tatsächlichen Kontrolle – groß, daß Mitnahmeeffekte bei den Arbeitslosen auftreten, die zwar Gelder und Leistungen in Anspruch nehmen, diese aber anderweitig z.B. für Konsum einsetzen. Darüber hinaus erscheint problematisch, daß arbeitsmarktpolitische Maßnahmen weitgehend aus dem Beitragsaufkommen der Sozialversicherungskassen finanziert werden. Der ohnehin angespannten Finanzlage der Sozialkassen dürfte diese Praxis auf Dauer kaum zuträglich sein.

Die in Polen zumindest im privatwirtschaftlichen Sektor weitgehend realisierte Lohnautonomie wirkt sich nachhaltig positiv auf die Lohnentwicklung unter globalwirtschaftlichen Gesichtspunkten aus. Das vergleichsweise niedrige Lohngefüge stellt einen erheblichen Wettbewerbsvorteil der Transformationsstaaten Ostmitteleuropas dar und kann mittelfristig – bei Erschließung der entsprechenden Märkte – positiven Einfluß auf die wirtschaftliche Gesamtentwicklung ausüben. In Litauen besteht zwar formal Lohnautonomie, der Interventionismus des Staates sollte jedoch vor dem Hintergrund der vorgenannten Gesichtspunkte überdacht werden. Auch hier zeigt sich indes erneut der soziale Ansatz in Litauen zur Abfederung der Härten einer freien Marktwirtschaft.

---

139 Ein Reform des Sozialsystems in Polen ist für das Jahr 1999 durch Übergang auf ein „Drei-Säulen-System" aus Umlageverfahren, Betriebsrente und privaten Penionsfonds geplant. Vgl. in: FAZ Informationsdienste (Hrsg.): Mittel- und Osteuropa Perspektiven Jahrbuch 1998/1999, Bd. 2: Geschäftspraxis, Investitions- und Außenhandelsbedingungen, Frankfurt/Main und Hamburg 1998, S. 128.

3.3.8 Kammern und Verbände

Die Funktion der Kammern besteht hauptsächlich in der Interessenvertretung von Unternehmen gegenüber dem Staat sowie in der Kontrolle und Überwachung der Mitgliedsunternehmen. Unternehmerverbände sind demgegenüber freie Zusammenschlüsse, die eher Repräsentations- und Koordinierungsaufgaben wahrnehmen.

In Polen ist seit 1989 ein viergliedriges Wirtschaftskammersystem im Aufbau, das sich zusammensetzt aus Landwirtschafts-, Industrie-, Außenhandels- und Handwerkskammern. Den Dachverband bildet die polnische Wirtschaftskammer. Analog dem deutschen System existierten seit Anfang der 70er Jahre Handwerksinnungen und Handwerkskammern sowie ein Zentralverband. Die Zwangsmitgliedschaft wurde mit der Errichtung der Marktwirtschaft aufgehoben. Durch das sozialistische Erbe in den Kammern in Form von autoritären, unflexiblen Organisationsstrukturen sowie aufgrund der Aufhebung der Zwangsmitgliedschaft kam es jedoch zu erheblichen Akzeptanzproblemen sowie zu einer ungenügenden finanziellen Ausstattung. Die Verbandslandschaft in Polen ist immer noch im Aufbau befindlich und daher unübersichtlich (allein 1994 gab es ca. 4.000 Gründungen). In der Einschätzung von Lagemann et al.[140], die wohl für die überwiegende Mehrzahl der ehemals sozialistischen Länder gilt, ist das Entwicklungsstadium der Verbandsstrukturen und ihrer Problematik so zu kennzeichnen:

> „Die Herausbildung gefestigter Verbandsstrukturen, die auch gegenüber staatlichen Stellen ihren Vertretungsanspruch einlösen können, wird noch einige Zeit brauchen. Überwunden werden muß vor allem das jetzige Stadium des 'politischen Unternehmertums', das letztlich zur Zersplitterung der Verbandslandschaft führt, sowie die zu enge Verstrickung der Verbände mit neuen oder alten Parteien."

Im Juni 1992 gründete die Litauische Industrie- und Handelskammer im Verein mit 23 Handelskammern aus zehn Ostseeanrainerstaaten die Baltic Chamber of Commerce Association (BCCA). Vier ständige Komitees der Bereiche Information und Zusammenarbeit, Aus- und Weiterbildung, Handelserleichterungen sowie Industrie, Technologie, Transport und Umwelt sind mit exekutiven Aufgaben unter übernationaler Koordination betraut. Die Industrie- und Handelskammer Litauens in Vilnius bildet den Ansprechpartner für ausländische Unternehmen. Ähnlich wie in Polen herrscht auch hier keine Zwangsmitgliedschaft, woraus sich ähnliche Probleme der Finanzierung ergeben. Etabliert hat sich eine Vielzahl von Verbänden (u.a. die Litauische Wirtschaftsvereinigung, die Litauische Industrievereinigung, die Baltische Managementstiftung, der bereits 1988 gegründete privatwirtschaftliche Verband litauischer Unternehmer mit über 2.000 Mitgliedern Anfang 1992), die jedoch nicht ausgesprochene Arbeitgeberverbände nach westlichem Muster darstellen. Ein Erfordernis der Interessenvertretung von Unternehmern durch eigene Verbände wird nicht erkannt. Grund für ihren zu verzeichnenden Zuspruch ist das Fehlen stärkerer, unabhängiger Gewerkschaften und Gewerkschaftsverbände.[141]

---

140 Lagemann et al., a.a.O., S. 156.

141 Pissulla, P., in: HWWA-Report 122/1993, a.a.O., S. 32.

3.3.9 Steuerpolitik

In der Zeit der Planwirtschaft existierte in den untersuchten Ländern kein Steuersystem nach westlichem Vorbild. Das sozialistische Steuersystem hatte vor allem die Aufgabe, mögliche wirtschaftliche Überschüsse von den Unternehmen auf den Staat umzuverteilen. Unmittelbare Folge war die nahezu ausschließliche Belastung der Unternehmen.

Das Steuersystem in Polen und Litauen war daher umfassend den Bedürfnissen der Marktwirtschaft anzupassen.

Im Hinblick auf die Unternehmensentwicklung waren dabei vor allem folgende Anforderungen umzusetzen:[142]

- Steuersätze, die bislang in beiden Ländern teilweise individuell zwischen Behörden und Unternehmen verhandelbar waren, sollten möglichst langfristig planbar sein, um längerfristige wirtschaftliche Entscheidungen zu erleichtern;
- Unternehmenssteuern sollten den notwendigen Anpassungsprozeß an die Marktwirtschaft nicht behindern. Vielmehr müßten entsprechende Gesetze auch der speziellen finanziellen Situation von mittelständischen Unternehmen im Rahmen des Transformationsprozesses hinreichend Rechnung tragen;
- Steuergesetze sollten einfach zu handhaben und umzusetzen sein sowie flexible Vorschriften – Abschreibungsregeln – beinhalten, um für die Modernisierungs- und Erweiterungsinvestitionen finanzielle Anreize zu schaffen.

Sowohl Polen als auch Litauen haben in den Jahren bis 1995 eine Steuergesetzgebung geschaffen, die sich weitgehend an westeuropäischen Vorbildern orientiert. Damit ist ein wesentlicher Schritt in die Umgestaltung des Wirtschaftssystems getan.

Eingeführt wurden in den beiden Ländern die aus mittelständischer und steuer- sowie finanzpolitischer Sicht wichtigen Ertragsteuern sowie die Mehrwertsteuer. Diese neue Gesetzgebung erweist sich im Vergleich als in vieler Hinsicht vorteilhaft und berücksichtigt die vorgenannten Anforderungen an ein als „gerecht" rezipiertes Steuersystem.[143] Bestehende unterschiedliche Besteuerungsrichtlinien für den staatlichen und privaten Bereich wurden aufgehoben. Die steuerliche Schlechterstellung der mittel-

---

142 Lagemann et al., a.a.O., S. 127.

143 Forderung nach einer gerechten Verteilung der Abgabenlast auf die Gesamtheit der Steuerpflichtigen (Steuergerechtigkeit), die den gesellschaftspolitischen Gerechtigkeitsvorstellungen entspricht. Das Postulat der Steuergerechtigkeit ist in einem Rechtsstaat das systemtragende und -bestimmende Prinzip des Steuerrechts. Eine absolute Steuergerechtigkeit kann es nicht geben, weil hierzu der Maßstab fehlt, nach dem das Steuersystem ausgerichtet werden müßte. Die Steuergerechtigkeit hat dem sozialpolitischen Grundsatz (gerechte Einkommensverteilung) zu entsprechen; auch finanzpolitische (Ergiebigkeit) und wirtschaftspolitische (Konjunktur und Wachstum) Aspekte, die Grenzen setzen, sind zu beachten. Der steuertechnische Weg zur Steuergerechtigkeit führt heute historisch von der Kopfsteuer über die Proportionalsteuer zur Steuerprogression, letzere kommt der heutigen Gerechtigkeitsvorstellung des Leistungsfähigkeitsprinzips am nächsten. Vgl. auch Gabler Wirtschaftslexikon, 14. Aufl., Wiesbaden 1998, CD Rom-Ausgabe, Eintrag: Steuergerechtigkeit.

ständischen Unternehmen wurde abgeschafft. Durch die Einführung der Ertragsteuern und der Mehrwertsteuer wurde die Steuerbasis erheblich verbreitert. Die nunmehr geltenden Steuergesetze bewirken für mittelständische Unternehmen aufgrund von Abschreibungsmöglichkeiten und Freibetragsregelungen eine deutliche Entlastung, des weiteren werden 50% Steuernachlaß jenen Unternehmen gewährt, die für die letzten beiden Jahre Steuerehrlichkeit belegen können. Ebenso werden Unternehmen in strukturschwachen Regionen steuerlich begünstigt und für Kleingewerbetreibende der Einkommenssteuersatz pauschal auf 50% festgesetzt (anstelle eines progressiven Steuersatzes). Gleichzeitig bewirken die nunmehr bestehenden Steuergesetze eine erhebliche Vereinfachung im Vergleich zu den vormals bestehenden.

Sowohl für Polen als auch für Litauen gilt, das über die Steuerpolitik ein Kompromiß zwischen Reduktion des chronischen Haushaltsdefizits einerseits und einer möglichst geringen Belastung von Unternehmen und Privatpersonen angestrebt wird. Daneben soll der Konflikt zwischen einer Gesetzgebung, die ausländische Investoren – durch Steuerbefreiung oder besonders niedrige Steuersätze – ins Land zieht einerseits und einer möglichen Diskriminierung einheimischer Unternehmen andererseits gelöst werden.

In Polen wurde die grundlegende Reform des Steuersystems mit dem Ziel, die Steuerregelungen für alle Wirtschaftssubjekte zu vereinheitlichen und eine effektive Besteuerung aller Einkunftsarten zu gewährleisten, bereits in den Jahren 1991 und 1992 durchgeführt. Als wichtige Bausteine sind zu nennen die Einführung der allgemeinen Ertragsteuern in Gestalt der Einkommensteuer (Gesetz vom 26.7.1991) und der Körperschaftsteuer (Gesetz vom 15.2.1992). Im Jahre 1993 wurde sodann die Mehrwertsteuer (Regelsatz 22%, ermäßigter Satz von 7% u.a. auf Produktionsmittel für die Landwirtschaft, verschiedene Lebensmittel, Medikamente, Waren für Kinder, Strom und Gas, Transport, Telekommunikation und Fremdenverkehr, sowie befristet bis 31.12.1999 auf Baumaterialien und -dienstleistungen im Wohnungsbau) eingeführt. Daneben bestehen alle übrigen bekannten Steuern wie u.a. Erbschaft- und Schenkung- oder Grundsteuer. In einer sog. Akzisesteuer sind zahlreiche Verbrauchssteuern (Steuern auf Spirituosen, Treibstoff, Pkw etc.) zusammengefaßt, die in EU-Staaten häufig in einer Vielzahl von Einzelgesetzen normiert sind. Eine Gewerbesteuer existiert in Polen nicht. Auch sieht das polnische Steuerrecht keine Substanzbesteuerung vor.

Bereits frühzeitig wurden in Polen die Möglichkeiten einer offenen Steuerpolitik erkannt und in verschiedener Weise durch Steuererleichterungen Lenkungsfunktionen ausgeübt.

In den ersten Reformjahren wurde ausländischen Investoren in Polen eine dreijährige Steuerfreiheit gewährt. Diese Vergünstigung wurde später jedoch aus Gründen der Gleichbehandlung inländischer Investoren eingeschränkt und schließlich ganz abgeschafft.

Mit Gesetz vom 25.1.1994 wurde in Polen erstmals die Möglichkeit eingeführt, Sonderabschreibungen zu nutzen. Diese Verordnung ist noch für alle Investitionen bis zum 31.12.1998 gültig. Der Gesetzgeber macht hier die Inanspruchnahme der Sonder-Afa von der Relation Gewinn zu Umsatz abhängig. Generell ist die Sonder-Afa nur für Investitionen zugelassen, wenn in dem der Investition vorangegangenen Wirtschaftsjahr ein Gewinn vor Steuern von mindestens 8% des Umsatzes erwirtschaftet wurde. Bei Gewerbetreibenden, die ihre Tätigkeit erst aufgenommen haben, muß dieses Verhältnis zwischen Jahresüberschuß und Umsatz im Jahr der Tätigkeitsaufnahme und in dem darauffolgenden Wirtschaftsjahr erreicht werden. Darüber hinaus dürfen die betreffenden Unternehmen keine überfälligen Verbindlichkeiten gegenüber Fiskus, Sozialversicherungsanstalt und Arbeitsfonds haben. Generell kann die Sonder-Afa für alle materiellen und immateriellen Wirtschaftsgüter mit Ausnahme von Erwerb von Grund und Boden sowie von Pkw mit weniger als 500 kg Zuladung in Anspruch genommen werden. Die Sonder-Afa darf in der Regel die Höhe von 20% des Gewinns vor Steuern des Vorjahres nicht überschreiten.

Daneben existieren in Polen u.a. Steuererleichterungen für Betriebe in strukturschwachen Regionen oder für Betriebe, die neue Arbeitsplätze schaffen. Weiterhin wird ein Steuernachlaß von 50% für Unternehmen gewährt, die für die vorausgegangenen zwei Steuerjahre Steuerehrlichkeit nachweisen können. Für Kleingewerbetreibende wurde ein pauschaler Einkommensteuersatz von 50% anstelle progressiver Steuersätze eingeführt.[144] Bei einer Investition von über 2 Mio. ECU kann diese über vier Jahre abgeschrieben werden.

Die Steuersätze in Polen liegen bei der Körperschaftsteuer bei derzeit 40% (Stand 1995) und bei der Einkommensteuer abhängig vom Jahreseinkommen bei 21% (Jahreseinkommen bis 12.400 Zloty), 33% (bis 24.800 Zloty) und 45% (ab 24.800 Zloty). Von der Steuerpflicht befreit sind Einnahmen aus land- und forstwirtschaftlicher Tätigkeit. Weiter sind in Art. 21 des Einkommensteuergesetzes (vom 26.7.1992) mehr als 40 weitere Ausnahmen der Besteuerung niedergelegt. Im Jahre 1995 machten die Einnahmen aus Körperschaft-, Einkommen- und Mehrwertsteuer immerhin 96% der gesamten staatlichen Einnahmen aus.[145]

In Litauen existieren Ende 1995 an wichtigsten Steuern die Körperschaftsteuer (Steuersatz 29%), die Mehrwertsteuer (Regelsteuersatz 18%, steuerbefreit sind u.a. medizinische Güter, Ausbildungsleistungen, Mieten, Bank- und Versicherungsleistungen) sowie die Einkommensteuer für natürliche Personen (Regelsteuersatz auf Einkommen 33%, auf Tantiemen 13%). Daneben sind verschiedene Pflichtabgaben eingeführt worden, insbesondere zur Finanzierung der staatlichen Sozialversicherung. Sehr schnell wurde nach der politischen Wende und der grundsätzlichen Entscheidung des Weges hin zur Marktwirtschaft die alte Steuergesetzgebung ausgetauscht. Dabei wurden zahlreiche Gesetze durch neue Regelungen zusammengefaßt und ersetzt. So wurden mit dem neuen Einkommensteuer- und Körperschaftsteuergesetz jeweils gleich drei Altgesetze obsolet.

---

144 Lagemann et al., a.a.O., S. 109 f.
145 Bielecki, J., a.a.O., S. 3.

Ab dem Jahre 1992 wurden darüber hinaus auch in Litauen steuerpolitische Maßnahmen ergriffen.

Mit Gesetz vom 20.12.1992 wurde ein Gesetz für kleine Unternehmen[146] verabschiedet. Als kleine Unternehmen im Sinne des Gesetzes zählen Unternehmen bis zu 100 Mitarbeitern oder einem Jahresgewinn bis zu 500.000 LTL (US$ 125.000). Danach verringert sich die Steuer um 70% für die beiden ersten Geschäftsjahre und um 50% für die drei Folgejahre, wenn der Gewinn aus einer verarbeitenden Tätigkeit mindestens zwei Drittel der Gesamtgewinns ausmacht. Liegt der Gewinn unter der Zwei-Drittel-Grenze, wird eine 50% Steuervergünstigung eingeräumt. Das Gesetz enthält daneben in Art. 5 noch Steuervergünstigungen für Kreditgeber kleiner Unternehmen. Diese können bei Vergabe von Krediten an kleine Unternehmen bis zu 30% Steuer auf ihre Unternehmensgewinne, jedoch höchstens bis zur Höhe der gewährten Darlehen einsparen.

Problematisch für Polen wie auch Litauen ist, daß insgesamt mit einem großen Umfang an verheimlichten Einkünften und einer daraus resultierenden Steuerhinterziehung gerechnet werden muß, da die staatlichen Strukturen nicht in der Lage sind, das tatsächliche Umsatzvolumen insbesondere von privaten Unternehmen zu kontrollieren (vgl. Punkt 3.3.2.2).[147]

Vergleicht man die durchschnittlichen jährlichen Einnahmen und Ausgaben eines litauischen Haushalts, kann man das Ausmaß dieser Schattenwirtschaft erahnen. Im Jahre 1995 überstiegen die Ausgaben eines Durchschnittshaushalts die – offiziellen – Einnahmen um 75,1%.[148]

Obwohl die Grundzüge des polnischen und litauischen Steuerrechts stehen, muß auch in den kommenden Jahren noch mit häufigeren Änderungen einzelner Bestimmungen gerechnet werden. Dies dürfte vor allem der weiteren Anpassung an die EU-Richtlinien dienen, die beide Länder zur weiteren Annäherung an die EU vorzunehmen gedenken. In beiden Länder wurde versucht, durch steuerliche Anreize für mittelständische Unternehmen deren Entwicklung nachhaltig zu fördern.

Da die Steuerbehörden organisatorisch und personell bislang jedoch nur mangelhaft funktionieren, muß der Wert solcher Erleichterungen angesichts der recht einfachen Möglichkeit einer vollständigen Steuerhinterziehung in Frage gestellt werden. Zum einen fehlt es in den untersuchten Ländern noch an einer einheitlichen Anwendung der Gesetze. Durchführungsverordnungen sind nicht existent und die vielfach unzureichend geschulten und unsicheren Steuerbeamten haben erheblichen Auslegungsspielraum. Zum anderen ist die Zahlungsmoral der Steuerzahler mehr als dürftig, und die Gesetze lassen sich ohne weiteres und ohne Sanktionierung leicht übertreten. Nur vor diesem Hintergrund machen auch die

146 Gesetz für kleine Unternehmen vom 20.12.1992, in: www.finmin.lt/engl/laws/smallent.htm.

147 Melnikas, B. / Melnikas, L., a.a.O., S. 19 f.

148 United Nations Development Programme: Lithuanian Human Development Report 1996, a.a.O., Chapt. 2, S. 6.

teilweise vorhandenen Regelungen Sinn, die zurückliegende Steuerehrlichkeit für zukünftige Zahlungen mit Steuererleichterungen zu belohnen. Hier zeigt sich indes ein grundlegender Konflikt des Übergangs von der Plan- zur Marktwirtschaft. Das Problem ist vielfach – wie auch bei zahlreichen anderen gesetzlichen Regelungen – nicht eigentlich die Steuerzahlung, sondern vielmehr die damit verbundenen Erklärungs- und Offenbarungspflicht gegenüber einem Staat, zu dem das Verhältnis historisch bedingt vielfach noch belastet ist. Es gilt daher, die gesetzlichen Regelungen den Bürgern nahezubringen, Vertrauen in die Steuerverwaltung aufzubauen und einen reibungslosen administrativen Ablauf sowie ein Durchsetzen der Steuergesetze zu gewährleisten.

Es zeigt sich, daß sowohl in Polen als auch in Litauen das Hauptproblem innerhalb der Steuerpolitik weniger in den Steuergesetzen selbst oder in Ideen für Anreizsysteme liegt als vielmehr in der Durchsetzung und Kontrolle der Steuergesetzgebung.

3.4 Rechtspolitischer Rahmen

Rechtliche Rahmenbedingungen haben elementare Bedeutung für die Entwicklung eines Wirtschaftssystems. Sie regeln den Markteintritt und -austritt sowie die vertraglichen Beziehungen von Wirtschaftssubjekten untereinander. Ein stabiler rechtspolitischer Rahmen garantiert den (potentiellen) Teilnehmern am Marktgeschehen Rechtssicherheit. Und eben dieses Vorhandensein einer Rechtssicherheit fördert das marktwirtschaftliche Agieren des einzelnen (vgl. Kapitel 3.4.2). Vor dem Hintergrund einer grundlegenden Systemveränderung muß indes das tradierte Rechtsverständnis und die -tradition der untersuchten Länder gesehen werden.

3.4.1 Rechtstradition in Polen und Litauen

Schon in der Vorkriegszeit dienten die westeuropäischen Länder in vielen Bereichen als Vorbilder für die mittelosteuropäischen. Auch die Ausgestaltung des Rechtssystems wurde weitgehend an das der westlichen Nachbarn angelehnt. Polen und Litauen verfügten daher beim Aufbau einer neuen Rechtsordnung aufgrund ihrer Rechtstradition über eine Art Referenzsystem.

Selbst während der Ära der Zentralverwaltungswirtschaft blieb der nationale Gesetzescorpus Polens im Kern bestehen, die neue sozialistische Gesetzgebung veränderte ihn nur marginal, fügte jedoch neue Gesetze mit entsprechender sozialistischer Zielsetzung hinzu.

Litauen hingegen mußte nach der Eingliederung als Teil der Sowjetunion zunächst die dort bestehenden, von sozialistischem Gedankengut durchwirkten Gesetze vollständig übernehmen.

Bei der Reform des Rechtssystems hat Polen sich stark an den bereits bestehenden oder alten Regelungen aus der Vorkriegszeit orientiert und diese nur modifiziert und heutigen Bedürfnissen angepaßt.

Litauen wollte zunächst in den ersten Jahren der Reformen einen eigenen Weg gehen und versuchte sich an der Schaffung einer auf litauische Verhältnisse zugeschnittenen Rechtsordnung. Dabei hat man sich nur bedingt an ausländischen Vorbildern, allenfalls am schwedischen Recht, orientiert.[149] Schließlich jedoch wurde in der Zeit nach 1992 – auch vor dem Hintergrund einer schnellen Westintegration und Anpassung an EU-Gesetze – ein System mit zahlreichen überarbeiteten und neuen Gesetzen implementiert, das zwar Gedankengut der Vorkriegsgesetze aufnahm, jedoch im wesentlichen die derzeit in Westeuropa bestehenden gesetzlichen Regelungen abbildet. Dabei wurden allerdings alte – sowjetsozialistisch geprägte – Gesetze teilweise zu zögerlich durch neue Regelungen ersetzt (z.B. das neue Gesellschaftsrecht und das Konkursrecht).

3.4.2 Privateigentum

Innerhalb einer Eigentumsordnung als Element der Wirtschaftsordnung stehen sich das Privateigentum und das Kollektiveigentum an Produktionsmitteln als Alternativen gegenüber.

Eigentumsrechte sind definiert durch den Handlungs- und Verfügungsbereich hinsichtlich der Aneignung, Nutzung und Übertragung von knappen Gütern.[150]

> „Die Grundentscheidung für Wettbewerb beruht ihrerseits auf den Vorteilen, die man sich von ihm verspricht. So stellt Wettbewerb ein Verfahren dar, die Koordination von Wirtschaftssubjekten auf nichtautoritäre Weise sicherzustellen, was Freiheitsrechte für die beteiligten Wirtschaftssubjekte impliziert, und zwar in deren Rollen als Anbieter und Nachfrager auf den Güter- und Faktormärkten (Gewerbefreiheit, Freiheit der Wahl des Arbeitsplatzes, Freiheit der Konsumwahl usw.)."[151]

Die Bedeutung privater Verfügungsrechte liegt zu allererst in der Tatsache, daß dem Einsatz, Gebrauch und Verbrauch von Ressourcen ein je individueller Wert beigemessen wird in Abhängigkeit von den je privaten Folgen dieses Einsatzes.

So ist es überhaupt erst möglich, daß Entscheidungen innerhalb des Verfügungsbereichs getroffen werden: Erst aus der Kopplung von Entscheidung und resultierenden persönlichen Konsequenzen läßt sich für den Einzelnen eine persönliche Werteskala der Ressourcen ermitteln. Grundlage bildet ein Menschenbild, das den Einzelnen als Nutzenmaximierer ausweist.

---

149 Pissulla, P., in: HWWA-Report Nr. 113/1993, a.a.O., S. 31.

150 Woll, A.: Wirtschaftslexikon, 6. Aufl., München/Wien 1992, Eintrag: Institutionenökonomik.

151 Lück, W.: Lexikon der Betriebswirtschaft, 4. Aufl., Landsberg 1990, Eintrag Eigentumsrechte.

Schaffung von Privateigentum bedeutet damit eine maßgebliche Entfaltung der Privatinitiative, Grundlage einer Wirtschaft, die sich auf die Risikofreudigkeit und Kreativität von auf eigene Kosten und zum eigenen Nutzen wirtschaftenden Unternehmern gründet.

In Polen wurde bereits seit Anfang der 80er Jahre das Privateigentum im wirtschaftlichen Sektor gesetzlich festgeschrieben, Basis für den grundlegenden Umbau jedoch war das Gesetz über die Privatisierung vom Juli 1993[152]. Grundlage für die Durchsetzung der Eigentumsrechte ist das Zivilgesetzbuch aus Vorkriegszeit, welches im Jahre 1964 (Gesetz vom 23.4.1964) umfassend überarbeitet und später mehrfach novelliert wurde. Durch Novellierung vom 28.7.1990 wurden die Grundlagen für die Wiedereinführung der Basisstandards einer freien Marktwirtschaft gelegt.

In der litauischen Verfassung von 1990 findet sich die Eigentumsgarantie in den Artikeln 23 und 46, die grundlegenden Entscheidungen zum Privateigentum an Produktionsmitteln im Gesetz zur Erstprivatisierung vom 28.2.1991[153].

Art. 46 der litauischen Verfassung stellt das Recht auf Privateigentum und die Freiheit der individuellen Betätigung, also die Gewerbefreiheit als Grundprinzip der litauischen Wirtschaft, heraus.

3.4.3 Entwicklung des Wirtschaftsrechts

3.4.3.1 Vertrags- und Gesellschaftsrecht

Gesetzlichen Vorschriften im Bereich des Vertrags- und Gesellschaftsrechts kommt für den Aufbau einer Marktwirtschaft im Allgemeinen und für den Aufbau mittelständischer Unternehmen im Besonderen eine zentrale Bedeutung zu.

- Das *Vertragsrecht* liefert den gesetzlichen Rahmen für geschäftliche Transaktionen und ermöglicht bzw. erleichtert somit dem mittelständischen Unternehmer – formal – die Ausübung privater Wirtschaftsaktivitäten.
- Im *Gesellschaftsrecht* werden die Voraussetzungen zur Aufnahme privater Wirtschaftstätigkeiten – z.B. Nachweis spezieller Kenntnisse – sowie mögliche Rechtsformen festgelegt und damit die Marktzutrittsmöglichkeiten mittelständischer Unternehmen rechtlich abgegrenzt.

Hinsichtlich der Etablierung des Gesellschaftsrechts kann der Reformprozeß in Polen und Litauen als weitgehend abgeschlossen angesehen werden.

Mit Einführung der Gewerbefreiheit (in Polen durch Gesetz über die Wirtschaftstätigkeit vom 23.12.1988; in Litauen durch das Unternehmensgesetz vom 8.5.1990) wurden privatwirtschaftliche Aktivitäten legalisiert und gleichzeitig

---

152 FAZ Informationsdienste (Hrsg.), Investitionsführer Mittel- und Osteuropa, Polen 1997, a.a.O., S. 32.

153 Pissulla, P., in: HWWA-Report 122/1993, a.a.O., S. 31 f.

dem Wettbewerb – gleichsam Garant für das Suchen nach ständig neuen Produkten und Produktionsverfahren bei verantwortungsvollem (nämlich: sparsamem) Umgang mit den Produktionsfaktoren, so daß letztlich eine bessere Versorgung mit Gütern und Dienstleistungen daraus resultiert[154] – Tür und Tor geöffnet.

Die Grundlage für die Gründung von Unternehmen in Litauen bildet das Unternehmensgesetz vom 8.5.1990. Es regelt die Gründung, Registrierung und Liquidation von Unternehmen verschiedener Rechtsformen. Private und staatliche Unternehmen können nach diesem Gesetz in Form von Personengesellschaften, Handelsgesellschaften, GmbHs, Kommanditgesellschaften oder Aktiengesellschaften gegründet werden. Näheres regeln besondere Gesetze wie das Gesetz über die Aktiengesellschaft vom 30.7.1990, das Gesetz über Staatsunternehmen vom 25.9.1990, das Gesetz über offene Handelsgesellschaften vom 16.10.1990 und das Gesetz über landwirtschaftliche Gesellschaften. Die vertraglichen Beziehungen in Litauen sind geregelt in einem Zivilgesetzbuch. Dieses Gesetz stammt noch weitgehend aus sozialistischer Zeit, wurde indes nach 1990 mehrfach modifiziert.

Auf der Grundlage der durch das Gesetz über Wirtschaftstätigkeit wiederhergestellten Gewerbefreiheit hat der Unternehmer in Polen die freie Wahl der Rechtsform. Es stehen alle in Deutschland ebenfalls bekannten Rechtsformen mit Ausnahme einer KGaA[155] zur Verfügung. Den Status einer AG, GmbH, KG und OHG regelt das Handelsgesetzbuch aus dem Jahre 1934, den einer Stiftung ein eigenes Stiftungsgesetz vom 6.4.1984 und für eine Genossenschaft ist das Genossenschaftsgesetz maßgebend.[156] BGB-Gesellschaften und Einzelunternehmen unterliegen den Regeln des Zivilgesetzbuchs, daß im übrigen auch die zivilvertraglichen Regelungen enthält. Das polnische Zivil- und das Handelsgesetzbuch entsprechen in weiten Teilen dem auch in Deutschland geltenden Recht.

Eingeschränkt ist die freie Wahl der Rechtsform in Polen noch für die wirtschaftliche Tätigkeit ausländischer Investoren auf Kapitalgesellschaften (GmbH oder AG).

Für die Mehrzahl der privatwirtschaftlichen Aktivitäten entfällt somit das Warten auf die Erteilung einer jeweiligen, gegebenenfalls willkürlich gewährten oder verweigerten Genehmigung; in den meisten Fällen reicht eine Eintragung im Gewerbe- oder Handelsregister aus. Für bestimmte nebenberufliche Tätigkeiten natürlicher Personen entfällt in Polen mittlerweile die Anmeldepflicht zum Gewerberegister generell.

Über gewisse Wirtschaftszweige – Bahn, Post, Bergbau – wacht weiterhin in beiden Ländern der Staat, wobei Polen zwischenzeitlich mit Lizenzen und Konzes-

---

154 Pissulla, P., in: HWWA-Report 122/1993, a.a.O., S. 31 f.

155 Kommanditgesellschaft auf Aktien.

156 Das Mindestkapital einer polnischen GmbH beträgt 4.000 Zloty (ca. 2.200 DM), einer polnischen AG 100.000 Zloty (ca. 56.000 DM).

sionen einen Zugang ermöglicht oder verweigert; Litauen hat in punkto Deregulierung dieser Sektoren kaum Schritte unternommen[157].

Selbst für Gewerbe, die lediglich anmeldepflichtig sind, kann durch Auflage bestimmter Qualifikationsnachweise – deren tatsächliche Überprüfung oft mehr denn fragwürdig ist und Korruption Tür und Tor öffnet[158] – eine Zugangskontrolle (und damit: Zugangsbeschränkung) ausgeübt werden. Dieser Mechanismus greift in den Ländern Polen und Litauen sowohl bei den handwerklichen als auch bei den freien Berufen.

Während sich die Schaffung eines neuen Gesellschaftsrechts als wenig problematisch gestaltete und damit der Zutritt zum Markt für mittelständische Unternehmen zumindest formell geregelt ist, tun sich die Reformstaaten noch äußerst schwer in der Umsetzung der vertragsrechtlichen Bestimmungen.

Das gilt insbesondere für Litauen:

> „Die litauische Rechtsordnung befindet sich noch immer im Stadium des Überganges zu Regelungen, die den Anforderungen einer Marktwirtschaft entsprechen. Dieser Übergangsprozeß vollzieht sich nur allmählich, so daß häufig noch Vorschriften aus dem Zivil- und Wirtschaftsrecht der Sowjetzeit fortgelten. In Zukunft muß mit Änderungen von Rechtsvorschriften gerechnet werden, deren inhaltliche Ausgestaltung gegenwärtig nicht absehbar ist."[159]

und für Polen:

> „Im übrigen ist die rechtliche Entwicklung gerade im wirtschaftsbezogenen Raum nach wie vor unbefriedigend. Wichtige Aufgaben im zivil- und handelsrechtlichen Bereich wurden nicht wahrgenommen. Dies läßt sich teilweise mit der Bankenkrise, mit politischen Skandalen und mit den Wahlen begründen. Gleichwohl hat das Parlament in Anbetracht einer gegebenen Mehrheit hier die Anforderungen nicht erfüllt. Die Gestaltung eines attraktiven wirtschaftlichen Umfelds verläuft nach wie vor zu schleppend und statisch."[160]

Es gilt, überalterte Relikte aus sozialistischer Reglementierung aus den vertragsrechtlichen Bestimmungen zu entfernen und neuen Entwürfen – beispielsweise zum Thema Leasing – den Weg zu öffnen. Dieses beileibe nicht ausschließlich juristische Problem erfordert Individuen, die sich neu orientieren wollen und können: weg vom starr reglementierten Weg hin zur risikobefrachteten, aber damit auch potentiell gewinnträchtigen persönlichen Entscheidung mit allen Konsequenzen.

3.4.3.2 Konkursrecht

Das Konkursrecht erfüllt in den Transformationswirtschaften neben seiner Funktion als Regulativ privatwirtschaftlicher Betätigung eine wichtige Rolle in der Libe-

---

157 Boroch, W., in: HWWA-Report Nr. 157/1996, a.a.O., S. 66 f.

158 O.Verf.: Keine weiteren Ermittlungen gegen Jaruzelski, in: Neue Zürcher Zeitung Nr. 37 v. 14.2.1996, S. 2.

159 Creditreform e.V. (Hrsg.): Länderinfo Litauen, Neuss 1996, S. 48.

160 FAZ Informationsdienste (Hrsg.), Investitionsführer Mittel- und Osteuropa, Polen 1997, a.a.O., S. 36 f.

ralisierung des Wettbewerbs zwischen – vielfach – alimentierten Staatsunternehmen und privatwirtschaftlichen Unternehmen. Es forciert bei strikter Anwendung die Abkopplung der Staatsunternehmen von der automatischen Kreditversorgung durch den Staat bzw. das Bankensystem. Ein effektives Konkursrecht liefert das Instrumentarium zur Umgestaltung überschuldeter und unwirtschaftlich agierender Unternehmen; es sorgt somit dafür, daß nicht überlebensfähige Unternehmen nicht künstlich – und damit: überflüssigerweise – am Leben erhalten bleiben, vielmehr fördert es eine gewisse Finanzdisziplin und das unternehmerische Verantwortungsbewußtsein. Und gerade das unternehmerische Verantwortungsbewußtsein, das für eine prosperierende Wirtschaft eine entscheidende Rolle spielt, ist bei den Unternehmern im Reformstaat noch wenig ausgeprägt – zumindest ungeübt – oder von anderen, kurzsichtigen Vorteilsinteressen überlagert[161].

Klare gesetzliche Vorschriften des Konkursrechts erleichtern darüber hinaus den Gläubigern das Eintreiben von Schulden.

Während der Zentralverwaltungswirtschaft stellten Konkurse ein weitgehend unbekanntes Phänomen dar; Betriebe funktionierten mehr oder minder ordentlich, Betriebsstillegungen erfolgten aufgrund von Entscheidungen der Planungsbehörde und nicht als Konsequenz von unwirtschaftlichem Agieren. Illiquide Unternehmen wurden mittels Vergünstigungen – beispielsweise mittels Subventionen, Steuervorteilen, Abgabenachlässen, automatisch eingeräumten Krediten – weiterhin lebensfähig erhalten.

Mittlerweile gelten in Polen und Litauen Konkursrechte, die im Falle eines Konkursverfahrens z.B. durch Liquidation (also Auflösung und Verkauf des Unternehmens) oder durch Sanierung bzw. Reorganisation die Gläubiger finanziell absichern sollen bei gleichzeitiger Inverantwortungnahme des jeweiligen Unternehmers.

In Polen existiert neben dem Konkursrecht (Gesetz aus dem Jahre 1934, novelliert 1990) das Gesetz über das Vergleichsverfahren (Gesetz vom 3.2.1993). In Litauen wurde mit Gesetz vom 15.12.1992 ein Konkursrecht eingeführt. Alle Gesetze orientieren sich stark an Vorbildern westlicher Prägung.

Diese formelle juristische Grundlage darf jedoch nicht darüber hinwegtäuschen, daß die Praxis noch lange nicht den formalen Ansprüchen genügt. Denn problematisch ist die Auslegung, wann genau ein Unternehmen Konkurs anmelden soll. Gerade in der Anfangsphase der marktwirtschaftlichen Umgestaltung gilt das Kriterium der Zahlungsunfähigkeit, das neben der Überschuldung in beiden untersuchten Ländern angewandt wird bei strikter Gesetzesanwendung als höchst problematisch. Danach nämlich müßte ein Großteil der Staatsbetriebe und privatwirtschaftlicher Unternehmen Konkurs anmelden. Damit würde jedoch eine Spirale in Gang gesetzt, die viele mittelständische Unternehmen über nichtbezahlte Rechnungen auch in den Konkurs treiben würde und die, im Falle einer

161 Lösch, D.: Litauen – Ausgewählte Probleme der Wirtschaftspolitik, in: HWWA Institut für Wirtschaftsforschung-Hamburg (Hrsg.), Report Nr. 136/1994, Hamburg 1994, S. 21 f.

Liquidierung des Unternehmens, wenig Kapital einspielen würde. Die damit einhergehenden Folgen würden ungleich größeres Unheil anrichten: Soziale Kosten und Arbeitslosenzahlen würden drastisch ansteigen.

Die Wirkung einer konsequenten Umsetzung des Konkurskriteriums Zahlungsunfähigkeit wird deutlich, wenn man den gesamtwirtschftlichen Stellenwert von fakturierten Lieferungen und Leistungen in Polen betrachtet. Lagemann et al. zitieren eine Umfrage des Statistischen Amtes in Polen[162], die belegt, daß ca. 80% der Forderungen und mehr als 50% der Verbindlichkeiten auf Lieferungen von Produkten und Dienstleistungen entfallen.

Für Litauen ist das am 15.9.1992 erlassene Konkursgesetz praktisch wirkungslos,

> „... weil es bisher offenbar an der administrativen Infrastruktur zur Anwendung dieses Gesetzes fehlt und die Regierung zudem ihre Absicht erklärt hat, das Gesetz in den nächsten Jahren nur vorsichtig anzuwenden, um es nicht zu einer Kettenreaktion von Unternehmenszusammenbrüchen kommen zu lassen"[163].

So findet das litauische Konkursgesetz keine Anwendung auf Eigenbetriebe der öffentlichen Hand. Das Gesetz ist insofern auf die Übergangssituation der Wirtschaft zugeschnitten, als es die Liquidation insolventer oder überschuldeter Unternehmen nur als ein letztes Mittel ansieht. Eine Liquidation soll nur dann stattfinden, wenn es nicht gelingt, einen Vergleich mit den Gläubigern herbeizuführen, einen Plan für die Reorganisation des Unternehmens im Einvernehmen von Gläubigern und Konkursverwaltern mit dem Schuldner zu erstellen und wenn schließlich eine Rehabilitation durch staatliche Zuschüsse oder von dritter Stelle nicht erreicht worden ist. Die in Litauen bestehende gesetzliche Regelung verfehlt daher völlig die in einem Wirtschaftsgefüge notwendige Rolle eines Konkursrechts.

Gleichzeitig ist die juristische Infrastruktur nicht in der Lage, die Flut von Konkursanträgen innerhalb einer akzeptablen Frist zu bearbeiten, was wiederum das Vertrauen in die neuen Gesetze schmälert. Die Gläubiger sehen im Konkursrecht nicht mehr unbedingt ihre Interessen gewahrt, denn insbesondere mittelständische Unternehmen in der Rolle des Gläubigers können u.U. in den Sog des Konkurses ihres Schuldners mitgerissen werden, falls sich das Verfahren – und damit die Begleichung ihrer Forderungen – endlos hinzieht.

Konkursverfahren werden in Polen daher nur eröffnet, wenn die Vermögenswerte des Schuldners wenigstens die Prozeßkosten decken, um die Behörden von ohnehin aussichtslosen Verfahren zu entlasten. Litauen kennt eine solche Regelung nicht. Was sich indes im polnischen Konkursrecht vordergründig als sinnvolle Einschränkung liest, erweist sich als Teufelskreis: Vor allem kleine Unternehmen als Gläubiger werden damit benachteiligt, da sie über nur unzureichende juristische Rückendeckung verfügen, ihre berechtigten Forderungen einzutreiben. Gerade für ein kleineres Unternehmen, insbesondere in der Anfangsphase, kann aber

162 Lagemann et al., a.a.O., S. 121.
163 Lösch, D., in: HWWA-Report 136/1994, a.a.O., S. 23 f.

jeder geringfügige Außenstand zum Überleben notwendig sein, um nicht selbst konkursgefährdet zu werden.

Generell muß konstatiert werden, daß die Gläubiger dem Konkursrecht skeptisch gegenüberstehen, zumal es in beiden Ländern keinerlei Fristen gibt, binnen derer ein Konkursverfahren abgewickelt sein muß.

3.4.4 Umsetzung des Wirtschaftsrechts

Polen und Litauen haben in der Zeit nach 1990 relativ schnell einen akzeptablen wirtschaftsrechtlichen Rahmen geschaffen, der sich formal weitgehend an Normen der westlichen Rechtssysteme orientiert.

Wenngleich die Reform der rechtlichen Rahmenbedingungen in den Ländern Polen und Litauen fortgeschritten zu sein scheint, so muß dennoch auch weiterhin mit Problemen gerechnet werden, die in der Umsetzung der – verglichen mit der vorigen – ungleich differenzierteren Wirtschaftsgesetzgebung begründet liegen. Und eben diese Schwierigkeiten in der Anwendung der neuen Gesetze behindern (teilweise gar: *ver*hindern) den Aufbau und Ausbau mittelständischer Unternehmen.

Am Beispiel Polens zeigt sich die Problematik der Umsetzung:

- Das Recht des mittelständischen Unternehmers auf die freie Wahl der Rechtsform ist gesetzlich normiert: Was sich vordergründig liberal liest, wird relativiert durch die Tatsache, daß eine tatsächliche Gründung einer Gesellschaft mit sehr hohen Kosten einhergeht – und daher vielfach illusorisch ist. In Polen werden so den Unternehmern für jeden notariellen Vorgang in Zusammenhang mit der Gründung einer Gesellschaft hohe Gebühren auferlegt. Die hohen Transaktionskosten schränken somit die vermeintlich freie Wahl der Rechtsform empfindlich ein.
- Die jeweilige Auslegung der Gesetze ist dermaßen wenig verbindlich definiert, daß sie damit im positiven Sinn Freiraum, im negativen Sinn Willkür ermöglicht. So gibt es beispielsweise keinerlei Standards über die nachzuweisenden beruflichen Qualifikationen, was im Klartext bedeutet, daß einerseits die bearbeitende Behörde willkürlich entscheiden kann, und daß andererseits der Bestechlichkeit damit Vorschub geleistet wird.
- Im polnischen Konkursrecht bleibt die Anmeldung und Abwicklung eines Konkurses speziellen Wirtschaftskammern vorbehalten; bisher existieren sie ausschließlich in Warschau und größeren Städten, da es zu wenig hierauf spezialisierte Richter gibt.

Drei Hauptproblembereiche lassen sich für beide Untersuchungsländer bei der Umsetzung der Gesetzgebung gleichermaßen unterscheiden:

(1) Schwierigkeiten aufgrund bestimmter Rechtsvorschriften und der damit verbundenen institutionellen Ausstattung, (2) Schwierigkeiten aufgrund fehlender Rechtsakzeptanz, (3) Schwierigkeiten aufgrund von Schwächen des Staates.

ad (1): Mangelhafte Infrastruktur gepaart mit fachlicher Inkompetenz erschwert und verzögert die Umsetzung. Die fachliche Inkompetenz rührt von einer noch rückständigen juristischen Ausbildung; Weiterbildungsmöglichkeiten für interessierte Juristen gibt es so gut wie keine, außerdem wird im öffentlichen Dienst dermaßen schlecht bezahlt, daß viele Angehörige des öffentlichen Dienstes liebend gerne in gutdotierte Positionen der Wirtschaft abwandern.

ad (2): Die negative oder zumindest abwartende Haltung der mittelständischen Unternehmer gegenüber staatlichen Organen und die noch vorherrschende Unerfahrenheit in Sachen Wirtschaftsgesetzgebung führen dazu, daß vielfach versucht wird, die gesetzlichen Regelungen zu umschiffen, die den Unternehmer zu finanzieller Disziplin anhalten sollen. Paradoxerweise wird dieses Verhalten – wenn auch nicht intendiert – unterstützt durch die noch mangelnde Rechtsadministration, die zwar Sanktionen bereithält, in der Durchführung allerdings dermaßen verzögert agiert, daß sich der mittelständische Unternehmer davon wenig beeindruckt zeigt. Damit ist der unternehmerische Mittelstand mit seiner ausgeprägt schlechten Zahlungsmoral gleichzeitig Akteur und Opfer des Szenarios.

Und aufgrund von fehlender, falscher oder zu später Information des unternehmerischen Mittelstandes beklagt dieser sich zu Recht über Rechtsunsicherheit, dies um so mehr, je häufiger Gesetzesnovellen und zusätzliche Gesetze in Kraft treten und damit Verunsicherung hervorrufen.

ad (3): Zeigt sich der Staat in der Umsetzung der Gesetze als wenig durchsetzungswillig oder -fähig, so macht er es dem Unternehmer schwerer, das notwendige Vertrauen in die Gesetzgebung aufzubauen. Daß eine zögerliche Umsetzung aber auch von Vorteil sein kann, darf hier nicht außer acht gelassen werden (vgl.: Erhaltung von Arbeitsplätzen und Einsparung der Sozialkosten durch Nichtliquidierung überschuldeter und unwirtschaftlich agierender Betriebe).

Vergleichend bleibt festzustellen, daß Polen trotz der aufgezeigten Defizite noch die weitaus gelungenere Umsetzung für sich beanspruchen kann. In Litauen wird – wie in vielen Bereichen des Transformationsprozesses – auch in der Umsetzung des wirtschaftsrechtlichen Rahmens eine Politik der äußerst behutsamen – vermeintlich sozialverträglichen – Anpassung verfolgt – mit allen damit einhergehenden Nachteilen für eine prosperierende Entwicklung mittelständischer Unternehmen.

Es bleibt zu hoffen, daß die von beiden Ländern angestrebte alsbaldige Integration in die EU hier einen positiven Einfluß auf die Harmonisierung des Wirtschaftsrechts in den untersuchten Ländern ausübt und diese quasi gezwungen werden, die bekannten Defizite des Rechtsrahmens zu beseitigen. Beiden Ländern liegt jedenfalls seit Juni 1995 ein Weißbuch zur Vorbereitung der ostmitteleuropäischen Länder auf die Integration in den europäischen Binnenmarkt vor, das als Leitfaden sicherlich gute Dienste zu leisten vermag.

3.5 Sozialpolitischer Rahmen

Ein Transformationsprozeß läßt sich nie auf ein ausschließlich ökonomisches Phänomen reduzieren und ebenso behandeln: Vielmehr gilt es, mit wohldurchdachter sozialpolitischer Flankierung den Prozeß zu unterstützen und damit eine breite Akzeptanz in der Gesellschaft – conditio sine qua non – zu schaffen und langfristig zu gewährleisten. Denn nur mit dieser breiten Akzeptanz ist die Bevölkerung gewillt, notwendigerweise auftretende Durststrecken hinzunehmen und durchzustehen.

3.5.1 Überblick

Alle osteuropäischen Reformstaaten mußten zur Kenntnis nehmen, daß der Transformationsprozeß nicht nur durch Schaffung von befriedigenden Rahmenbedingungen für die unternehmerisch Tätigen, durch Investitionshilfen oder Expertenrat erreicht werden kann, sondern daß es hier einer gezielten sozialpolitischen Flankierung bedarf.

Für alle Reformstaaten stellt sich derzeit die schwer zu lösende Aufgabe, einerseits den zunehmenden Bedarf an sozialpolitischen Maßnahmen finanzieren zu müssen und gleichzeitig andererseits die Abgabenbelastung des Unternehmens in erträglichen Grenzen zu halten. Weiterhin dürfen in der Phase des Aufbaus und der Umstrukturierung des Unternehmens die Löhne nicht zu schnell wachsen, um die Investitionsfähigkeit des Unternehmens zu erhalten; die Transfereinkommen müssen jedoch hoch genug sein, das Existenzminimum zu sichern.

Dies führt zwangsläufig zu Konflikten. Die derzeit in beiden Ländern hohe Gesamtabgabenquote für den Bereich der Sozialversicherung – 47% in Polen und 31% in Litauen – macht deutlich, daß hier ein solcher Zielkonflikt besteht.

Diese Probleme sind nur vor dem Hintergrund der bisherigen Sozialpolitik und den mit dem Transformationsprozeß verbundenen Konsequenzen für die Bevölkerung zu verstehen.

> „Nach dem Zusammenbruch der Sozialistischen Planwirtschaft wurden auch die sozialistischen Sozialsysteme obsolet. In ihnen war allein der Staat für die soziale Sicherheit verantwortlich. Das Sicherungssystem war allumfassend und ließ bei der Bevölkerung eine Vollkaskomentalität entstehen.“[164]

Diese Aussage umreißt klar eine weitere Besonderheit sozialpolitischer Regelungen im Kommunismus: Sämtliche Sozialleistungen wurden letztlich aus dem Staatshaushalt finanziert; dies galt sogar auch dann, wenn – beispielsweise über Gewerkschaften – eigenständige Unterstützungskassen bestanden, die von den volkseigenen Betrieben alimentiert wurden. Das Subsidiaritätsprinzip war weitge-

164 Salowsky, H.: Soziale Sicherheit, Lohnfindung und Arbeitskosten in Mittel- und Osteuropa, in: Institut der deutschen Wirtschaft (Hrsg.): Osteuropa auf dem Weg in die Marktwirtschaft, Köln 1993, S. 130 f.

hend unbekannt, das heißt, der Staat übernahm die Organisation der sozialen Sicherheit im Alleingang und trug nahezu vollständig deren Kosten. Wenn je Beiträge von Arbeitnehmern erhoben wurden, so waren diese sehr gering und vermittelten dadurch den Eindruck, soziale Sicherheit und Absicherung sei zum Nulltarif verfügbar. Sozialpolitik wirkte egalitär und deformierte soziale Ungleichheiten[165]; ausgenommen waren von dieser Praxis allerdings oft die Rentner, deren Renten verhältnismäßig gering waren. Ungeschult in eigenverantwortlichem Agieren, lag der Gedanke, daß das System der sozialen Sicherheit auch dazu beitragen soll, den Einzelnen zur sozialen Unabhängigkeit und Verantwortung zu führen, recht fern.

Die staatliche Sozialpolitik umfaßte zugleich auch die Subventionierung von bestimmten Gütern des Grundbedarfs – z.B. Wohnung, Heizung, Strom, Lebensmittel –; dem standen überhöhte, teils unbezahlbare Preise für Güter des gehobenen Konsums oder gar Luxusgüter gegenüber. Nach dem Wegfall dieser Subventionen wurde eine entsprechende Angleichung bei den Transfereinkommen erforderlich. Ein erheblicher Teil der sozialpolitischen Maßnahmen – z.B. die Finanzierung von Kindergärten, von Schulen, von Weiterbildungsmaßnahmen und der Gesundheitsvorsorge – ging zu Lasten des Unternehmens. Mit zunehmender Befreiung des Unternehmens von solchen Sozialleistungen wird sich der Bedarf an staatlichen Interventionen erhöhen.

Da aufgrund der staatlichen Vollbeschäftigungsgarantie Arbeitslosigkeit unbekannt war, existierten keinerlei entsprechende Unterstützungssysteme, mußten diese erst mühsam geschaffen werden. Und da das Phänomen Arbeitslosigkeit der Bevölkerung bis dahin fremd war, empfand sie es, derart plötzlich auftretend, als Hauptbedrohung.

3.5.2 Sozialer Status[166] in Polen und Litauen

In allen Reformländern mußte die Bevölkerung zunächst in den Jahren nach 1989 einen erheblichen Rückgang des Lebensstandards hinnehmen. In Polen und insbesondere in Litauen sind deutliche Tendenzen der Verarmung erkennbar.

Genaue Daten über den Umfang dieser Verarmungstendenzen liegen indes nicht vor. Dies hängt u.a. mit den unterschiedlichen Definitionen des Begriffs Armutsschwelle zusammen; denn schon der Durchschnittslohn bewegt sich teilweise an oder unterhalb der Armutsgrenze. Davon abgeleitete Transferzahlungen, die in

---

165 Matlak, J.: Regelungssysteme der Sozialen Sicherung, in: v. Maydell, B. / Hohnerlein, E.-M. (Hrsg.): Die Umgestaltung der Systeme sozialer Sicherheit in den Staaten Mittel- und Osteuropas, Berlin 1993, S. 222.

166 Klaus, G. / Buhr, M. (Hrsg.), a.a.O., Schlagwort: Soziale Schicht, S. 996: „Die bürgerliche Soziologie bestimmt die Gesellschaftsstruktur nicht nach ihrem objektiven Klasseninhalt, sondern teilt die Gesellschaft in beliebige Schichten ein, und zwar nach einem sog. typischen 'Status' ihrer Mitglieder. Der Begriff 'Status' umfaßt Lebensstandard, Chancen und Risiken, Glücksmöglichkeit, Privilegien, Rang, Ansehen usw."

der Regel noch darunter liegen, implizieren damit zwangsläufig den Tatbestand der Armut.

In Polen dürften durchschnittlich etwa 35% bis 45% der Haushalte am Existenzminimum leben.[167] In Litauen erfüllen diese traurige Bilanz sogar 70% bis 80% der Haushalte. Maßgeblich verantwortlich für diese hohen Quoten sind u.a. die über einen längeren Zeitraum gesunkenen Reallöhne bei gleichzeitig hoher Inflationsrate, die steigende Zahl der Arbeitslosen, die niedrigen Renten sowie die geringen und gleichzeitig zeitlich eng befristeten Zahlungen der Arbeitslosenversicherung.

Diese Entwicklung ist gefährlich, birgt sie doch das Risiko in sich, daß sich die Bevölkerung in ihren Erwartungen enttäuscht sieht und den politischen Führern bzw. Parteien ihre Unterstützung entzieht – mit der Konsequenz, daß sich der Erneuerungsprozeß verlangsamt und/oder sogar gänzlich ins Stocken geraten könnte.

Erste Indikatoren für eine abwartende bis sanktionierende Haltung von seiten der Bevölkerung waren vordergründig die häufigen Wechsel der Regierungen und das Aufleben der postkommunistischen Parteien. Da jedoch keine der politischen Kräfte die Grundsatzentscheidung für Demokratie und Marktwirtschaft ernstlich in Frage stellt, ist die Weiterführung der Reformen zunächst noch gewährleistet.

Löhne und Preise

Die Lebensbedingungen der Bevölkerung spiegeln sich in den Reallöhnen und den Konsumausgaben wider. Die Reallöhne waren seit 1989 in den beiden Ländern über einen längeren Zeitraum rückläufig. Von Januar 1990 bis April 1994 gingen sie in Polen[168] um 7,5%, in Litauen[169] sogar um 50% zurück.

In die gleiche Richtung wiesen die Angaben über die Höhe der getätigten Konsumausgaben. Daß die Konsumausgaben in der Regel stärker rückläufig waren als die Realeinkommen, hängt u.a. mit der teilweise drastisch gestiegenen Arbeitslosigkeit und den gleichzeitig steigenden Preisen für Wohnraum und Energie zusammen, da zur gleichen Zeit die Subventionen für diesen Bereich wegfielen.

Eine Trendwende zeichnet sich derzeit in Polen[170] ab. Für die polnische Wirtschaft war das Jahr 1995 das erfolgreichste seit Beginn des Reformprozesses. Mit einem Zuwachs des BIP von 7% gegenüber dem Vorjahr konnte ein Spitzenwert in Europa erzielt und das Ergebnis des Vorjahres (+ 5,2%) weiter verbessert werden. Polen ist damit das erste Reformland Osteuropas, das in diesem Jahr hinsichtlich seiner gesamtwirtschaftlichen Leistung das Niveau der Reformen von

---

167 Rose, R. / Haerpfer, C., a.a.O., S. 3 f.

168 World Economic Research Institute (Hrsg..): Transforming the Polish Economy, Warschau 1993, S. 263 ff.

169 Lithuanian Department of Statistics: Main Economic Indicators of Lithuania 1994, Vilnius 1994, in: www.std.lt.

170 BFAI, Wirtschaftsentwicklung Polen 1995, a.a.O., S. 9 f.

1989 erreicht hat. Auch für die kommenden Jahre wird mit einem kontinuierlichen Anstieg gerechnet.

Nach Jahren des Reallohnverlustes als Folge der schwierigen Transformation konnte 1995 erstmals ein deutlicher Reallohnzuwachs verzeichnet werden. Im Jahre 1995 stieg der Reallohn in der Industrie um 3,4%, im öffentlichen Dienst sogar um 3,7%, bei hohen Gehaltsanpassungen im Dezember 1995.[171] Trotz dieser Entwicklung bleibt das generelle Lohnniveau in Polen nach wie vor niedrig. Der durchschnittliche Bruttolohn lag 1995 in der Industrie bei ca. 427 DM (727 Zloty) und im öffentlichen Dienst bei ca. 370 DM (630 Zloty).

Für Lebensmittel (bezogen auf einen Zwei-Personen-Haushalt) waren 250 Zloty, das sind ca. 30% des Gesamteinkommens, für Miete (zwei Zimmer, unmöbliert) ca. 300 Zloty (das entspricht 41% des Einkommens) aufzuwenden. Im (Luxus-) Konsumgüterbereich stieg der prozentuale Anteil am Einkommen drastisch, so kostete z.B. ein Farbfernseher günstigstenfalls 1.200 Zloty.[172] Im Jahre 1996 betrug der Durchschnittslohn ca. 500 DM (849 Zloty)[173]. Die Inflationsrate ging weiter zurück und betrug am Jahresende 21,6%[174].

In Litauen herrschte bis 1989 in wirtschaftlicher Hinsicht – gemessen an osteuropäischen Kriterien – ein vergleichsweise hoher Lebensstandard, der einer breiten Bevölkerungsschicht (Mittelschicht) zugute kam. In den ersten Jahren der Reformen hat sich die Einkommensverteilung in der litauischen Gesellschaft sehr stark verändert. Aufgrund der Möglichkeiten, die die Reformen bieten, hat sich eine kleine Oberschicht (ca. 10-15%) gebildet, die in guten Einkommens- und Eigentumsverhältnissen lebt. Die Einkommen dieser Gruppe liegen um ein Vielfaches über den Durchschnittslöhnen. Die breite Masse der Bevölkerung vegetiert auf einem sehr niedrigen Lebensstandard, welcher sich an oder sogar unter der Armutsgrenze bewegt.[175]

Allein zwischen 1989 und 1992 haben sich die Verbraucherpreise in Litauen um 6.550% erhöht. Lebensmittelpreise stiegen zwischen 1989 und 1992 um das 72-fache. Die Einkommen der Bevölkerung halten mit dieser Preisentwicklung selbstredend nicht Schritt. Von 1989 bis 1992 sind die Realeinkommen im Durchschnitt um 49%, die Familieneinkommen um 73% gefallen.[176] Drei Viertel aller litauischen Familien beziehen ein Arbeitseinkommen, das unter dem von

---

171 BFAI, Wirtschaftsdaten aktuell – Polen 1996, a.a.O., S. 4.

172 Bundesverwaltungsamt (Hrsg.): Merkblätter für Auslandstätige – Polen, Edition Nr. 126, Lebenshaltungskosten, Köln 1995, S. 4.

173 BFAI, Wirtschaftsdaten aktuell – Polen 1996, a.a.O., S. 2.

174 BFAI, Wirtschaftsdaten aktuell – Polen 1996, a.a.O., S. 2.

175 Melnikas, B. / Melnikas, L., a.a.O., S. 14 f.

176 BFAI, Wirtschaftsdaten aktuell – Litauen 1996, a.a.O., S. 1 f.

staatlicher Seite festgelegten Existenzminimum von 71 Litas (ca. 29 DM – Stand Ende 1995)[177] liegt und sind auf staatliche Sozialhilfe angewiesen.

Die litauische Wirtschaft zeigte nach einer längeren Schwächephase im Jahre 1995 erstmals eine robuste Aufwärtsentwicklung. Da die Strukturreformen zögerlich angegangen werden, bleibt die Entwicklung jedoch weiterhin störanfällig. Eine ernste Bankenkrise Ende 1995 verdeutlicht eindrucksvoll die schwache Basis.[178]

Das Jahr 1995 brachte Litauen erstmals seit seiner Unabhängigkeit einen verhaltenen Anstieg des BIP um 2,2 v.H. Als Ergebnis einer stabilitätsorientierten Geld-, Fiskal- und Währungspolitik konnte der Preisanstieg für Konsumgüter in den vergangenen Jahren indes erheblich gebremst werden. So ließ sich die Preissteigerungsrate von 1.163% in 1992 über 189% in 1993 auf 45,1% in 1994 und auf schließlich 35,7% in 1995 reduzieren.[179,180] Ein Großteil der Inflation in 1995 resultiert jedoch aus einer Reduzierung der Subventionen im Lebensmittel- und Energiebereich. Die Inflationsrate ist daher eher Spiegel eines erwünschten Anpassungsprozesses an marktwirtschaftliche Strukturen als ein Zeichen für monetären Überfluß.

Der monatliche Durchschnittslohn betrug im März 1996 640 Litas (ca. 256 DM), nach 51 Litas noch in 1992 und 188 Litas in 1993.[181] Der Mindestlohn beträgt seit 1996 210 Litas (ca. 84 DM).

Die Einkommensstruktur ist in Litauen höchst unterschiedlich. Die höchsten monatlichen Einkommen werden im Finanzbereich mit ca. 430 DM erreicht. Die niedrigsten Einkommen werden in der Landwirtschaft erzielt, nämlich lediglich ca. 68 DM.

Angesichts der relativ hohen Teuerungsrate in Litauen sind somit in 1996 die Reallöhne deutlich gesunken. Die Verbraucherpreise sind im Jahr 1995 ebenso stark angestiegen. So erhöhten sich beispielsweise die Mieten und Energiepreise um 41,6%, Nahrungsmittel verteuerten sich um 40,8%. Nach Erhebung vom Ende 1994 gibt eine vierköpfige Familie im Monat 55% des Einkommens für Ernährung, 11% für Bekleidung, 1,6% für Gesundheitsvorsorge, 13% für Miete, Heizung und Strom aus. Die verbleibenden 19,4% verteilen sich auf sonstige Ausgaben.

Insgesamt belaufen sich die Reallöhne Ende 1995 auf lediglich etwa ein Drittel des Niveaus von 1991. Dabei sind die Nominallöhne um das 22-fache gestiegen,

---

177 Lithuanian Department of Statistics: Main economic indicators 1994-1998, Vilnius 1998, in: www.std.lt

178 O.Verf.: „Polen korrigiert den Wechselkurs“ und „Litauische Banken zahlungsunfähig“, in: Neue Zürcher Zeitung Nr. 299, a.a.O., S. 9, 11.

179 BFAI, Wirtschaftsdaten aktuell – Litauen 1996, a.a.O., S. 2.

180 Boroch, in: HWWA-Report 157/1996, a.a.O., S. 21 f.

181 BFAI, Wirtschaftsdaten aktuell – Litauen 1996, a.a.O., S. 2.

während die Konsumentenpreise sich aber um das 60-fache erhöhten.[182] Auch darf nicht vernachlässigt werden, daß die gesamtwirtschaftliche Leistungskraft Litauens am Ende des Jahres 1995 noch immer geringer ist als 1989. Nach Berechnungen der Litauischen Zentralbank wurden 1994 lediglich 37% des Inlandprodukts von 1989 erwirtschaftet.[183]

Arbeitslosigkeit

Die ersten Jahre der Reformen waren in Polen von einem drastischen Anstieg der Arbeitslosenzahlen gekennzeichnet.

Die Dynamik der polnischen Wirtschaft belebt nunmehr den Arbeitsmarkt. Die Arbeitslosenquote sank – regional stark differenziert – im Jahresdurchschnitt auf 14,6% und lag damit im Dezember 1995 bei 14,9% (1994 waren es noch 16,0%).[184]

Das eklatante Strukturgefälle in Polen zwischen den Städten und den ländlichen Regionen konnte jedoch kaum verändert werden. Durch einen erheblichen Anteil von verdeckter Arbeitslosigkeit in der Landwirtschaft und in den Staatsbetrieben sowie durch eine ausgeprägte Schattenwirtschaft dürften die offiziellen Zahlen erheblich unter den tatsächlichen Zahlen liegen.

Die polnische Regierung hat nunmehr eine Reihe regionaler Wirtschaftsförderungsmaßnahmen initiiert, die besonders strukturschwachen Landesteilen – beispielsweise durch Schaffung von Sonderwirtschaftszonen mit u.a. erheblichen Steuervergünstigungen – helfen sollen.

Die offizielle Arbeitslosenrate war in Litauen[185] in den vergangenen Jahren niedrig. Im Jahre 1994 waren offiziellen Angaben zufolge lediglich 3,8% arbeitslos. In 1995 wurden 7,1% als arbeitslos registriert. Aber auch hier beschönigt die amtliche Statistik das tatsächliche Ausmaß der Beschäftigungslosigkeit. Offizielle Stellen in Litauen gehen von einer tatsächlichen Arbeitslosenquote von über 13%[186] aus, da eine noch ungewisse Anzahl von Unternehmen ihre Angestellten nur noch halbtags oder nicht offiziell beschäftigt bzw. ihre Angestellten in unbezahlten Urlaub schickt. Aus sozialen Gründen wurde vielfach – vorwiegend in staatlichen Betrieben – auf Entlassungen verzichtet. Die Schwarzarbeit blüht unter diesen Gegebenheiten unweigerlich auf.

---

182 Boroch, W., in: HWWA-Report 157/1996, a.a.O., S. 18.

183 Bank of Lithuania, Bulletin of the Bank of Lithuania 95.1, Vilnius 1995, S. 19., in: www.lbank.lt.

184 BFAI, Wirtschaftsdaten aktuell – Litauen 1996, a.a.O., S. 6.

185 Lithuanian Labour Exchange (Hrsg.): Situation in Labour Market 1995, Vilnius 1995, S. 3.

186 Lithuanian Department of Statistics: Information on Unemployment, Vilnius 1995, in: www.std.lt.

3.5.3 Sozialtransfer zur Kompensation

Die beiden untersuchten Länder haben Sozialversicherungssysteme geschaffen oder Systeme der Mindestversicherung eingeführt, die durch Transfers helfen sollen, ökonomische Härten abzufedern.

In beiden Ländern wurde zunächst einmal versucht, das um 1989 bestehende, stark dem sozialistischen Gedankengut verhaftete Sozialsystem zu reformieren und dieses in ein Sozialversicherungssystem westlicher Prägung zu überführen.[187] Die zu diesem Zweck erforderliche Schaffung eines Sozialversicherungsträgers, der rechtlich unabhängig und selbständig gegenüber Regierung und Behörden ist, konnte jedoch bis heute nicht in letzter Konsequenz durchgeführt werden. Derzeit existiert daher ein Übergangssystem, welches sowohl Organisationselemente staatlich verfügter Versorgung westlicher Prägung als auch Elemente staatlicher Sozialversorgung sozialistischer Prägung enthält. Träger der Sozialversicherung ist jeweils die nationale Sozialversicherungsbehörde, die über Sozialfonds die sozialen Leistungen bedient.

Im Vordergrund stand dabei die Einrichtung einer Arbeitslosenversicherung, deren Funktionalität in den einzelnen Ländern jedoch unterschiedlich ist.

Da in Polen[188] Arbeitslosigkeit bereits ein mehrere Jahre andauerndes Phänomen und die Bezugsdauer von Arbeitslosenunterstützung befristet ist, ging der Anteil der Arbeitslosen, die noch Unterstützung erhalten, in den letzten Jahren rapide zurück, nämlich von 79% im dritten Quartal 1991 über 79% im ersten Quartal 1992 und 47% im ersten Quartal 1993 auf 48% im vierten Quartal 1993. Die Arbeitslosenunterstützung betrug 1994 in den ersten drei Monaten 70% des vorherigen Lohnes, vom vierten bis neunten Monat 50%, ab dem zehnten Monat dann nur noch 40%. In der Regel wird über einen Zeitraum von zwölf Monaten Arbeitslosenunterstützung gezahlt; bei Konkursen und bei langjähriger Beschäftigung kann die Bezugsdauer auf maximal 24 Monate verlängert werden. Seit Dezember 1995 wird die Zahlung des Arbeitslosengeldes vom Durchschnittslohn entkoppelt; es wird einheitlich eine Zahlung von 260 Zloty pro Monat geleistet. Die Lohnfortzahlung im Krankheitsfall beträgt seit März 1995 80% des Lohnes im ersten Monat, ab dem zweiten Monat 100% Das Kindergeld beläuft sich auf 8% des Durchschnittslohns aller Arbeitnehmer. Die Krankenversicherung erfaßt zwar über 99% der gesamten Bevölkerung, der sie damit grundsätzlich Zugang zu Sachleistungen sichert. Die Qualität ist aber so mangelhaft, daß ohne private Zuzahlung eine ausreichende Versorgung nicht sichergestellt ist.

In Polen beträgt die – obendrein noch zu versteuernde – Rente ca. 70% des ehemaligen Nettoverdienstes. Die Rente setzt sich zusammen aus einer Grundrente in Höhe von 24% des Bruttodurchschnittslohns sowie einem Betrag, der von der

---

187 Gesellschaft für Versicherungswissenschaft und -gestaltung (Hrsg.): Litauen, in: Die Sozialversicherung in Mittel- und Osteuropa, Baden-Baden 1994, S. 241 f.

188 World Economic Research Institute, a.a.O., S. 261.

individuellen Beitragsdauer und der Einkommenshöhe abhängt. Da die Rentenanpassung nicht an die Entwicklung der Lebenshaltungskosten gekoppelt ist, sind hier bei anhaltender inflationistischer Tendenz erhebliche Belastungen für die Rentner zu erwarten. Weil die Einnahmen des Sozialversicherungsfonds längst nicht ausreichen, um die Kosten der Altersversorgung zu decken (1995 waren nur knapp 80% der Kosten gedeckt), leistet der Staat einen Zuschuß von 20% seines Gesamthaushalts zum Sozialfonds.[189] Rund ein Viertel der Bevölkerung erhält derzeit Leistungen aus der Altersversorgung.

In Litauen[190] erfolgt die Zahlung von Arbeitslosengeld ab dem achten Tag der Arbeitslosenmeldung. Bezugsberechtigt sind ausschließlich diejenigen Arbeitnehmer, die während der letzten drei Jahre mindestens 24 Monate Versicherungsbeiträge geleistet haben. Die Bezugsdauer ist auf sechs Monate begrenzt. Die Höhe der Unterstützung beträgt zunächst 70% der vormaligen Durchschnittsbezüge für die ersten beiden Monate, dann 60% für die nächsten beiden und 50% für die folgenden zwei Monate. Die Organisation des Gesundheitswesens hat sich im Vergleich zur Zeit vor der Transformation kaum verändert. Der Gesundheitsdienst wird nach wie vor zentral gesteuert, und dem Patienten steht als einziger Zugang zum Gesundheitssystem die jeweilige örtliche Poliklinik zur Verfügung, will er nicht die Kosten selbst tragen. Insoweit ist allenfalls eine Grundversorgung gewährleistet.

Die Rentenberechnung erfolgt auf der Grundlage eines monatlichen Durchschnittslohns, allerdings nicht bezogen auf die Lebensarbeitszeit. Die Rentner können wählen zwischen einer Rente in Höhe von 50% des monatlichen Durchschnittslohns der letzten zwölf Monate des Arbeitslebens oder einer Rente in Höhe eines monatlichen Durchschnittslohns von fünf aufeinanderfolgenden Jahren der letzten zehn Arbeitsjahre. Die mittlere Rente liegt derzeit bei ca. 52 DM. Die Unterhaltszahlungen des Staates im Sozialhilfefall beschränken sich auf ca. 22 DM monatlich[191] (in 1994). Den ständig steigenden Sozialkosten trägt der Staatshaushalt 1996 mit einer Erhöhung um 32% im Vergleich zum Jahre 1995 Rechnung. Auf den Sozialbereich entfallen derzeit über 50% des Staatshaushalts.

Insgesamt läßt sich konstatieren, daß insbesondere Arbeitslose durch die sozialen Sicherungssysteme nur unvollkommen abgesichert werden; die in der Regel relativ kurze Bezugsdauer und die degressive Staffelung des Arbeitslosengeldes in Polen bzw. Litauen sollen nach den ordnungspolitischen Vorstellungen der einzelnen Regierung mit dazu beitragen, die Eigeninitiative der Arbeitslosen zu för-

---

189 FAZ Informationsdienste (Hrsg.), Osteuropa Perspektiven Jahrbuch 1996/1997, Bd. 1, a.a.O., S. 72.

190 Boroch, W. / Lösch, D.: Litauen – Die Entwicklung der Wirtschafts- und Sozialpolitik IV, in: HWWA Institut für Wirtschaftsforschung-Hamburg (Hrsg.), Report Nr. 146/1994, Hamburg 1994, S. 66 f.

191 BFAI, Länderreport Litauen 1995, a.a.O., S. 8.

dern, und ein „Ausruhen in der sozialen Hängematte" verhindern. Klös kommt in diesem Zusammenhang zu dem Fazit:

> „In Anbetracht des ... Zeitbedarfs einer Revitalisierung der Arbeitsmärkte sind maximal 12 Monate Arbeitslosenunterstützung keineswegs komfortabel. Dies gilt schon allein deshalb, weil bei einem bis dato noch unterentwickeltem System der Arbeitsvermittlung eine längere Sucharbeitslosigkeit als in westeuropäischen Arbeitsmärkten zu erwarten ist."[192]

Akzeptabel und angemessen wäre die beschriebene harte Linie allenfalls dann, wenn durch aktive arbeitsmarktpolitische Maßnahmen Alternativen in hinreichendem Maße geboten würden. So erhalten zwar in Polen Weiterbildungsteilnehmer 70% des vorherigen Lohns als Unterstützungsleistung, allerdings werden derartige Kurse so gut wie nicht angeboten.

In Litauen bemüht sich die Regierung derzeit, die Initiative der Arbeitslosen zu fördern durch wahlweise Arbeitsvermittlung, Qualifizierungsmaßnahmen oder gar Existenzgründungshilfen. Sichtbare Auswirkungen sind indes noch nicht festzustellen.

Auch Rentner zählen eindeutig zu den Verlierern bei den angewandten Sozialsystemen, da die Renten häufig auf der Basis vormaliger, erheblich niedrigerer Gehälter berechnet werden und den steigenden Lebenshaltungskosten kaum oder doch nur ungenügend angepaßt werden.

3.5.4 Finanzierung der Sozialleistungen

Für die Unternehmen war die Einführung eines teilweise beitragsfinanzierten Systems der sozialen Sicherung einerseits mit erheblichen Lohnzusatzkosten verbunden, andererseits fand aber auch eine finanzielle Entlastung bei früher üblicherweise von den Unternehmen übernommenen Sozialkosten (z.B. Kinderbetreuung, Gesundheitsfürsorge) statt. Der Arbeitgebergesamtanteil zur Sozialversicherung lag dabei im Oktober 1995 bei 48,2% in Polen und bei 30% in Litauen. Diese vordergründig hohe Belastung der Unternehmen durch Sozialkosten beeinträchtigt indes die Wettbewerbs- und Entwicklungskosten von Unternehmen tatsächlich kaum. Aufgrund niedriger Nominallöhne führt ein hoher prozentualer Sozialkostenanteil in der Regel nicht zu einer übermäßigen Erhöhung der Lohnkosten. Die insgesamt geringen Lohnkosten in den beiden untersuchten Staaten gelten ja gerade als besonderer Wettbewerbsvorteil. Sozialkosten der Unternehmen können somit allenfalls die Wettbewerbsfähigkeit gegenüber Konkurrenten aus Osteuropa und den asiatischen Niedriglohnländern beeinträchtigen; im Vergleich zu den westeuropäischen Staaten sind die Standortvorteile jedoch unverkennbar. Auch eine Konzentration ausschließlich auf die Arbeitgeberanteile zur Sozialversicherung greift zu kurz. Wären nämlich die Arbeitnehmeranteile höher

192 Klös, H.P.: Osteuropas Arbeitsmärkte im Umbruch. Beiträge zur Wirtschafts- und Sozialpolitik Nr. 204, Köln 1992, S. 47.

als bisher, würde sich voraussichtlich an den gesamten Lohnkosten nur wenig ändern, da Sozialversicherungsbeiträge von Arbeitnehmern und Arbeitgebern insgesamt als Lohnzahlung zu verstehen sind. Vergleicht man die Höhe der Sozialabgaben mit denen westeuropäischer Industriestaaten, dann liegt die Gesamtsozialabgabenbelastung der ostmitteleuropäischen Länder zwar relativ hoch, aber nicht weit über der in den westeuropäischen Ländern. Ein weiterer wichtiger Aspekt ist der, daß die Sozialleistungen auch ein Element zur gesellschaftlichen Stabilisierung sind: Würden z.B. die Zahlungen bei Arbeitslosigkeit noch weiter eingeschränkt oder das Rentenniveau abgesenkt, käme es zu einem noch stärkeren Verlust an Kaufkraft, als er ohnehin schon in den vergangenen sechs Jahren zu verzeichnen war.

Die Tatsache, daß polnische Unternehmen die Höhe der Gesamtbeiträge – in Polen gibt es keine Arbeitnehmeranteile, in Litauen betragen diese 1% – zur Sozialversicherung als relativ unproblematisch einschätzen, dürfte u.a. damit zusammenhängen, daß die polnischen Unternehmen als ausgesprochen schlechte Beitragszahler gelten.[193]

Die Klagen der Unternehmer über zu hohe Sozialabgaben beziehen sich auf die Tatsache, daß es sich dabei um einen „ungeliebten" Kostenfaktor handelt, dessen Notwendigkeit und prinzipielle Berechtigung noch nicht allgemein übersehen und anerkannt werden (vgl. hierzu auch Kapitel 4.2.2.4 dieser Arbeit):

- Die Unternehmen wurden über Sozialversicherungsbeiträge zur Finanzierung von Sozialleistungen herangezogen[194], die mit dem Transformationsprozeß zusammenhängen und damit unter systematischen Gesichtspunkten eher über Steuern finanziert werden sollten. Dabei handelt es sich um die gleichen Überlegungen, die in Deutschland hinsichtlich der Finanzierung z.B. der Arbeitsmarktpolitik in den neuen Bundesländern angestellt werden. Neben der Arbeitsmarktpolitik gilt dieser Einwand auch für die Maßnahmen der vorzeitigen Berentung, um offene Arbeitslosigkeit zu vermeiden.
- Beide Länder haben mehr oder weniger große Schwierigkeiten, die gesetzlichen Beiträge auch einzuziehen. Insbesondere in Polen klagt man über die schlechte Zahlungsmoral[195]. Auch in Litauen bestehen viele Umgehungsmöglichkeiten, nicht zuletzt aufgrund des Fehlens eines in sich geschlossenen Regelwerks für die soziale Sicherheit. Diese Mißstände führen dazu, daß beitragsehrliche Unternehmen relativ stärker belastet werden.

Insgesamt ist festzustellen, daß die Sozialkosten der Unternehmen (Sozialversicherungsbeiträge) in den Reformstaaten tatsächlich relativ hoch sind; verglichen mit der Situation in den EU-Ländern liegen sie etwa im oberen Drittel. Da insge-

---

193 Lagemann et al., a.a.O., S. 76.

194 Lagemann et al., a.a.O., S. 74 ff.

195 Gesellschaft für Versicherungswissenschaft und -gestaltung, Litauen, in: Die Sozialversicherung in Mittel- und Osteuropa, a.a.O., S. 252.

samt die Lohnkosten[196] jedoch relativ niedrig sind, sind keine negativen Auswirkungen auf die internationale Konkurrenzfähigkeit – verglichen mit den westlichen Industrieländern – anzunehmen. Bezüglich des Ost-Handels dieser Länder können negative Effekte allerdings nicht ausgeschlossen werden. Ein entscheidendes Problem besteht längerfristig darin, das Beitragseinziehungsverfahren zu verbessern, damit nicht die Unternehmen wettbewerbsbenachteiligt werden, die ihren Verpflichtungen nachkommen und damit dringend benötigte Finanzmittel zur Verfügung stellen.

Bei der Analyse der Finanzierungsmechanismen der sozialen Sicherheit sind zwei zentrale Elemente zu beachten:

- der Grad der Selbstbeteiligung der Arbeitnehmer sowie
- die Trennung von beitrags- und steuerfinanzierten Aufgaben.

Soweit die Arbeitgeberanteile an der Sozialversicherung als Lohnbestandteil zu verstehen sind, ist es volkswirtschaftlich letztendlich gleich, ob der Arbeitgeber die Beiträge vollständig – wie in Polen – oder überwiegend – wie in Litauen – trägt oder ob Arbeitnehmer und Arbeitgeber den Betrag teilen. Trotzdem bestehen gravierende Bedenken gegen das Modell, bei dem die Abgaben vollständig oder überwiegend – wie es in beiden untersuchten Ländern der Fall ist – vom Arbeitgeber entrichtet werden, und zwar wegen der falschen Signalsetzung dieses Modells: Bei den Arbeitnehmern entsteht dann nämlich der Eindruck, diese Leistungen wären kostenfrei zu erhalten. Da genau dies in der Vergangenheit aufgrund der überwiegend staatlichen Finanzierung der Sozialpolitik bereits der Fall war, ist hier eine – kostenneutrale – Korrektur sinnvoll. Für eine tatsächliche Verlagerung von Sozialabgaben von Arbeitgebern auf Arbeitnehmer besteht dagegen aufgrund der insgesamt relativ geringen Reallöhne derzeit kaum Spielraum.

Daß bedingt durch den Transformationsprozeß der Bedarf an sozialpolitischen Interventionen zugenommen hat, führte mit dazu, daß die Belastung von Unternehmen bzw. Arbeitnehmern für Sozialversicherungsbeiträge subjektiv als hoch – weil „ungeliebter" Kostenfaktor – angesehen wird. Es stellt sich daher die Frage, ob nicht ein Teil dieser Kosten statt über Beiträge über Steuern zu finanzieren wäre. Zunächst sollen die Finanzierungsbedingungen in den einzelnen Ländern beschrieben werden.

In Polen[197] werden die Rentenversicherung, die Lohnfortzahlung im Krankheitsfall sowie die Arbeitslosenversicherung im wesentlichen durch Beiträge der Unternehmen finanziert (48,2% der Lohnsumme). Diese Beträge fließen zu 45% in einen Sozialversicherungsfonds und speisen z.B. Rentenzahlungen, zu 3% in

---

196 Vgl. ausführlich Kapitel 3.5.2.; durchschnittlicher Bruttolohn 1995: (Industrie) in Polen ca. 427,– DM, in Litauen ca. 256,– DM; der Mindestlohn betrug 1995 in Polen 138,– DM, in Litauen ca. 84,– DM, alle Angaben sind entnommen: BFAI, Wirtschaftsentwicklung Polen 1995, a.a.O., S. 9 bzw. BFAI, Wirtschaftsdaten aktuell – Litauen 1996, a.a.O., S. 2.

197 Gesellschaft für Versicherungswissenschaft und -gestaltung, Litauen, in: Die Sozialversicherung in Mittel- und Osteuropa, a.a.O., S. 250 f.

einen Sozialversicherungsfonds und speisen z.B. Rentenzahlungen, zu 3% in einen Arbeitsfonds zur Finanzierung von Arbeitslosengeld und zu 0,2% in einen Sonderfonds. Defizite werden durch Staatszuschuß aus Steuermitteln ausgeglichen. Die Krankenversicherung (Sachleistungen) ist steuerfinanziert. Das System gilt aber als uneffektiv; derzeit laufen Planungen hinsichtlich einer Umstellung auf eine Beitragsfinanzierung. In der Sozialhilfe verfügt Polen über ein auf lokaler Ebene angesiedeltes System der Mindestsicherung, die Finanzierung erfolgt aus Steuermitteln der Gebietskörperschaften. Das Kindergeld wird aus den Sozialversicherungsbeiträgen der Arbeitgeber – Sozialversicherungsfonds – gezahlt.

In Litauen[198] zahlen die Unternehmen einen Beitrag in Höhe von 30% und die Arbeitnehmer in Höhe von 1% der Lohnsumme in einen Sozialfonds ein. Dieser Sozialfonds wird weiter gespeist aus dem nahezu gesamten Lohnsteueraufkommen des Landes. Das gesamte Gesundheitswesen indes wird aus Steuermitteln finanziert. Aus dem Sozialfonds werden direkt oder indirekt alle sozialen Leistungen wie Rente, Sozialhilfe und Kindergeld gezahlt.

Im Jahre 1994 flossen 57% des Staatshaushalts in die Sozialversicherung, Sozialhilfe und Gesundheit.[199] Die Arbeitslosenunterstützung wird ebenfalls indirekt über einen aus dem Sozialfonds alimentierten Arbeitsfonds gespeist.

In beiden Staaten werden arbeitsmarktpolitische Maßnahmen also aus dem Beitragsaufkommen finanziert, ebenso wie beschäftigungspolitisch begründete Frühverrentungen, wobei der Staat jedoch eventuell auftretende Defizite in den Systemen ausgleicht. Da keine aktuellen Informationen über die Höhe dieser Zuschüsse vorliegen, läßt sich nicht abschätzen, in welchem Umfang tatsächlich die Beitragszahlungen zur Finanzierung von allgemeinen Aufgaben herangezogen werden. Daß insbesondere die Rentenversicherung erhebliche reformbedingte Lasten zu übernehmen hat, geht allerdings daraus hervor, daß z.B. in Polen zwischen 1990 und 1992 die Zahl der Rentenbezieher um 1,4 Mio. bzw. 20% und in Litauen zwischen 1988 und 1993 um 500.000 (bzw. ebenfalls 20%) gestiegen ist. Die ohnehin angespannte Finanzlage der Sozialfonds dürfte sich in den kommenden Jahren erheblich verschärfen, wenn nicht der bestimmungsfremden Belastung der Sozialversicherung – nämlich der Finanzierung arbeitsmarktpolitischer und beschäftigungspolitischer Maßnahmen – in beiden Reformstaaten ein Riegel vorgeschoben wird.

3.5.5 Funktion von Arbeitnehmer- und Arbeitgeberorganisationen

„Arbeitgeber-Arbeitnehmer-Beziehungen", also miteinander korrespondierende Arbeitsbeziehungen, sind für die ehemals sozialistischen Staaten Osteuropas noch relativ neue Konzepte, die erst eingeübt und getestet sein wollen.

---

198 Gesellschaft für Versicherungswissenschaft und -gestaltung, Litauen, in: Die Sozialversicherung in Mittel- und Osteuropa, a.a.O., S.262.

199 Pissulla, P., in: HWWA-Report 122/1993, a.a.O., S. 20 f.

Getreu der sozialistischen Ideologie konnte es keine Interessengegensätze oder -konflikte zwischen Arbeitnehmern, (staatlichen) Arbeitgebern und dem Staat geben. Daß diese Vorstellungen idealisierend – und damit wirklichkeitsfremd – waren und somit einer marktorientierten Wirtschaftsweise im Wege standen, wurde schon bei den Reformversuchen Polens in den 70er Jahren offensichtlich. Nach 1990 ergab sich aber auch in den anderen Reformstaaten die Notwendigkeit, derartige Beziehungen als Instrumentarium der sozialverträglichen Gestaltung des Transformationsprozesses zu installieren.

Damit diese Beziehungen funktionieren können, bedarf es gewisser Voraussetzungen:

- Trennung von Staat, Gewerkschaften und neu zu
- bildenden Arbeitgeberorganisationen,
- Trennung zwischen politischen Parteien und Tarifvertragsparteien,
- Aufhebung bestehender Beschränkungen für Kollektivverhandlungen; Gewährung einer mehr oder minder großzügigen Tarifautonomie,
- Anerkennung von Arbeitskämpfen als Mittel der Auseinandersetzung der Tarifparteien und gesetzliche Regelungen zur Durchführung
- Einbeziehung der Sozialpartner in marktwirtschaftliche Reformprozesse.

In der bisher verfügbaren Literatur zum Themenkomplex Transformationsprozeß wurden diese Fragestellungen trotz ihrer langfristigen Bedeutung für die wirtschaftliche Entwicklung und die soziale Stabilität kaum behandelt.

Generell läßt sich zum aktuellen Stand der Entwicklung von Arbeitsbeziehungen, Tarifvertragsstrukturen und trilateralen Abkommen feststellen, daß die Arbeitnehmerseite besser organisiert ist als die Arbeitgeberseite. Das Streikrecht und die prinzipielle Tarifautonomie sind in beiden Ländern geregelt, wobei allerdings beispielsweise in Polen auf Löhne, die bestimmte Grenzen überschreiten, Strafsteuern erhoben wurden bzw. werden. Kollektivverhandlungen finden in den großen Unternehmen vorwiegend auf der Betriebsebene statt. Nicht zuletzt aufgrund der Tatsache, daß ein erheblicher Teil der Unternehmen sich noch in Staatsbesitz befindet, wurden in beiden Ländern trilaterale Verhandlungsstrukturen zwischen Staat, Gewerkschaften und Arbeitgeberverbänden installiert.

In Polen ist nach wie vor die *Solidarność* mit ca. 2,5 Mio. Mitgliedern (Anfang der 80er Jahre 10 Mio.) stärkste Gewerkschaft. Daneben existiert die davon abgespaltene *Solidarność 80* mit etwa 1 Mio. Mitgliedern. Die ehemals staatsnahe Gewerkschaft OPZZ verweist zwar noch auf über 4,5 Mio. Mitglieder; es handelt sich dabei jedoch überwiegend um Rentner. Ein besonderes Problem der polnischen Gewerkschaften ist die enge Verflechtung mit den politischen Parteien, die auch heute noch bedingt wirksam ist. Erst persistierende soziale Konflikte führten z.B. zum Bruch zwischen *Solidarność* und der Regierungspartei. Neben den großen Gewerkschaften gibt es noch eine große Zahl kleinerer, auf Branchen- oder

Berufsebene organisierter Verbände. Man schätzt, daß in Polen ca. 60% aller Beschäftigten gewerkschaftlich organisiert sind.

Die Arbeitgeberfunktion nimmt in Polen u.a. die Landeskammer für Wirtschaft – KIG – wahr. Es handelt sich hierbei zwar um den Dachverband der Industrie- und Handelskammern, aber trotzdem ist die KIG noch sehr stark von den staatlichen Unternehmen geprägt. Aufgrund dieser „Staatslastigkeit" der Kammer kam es zur Gründung von unabhängigen Arbeitgeberverbänden durch Privatunternehmen. Der größte dieser Verbände ist der „Verband der Privatunternehmer". Insgesamt gesehen ist das Arbeitgeberlager noch weit davon entfernt, die für kollektive Tarifverhandlungen erforderlichen klaren Strukturen aufzuweisen.

Tarifverhandlungen nach deutschem Muster sind dementsprechend in Polen nur vereinzelt anzutreffen: Das System ist sehr disaggregiert, die Löhne werden überwiegend auf der Betriebsebene ausgehandelt.

In Litauen spielen bei der Vertretung von Arbeitgeberinteressen – ähnlich wie in Polen – die umstrukturierten Industrie- und Handelskammern eine zentrale Rolle, jedoch werden auch diese noch sehr stark von den staatlichen Unternehmen dominiert. Als Folge hiervon gründeten, wie in Polen, die privaten Unternehmen eigenständige Zusammenschlüsse. Neben der litauischen Industrie- und Handelskammer haben sich so eine Reihe von Verbänden etabliert, unter anderem die litauische Wirtschaftsvereinigung, die litauische Industrievereinigung, die Baltische Managementstiftung und der privatwirtschaftliche Verband litauischer Unternehmer. Arbeitgeberverbände nach westlichem Muster sind bisher noch nicht entstanden. Die aus der früheren sowjetischen Einheitsgewerkschaft entstandenen zwölf neuen Einzelgewerkschaften sind eher als schwach zu bewerten.

Sowohl in Polen als auch in Litauen ist die Mitgliedschaft der Unternehmer freiwillig: dadurch sind die Kammern wenig finanzstark und der sogenannte „Trittbrettfahrer"-Effekt wird gefördert, indem man andere zahlen läßt, von eventuellen Errungenschaften der Interessenvertretung aber gleichwohl profitiert.

3.5.6 Unterstützung des Reformprozesses durch die Bevölkerung

Grundsätzlich ist die Unterstützung und Akzeptanz durch die Bevölkerung nicht ausschließlich von der aktuellen Entwicklung geprägt, vielmehr sind auch Erwartungen für die Zukunft von entscheidender Bedeutung für die Dynamik des Transformationsprozesses. Daher kann man auch aus den Verarmungstendenzen in den Reformstaaten nicht unmittelbar ableiten, daß die Akzeptanz von seiten der Bevölkerung nachließe. Entscheidend ist vielmehr, wie weit der Vertrauensvorschuß in Fähigkeit und Glaubwürdigkeit der Politik und des wirtschaftlichen Systems trägt, ob der Glaube, daß die aktuellen Schwierigkeiten und Engpässe längerfristig überwunden werden, in der Bevölkerung stark genug ist, kurz, daß die Bevölkerung die Zukunft positiv bewertet und dem neuen Wirtschaftssystem vertraut.

Obwohl in Polen und in Litauen weite Kreise der Bevölkerung seit der politischen Wende drastische Einschnitte bei ihrem Lebensstandard hinnehmen mußten, scheint dennoch das Vertrauen in das demokratische System nach wie vor relativ hoch zu sein.

In Polen und Litauen wird der Transformationsprozeß mit all seinen ökonomischen Härten derzeit und wohl auch in Zukunft von einer klaren Mehrheit der Bevölkerung getragen; die Erfahrungen mit dem kommunistischen Regime und der Mangelwirtschaft im Sozialismus wirken so gründlich negativ nach, daß der demokratische Staat und die Marktwirtschaft als Ordnungsprinzip weitgehend akzeptiert werden (von ca. 80% der Bevölkerung). Die Tatsache, daß ernsthafte Alternativen zu dieser Wirtschaftsordnung im übrigen nicht in Sicht sind, wirkt sich wahrscheinlich positiv aus im klaren Bekenntnis zum einmal eingeschlagenen Weg. Der in beiden Ländern feststellbare zeitweilige Umschwung der politischen Meinung der Bürger hin zu den postkommunistischen Parteien weist zwar auf eine gewisse Unzufriedenheit der Bürger hin. Da jedoch auch die Nachfolgeparteien der Kommunisten an einer Verfolgung des eingeschlagenen Weges festhalten – wenn sie auch teilweise eine langsamere Gangart bei den Reformen präferieren zur besseren Abfederung von sozialen Härten während der Transformation –, kann das Wählerverhalten nur als Votum für diese Art und Weise der Reformumsetzung verstanden werden und nicht als Votum gegen die Reform.

Durchaus positiv bewertet wird die Tatsache, daß beide Länder nach Jahren der rückläufigen Wirtschaftsentwicklung nunmehr wieder ein Wachstum der Wirtschaft verzeichnen, und die Reallöhne steigen. Neben den materiellen Aspekten haben die Reformen zweifellos viele immaterielle Vorteile vermittelt oder Werte gesichert, wie persönliche und wirtschaftliche Freiheit, in Litauen die wiedererlangte nationale Souveränität des stolzen litauischen Volkes. Diese Werte gehen in die Beurteilung der subjektiven Nutzenfunktion eines Wirtschaftssubjekts ein und bewirken, daß trotz Senkung der materiellen Lebensverhältnisse die Bevölkerung durchaus ein erhöhtes Nutzenniveau erkennt und honoriert.

Während die Idee des demokratischen und bürgerlichen Staates mehr oder weniger auf breite Unterstützung stößt, bekommen Politiker und Parteien relativ schlechte Noten. Vertrauen in die politischen Institutionen Regierung, Parteien und Gewerkschaften haben in Polen 22 bzw. 8%, in Litauen nur 21 bzw. 20%.[200] Diese Bewertung hat indes vordergründig ihren Ursprung in zahlreichen machtpolitischen Kämpfen der verschiedenen Parteien und politischen Strömungen. Daneben wurden zahlreiche Unregelmäßigkeiten – insbesondere Korruption und Vorteilnahme – innerhalb der politischen Klasse aufgedeckt.

---

200 O.Verf.: Litauen – Moralische Krise nach dem wirtschaftlichen Aufschwung, in: Aktuelles Zeitgeschehen Informationsdienst, Siegburg 1996, S. 1 f., in: www.aziheister.com/april96/litauen.htm.

Eine Erklärung für die sehr starke Aversion der Litauer gegenüber dem alten Regime muß außerdem in den negativen Erfahrungen als nicht selbständiger Teil der ehemaligen Sowjetunion angesehen werden, die im Gegensatz zu Polen vor dem Jahre 1989 kaum Öffnungspolitik betrieben und der litauischen Entscheidungsautonomie sehr enge Grenzen gesetzt hat.

Eine latent vorhandene antidemokratische Grundhaltung in Polen darf nicht als Indikator dafür fehlinterpretiert werden, daß weite Kreise der Bevölkerung eine Rückkehr zu den alten Verhältnissen wünschten. Allerdings scheint der Ruf nach dem „starken Mann" im Sinne einer Präsidialherrschaft bei einer gewissen Parteien- und Politikverdrossenheit unverkennbar zu sein.

Sozialpolitische Maßnahmen zur Flankierung des Transformationsprozesses können hier ein Element der Stabilisierung sein.[201]

Ein Risiko für den Transformationsprozeß besteht vor allem dann, wenn es den Staaten nicht gelingt, durch das Knüpfen eines sozialen Netzes die Verarmungstendenzen zu stoppen. So vertreten 85%[202] der Polen die Auffassung, der Staat wäre für die Sicherung des Existenzminimums verantwortlich. Interessanterweise wird die Verantwortung für die Anpassungsschwierigkeiten und die sich verschärfende soziale Situation in erster Linie der Regierung angelastet. Das Bild der Unternehmen in der Öffentlichkeit ist weniger ungünstig. Für Litauen existiert kein exaktes Datenmaterial, es muß aber konstatiert werden, daß die Litauer sich eher in einer Art „Opferrolle" sehen – und damit auch den Staat verantwortlich machen –, als sich der polnischen Euphoriewelle anzuschließen.

3.5.7 Zusammenfassende Bewertung

Der Transformationsprozeß hat zunächst einen Rückgang der ökonomischen Aktivitäten mit sich gebracht, die Unternehmen wurden verstärkt dem Wettbewerb ausgesetzt; damit war aber auch die Beitragshöhe für steuer- und beitragsfinanzierte Sozialleistungen rückläufig. Die Lebensbedingungen der Bevölkerung haben sich vordergründig verschlechtert. Insbesondere auf dem Gebiet der aktiven Arbeitsmarktpolitik liegt eine Chance, den in aller Regel eher konsumtiven Charakter von Sozialtransfers mit Investitionen in das Humankapital zu verbinden. Ob die Reformstaaten auf Dauer ihr in der Regel extrem frühes Rentenzugangsalter, das auch arbeitsmarktpolitisch begründet ist, durchhalten können, ist fraglich. Auch hier wären unter Umständen neue Wege anzustreben, z.B. eine Kombination von Teilzeitarbeit und (Teil-)Rente. Generell besteht auf dem Gebiet der Sozialpolitik noch ein erheblicher Entwicklungsbedarf. Allein durch die Umstellung von Steuer- auf Beitragsfinanzierung werden die Probleme der Sicherungssysteme nicht zu bewältigen sein. Aufgrund der Finanzierungsschwierigkeiten der so-

201 Rose, R. / Haerpfer, C., a.a.O., S. 16 f.
202 Rose, R. / Haerpfer, C., a.a.O., S. 19.

zialen Sicherungssysteme bzw. bedingt durch die Tatsache, daß die Transferleistungen wegen der schlechten wirtschaftlichen Lage relativ niedrig sind, bestehen zur Zeit nur geringe Chancen, von einem Umlage- auf ein Kapitaldeckungsverfahren umzusteigen. Ein Kapitaldeckungsverfahren – z.B. in der Rentenversicherung – könnte zwar dazu beitragen, die Kapitalknappheit zu überwinden, würde aber wahrscheinlich für eine Reihe von Jahren die Staatshaushalte mit Ausgaben für die Rentenzahlungen überfordern. Dringend erforderlich erscheint jedoch eine grundlegende Reform und Umstrukturierung der Sozialversicherungssysteme. Polen hat hier erste Überlegungen angestellt und ein Drei-Säulen-Modell geplant, das die herkömmliche Umlagefinanzierung zugunsten starker privater Vorsorgeanreize reduziert. Die Umsetzung krankt indes an der derzeit schwierigen innenpolitischen Situation.

Es zeigt sich damit, daß die grundsätzlich akzeptierte Wirtschaftsreform noch auf schwachen Füßen steht.

Dabei muß Polen eine stabilere Position als Litauen konstatiert werden. Die nachhaltig positive wirtschaftliche Entwicklung Polens ist auf dem besten Wege, eine regelrechte Aufbruchstimmung in der Bevölkerung zu erzeugen und eine zunehmende Mehrheit profitiert von der insgesamt positiven Entwicklung. Die Euphorie überdeckt indes vielfach das gerade in ländlichen Gebieten latent vorhandene soziale Konfliktpotential.

Litauen fehlt trotz erster verhaltener wirtschaftlicher Erfolge dieses Potential an Euphorie offensichtlich. Man gewinnt den Eindruck, die Bevölkerung akzeptiert die Reformen als unausweichlich, aber auch sein Schicksal. Sollte die Zahl der Verlierer in den beiden Ländern indes zukünftig stark ansteigen, könnte die Stimmung schnell umschlagen. Die Sozialpolitik ist insoweit vorrangig gefordert.

3.6 Bildungspolitischer Rahmen

Mit dem Übergang der Staaten Ostmitteleuropas zu marktwirtschaftlich orientierten Systemen bedarf auch die Bildungspolitik, insbesondere für die Entwicklung mittelständischer Unternehmen, die berufliche Aus- und Weiterbildung sowie die Managementqualifizierung einer grundlegenden Wandlung. Die neuen Gewerbetreibenden, die Unternehmer sowie das Management bedürfen einer anderen Qualifikation als sie zu Zeiten einer Zentralverwaltungswirtschaft erforderlich war.

Aufgabe der Bildungspolitik ist es mithin, diese Umstellung einzuleiten und die für eine erfolgreiche Marktwirtschaft notwendigen Qualifizierungsmöglichkeiten dauerhaft bereitzustellen.

Die Ausgangslage für eine solche Umstellung bildet der Bildungsstand und Bildungsbegriff der Bevölkerung aus den Zeiten der Zentralverwaltungswirtschaft. Lagemann et al.[203] sehen die alten Bildungsstrukturen u.a. gekennzeichnet durch:

- eine vollständige Einbindung in das staatliche Lenkungs- und Leitungssystem; das heißt, private Anbieter von Qualifizierungsmöglichkeiten, zugeschnitten auf lokale berufliche Problemstellungen, gab es nicht;
- einen hohen Stellenwert der Allgemeinbildung und Ideologisierung der Berufsausbildung; das heißt eine Erziehung im Sinne der marxistisch-leninistischen Gesellschafts- und Wirtschaftsideologie;
- Ausrichtung der beruflichen Aus- und Weiterbildung auf Bedürfnisse der staatseigenen (Groß-)Industrie; das heißt, es fehlen jene Qualifikationen, die unternehmerische Eigeninitiative aufkommen lassen könnten;
- einen geringen Stellenwert von Managementqualifikationen wie Selbständigkeit, Planungskompetenz, Erschließung von Absatzmärkten usw.

Ein besonderes Problem dürfte die Ausrichtung der Ausbildung auf die neuen Käufermärkte und Dienstleistungsmärkte mit sich bringen. Entscheidend sind nicht mehr nur Kompetenzen, die auf die klassische Großindustrie, auf die Massenproduktion setzen, sondern Qualifikationen, die auf einen diversifizierten, Flexibilität und Einzelentscheidungen erfordernden Servicesektor zielen.

Vor dem Hintergrund der wichtigen Funktion der Qualifizierung des Humankapitals verwundert, daß insbesondere zur Aus- und Weiterbildung im mittelständischen unternehmerischen Sektor kaum Literatur und statistisches Material vorliegt. Vor diesem Hintergrund kann eine Betrachtung nur vorwiegend theoretisch erfolgen. Nur im Einzelfall können Schlußfolgerungen aus den vorhandenen Informationen gezogen werden. Dabei kann für Polen noch die Erfassung des Ist-Standes rudimentär erfolgen, während für Litauen nur sehr spärliche Informationen vorliegen, die eine fundierte Beurteilung nicht mehr gewährleisten.

In Polen sind zwei miteinander konkurrierende Gesetze für den Aus- und Weiterbildungssektor verantwortlich. Das Gesetz zum beruflichen Ausbildungssystem von 1961 regelt die Ausbildungskonzeption, Ziele und Schultypen sowie Abschlüsse. Im Zuge eines Bildungsreformgesetzes vom 25.10.1991 sollte eine weitgehende Neustrukturierung des gesamten Bildungsbereichs erfolgen. Aufgrund der Konkurrenz der Gesetze und einer bis heute wenig ausgereiften und von politischer Divergenz geprägten Bildungspolitik in Polen ist eine Reform bisher ausgeblieben. Diese allgemeine Leistungsschwäche des Bildungssystems zeigt sich in einer stetig wachsenden Zahl privater Anbieter, deren Qualifikation vielfach offenbleiben muß. Statistische Daten zu Teilnehmern, deren unternehmerischem Hintergrund oder Vorbildung sind nicht existent. Es ist daher kaum

203 Lagemann et al., a.a.O., S. 158.

möglich, eine Wirkung der vorhandenen Maßnahmen für mittelständische Unternehmen abzuleiten.

Unabhängig von anwendungsorientierten Lerninhalten eignet sich

> „... der Bereich der [schulischen] Erziehung und Bildung gut, um demokratische Inhalte und Strukturen innerhalb einer Bevölkerung langfristig zu etablieren. Durch eine kontinuierliche Übermittlung können diese Inhalte und Strukturen zu einem festen Bestandteil einer politischen Tradition werden"[204].

Voraussetzung dafür ist aber – selbstredend –, daß Bildung bzw. ein regelmäßiger Schulbesuch stattfindet. In Litauen, aber auch in Polen, gestaltet sich dies nicht immer unproblematisch, besonders in ländlichen Regionen. Hier werden die Kinder nur zu oft aus familiär-existenzieller Not auf dem Feld als notwendige, kostenlose Arbeitskräfte eingesetzt und so der Schule ferngehalten. Die generelle Situation der Landbevölkerung – mit mangelhaftem Gesundheitsstatus und in teils ärmlichsten Verhältnissen lebend – läßt einen geregelten Schulbesuch oftmals nicht zu.[205]

3.6.1 Mobilisierung und Förderung des unternehmerischen Potentials

Keimzellen eines neuen Verständnisses bilden die neuen Unternehmer und Manager. Ihre Ausbildung ist daher besonders zu forcieren. Nicht zuletzt die Konkurrenz mit den Managern der Firmen, die aus der westlichen Marktwirtschaft in die Länder Polen und Litauen streben, macht ein rasches Handeln in der Bildungspolitik notwendig.

Auch wenn unterstellt werden darf, daß innerhalb der zahlreichen Joint Ventures Möglichkeiten bestehen, angeleitet und im Schutz des marktwirtschaftlichen Mantels der erfahrenen westlichen Manager rasch die neuen Spielregeln zu erlernen, so hängt der Erfolg der übrigen privatwirtschaftlichen Initiativen von einer nachhaltigen Umorientierung der Qualifikation ab.

Zu diesem Zweck haben sowohl die Regierungen Polens und Litauens als auch die EU Förderprogramme vorgelegt. Hinzu kommt eine – teilweise – Auflösung der staatlichen Weiterbildungseinrichtungen sowie die Entstehung eines privaten Weiterbildungsmarktes. Letzterer macht überwiegend lokale Weiterbildungsangebote an die mittelständischen Unternehmer und Führungskräfte in den Bereichen Management, EDV, Buchhaltung und Fremdsprachen.

Es steht zu erwarten, daß trotz einer jahrzehntelangen Ideologisierung relativ rasch ein Umdenken und eine Neuqualifizierung – in erheblichem Maße auch in Eigeninitiative – erfolgt: Nicht zuletzt der jeweilige wirtschaftliche und berufli-

---

204 Ryssel, G., a.a.O., S. 333.

205 United Nations Development Programme: Lithuanian Human Development Report 1996, a.a.O., Chapt. 7, S. 12.

che Erfolg wird in positiver Rückkopplung an die Lernbereitschaft und an die Auflegung staatlicher Bildungsprogramme die neuen Spielregeln etablieren.

3.6.2 Berufliche Erstausbildung

Die berufliche Erstausbildung in Polen und in Litauen orientierte sich zu Zeiten der Planwirtschaft an den Bedürfnissen der Groß- und Agrarindustrie resp. der industriellen Massenproduktion.

Kurzfristig wohl kaum zu erreichen, mittelfristig jedoch ein unabdingbares Ziel der Erstausbildung ist die Deckung des durch die aufstrebenden kleineren und mittleren Betriebe formulierten Bedarfs. Neue Ausbildungsstrukturen müssen sich also daran messen lassen, wie rasch und wie gut es ihnen gelingt, diesem Bedarf gerecht zu werden.

Eine der elegantesten Möglichkeiten ist die innerbetriebliche Ausbildung. Sie garantiert, daß deckungsgleich mit den Erfordernissen qualifiziert wird. Voraussetzung dafür ist jedoch erstens eine staatliche Regelung bezüglich der Inhalte und der Anerkennung der Ausbildung sowie zweitens die betriebliche Bereitschaft, in Lehrwerkstätten etc. zu investieren. Das ist eine Koordinationsaufgabe, die nicht ohne weiteres gelingt.

Polen liefert ein Beispiel dafür, wie schwierig diese Aufgabe ist. Das berufliche Bildungssystem ist zersplittert in eine duale Ausbildung im Handwerk, in betriebliche und staatliche Berufsschulen, die ausschließlich schulische Lerninhalte ohne praktischen Bezug vermitteln, sowie gekennzeichnet durch ein zunehmendes Angebot privater Anbieter, die von Defiziten betrieblicher und staatlicher Bildungsträger profitieren. Die Lerninhalte jedoch können in allen Fällen als überwiegend veraltet und wenig praxisnah betrachtet werden.[206]

Überdies scheuen sich Handwerk und Industrie, größere Investitionen in Ausbildungsbereiche zu tätigen.

Das Grundproblem bildet offenbar die große Zeitdifferenz zwischen Vorfinanzierung qualifizierter Mitarbeiter und dem – je nach Ausbildungslänge – wesentlich späteren Nutzen sowie die Frage nach geeigneten, langfristig verbindlichen und brauchbaren Lerninhalten; Kapital ist knapp und ebenso die Erfahrungen damit, was in einem neuen Wirtschaftssystem tatsächlich an Kompetenzen benötigt wird.

Praxisorientierte Ausbildung fällt daher schwer. Zwar ist unmittelbar einsichtig, daß in Zeiten der Transformation auf staatliche Angebote einer Erstausbildung im Rahmen staatlicher oder betrieblicher Berufsschulen nicht ohne weiteres verzichtet werden kann. Mittelfristig jedoch muß es das dringliche Ziel der Bildungspoli-

---

206 Lagemann et al., a.a.O., S. 168, und Zielinska, K.: Das Berufsbildungswesen in Polen zwischen status quo und Reform. Unveröffentliches Manuskript, Poznan 1992 (zitiert nach Lagemann et al.), S. 168.

tik sein, die Wirtschaft stärker in die Pflicht zu nehmen, einen Beitrag zur praxisnahen Ausbildung des eigenen Humankapitals zu leisten. Bis dies gelingt, sollten die staatlichen Angebote der schulischen Berufsausbildungsformen dringend um berufspraktische Inhalte unter Modernisierung der Lehrmittel erweitert werden.

3.6.3 Berufliche Fort- und Weiterbildung

Im Sozialismus war „berufliche Weiterbildung“ gleichbedeutend mit Qualifizierung innerhalb des beruflichen Schulsystems und in betrieblichen Akademien und Betriebsberufsschulen, wobei neben den fachspezifischen Kenntnissen auch der Behandlung gesellschaftspolitischer Themenbereiche großzügig Raum zugestanden wurde. Betriebsnahe Weiterbildungsstätten sollten auf die berufliche Grundbildung aufbauen – eine Grundbildung, die nur zu oft verschult und recht lückenhaft vermittelt wurde und damit die künftigen Arbeitnehmer nur unzureichend qualifizierte.

Auch nach der Systemtransformation fungierten die Weiterbildungsstätten in gewohnter Manier, wenngleich die Finanzierung – getragen von Betrieben und Gebietskörperschaften – sich zunehmend schwieriger gestaltete. Von den als „unproduktiv“[207] eingeschätzten Weiterbildungseinrichtungen trennten sich die Betriebe gänzlich oder ließen sie nur noch auf Sparflamme weiteragieren, während gleichzeitig ein staatliches Netz von Angeboten noch nicht hinreichend ausgebaut war. Die wenigen vorhandenen Angebote an Weiterbildung orientierten sich vorwiegend an den Belangen der Großindustrie.

Dadurch konnten sich neben den staatlichen Trägern von Weiterbildung mühelos private auf dem Markt etablieren, die mit den von ihnen eingerichteten Managementkursen zwar das Defizit quantitativ auffingen; die Qualität der Kurse ließ jedoch – aufgrund fehlender nachzuweisender Qualifikation – des öfteren zu wünschen übrig.

Bis die qualitativ anspruchsvollen Kurse die leistungsschwachen vom Markt verdrängt haben werden, müssen die kleineren und mittleren Betriebe sich nolens volens mit der Fülle von größtenteils minderwertigen Kursen privater Anbieter arrangieren.

Und daß mangelnde Qualifikation beim Aufbau der die Rahmenbedingungen konstituierenden makroökonomischen Institutionen – Zentralbank, Wirtschafts- und Finanzverwaltung, Bankenaufsicht- oder Kartellbehörde und der für die Durchführung der Privatisierung verantwortlichen behördlichen Instanzen – mehr denn hinderlich ist, belegt folgende Deskription des Ist-Zustands (1994) in Litauen:

> „Zur Wahrnehmung der Aufgaben all dieser Institutionen sind Qualifikationen erforderlich, die unter planwirtschaftlichen Verhältnissen nicht erworben werden konnten. Daraus resultieren gravierende Probleme bei der Rekrutierung des Personals, um so mehr als diejenigen,

---

207 Lagemann et al., a.a.O., S. 164.

die über Einstellung oder Umsetzung entscheiden, meist selbst dafür nur unzureichend qualifiziert sind und Qualifikationskriterien nicht selten weit weniger ins Gewicht fallen als die politische Einstellung oder Beziehungen."[208]

Dadurch entfalten auch unqualifizierte Mitarbeiter einen gewissen Aktionismus, der über ihre mangelnde Qualifikation hinwegtäuscht und der Beobachtern fälschlicherweise den Eindruck von intakten Strukturen vermitteln kann, während in Wirklichkeit äußerst mittelmäßig – oder teilweise sogar disfunktional – agiert wird.[209]

Im Januar 1995 schreibt die Bundesstelle für Außenhandelsinformation immerhin, daß für Wiedereinstieg und Qualifizierung im Berufsleben große Anstrengungen in Umschulungs- und Qualifizierungszentren unternommen werden mit dem Schwerpunkt Förderung der Eigeninitiative, Selbständigkeit, Geschäftsideen und Marktlücken[210].

3.6.4 Weiterbildung als arbeitsmarktpolitisches Instrument

Berufliche Qualifikation schafft einen Wettbewerbsvorteil gegenüber den Mitbewerbern. Damit gewinnt die berufliche Weiterbildung besonders in Zeiten hoher Arbeitslosigkeit an Bedeutung, da die zusätzliche Qualifikation die Chancen des Arbeitsuchenden um ein Vielfaches vergrößert.

Gleichzeitig bedingen die Finanzprobleme in den Reformstaaten die geringe Bedeutung, die arbeitsmarktpolitischen Qualifikationsmaßnahmen dennoch nur beigemessen wird.

So haben beispielsweise in Polen weniger als 2% der Arbeitslosen an Umschulungs- und/oder Weiterbildungsmaßnahmen teilgenommen, was für den mittelständischen Unternehmer bedeutet, daß er kaum auf Potential an weitergebildeten Arbeitern zurückgreifen kann. Zwar haben Polen und Litauen zumindest den Versuch unternommen, durch die Verlagerung von passiven Leistungen an Arbeitslose auf aktive arbeitspolitische Instrumente Akzente zu setzen (vgl. auch Kapitel 3.3.7). Konkrete Erfolge können jedoch nicht festgestellt werden.

Ein weiterer Unsicherheitsfaktor liegt in der Unklarheit dahingehend, in welche Richtung eine regionale Wirtschaftsstruktur steuert und welche Qualifikationen von daher benötigt und welche eher zweitrangig sind. Diese vorherrschende Unsicherheit und die daraus resultierende abwartende Haltung läßt sich in vielen Gesellschaften im Umbruch ausmachen (vgl. die Entwicklung in den neuen Bundesländern).

Auch gilt es, sich von alttradierten Berufsbildern zu lösen und die Bildungsinhalte – bisher starr und eingeschränkt – eher in Richtung einer fachübergreifenden Qua-

208 Lösch, D., in: HWWA-Report 136/1994, a.a.O., S. 13.
209 Lösch, D., in: HWWA-Report 136/1994, a.a.O., S. 13.
210 BFAI, Länderreport Litauen 1995, a.a.O., S. 8.

lifikation auszuweiten. Dies gewährt neben einer weitgefächerten Qualifikation auch einen weitaus vielfältigeren Einsatz der Umgeschulten, im Idealfall sogar branchenübergreifend.

3.6.5 Qualifizierung der Führungskräfte

Der Terminus „Management" wird in unterschiedlichen Gesellschaften und Volkswirtschaften auch unterschiedlich rezipiert. Bezogen auf eine sozialistische Volkswirtschaft heißt das, daß der Manager nicht nur für das ihm unterstellte Unternehmen verantwortlich zeichnet, sondern daß er gesamtgesellschaftlich verantwortlich ist. Das impliziert aber auch, daß betriebliche Leistung nicht nur auf ökonomische Ziele reduziert wird – im Sinne von Profitmaximierung, Bewerkstelligen von Führungs- und Planungsaufgaben –, sondern daß in diese betriebliche Leistung eine politische Aufgabe integriert ist. Damit ist es in einer sozialistischen Volkswirtschaft nicht erklärtes Ziel des Managers, überwiegend einzelwirtschaftlich zu denken und zu agieren: erklärtes Ziel ist die Sicherung und Wahrung der Gesamtwirtschaft. Um das sicherzustellen, wird in einer sozialistischen Volkswirtschaft ein Manager in die Staats- und Betriebshierarchie gleichsam eingebunden, was seine Machtposition verstärkt.

Auf dem Weg von der Plan- zur Marktwirtschaft muß sich das Berufsbild des Managers ändern. Bei der Schulung der Manager in den neuen Marktwirtschaften geht es also fortan weniger um die Vermittlung von kognitivem Wissen und um das Erlernen gewisser Fertigkeiten: Ziel muß sein, eingeschliffene Verhaltensmuster zu ändern. Neben Fachkompetenz sind Führungsverhalten und das Wissen um Marktstrategien zwingende Lerninhalte für den Manager von morgen.

Die Effizienz der Managementqualifizierung könnte darunter leiden, daß sowohl die Unternehmen als auch die Führungskräfte immer noch bestimmte Themenbereiche favorisieren (beispielsweise Steuern, Recht) und dafür andere, äußerst gewichtige Themenkomplexe (beispielsweise Marketing, Finanzierung) zurückstellen oder gar gänzlich vernachlässigen. Hier ist Umdenken zwingend notwendig, wenn die neuen Manager – und damit die ihnen unterstellten Betriebe – konkurrenzfähig sein sollen.

Das Angebot in Polen für die Aus- und Weiterbildung von Managern kann im Vergleich zu anderen ostmitteleuropäischen Ländern als das bei weitem umfassendste angesehen werden. So wurden die von Gebietskörperschaften, Kammern, Unternehmer- und Wirtschaftsverbänden getragenen Schulungseinrichtungen 1993 in Polen von 250.000 Teilnehmern frequentiert.[211] Daneben bieten staatliche und private Hoch- und Managementschulen Ausbildungen an.

Eine Aussage über die Leistungsfähigkeit und Defizite der einzelnen Maßnahmen ist indes aufgrund der großen Anzahl der Anbieter und deren Organisationsvielfalt

---

211 Lagemann et al., a.a.O., S. 173.

kaum möglich. Ebenso existieren keinerlei statistische Daten zu Teilnehmerzahlen, deren unternehmerischem Hintergrund oder den Auswirkungen der Maßnahmen.

3.6.6 Zusammenfassende Bewertung

Die Einführung der Marktwirtschaft stellt die betroffenen Staaten im Bildungsbereich vor große Herausforderungen und bietet zugleich Chancen.

Die überkommenen, am System der zentralen Planwirtschaft orientierten Bildungsformen gilt es schnell zu ersetzen, um ein leistungsstarkes, gebildetes Humankapital zu schaffen, das den veränderten Erfordernissen Rechnung trägt. Für die mittelständischen Unternehmen bedeutet dies in erster Linie, die Berufsbildungssysteme am Arbeitskräftebedarf der expandierenden kleinen und mittleren Unternehmen auszurichten. In den Ländern Polen und Litauen ist dies nur höchst ansatzweise gelungen. Noch zu stark treten die strukturellen Probleme der Reformstaaten in den Vordergrund.

Erheblich beeinträchtigt wird die Transformation der Aus- und Weiterbildungssysteme durch folgende Schwierigkeiten:

- Aufspaltung der Verantwortung auf mehrere Institutionen (z.B. Zuständigkeit des Bildungsministeriums für Theorieteile der Ausbildung und Zuständigkeit der Wirtschafts- bzw. Branchenminister für die praktische Ausbildung) und damit erhebliche Koordinationsprobleme durch Kompetenzzersplitterung;
- Fehlen einer Betreuung durch ein zentrales Weiterbildungsinstitut;[212]
- fehlende Anpassung von Bildungsmethoden und Mitteln; überholte Lehrkonzepte, die den technischen Fortschritt ebenso vernachlässigen wie pädagogische Erkenntnisse; noch zu starkes Dominieren der allgemeinbildenden Inhalte;
- überholte und überalterte Lehrmittel (z.B. maschinelle Ausstattung von Lehrwerkstätten);
- feststellbare Orientierungslosigkeit in den Untersuchungsländern bezüglich der zu implementierenden Bildungssysteme aufgrund erheblicher Verharrungstendenzen in den alten Strukturen, insbesondere in der allgemeinen Verwaltung.

Für die polnische Bildungspolitik formuliert Steiner-Jordan noch 1995 treffend:

> „Wie schon in den Jahren zuvor proklamierte das Bildungsministerium in erster Linie die Modernisierung des bestehenden beruflichen Schulwesens ... und die Verbesserung der Bedingungen für die berufspraktische Ausbildung, ein Ziel, das auch eine engere Zusammenarbeit mit den Partnern aus der Wirtschaft impliziert. Die Wege, auf denen diese kardinalen Probleme der polnischen Berufsbildung angegangen werden könnte, werden trotz aller Dringlichkeit weder in den ... Reformvorhaben noch in den regelmäßigen Verlautba-

212 Das Einrichten eines zentralen Weiterbildungsinstituts mag als Rückfall in zentral organisierte Zeiten (miß)gedeutet werden: In Wahrheit ist – zumindest für eine erste Übergangsphase – eine solche zentrale Überwachung aber wünschenswert (wie z.B. auch im Rahmen des PHARE-Programms in der Tschechischen Republik).

> rungen des Bildungsministeriums aufgezeigt. ... Ob und wie die Bildungsreform im allgemeinen und im besonderen gestaltet werden soll, zeichnet sich noch nicht ab. Eine auch nur partiell erfolgreiche Bildungsreform könnte die Funktionsfähigkeit einer sich formierenden Marktwirtschaft begünstigen und damit einen Faktor für den Erfolg des gesamten gesellschaftlichen Wandels in Polen bilden."[213]

Vor dem Hintergrund der Bedeutung einer Humankapitalentwicklung für den Reformprozeß bleibt die eklatante Unterrepräsentation dieses Themenbereichs in der Literatur kaum nachvollziehbar.

Die sich durch den Bereich der (schulischen) Erziehung und Bildung bietende Chance, auf einfache Weise demokratische Inhalte und Strukturen innerhalb einer Bevölkerung langfristig zu etablieren, wird offenbar in den untersuchten Ländern entweder nicht erkannt, oder ihr wird ein untergeordneter Stellenwert beigemessen.

213 Steiner-Jordan, S.: Die Reform der beruflichen Bildung in Polen seit 1989, Münster und New York 1995, S. 212.

4. Mittelstandspolitik

4.1 Aufgaben der Mittelstandspolitik

Mittelstandspolitik stellt sich in der wirtschaftspolitischen Praxis im wesentlichen als Summe einer Vielzahl von Einzelmaßnahmen zur Förderung privater Unternehmen dar. Da eine Fördermaßnahme nie losgelöst betrachtet werden kann vom wirtschaftlichen Gesamtgefüge, in das sie ja verändernd eingreift, muß eine Mittelstandspolitik wohlkonzipiert und subtil Vor- und Nachteile aller am Marktgeschehen Involvierten erkennen und berücksichtigen. Aufgabe der Politik soll es letztlich sein, das große Potential, welches der Privatinitiative innewohnt, zu mobilisieren. Dazu ist die Entwicklung und Umsetzung eines breiten und leistungsfähigen förderpolitischen Instrumentariums zugunsten der mittelständischen Unternehmen unter den besonderen Umständen der jungen Marktwirtschaft notwendig.

„Bis zur Formulierung und Umsetzung einer kohärenten Mittelstandspolitik (...) ist offenbar noch ein weiter Weg zurückzulegen“[1]; die wesentlichen Aufgaben, die eine ausgewogene Mittelstands- oder Strukturpolitik erfüllen sollten, sind

- Erhaltung mittelständischer Strukturen,
- Ausgleich ungerechter[2] unternehmensgrößenbedingter Wettbewerbsnachteile,
- Schaffung günstiger Bedingungen für ein kontinuierliches Nachwachsen kleiner Unternehmen,
- Wettbewerbs- und ordnungspolitische Institutionen, die die Rahmenbedingungen für mittelständische Unternehmen verbessern.

4.1.1 Mittelstand in der konzeptionellen Planung der Regierungen

Nachdem die Grundlagen einer Marktwirtschaft gelegt sind, formiert sich in den untersuchten Ländern eine Mittelstandspolitik. Die prinzipiell große Bedeutung der kleinen und mittleren Unternehmen wird in den untersuchten Ländern sehr wohl erkannt[3], auch wird das immer noch vorhandene Übergewicht der großen Betriebe und Unternehmen als struktureller Mangel begriffen. Daher sind in Polen und Litauen eine Reihe von Einzelprogrammen zur Förderung mittelständischer Unternehmen aufgelegt worden.

---

1 Lagemann et al., a.a.O., S. 87.

2 Es bleibt stets diskutabel, wie weit (Mittelstands-)Politik regelnd eingreifen darf bzw. soll oder gar muß. Oberstes Ziel muß sein, prosperierende Unternehmen zu schützen und zu fördern, marode und unrentable hingegen nicht mit – in diesem Fall überflüssigen – Subventionen zu kultivieren.

3 Lagemann et al., a.a.O., S. 88.

In Anerkennung der Bedeutung von Koordinierung sind bei den entsprechenden Ministerien Mittelstandsabteilungen[4] eingerichtet worden, die die Regierungen beraten sollen hinsichtlich einer kohärenten Mittelstandspolitik, hinsichtlich des Ausbaus der mittelständischen Infrastruktur und der Koordinierung nationaler und internationaler Förderprogramme. Die untersuchten Länder haben somit die Förderaktivität institutionell koordiniert. Diese Mittelstandsabteilungen sind kleine Einrichtungen mit begrenztem Personalstab (die Bildung einer schlagkräftigen und unabhängigen Einheit unter der Regierung Suchocka in Polen blieb ein vorübergehendes Experiment, dem durch den Regierungswechsel im Jahre 1993 der Boden für die weitere institutionelle Umsetzung entzogen wurde), denen es noch an der breitenwirkungsvollen Akzeptanz von seiten der anderen Abteilungen mangelt, die die Mittelstandsabteilungen bislang oftmals als überflüssige Einrichtung belächeln. Dies um so mehr, da Mittelstandsförderung nur zu oft als zweitrangig eingestuft wird.[5] Die Einflußnahme der Mittelstandsabteilungen auf die für mittelständische Unternehmen relevanten Politikfelder gestaltet sich somit als schwierig. Insbesondere tragen sowohl in Polen als auch in Litauen interministerielle Abstimmungsschwierigkeiten und starke Lobbies der ehemaligen Staatswirtschaft dazu bei, daß die Mittelstandsförderung im Vergleich zu anderen in Verbindung zur Transformation stehenden Politikbereichen noch immer zweitrangige Bedeutung zu haben scheint. Verwiesen sei hier auf die Prioritätensetzung insbesondere für Maßnahmen zur sozialen Abfederung des Transformationsprozesses, die durch eine hohe Mittelbindung die Unterstützungsmöglichkeit für die Entwicklung mittelständischer Strukturen erheblich einschränkt.[6] Weiter werden die finanziellen Spielräume auch durch Subventionsmentalität zugunsten der ehemals oder noch staatlichen Betriebe begrenzt.

So sind in der Praxis die Pakete von Einzelmaßnahmen zur Förderung des unternehmerischen Mittelstandes oftmals wenig koordiniert, in ihrer Zusammenstellung eher zufällig, mit Lücken einerseits, Überschneidungen und Überlappungen andererseits. Ebenso ist bei der Konzeption dieser Förderpakete die Sichtweise oft auf eine rein finanzielle Förderung der mittelständischen Unternehmen verengt. Die grundlegende Bedeutung der Förderung der allgemeinen wirtschaftlichen Rahmenbedingungen als flankierende Maßnahme – die allein schon viel vom Potential der Privatinitiative freisetzen könnte – für das Prosperieren eines Mittelstandes wird dabei zu wenig beachtet.

Positiv ist das sehr stark gewachsene Interesse der Forschung in den Reformstaaten an mittelständischen Strukturen und an deren Förderung in westlichen Industrieländern.

---

4 Lagemann et al., a.a.O., S. 87.
5 Lagemann et al., a.a.O., S. 101.
6 Lagemann et al., a.a.O., S. 101.

Dennoch ist das tatsächliche Agieren bisher eher kurzatmig und nicht von stringenten Konzepten bestimmt; eine kohärente Mittelstandspolitik ist weder in Polen noch in Litauen erkennbar.

4.1.2 Prioritäten der Mittelstandspolitik

Die Frage einer Prioritätensetzung der Mittelstandspolitik ist vor dem Hintergrund der Rolle der privaten Unternehmen – und hier speziell der mittelständischen Unternehmen – beim Aufbau der jungen Marktwirtschaften zu sehen.

Die privaten Unternehmen haben am ehesten die Chance, den Entwicklungsrückstand zu Westeuropa aufzuholen, wenn eine einheimische Unternehmerschicht entsteht, welche den Volkswirtschaften der untersuchten Staaten die nötige Dynamik verleihen kann. Diese wiederum kann sich nur dann entfalten, wenn die jungen Unternehmen oder potentielle Gründer ein günstiges institutionelles und wirtschaftliches Umfeld vorfinden.

Noch fehlt den jungen Marktwirtschaften eine kohärente Strategie einer Mittelstandspolitik, die auch eine klare Prioritätensetzung beinhaltet. Nachteilig wirkt sich die Verengung der Sicht auf individualorientierte und finanzorientierte Förderprogramme aus; zum einen sind in einer so komplexen Umbruchsituation solche sehr viel einfacher planbar, zum anderen stellen sie auch eine rasche Befriedigung von Forderungen aus dem Unternehmerlager dar. Diese enge Sichtweise birgt in sich die Gefahr des Subventionismus.

Für beide untersuchten Länder gilt, daß die Gestaltung der wirtschaftlich-institutionellen Rahmenbedingungen die essentielle Grundlage für eine effektive Mittelstandsförderung ist.

- Wenn auch ein neuer Rechts- und Verordnungsrahmen schon geschaffen ist, tut eine konsequente Umsetzung in die Praxis not mit all den sie begleitenden Aspekten (wie z.B. Stärkung der Exekutive und Fortbildung der beteiligten Akteure).
- Der Verwaltungsapparat stammt im wesentlichen noch aus den Zeiten des alten Systems mit den entsprechenden Verhaltens- und Arbeitsmustern. Effizienzsteigerung der Behörden – im Sinne eines Selbstverständnisses als Dienstleistungsbetrieb –, weniger Bürokratie und mehr Transparenz sind für effektive, reibungsfreie Abläufe unabdingbar.
- Korruption war im alten System eine Plage, und auch nach der Transformation hat sie in manchen Bereichen kritische Ausmaße erreicht für die ungehinderte Entfaltung der privaten Wirtschaft[7].
- Abbau der Subventionen für die großen Betriebe – staatlich oder privat.

7 O.Verf.: Keine weiteren Ermittlungen gegen Jaruzelski, in: Neue Zürcher Zeitung Nr. 37, a.a.O., S. 2.

- Abbau der staatlichen Machtstrukturen in den ehemals staatlichen Großbetrieben, die monopolartige Marktstrukturen zu perpetuieren helfen und die Marktteilnehmer diskriminieren, die außerhalb dieser staatlichen Protektion stehen.
- Die neue Steuergesetzgebung muß langfristig überprüft und auf die Bedürfnisse des unternehmerischen Mittelstandes Rücksicht nehmen.
- Auch wenn es primär eine Aufgabe der mittelständischen Wirtschaft selbst ist, maßgebliche institutionelle Infrastrukturen wie das Kammerwesen auf- und auszubauen, ist es eine prioritäre Aufgabe der mittelständischen Wirtschaftsförderung, hier unterstützend einzugreifen.
- Ein letzter Punkt muß die Förderung der Infrastruktur und der Bildungs- und Fortbildungsinfrastruktur sein.

Ohne diesen allgemeinen Rahmen geht Wirtschaftsförderung im wesentlichen ins Leere. Die in den untersuchten Ländern auf Politikebene gerne geäußerte Weisheit: „Der Mittelstand entwickelt sich am besten ohne staatliche Fürsorge“, kann nur dann wahr sein, wenn die Rahmenbedingungen für ein Prosperieren des Mittelstandes stimmen.

4.1.3 Wettbewerbspolitik

Auf die Bedeutung des Wettbewerbs für die Entwicklung einer Volkswirtschaft und als wesentliche Säule der Marktwirtschaft wurde in Kapitel 3.3.6 hingewiesen.

Aufgabe einer Regierung muß es sein – zur Förderung eines gesunden Mittelstandes – Wettbewerbsbedingungen zu schaffen und über ihre Einhaltung zu wachen und monopolartige Marktstrukturen aufzubrechen bzw. ihre Entstehung zu verhindern.

Das generelle Ziel des Transformationsprozesses formuliert der Außenminister der BRD, Klaus Kinkel, für zehn osteuropäische Reformstaaten vom Baltikum bis Ungarn in bezug auf ihren möglichen Beitritt zur Europäischen Union so:

> „Eine stabile demokratische und rechtsstaatliche Ordnung, Wahrung der Menschenrechte und Schutz von Minderheiten, funktionsfähige Marktwirtschaft und die Fähigkeit, dem Wettbewerbsdruck innerhalb der Union stand zu halten.“[8]

Da gänzlich unkontrollierter Wettbewerb aber auch eine Gefahr darstellt, gilt es, mittels einer angemessenen Wettbewerbspolitik gewisse Spielregeln zwingend zur Anwendung zu bringen und dadurch ein *Fair Play* zu erwirken. In der Bundesrepublik Deutschland wird dies durch das Gesetz gegen den unlauteren Wettbewerb (UWG) und das Gesetz gegen Wettbewerbsbeschränkungen (GWB) sichergestellt.

---

8 Kinkel, K.: Ost-Erweiterung der Europäischen Union – Chance und Herausforderung. Rede des Bundesministers des Auswärtigen vom 12.11.1996 in Hamburg, Bundesaußenministerium, Bonn 1996, in: www.auswaertiges-amt.government.de/sw/europa/r961114.htm.

Es besteht in den jungen Marktwirtschaften Polen und Litauen weiterhin Handlungsbedarf. Noch immer genießen die großen Unternehmen des staatlichen Sektors (auch wenn schon privatrechtliche Gesellschaften) deutliche Privilegien gegenüber den mittelständischen Unternehmen. Die alten Beziehungen funktionieren auch nach der Privatisierung mit persönlichen Vernetzungen in Belegschaft, Management, Finanzinstituten und Verwaltungsbürokratie, so daß die großen Betriebe relativ einfach die kleinen und mittleren mittelständischen Unternehmen ausschalten können – ein Tribut an die freie Marktwirtschaft.[9,10]

Es existiert eine nach westlichen Mustern konzipierte Wettbewerbsgesetzgebung mit den zugehörigen Institutionen zur Durchsetzung und Überwachung. Problematisch jedoch ist im wesentlichen die Umsetzung.

Freilich ist die noch mangelhafte Wettbewerbssituation nicht der – im Grunde vernünftigen – Gesetzgebung anzulasten noch den jungen Überwachungsinstitutionen, sondern zu gewichtigen Teilen den noch virulenten Marktverhaltensmustern der Planwirtschaftszeit. Wettbewerb kann nicht einfach befohlen werden, sondern er lebt von wettbewerbswilligen Marktteilnehmern.

Solange die den gesetzlichen Regelungen innewohnenden teilweise großzügigen Auslegungsmöglichkeiten vom Staat über die Maßen interventionistisch genutzt werden, verfehlt jedes Gesetz seine angestrebte Wirkung.

Insbesondere in Litauen ist daher der Umgang mit den gesetzlichen Regelungen und hier insbesondere mit dem Preisgesetz bedenklich. Das Gesetz erlaubt weitreichende Eingriffe des Staates in das Preisbildungssystem, die tatsächlich teilweise marktinkonform oder auch aus sozialpolitischen Gründen zur Abfederung von Transformationshärten zur Anwendung kommen und damit ordnungspolitisch bedenklich einzustufen sind.

Hinzu kommt sicherlich ein sanftes Bremsen von politischer Seite: Die gerade erzielten wackeligen Erfolge der privatisierten Staatsgroßbetriebe, die noch unsichere Stabilisierung soll noch nicht durch harten, ungebremsten Wettbewerb gefährdet werden.

So beschreibt der HWWA-Report Litauen, daß die Schwierigkeiten bei der Schaffung einer funktionsfähigen Marktwirtschaft in „ehemals sozialistischen Ländern mit ihrem ganz anderen Rechtsverständnis, anderen Organisationsstrukturen und anderen Verhaltensweisen“[11] aus der Sicht „gewachsener“ Marktwirtschaften oftmals unterschätzt werden.

> „Das geringste Problem dabei ist mangelndes juristisches Know-how; für den Entwurf vernünftiger Gesetze genügen wenige Experten, zumal man sich an ausländischen Vorbildern orientieren und auf bereitwillige ausländische Hilfe rechnen kann. Viel schwerer fal-

---

9 Dembinski, P.H. / Unterlechner, H.C.: Barriers to entry for Private Enterprises, in: Revue européenne des sciences sociales, Paris, vol. 23 (1993) Nr. 96, S. 158.

10 Welfens, P.J., Privatisierung und Wettbewerb: Entwicklungen in Polen, in: Orientierungen zur Wirtschafts- und Gesellschaftspolitik, Stuttgart 1991, Nr. 50, S. 33.

11 Lösch, D., in: HWWA-Report Nr. 136/1994, a.a.O., S. 12.

len die noch relativ instabilen politischen und gesellschaftlichen Verhältnisse und die unfertigen staatlichen Strukturen ins Gewicht."[12]

Ein Transformationsprozeß hin zu einer Wettbewerbsgesellschaft verlangt ein geschicktes und sensibles Abwägen, wieviel Wettbewerb notwendig ist, um eine prosperierende Wirtschaft zu ermöglichen, und andererseits, welche Beschränkungen aufzuerlegen sind im Interesse einer sozial verträglichen Gesellschaft.

4.1.4 Mittelstandsförderung

Der Übergang von der Planwirtschaft zur Marktwirtschaft bedeutete für die Länder eine außerordentlich tiefgreifende Erschütterung insbesondere deshalb, weil im alten Wirtschaftssystem weder Eigeninitiative gefordert war, unternehmerische Strukturen nicht vorhanden waren und es weder auf Verbraucher- noch auf Produzentenseite Potential für Konsum gab. Der Übergang forderte plötzlich Infrastrukturen, Kapital, Know-how und Beratungsstrukturen ein, die weitestgehend nicht existent waren. Ebenso wenig existierte eine größere mittelständische Schicht – bzw. war die, die existierte, in ihrem Verhalten sehr im alten System verhaftet. Erst mit der Transformation begann sie zu wachsen, sich zu entwickeln und als tragendes Element des Umbauprozesses zu profilieren.

Aus all dem ergibt sich, daß die Förderung des Mittelstandes – als einer der Garanten für das Gelingen des Umbaus – nicht nur sinnvoll, sondern absolut notwendig ist.

Soll die Förderung effektiv sein, darf sie nicht nur Existenzgründungs- und Modernisierungshilfe sein. Das heißt nicht, daß die Reformstaaten keine Programme finanzieller Förderung auflegen könnten und sollten. Freilich sind die fiskalischen Spielräume eng, doch beileibe noch nicht ausgeschöpft bzw. mangelt es noch an der optimalen Koordinierung mittelstandsrelevanter Fördermaßnahmen[13], und selbst wenn solche Anschubfinanzierungsprogramme vordergründig als teuer erscheinen mögen, ist zu bedenken, was langfristig aus einer florierenden mittelständischen Wirtschaft dem Fiskus zurückfließt.

Effektive Förderung darf sich nicht erschöpfen in einseitigen Unterstützungsmaßnahmen einzelner Unternehmen, ihr Ziel muß vielmehr sein, die Entwicklung von Strukturen, die dem unternehmerischen Mittelstand in seiner Gesamtheit nützen, und das nötige institutionelle Korsett zu schaffen. Sie muß Schwerpunkte setzen u.a. bei

- dem Ausbau und der Qualitätssteigerung und -sicherung der noch insuffizienten Finanz- und Beratungsstrukturen,
- dem Ausbau der wirtschaftsinstitutionellen Infrastrukturen,

12 Lösch, D., in: HWWA-Report Nr. 136/1994, a.a.O., S. 12.

13 Lagemann et al., a.a.O., S. 97.

- der Verstärkung der Eigeninitiative durch Erleichterung bei der Finanzierung und dem Anbieten konkreter Schulungsprogramme,
- dem Abbau der Benachteiligungen der kleinen und mittleren Unternehmen.[14]

Sie darf nicht Quelle rein finanzieller Subventionen sein, denn dies wäre für die Entwicklung der mittelständischen Wirtschaft längerfristig kontraproduktiv. Denn die alten Verhaltensmuster sind noch vorhanden auf Unternehmer- wie auf Verwaltungsseite, so daß sehr schnell ein paternalistischer Staat in die Gängelung der Unternehmer per Subventionen verfallen könnte – und die Unternehmer in die alte „Inkassomentalität". Daß dies realistisch zu bedenken ist, darauf verweist die Neigung einer Vielzahl von Unternehmern zu strukturkonservativ ausgerichteten politischen Strömungen.

Gäbe man dem zu sehr nach, wären die geforderten Ziele (wie Entwickeln von Eigeninitiative, Entfaltung eines unternehmerischen Geistes mit einer gewissen Risikobereitschaft usw.) *a priori* zum Scheitern verurteilt.

4.2 Förderungsinstrumente für kleine und mittlere Unternehmen

Aus der bedeutenden Rolle, die der unternehmerische Mittelstand für den Transformationsprozeß einnimmt, folgt als logische Konsequenz, daß eine Förderung des unternehmerischen Mittelstandes – gleich welcher Art die Förderung sei – sich auf den Transformationsprozeß positiv, das heißt sowohl beschleunigend als auch stabilisierend, auswirken soll. Hinsichtlich der zur Mittelstandsförderung bereitstehenden Mittel lassen sich ordnungspolitische und prozeßpolitische Instrumente unterscheiden. Erstere (z.B. Aus- und Fortbildungs-, Beratungs- und infrastrukturelle Maßnahmen) setzen indirekt an der Marktdatenbeeinflussung an und können auch als nicht-finanzbezogene Maßnahmen bezeichnet werden. Prozeßpolitische Maßnahmen (z.B. Steuererleichterungen oder Kredithilfen) sind vielfach durch direkte finanzbezogene Maßnahmen gekennzeichnet und versuchen, durch Einflußnahme auf einzelne Größen das wirtschaftliche Verhalten der Unternehmen zu steuern. Der Einsatz der in einer Vielzahl vorhandenen Fördermöglichkeiten will indes sorgfältig aufeinander abgestimmt sein, um die angestrebte Wirkung zu erreichen.

Demzufolge haben sich in den Ländern Polen und Litauen teils auf nationaler Ebene, teils mittels internationaler Hilfe eine Reihe von Fördermaßnahmen und Förderprogrammen herausgebildet, die eine Entwicklung der Wirtschaft unterstützen sollen. Diese Maßnahmen sind indes für den Mittelstand in ihrer Reichweite eher noch beschränkt, und ihre Effektivität läßt – häufig wegen fehlender Koordinierung – zu wünschen übrig. Zudem sind die bestehenden Fördermaß-

14 Lagemann et al., a.a.O., S. 96.

nahmen, insbesondere im Bereich Arbeitsmarkt- und Steuerpolitik, häufig zu wenig auf die Belange der mittelständischen Unternehmen ausgerichtet.

4.2.1 Förderkonzepte

Die Vielzahl von Fördermöglichkeiten für den unternehmerischen Mittelstand läßt sich grundsätzlich analytisch in drei Kategorien einordnen:

- nicht-finanzbezogene Maßnahmen
  - wie Beratungshilfe, Schulungen usw.,
- finanzbezogene Maßnahmen
  - wie Finanzhilfen für kleinere und mittlere Unternehmen, z.B. Kredite, Bürgschaften, Steuervergünstigungen usw.,
- Infrastrukturmaßnahmen
  - z.B. Einrichtung von Gewerbeparks, Wirtschaftsfördergesellschaften.

All diese einzelnen Förderansätze können vielfach mehr oder minder stark miteinander verknüpft werden. So wird beispielsweise häufig an eine Kreditberatung mit Kreditgewährung auch die Inanspruchnahme einer Consultingleistung gekoppelt, damit der noch nicht routinierte Unternehmer eingewiesen wird in wirtschaftliche Abläufe und Zusammenhänge (z.B. Cash-flow, Unternehmensstrategie, Produkt- und Finanz-Portfolio usw.), die für das Florieren seines Unternehmens unabdingbar sind und deren eminenter Bedeutung der Existenzgründer sich bewußt sein muß.

Will man die Leistungsfähigkeit solcher Förderprogramme beurteilen, muß man in Rechnung stellen, daß nationale Finanzhilfen nur im Rahmen begrenzter Budgets gewährt werden können. Direkte Finanzhilfen stehen zurück hinter Fördermaßnahmen, die die Rahmenbedindungen des Mittelstandes verbessern (Rechtsrahmen, Bankensystem, Kammerorganisation usw.), die die Funktionsweisen der Marktwirtschaft den mittelständischen Unternehmern zu vermitteln helfen (beispielsweise Schulungen zur besonderen Qualifikation) oder hinter Maßnahmen, die dem Ausbau der Infrastruktur zuträglich sind (Einrichtung von Gewerbezentren). Diese gilt es zügig umzusetzen, und zwar parallel zu den (kostenintensiven) Maßnahmen, die den Staatsetat – zumindest vordergründig bei kurzfristiger Betrachtung und ohne Einrechnung eines möglichen positiven Rückflusses – überfordern.

Die Vielzahl der eingeleiteten oder angebotenen Fördermaßnahmen gilt es, besser zu koordinieren. Da nationale, internationale und bilaterale Maßnahmen und Programme zur Förderung des Mittelstandes miteinander konkurrieren, kommt es aufgrund der noch mangelnden Koordinierung zu Doppel- und Mehrfachförderung, während andere Unternehmen leer ausgehen. Dies zu verhindern ist Aufgabe eines zentralen Registers (CCEET-Register)[15], das allerdings nur dann funk-

15 CCEET – Centre for Cooperation with European Economies in Transition. Das CCEET ist eine Institution der OECD.

tionieren kann, wenn es von nationaler und internationaler Seite mit den erforderlichen Informationen gespeist wird, und diese Daten darüber hinaus auf dem aktuellen Stand gehalten werden. Solange es daran hapert, läßt sich die Mehrfachbegünstigung einzelner und das ungerechtfertigte Vernachlässigen anderer nicht ausschließen.

Gleichwohl diese Gesamtproblematik durchaus im Bewußtsein verankert ist, hat sich in den untersuchten Ländern noch keine konsistente Politik bezüglich der Förderung des Mittelstandes herausgebildet. Eine aus Phare[16]-Mitteln finanzierte Arbeitsgruppe hat sich daher für Polen umfassend mit dieser Thematik auseinandergesetzt, und die Ergebnisse dieses Berichts sind durchaus in die offizielle Regierungspolitik eingegangen. Einzig fehlen jedoch bisher weitgehend die Mittel zur Umsetzung.

Erste Ansätze einer Mittelstandspolitik in Litauen können in dem Gesetz für kleine Unternehmen[17] gesehen werden.

4.2.2 Prozeßpolitische Förderinstrumente

Prozeßpolitische Förderinstrumente subsumieren alle finanzbezogenen Förderinstrumente im Rahmen finanzpolitischer Maßnahmen. Finanzpolitische Maßnahmen versteht man nach Gabler als „Summe aller Maßnahmen der Finanzierung eines Unternehmens zur Befriedigung des Kapitalbedarfs“[18].

Hierunter fallen als für den Mittelstand relevant insbesondere:

- Kreditprogramme,
- Bürgschaftsprogramme,
- Beschäftigungshilfen im Rahmen arbeitsmarktpolitischer Maßnahmen,
- Steuervergünstigungen,
- Beteiligungsprogramme.

Finanzpolitische Maßnahmen haben vor allem auch deshalb eine große Bedeutung, weil die bestehenden Banken- und Finanzsysteme noch unzureichend entwickelt sind und sich teilweise sogar hemmend auf die Entwicklung des Mittelstandes auswirken. Dies besonders dann, wenn nur in geringem Maße Eigen-

16 Phare – Poland and Hungary Assistance for Restructuring Economies. Seit 1989 gewährt die Europäische Union im Rahmen des Phare-Programms – zunächst nur für Polen und Ungarn – umfangreiche technische und finanzielle Hilfe zur Förderung des wirtschaftlichen und sozialen Reformprozesses und zur Entwicklung marktwirtschaftlicher Verhältnisse in Osteuropa. In die Förderung sind heute (Stand 1995) elf Staaten, u.a. Litauen und Polen, eingebunden. Zwischen 1990 und 1995 wurden allen beteiligten Ländern Fördermittel in Höhe von insgesamt 5,416 Mrd. ECU zur Verfügung gestellt. (Quelle: What is Phare?, Veröffentlichung der Europäische Kommission, in: www.europe.eu.int).

17 Vgl. Kapitel 3.3.9., S. 134, Abs. 3; dort auch Anmerkung 207.

18 Gabler Wirtschaftslexikon, a.a.O., CD-Rom-Ausgabe, Eintrag: Finanzpolitik.

kapital bei den Unternehmen vorhanden ist, die Sicherheitsforderungen und hohen Nominalzinsen der kommerziellen Banken sowie deren fehlende Liquiditätsspielräume und restriktive Kreditvergabe den Unternehmenssektor allgemein von einer ausreichenden Kapitalversorgung abschneiden.

Aufgrund der finanziellen Restriktionen in den Transformationsstaaten sind die naheliegenden Instrumente zur Kapitalversorgung der Unternehmen wie Präferenzkredite, Kreditgarantien oder Zinszuschüsse auf nationaler Ebene kaum darstellbar. Die finanzbezogenen nationalen Fördermaßnahmen erschöpfen sich bisher weitgehend in Steuererleichterungen und Beschäftigungssubvention.

Daher kommt Maßnahmen, die auf eine Verbesserung der Rahmenbedingungen im Finanz-, Banken- und Steuerbereich abzielen, eine entscheidende Rolle für die zukünftige Entwicklung mittelständischer Strukturen zu. Darüber hinaus können – solange die nationalen Möglichkeiten noch beschränkt sind – wichtige Impulse durch Kreditvergabe nur von internationalen Organisationen und Institutionen wie Weltbank, EBRD oder EU ausgehen.

4.2.2.1 Kreditprogramme

Durch eine Anzahl von Sonderkreditprogrammen, die fast ausschließlich durch internationale Organisationen oder aufgrund bilateraler Verträge abgewickelt werden, soll der unternehmerische Mittelstand in den Reformstaaten unterstützt werden.

Eine wichtige Rolle bei der Umsetzung spielen die großen supranationalen Institutionen und Finanzinstitute wie OECD, Weltbank, Internationaler Währungsfonds (IWF) und die Europäische Union. Dabei kommt dem IWF eine Schlüsselrolle als zentrale Überwachungs- und Steuerungsstelle zu.

Wesentlichster Förderpartner in den untersuchten Ländern ist die Europäische Union durch ihre Institutionen EBRD (European Bank for Reconstruction and Development), EIB (European Investment Bank) sowie über die Hilfsprogramme Phare und JOP (Joint Venture-Programm). Daneben haben sich Förderungen der Weltbank und des IWF sowie zahlreiche weitere Programme von EU-, EFTA- und G-24-Mitgliedsstaaten etabliert.

Nominal am umfangreichsten ist die Phare-Förderung. Seit dem Jahre 1994 gewährt das Programm neben der in den Anfangsjahren vorwiegend technischen Hilfe zunehmend finanzielle Mittel zur Förderung von Investitionen, der Infrastrukturentwicklung und – wie ausdrücklich in der Darstellung der Europäischen Kommission ausgeführt wird[19] – zur Unterstützung von Vorhaben kleiner und mittlerer Unternehmen. Weiter fördert PHARE die Umstrukturierung und Privatisierung staatlicher Unternehmen, aber auch den Privatsektor. Darüber hinaus för-

19 The Phare Programme, What is Phare?, Priority Sectors, in: European Commissions website, www.europe.eu.int.

dert dieses Programm die Modernisierung des Finanzsektors und die Bildung einer Infrastruktur in Form von Know-how-Transfer (technische Beratung, Experteneinsätze, Studien, Fortbildungsmaßnahmen usw.), es unterstützt durch die Lieferung von Erstausrüstung oder durch Anschubfinanzierungen in den Ländern Mittelosteuropas und der ehemaligen Sowjetunion. Die verwandten Mittel werden im Bereich des Know-how-Transfers projektgebunden als nicht rückzahlbare Zuschüsse gewährt. Die Mittel für Startkapital, Anschub- und Co-Finanzierung werden als Darlehen, Risikokapital, Garantien oder Kreditlinien bereitgestellt. Die Förderung der einzelnen Phare-Staaten erfolgt auf Basis von individuellen Länderstrategien. Von 1993 bis 1995 erhielt Polen aus diesem Topf 637 Mio. ECU, Litauen 99 Mio. ECU. Für 1995 wurden weitere 170 Mio. bzw. 70 Mio. bereitgestellt. Kooperation und Koordinierung sind bei den entsprechenden Ministerien angesiedelt. Die Kreditierung erfolgt in Polen über Geschäftsbanken und sog. Programm Management Units (PMU) als Antrags- und Vergabestellen vor Ort, in Litauen über die Lithuanian Development Bank. Aufgrund unzureichender Strukturen sowie erheblicher bürokratischer Vorbedingungen gestaltet sich der Zugang und die Beteiligung kleiner und mittlerer Unternehmen an den Programmen eher schwierig.[20] Im Jahre 1995 wurden in untersuchten Ländern über 50% des Phare-Finanzvolumens für investive Zwecke verwendet. Dabei wurden jedoch nur 10% der Mittel für Riskiokapitalprogramme bereitgestellt.[21] Die übrigen Mittel flossen in Infrastrukturmaßnahmen sowie die grenzüberschreitende Zusammenarbeit. Die Wirkung für den Mittelstand war daher allenfalls indirekt.

Zur praktischen Handhabung schreibt das Wirtschaftshandbuch Polen:

> „In der Praxis gestaltet sich die Beteiligung kleiner Unternehmen am Phare-Programm eher schwierig, da erhebliche Akquisitionsbemühungen, viel Kontaktarbeit, langfristige Projektanbahnung und Ausdauer erforderlich sind. Bevor ein Projekt zum Tragen kommt, müssen viele Aktivitäten vorfinanziert werden.“[22]

Die Weltbank, eigentlich International Bank for Reconstruction and Development (IBRD), als die älteste Entwicklungsbank vergibt in der Regel Darlehen nur für produktive Zwecke. Die Darlehen werden nur an Regierungen vergeben bzw. die Regierungen müssen die Darlehen garantieren. Für Polen hat die Weltbank bereits 1992 neben zahlreichen Förderprogrammen an mittelstandsrelevanten Förderungen ein „Poland Private Enterprise Development Project“ aufgelegt. Die Kreditvergabe erfolgt über die Polish Development Bank. In Litauen wurde u.a. 1995 ein „Lithuanian Enterprise and Financial Sector Project“ aufgelegt und die Mittel über ausgewählte kommerzielle Banken ausgegeben.

---

20 FAZ Informationsdienste (Hrsg.): Osteuropa Perspektiven Jahrbuch 1996/1997, Bd. 2: Geschäftspraxis, Investitions- und Außenhandelsbedingungen, Frankfurt/Main und Hamburg 1996, S. 21 f.

21 FAZ Informationsdienste (Hrsg.): Wirtschaftshandbuch Polen, Bd. 5: Wirtschaftsförderung, 2. Aufl., Frankfurt/Main und Hamburg 1997, S. 26.

22 FAZ Informationsdienste (Hrsg.), Wirtschaftshandbuch Polen, Bd. 5, a.a.O., S. 27.

Die Europäische Investitionsbank (EIB) ist als Bankinstitut der Europäischen Union für die langfristige Finanzierung von Anlageinvestitionen, die die europäische Integration fördern, verantwortlich. Die EIB stellt Geschäftsbanken in den osteuropäischen Ländern Globaldarlehen (praktisch Kreditlinien) für die Finanzierung kleiner und mittlerer Vorhaben zur Verfügung. Aus diesen Kreditlinien vergeben die ortsansässigen Banken kleinere Darlehen nach den Kriterien der EIB. Die Darlehensvergabe wird eng an spezifische Projekte geknüpft, es werden allenfalls 50% der Investition finanziert.

Die European Bank für Reconstruction and Development (EBRD), kurz auch Osteuropabank genannt, entstand 1990 als Institution der EU um die mittel- und osteuropäischen Staaten beim Übergang zur Marktwirtschaft zu unterstützen und private und unternehmerische Initiative zu fördern. Die EBRD gewährt den ostmitteleuropäischen Ländern finanzielle und technische Hilfe zur Durchführung struktureller und sektoraler Wirtschaftsreformen. Allenfalls 35% der Projektfinanzierung kann bei Einzelprojekten (ab mindestens 5 Mio. ECU Projektvolumen) durch die EBRD abgedeckt werden. Die Antragsbearbeitung und Mittelvergabe erfolgt direkt durch die EBRD.

Um zukünftig auch die Finanzierung kleiner Vorhaben zu ermöglichen, hat die EBRD zunehmend auch ausgewählten Geschäftsbanken Kreditlinien eingeräumt.

Die EBRD hat zahlreiche Projekte in den Untersuchungsländern initiiert. Im Mittelstandsbereich kann für Litauen die Gründung der Litauischen Entwicklungsbank (LDB) im Jahre 1994 als Gemeinschaftsunternehmen mit dem litauischen Staat genannt werden. Das Grundkapital von 5 Mio. ECU soll ausschließlich mittelständischen Unternehmen zugutekommen. Weiter wurde 1995 in Litauen den Geschäftsbanken Bankas Hermis sowie Vilniaus Bankas, der zweitgrößten Geschäftsbank Litauens, Kreditlinien von 6 bzw. 7 Mio. ECU[23] eingeräumt unter der Auflage, diese an den Mittelstand weiterzuvergeben. Da beide Banken über ein landesweites Filialnetz verfügen, sollte so der Zugang zu Krediten für Unternehmen vereinfacht werden. Die EBRD hat 1992 darüber hinaus eine Baltic Investment Fund für mittelständische Unternehmen aufgelegt, der unter anderem gespeist wird von allen skandinavischen Ländern.

In Polen ist die EBRD einer der größten ausländischen Investoren. Seit ihrer Existenz hat die EBRD Polen Darlehen, Bürgschaften und Eigenkapital im Umfang von 625,6 Mio. ECU im Rahmen von 35 Projekten zur Verfügung gestellt (Stand Ende 1995).[24]

Im Bereich der nationalen Fördermöglichkeiten kann in Polen nur die Polnische Entwicklungsbank AG (Polski Bank Rozwoju S.A. -PBU) genannt werden. Dieses börsennotierte, nach dem Grundkapital zehntgrößte Institut Polens verfügt

23 European Bank of Reconstruction and Development (EBRD) (Hrsg.): Activities in Lithuania, in: www.ebrd.com/opera/indes.htm.

24 FAZ Informationsdienst (Hrsg.), Wirtschaftshandbuch Polen, Bd. 5, a.a.O., S. 38.

über eine solide Eigenkapitalausstattung und ist ab Ende 1995 verstärkt bemüht, Kredite an den Mittelstand auszureichen.

Problematisch für die Umsetzung ist bei allen Programmen, die sich zur Fördermittelverwendung der Geschäftsbanken bedienen, daß gerade der Bankenbereich wegen seiner strukturellen Mängel bisher nicht in der Lage war, dem Kapitalbedarf der privaten Wirtschaft in ausreichendem Maße Rechnung zu tragen. Insbesondere das fehlende Know-how und die Unterqualifizierung der sachbearbeitenden Banker sind hemmende Faktoren. Kredite werden so nur ungern oder verzögert gegeben, da die Gewinnmöglichkeiten der durchreichenden Geschäftsbanken eingeschränkt sind; noch nicht „eingependelte" Beurteilung der Sicherheit von Krediten, mangelnde Liquidität und bürokratische Abwicklung tun ihr übriges.

Bei anderen Förderprogrammen (EBRD, Weltbank) wurden ausschließlich hohe Beträge vergeben, oder die Kreditvergabe beschränkte sich ausschließlich auf Kapitalgesellschaften, das heißt daß die Förderprogramme sich explizit nicht an den kleinen Existenzgründer, sondern an bereits prosperierende Unternehmer richteten. In Polen werden die Kredite durch den erheblichen bürokratischen Aufwand und die – im Falle der Zuteilung anfallenden – hohen Kreditkosten[25] noch weniger attraktiv. Ausländische Präferenzkredite können daher von kleinen und mittleren Unternehmen kaum in Anspruch genommen werden, da sie selten in der Lage sind, die an die Vergabe geknüpften strengen Kriterien zur Entwicklung von Machbarkeits- und Rentabilitätsstudien zu erfüllen. So hat beispielsweise die Weltbank die für polnische mittelständische Unternehmen bereitgestellten Fördermittel im Jahr 1995 gegenüber dem Vorjahr halbiert: Die Mittel waren nicht abgerufen worden. Die von polnischen Banken verwalteten Kreditlinien wurden wegen der immer noch hohen Inflation zu Konditionen angeboten, die für Investoren uninteressant waren.[26]

Die Ausrichtung der Förderprogramme supranationaler Institutionen an den Bedürfnissen kleiner und mittlerer Unternehmen ist – trotz programmatischer Beteuerungen – kaum gegeben.

---

25 Diskontsatz in Polen: 1994 28%, 1995 25% (jeweils zum Jahresende); aus: FAZ Informationsdienste (Hrsg.), Investitionsführer Mittel- und Osteuropa, Polen 1997, Statistisches Profil, a.a.O., S. 21; Zinssätze in Litauen (Kredite mit Laufzeiten bis ein Jahr): 1993: 91,9%; 1994: 62,3%; 1995: 27,1% (jeweils Jahresendwerte), aus: FAZ Informationsdienste (Hrsg.), Osteuropa Perspektiven Jahrbuch 1996/1997 – Litauen, Statistisches Profil, Bd. 1, a.a.O., S. 147; Die Bank of Lithuania gibt den Zinssatz zum Jahresende 1995 mit 25,98% an; vgl.: www.lbank.lt/eng/statistics/lb44ai1.htm. Zum Jahresende 1998 betrug der Diskontsatz in Polen noch 20%, vgl.: FAZ Informationsdienste (Hrsg.): Mittel- und Osteuropa Perspektiven Jahrbuch 1998/1999, Polen, Statistisches Profil, Bd. 1, Frankfurt/Main und Hamburg 1998, S. 175, und in Litauen der Zinssatz für Kredite bis ein Jahr Laufzeit ca. 12%, vgl. wie vor, Litauen, Statistisches Profil, S. 147; so auch Bank of Lithuania mit 12,57%. Für Litauen alle weiteren relevanten Zinsangaben für den Zeitraum 1992 bis dato in der umfangreichen Darstellung bei Bank of Lithuania, in: www. Lbank.lt/eng/statistics/lb44. htm.

26 FAZ Informationsdienste (Hrsg.), Wirtschaftshandbuch Polen, Bd. 5, a.a.O., S. 7.

Daneben existieren jedoch auch erfolgreich arbeitende Programme – wie beispielsweise American Enterprise Funds in allen ostmitteleuropäischen Ländern –, die sich vor Ort auskennen, die Gegebenheiten einzuschätzen wissen und die recht unbürokratisch und unkonventionell mit günstigen Kreditkonditionen einen bemerkenswerten Zuspruch verbuchen konnten.

In Polen hat mittlerweile der American-Polish Enterprise Fund als Förderinstrument fest Fuß gefaßt. Verständlicherweise fördert der American Enterprise Funds[27] hauptsächlich Unternehmen, die in Geschäftsbeziehung zu amerikanischen Unternehmen stehen (z.B. Import-Export-Beziehungen oder Joint Venture).

Von deutscher Seite sind das bei der Kreditanstalt für Wiederaufbau (KfW) angesiedelte Beratungsprogramm der Bundesregierung zu nennen sowie ähnliche Aktivitäten der Bundesländer und der Verbände. Die KfW selbst finanziert in kleinerem Umfang Förderprogramme mit ähnlichen Strukturmerkmalen wie PHARE.[28]

4.2.2.2 Bürgschaftsprogramme

Die Regierungen in Polen und Litauen bieten als wesentliches Förderinstrument die Möglichkeit der Gewährung von Bürgschaften und Garantien der Rückzahlung von in- und ausländischen Bankkrediten nebst Zinsen durch den Staatshaushalt bis zu einer Höhe von 60% des Volumens. Die Garantien beziehen sich in der Regel jedoch nur auf Globalkredite von supranationalen Institutionen, an Geschäftsbanken oder für projektbezogen Großinvestitionen im Infrastrukturbereich.

In Polen hat die Bank für Nationalwirtschaft (Bank Gospodarstwa Krajowego – BGK) im Jahre 1995 einen Kreditbürgschaftsfonds für kleine und mittlere Unternehmen geschaffen. Es können bis zu 70% der gewährten Kredite abgesichert werden. Die Polnische Entwicklungsbank, zu deren Aktionären auch die Deutsche Investitions- und Entwicklungsgesellschaft mbH zählt, gewährt Bürgschaften, die für Finanzierungen durch internationale Finanzinstitute gegeben werden.

---

27 Durch diverese American Enterprise Funds fördern die Vereinigten Staaten seit 1991 auf Grundlage des „Support for Eastern European Democracy (SEED) Acts" aus dem Jahre 1989 die Entwickung der privaten Wirtschaft in Bulgarien, Tschechien, Ungarn, Polen und der Slowakei mit Investitionen und Krediten sowie technischer Unterstützung. Für Polen wurden zwischen 1991 und 1995 allein 805 Mio. USD bereitgestellt. Gefördert werden insbesondere kleine und mittlere Unternehmen, die mit US-Unternehmen in Geschäftsbeziehungen stehen und oder mit diesen Joint Ventures eingehen. Die Fonds werden alimentiert durch die U.S. Agency for International Development (USAID). Seit dem Jahre 1992 besteht auch ein Baltic-American Enterprise Fund im Umfang von 45 Mio. USD. Die Förderungen laufen im Jahre 1998 aus, vgl.: Sources of Financial Assistance – U.S. Government Sources, in: www. Vm.ee/nato/ccms/pilot/finance/textii.htm; Statement by Press Secretary Fitzwater on Baltic-American Fund, 28.10.1992, in: www.csdl.tamu.edu/bushlib/papers/1992/92102809. htm; Kim, J.: Poland u.a.: Recent Developments, in: CRS Issue Brief Foreign Affairs and National Defense Division, Dokument 92051, S. 7, in: www.fas.org/man/crs/92-051.htm.

28 FAZ Informationsdienste (Hrsg.), Osteuropa Perspektiven Jahrbuch 1996/1997, Bd. 2, a.a.O., S. 28 ff.

Die EU hat durch ein Phare-Unterprogramm für 1995 einen Bürgschaftsfonds aufgelegt. Dieser richtet sich jedoch überwiegend an Unternehmen, die „gute Projekte vorbereitet haben, jedoch nicht über hinreichende Sicherheiten verfügen".[29] Das Programm wird verwaltet und abgewickelt von der Polnischen Agentur für Regionalentwicklung (PARR), die Mitte 1993 als staatliche Stiftung gegründet wurde.

In Litauen werden Bürgschaftsprogramme unter anderem von der Lithuanian Development Bank angeboten. Bürgschaftsprogramme sind weiterhin für die untersuchten Länder aufgelegt von EBRD, Weltbank und IWF.

Die Garantiemöglichkeiten werden in beiden Ländern vom Mittelstand kaum wahrgenommen. Es gilt für die Reichweite der Programme ähnliches wie bei der Kreditierung. Die Programme richten sich vorwiegend an bestehende und prosperierende Unternehmen. Sie sichern regelmäßig nur Teilbeträge der Investitionen ab, und der Zugang wird durch die bekannten Probleme des Bankwesens erschwert. Die von oder über Geschäftsbanken angebotenen Bürgschaftsprogramme werden darüber hinaus aufgrund der eher geringen Gewinnspanne für die vermittelnde oder gewährende Bank kaum direkt angeboten und sind daher häufig den Unternehmen auch nicht bekannt. Die Wirkung für den Mittelstand, insbesondere für dessen Entstehung ist daher nur gering.

4.2.2.3 Beschäftigungshilfen im Rahmen arbeitsmarktpolitischer Maßnahmen

Im Bereich der Arbeitsmarktpolitik bieten sich verschiedene finanzbezogene und nichtfinanzbezogene Fördermöglichkeiten zum Aufbau und weiteren Ausbau des unternehmerischen Mittelstandes an.

Aufgrund der angespannten finanziellen Situation der Staatshaushalte stellt finanzbezogene Arbeitsmarktpolitik – gleichzeitig auch Sozialpolitik – die wichtigste Form der nationalen finanzbezogenen Förderung dar.

Im einzelnen wird in beiden Untersuchungsländern die betreffende Förderung sogar gesetzlich geregelt und weicht im Grundsatz nur marginal voneinander ab. Zu den wichtigsten finanzbezogenen Instrumenten arbeitsmarktpolitischer Förderung zählen in Polen wie auch in Litauen:

- Einarbeitungszuschüsse für Arbeitgeber, die Umschulungen durchführen,
- Existenzgründungsbeihilfen für Arbeitslose in Form von zinslosen oder zinsverbilligten Darlehen.

Die angebotenen Maßnahmen wurden in Kapitel 3.3.7 bereits vorgestellt. Zwar stellt damit der Staat durchaus Möglichkeiten bereit, den Humankapitalbedarf der mittelständischen Unternehmen zu decken, die Umsetzung der Fördermöglichkeiten, insbesondere deren Inanspruchnahme und Reichweite jedoch ist mangelhaft.

29 FAZ Informationsdienste (Hrsg.), Wirtschaftshandbuch Polen, Bd. 5, a.a.O., S. 11.

Zwar sind Instrumente vorhanden, dem Mittelstand qualifiziertes Personal zuzuführen. Auch wird dem Mittelstand die (Eigen-)Qualifizierung des benötigten Humankapitals in eigenen Betrieben durch Einarbeitungszuschüsse angeboten; indes – Beschäftigungszuschüsse zu beantragen gestaltet sich bei einem hohen bürokratischen Aufwand bei der Antragstellung schon als oftmals unüberwindbare Hürde; außerdem werden nach wie vor ehemals staatliche Betriebe bei der Vergabe bevorzugt behandelt.

Die Existenzgründungsbeihilfen für Arbeitslose finanzieren sich teilweise aus den kapitalisierten Ansprüchen aus der jeweiligen Arbeitslosenversicherung und zum anderen Teil aus einem nichtrückzahlbaren Zuschuß für Zinsaufwendungen, Beratungskosten usw., wobei dieser letztgenannte Teil nur dann gezahlt wird, wenn sich der Empfänger verpflichtet, sich für eine festgesetzte Dauer von zwei Jahren nicht arbeitslos zu melden. Damit entledigt sich der Staat jeglicher sozialer Auffangpflicht, ohne jedoch zu überprüfen, ob der Begünstigte tatsächlich unternehmerisch tätig wird.

Billigend in Kauf genommen wird somit Mißbrauch, zumal bei fast immer fehlendem Eigenkapital und – aufgrund von noch nicht „eingependelter" Beurteilung der Sicherheit von Krediten von seiten der Banken ein weiterer Aufbaukredit verweigert wird – der Weg in die unternehmerische Zukunft nur zu oft illusorisch ist, und die angebotene Unterstützung somit zweckentfremdet in Anspruch genommen wird. Wird aber der Förderbeitrag konsumtiv verwendet zur Sicherung des täglichen Lebens, fällt der Begünstigte letztlich in eine Situation völliger Unabgesichertheit. Damit steht ihm am Ende seiner Karriere lediglich der graue oder schwarze Arbeitsmarkt offen.

Aufgrund der Gestaltung und des Zugangs zur Förderung kommt man unweigerlich zu der Einschätzung, daß Polen und auch Litauen mit dem Angebot arbeitsmarktpolitischer Förderungen verständlicherweise primär auf die Reduzierung der Arbeitslosenzahl als auf eine Förderung des Mittelstandes abzielen. Es wird somit Sozialpolitik und keine Strukturpolitik betrieben, obwohl der Förderung des gewerblichen Mittelstands als Garant für Arbeitsplätze steht und so ein wichtiges Instrument darstellt. Daß die Mittel deckungsgleich sind und auch unter Förderung der Wirtschaft zu subsumieren wären, erscheint eher zufällig.

Die angebotenen Maßnahmen jedenfalls sind für den Mittelstand nahezu wirkungslos.

4.2.2.4 Steuererleichterungen

An steuerlichen Erleichterungen bieten beide Untersuchungsländer als wichtigste Instrumente Sonderabschreibungsmöglichkeiten für Investitionen und verminderte Steuersätze in der Nachgründungsphase (vgl. im einzelnen Kapitel 3.3.9). Sollen diese Erleichterungen sich fördernd auswirken, ist zunächst eine Steuerehrlichkeit Voraussetzung, die jedoch gerade in Polen und Litauen aufgrund der schlechten Steuerzahlungsmoral stark untergraben wird. Solange demnach die Durchsetzung und Kontrolle der Steuergesetze nicht ausreichend gewährleistet ist, wird eine Steuererleichterung den angestrebten Fördereffekt nicht erreichen. Der Unternehmer wird nämlich möglichst die Steuerzahlung ganz zu vermeiden suchen.

4.2.2.5 Beteiligungsprogramme

Um dem enormen Investitionsbedarf in den ostmitteleuropäischen Staaten gerecht zu werden und Investitionskapital aus dem Ausland zu gewinnen, hat die Europäische Kommission bereits 1991 innerhalb ihrer Phare-Programme das Joint Venture-Programm (JOP) initiiert, das auch die Länder Polen und Litauen einschließt. Ziel dieses Programms ist, die Erleichterung von Joint Ventures zwischen west- und osteuropäischen Unternehmen in diesen Ländern. Es soll sich in erster Linie an kleine und mittelständische Unternehmen richten. Das Programm gliedert sich in die Förderbereiche finanzielle Unterstützung bei der Partnersuche, Beratungshilfe im Vorfeld der Joint Venture-Gründung, Beitrag zur Kapitalbedarfsdeckung sowie Know-how-Transfer. Die finanzielle Hilfe bei der Partnersuche bezieht sich in erster Linie auf Kosten von Durchführbarkeitsstudien und Reisekosten. Die Kapitalbedarfsdeckung kann bis zu 20% des Bedarfs kreditiert werden. Obligatorisch ist jedoch eine direkte oder indirekte Kofinanzierung eines Finanzinstituts durch Darlehen oder Bürgschaften. Die Durchführung erfolgt durch ausgewählte internationale Finanzinstitute (in Deutschland u.a. Deutsche Bank AG, Westdeutsche Landesbank, Berliner Bank AG).

Problematisch bei diesem Programm ist, zumindest für den osteuropäische Partner, daß dieser keinen direkten Zugang zu den Mitteln hat und der Antrag von dem westlichen Partner zu stellen ist. Umfangreiches Material, wie detaillierte Projektbeschreibung, Vorlage eines Joint Venture-Vertrages oder die letzten drei Jahresabschlüsse der beteiligten Unternehmen, ist vorzulegen. Allein aufgrund der zuletzt genannten Voraussetzung dürfte der Zugang für die überwiegende Mehrzahl der mittelständischen Unternehmen kaum realisierbar sein. Darüber hinaus sind erhebliche – kostenintensive – Vorleistungen zu erbringen. Die weitere Entwicklung des im Jahre 1995 aufgelegten Programms bleibt abzuwarten.

Da sich das Interesse ausländischer Partner bislang hauptsächlich auf Kontakte und Geschäftsbeziehungen mit Partnern in Osteuropa richtet, die mittelfristig attraktive Renditechancen bieten, dürfte der Zugang des Mittelstandes zu dieser Fördermöglichkeit in der breiten Masse für Litauen weniger positiv einzuschätzen sein als für Polen: hier ist die Prognose günstiger aufgrund der rasanten Entwicklung der privaten Wirtschaft, die Polen zum Land mit hohem Investoreninteresse avancieren ließ. Im ersten Halbjahr 1996 sind 1.200 Anträge auf Förderung durch das JOP-Programm gestellt worden. Hiervon wurden 76% positiv beschieden.[30] Erfüllt das Programm die Erwartungen der Initiatoren, dann sollte es

---

30 FAZ Informationsdienste (Hrsg.), Investitionsführer Mittel- und Osteuropa, Polen 1997, a.a.O., S. 26.

durch die Zusammenarbeit der Joint Venture-Partner zu einem verstärkten Technologietransfer, zur Schaffung neuer Arbeitsplätze in den Investitionsländern, zur Verbesserung der Exportfähigkeit und zur Substituierung von Importen kommen.

4.2.2.6 Zusammenfassende Bewertung

Faßt man für Polen und Litauen die finanzbezogenen Fördermaßnahmen aus nationalen und internationalen Programmen zusammen, kann insgesamt für den Mittelstand eine geringe Reichweite festgestellt werden.

Idealerweise würden die finanzpolitischen Maßnahmen ein Zusammenspiel sein aus Zuschuß-, Beteiligungsfinanzierungs- und Garantieprogrammen (wie z.B. in der Tschechischen Republik praktiziert). Ein Programm dieser Art befindet sich seit geraumer Zeit in Vorbereitung für Polen (Phare-Struder Programm zur Regionalförderung), wurde jedoch noch nicht ausreichend umgesetzt.

Trotz einer Reihe von Finanzierungsinstrumenten im Bereich der Kapitalbeschaffung für mittelständische Unternehmen, die in Polen hauptsächlich durch westliche Industrieländer implementiert wurden, gehen von diesen Programmen nur sehr bedingt Impulse zur Förderung der Gründung und der wirtschaftlichen Aktivität aus. Dabei bildet nicht einmal der Mangel an einsetzbaren Mitteln der Engpaß, sondern die häufig mangelhafte konzeptionelle Ausgestaltung.

Insbesondere die häufig zur Anwendung kommende Mittelvergabepraxis über Geschäftsbanken behindert den Zugang des Mittelstandes zu den Förderangeboten.

In Litauen befinden sich finanzbezogene Förderstrukturen erst im Aufbau, wobei eine Konzentration auf Förderaktivität von Privatisierungsfällen sowie etablierten privaten Unternehmen festgestellt werden kann. Kleine mittelständische Unternehmen gehen oftmals leer aus.

4.2.3 Ordnungspolitische Förderinstrumente

Ordnungspolitische Förderinstrumente im Sinne einer Mittelstandsförderung sind alle nicht-finanzbezogenen Maßnahmen. Diese beziehen sich auf Beratung, Consulting und Schulung für Unternehmer und Mitarbeiter kleiner und mittlerer Betriebe. Bereits in Kapitel 3.6 wurde festgestellt, daß allein nationale Maßnahmen in der Aus- und Weiterbildung sowie Managementschulung nur sehr bedingt geeignet sind, die Entwicklung mittelständischer Unternehmen zu fördern. Eine Förderung in diesem Bereich wäre daher undenkbar ohne die technische, personelle und finanzielle Unterstützung des westlichen Auslandes.

Nicht-finanzbezogene Fördermaßnahmen sind u.a.:

- Existenzgründungsberatung,
- Beratung und Schulung in marktwirtschaftlich relevanten Themengebieten,
- Hilfe bei Antragstellung (Erstellung von Business-Plänen, Liquiditäts- und Cash-flow-Analysen, Kreditanträgen, Gewerbeanmeldungen),

- Information über Fördermöglichkeiten,
- Unterstützung bei Kooperationswünschen mit ausländischen Partnern.

International gestützte Fördermaßnahmen im Bereich Beratung und Consulting etablieren sich zwar langsam, aber konsequent in den Reformländern. Nahezu alle bereits benannten supranationalen Institutionen bieten – häufig in engem Zusammenhang mit finanzbezogenen Fördermaßnahmen – Beratungsleistungen an. Die Mehrzahl der nahezu unüberschaubaren Anzahl technischer Hilfsprogramme und -maßnahmen richten sich indes direkt an die staatlichen Institutionen und sollen die strukturellen Rahmenbedingungen verbessern helfen. Ihre Wirkung ist daher eher indirekt auf die Entwicklung des Mittelstandes.

Als wichtigste Fördermaßnahmen sind zu nennen die zahlreichen Phare-Programme zur Durchführung von Strukturmaßnahmen,[31] die Consultingprogramme der Weltbank und des IWF sowie der EBRD. Neben Großbritannien, das mit seinem British Government Know-how Fund in Polen Managementschulungen durchführt und die Regierung berät, ist für Deutschland als wichtigster Partner die Kreditanstalt für Wiederaufbau (KfW) zu nennen. Im Auftrag der Bundesregierung fördert die KfW im Rahmen des Transform-Beratungsprogramms den Know-how-Transfer auf verschiedene Weise. Die KfW berät derzeit 13 Länder Osteuropas, u.a. auch Polen und Litauen, beim Aufbau der institutionellen Infrastruktur für die Wirtschaftsförderung, die vor allem kleinen und mittleren Unternehmen zugutekommen soll. Im Rahmen des Transform-Programms wurden zwischen 1990 und 1995 150 Mio. DM allein in Polen für Beratungsleistungen in etwa 70 Vorhaben aufgewendet.[32]

Die Schwerpunkte liegen indes auf der Regierungsberatung. Zahlreiche Bundesländer und Institutionen, wie z.B. die Bundesanstalt für Arbeit, sind daneben in die verschiedenen Projekte eingebunden.

Auffällig ist bei der deutschen Förderung die deutliche Gewichtung zugunsten Polens als aufstrebender Handelspartner und Nachbar.

Die direkte Beratung des Mittelstandes erfolgt in beiden Untersuchungsländern vor Ort vorwiegend durch private Beratungsunternehmen und nur sehr bedingt durch national und international staatlich geförderte Unternehmen oder Institutionen.

In Polen haben sich neben den Beratungsunternehmen verschiedene staatliche und halbstaatliche Agenturen gebildet, die der breiten Masse des Privatunternehmertums Leistungen anbieten sollen. Die Polnische Agentur für Regionalentwicklung (PARR) soll gemäß ihrer Satzung Aktivitäten zugunsten schwach entwickelter Regionen initiieren und vor allem Informationen über die Regionalent-

---

31 Eine auszugsweise Darstellung der derzeit laufenden Phare-Förderung im technischen Bereich für Polen findet sich in: FAZ Informationsdienste (Hrsg.): Wirtschaftshandbuch Polen, Bd. 5, a.a.O., S. 34 f.

32 FAZ Informationsdienste (Hrsg.), Wirtschaftshandbuch Polen, Bd. 5, a.a.O., S. 17.

wicklung, bestehende Schulungs- und Beratungsangebote sowie Fördermöglichkeiten im finanziellen und technischen Bereich verbreiten. Erste Erfolge scheinen hoffnungsvoll. Die PARR hat seit ihrer Gründung Mitte 1993 zusammen mit kooperierenden Regionalagenturen Investitionen von über 123 Mio. ECU ingangegesetzt und Schulungen bzw. Qualifizierungskurse für über 10.000 Arbeitslose und Beschäftigte verschiedener Sektoren abgehalten. Derzeit wird versucht, das Netz regionaler Partner zu konsolidieren und dabei die Standards der Regionalprogramme der EU-Staaten zu erreichen.

In Litauen wird die Beratungsleistung von staatlicher Seite weitgehend von der Lithuanian Development Agency wahrgenommen. Diese Institution sieht ihren Beratungsschwerpunkt indes in erster Linie in der Gewinnung ausländischer Investoren.

Aufgrund der großen Anzahl von Beratungs-, Consulting- und Schulungsangeboten privater Beratungsanbieter ist ein einheitliches Urteil über die Qualität und Verwertbarkeit der Leistung für die operative Tätigkeit der Unternehmer bzw. Teilnehmer kaum möglich.

Wenngleich der theoretische Ansatz der Förderung sinnvoll ist, scheitert die praktische Umsetzung vor Ort oftmals, und zwar aus unterschiedlichen Gründen: Oft bleibt die Consultingleistung auf rein verwaltungstechnische Aspekte beschränkt und entläßt so den neuen Unternehmer recht unvorbereitet in das Wagnis des Sich-Behauptens am Markt, mit dem er bis *dato* ja nicht vertraut ist. Darüber hinaus läßt sich der „Einmalcharakter“ der Beratung in Sachen Kundenbetreuung, Kundenakquisition, Motivation des Mitarbeiterstamms, Kalkulation von Preisen usw. nicht zwingend auf eine – womöglich völlig andere – Situation übertragen. Die völlig andere Situation aber überhaupt als eine solche zu erkennen, setzt wiederum eine gewisse Kenntnis voraus, die zwangsläufig (noch) nicht immer vorhanden ist.

Und was die Schulung oder Beratung durch einen ausländischen Experten anbelangt, so birgt auch sie ihre Tücken: Nicht immer läßt sich von einem Markt auf den anderen projizieren, vielmehr gilt es, landesspezifische Komponenten (z.B. Tradition, Mentalität, Religion usw.) mit einzubeziehen. Um dies erfolgreich tun zu können, müßte der ausländische Experte aber nicht nur fachspezifischer Experte, sondern auch Kenner von Land und Leuten sein, was oft nicht der Fall ist.

4.3 Zusammenfassung

Die prinzipiell große Bedeutung der kleinen und mittleren Unternehmen für die Transformation zur Marktwirtschaft wird in den Untersuchungsländern sehr wohl erkannt, und es wird durchaus versucht, eine Mittelstandspolitik zu etablieren. So haben sich teils auf nationaler Ebene, jedoch weitgehend mittels internationaler Hilfe zahlreiche Förderprogramme herausgebildet, deren Wirkung jedoch vielfach den angestrebten Effekt für die breite Masse des Mittelstandes nicht induzieren konnte.

Die Frage, ob in den Ländern Polen und Litauen die jeweilige Mittelstandspolitik für die Herausbildung des unternehmerischen Mittelstandes verantwortlich zeichnet oder nicht, kann für beide Länder verneint werden. Eine kohärente Mittelstandspolitik ist in beiden Ländern nicht erkennbar. Das tatsächliche Agieren der Regierungen ist eher kurzatmig, nicht von stringenten Konzepten oder einer klaren Prioritätensetzung bestimmt.

Zwar haben sich die Rahmenbedingungen, innerhalb derer eine Entwicklung überhaupt erst stattfinden kann, innerhalb eines zufriedenstellenden, wenngleich noch nachbesserungswürdigen Rahmens entwickelt. Ungenügend ist jedoch das Ausmaß und die Effektivität einer auf direkte Induzierung gewerblicher Tätigkeit zielenden Politik und Mittelstandsförderung. Die hemmenden Faktoren sind offensichtlich:

- Aufgrund fehlender Gesamtstrategie sind die – durchaus zahlreichen – Einzelmaßnahmen wenig koordiniert und in ihrer Zusammenstellung eher zufällig.
- Die Förderung ist vielfach auf individualorientierte und finanzorientierte Unterstützung beschränkt. Flankierende Beratung und Consulting ist häufig aufgrund der strukturellen Gestaltung wirkungslos.
- Den für die Mittelstandsentwicklung nachbesserungswürdigen Rahmenbedingungen (z.B. Bankwesen, Verwaltung) wird zu wenig Beachtung geschenkt.

Die in Polen und Litauen derzeit angebotenen Fördermöglichkeiten im finanzbezogenen Bereich erreichen nicht die breite Masse der mittelständischen Unternehmen. Zum einen sind die fast ausschließlich von supranationalen Institutionen dargestellten Fördermaßnahmen im Kredit- und Bürgschaftsbereich vorwiegend an bestehende und prosperierende Unternehmen gerichtet; zum anderen sind bereits die Zugangsbedingungen für den kleinen Mittelständler kaum darstellbar. Schließlich wirkt sich die Verfahrensweise der Vergabe über inländische Geschäftsbanken aufgrund der insuffizienten, noch stark bürokratischen Bankenstrukturen eher hemmend aus. Impulse für eine kohärente Entwicklung und vor allem Entstehung des Mittelstandes gehen von diesen Programmen nur sehr bedingt aus. Die Steuerpolitik in bezug auf den Mittelstand krankt an der fehlenden Umsetzung der kSteuergesetze; solange es ohne weiteres möglich – und üblich – ist, unsanktioniert Steuerzahlungen zu umgehen, werden steuerliche Erleichterungen keinen großen Anreiz darstellen. Arbeitsmarktpolitische Maßnahmen sind vielfach nicht am mittelstandspolitischen Ansatz orientiert, sondern haben vielmehr einen rein sozialpolitischen Hintergrund. Daß die Maßnahmen auch unter mittelstandspolitischen Instrumenten subsumiert werden könnten, ist eher zufällig.

Die Fördermaßnahmen der supranationalen Organisationen im nichtfinanzbezogenen Bereich (Beratung, Consulting, Schulungen) richten sich vielfach nur an die staatlichen Institutionen und haben daher – über die Entwicklung des unternehmerischen Umfelds – allenfalls indirekt Einfluß auf die Mittelstandsentwicklung. Bei der direkten Förderung der kleinen und mittleren Unternehmen ist aufgrund der großen Anzahl meist privater Anbieter ein Urteil über die Wirkung auf den Mittelstand kaum möglich. Erste hoffnungsvolle Ansätze einer größeren Reichweite der direkten Beratung zeigen sich in Polen Ende 1995 durch Maßnahmen der Polnischen Agentur für Regionalentwicklung.

Aufgrund der noch relativ geringen Breitenwirkung der direkt angebotenen Fördermaßnahmen auf den Mittelstand gilt für beide Untersuchungsländer unter den derzeitigen Voraussetzungen, daß die weitere Ausgestaltung der wirtschaftlich-institutionellen Rahmenbedingungen die effektivste Mittelstandsförderung darstellen würde.

Es gilt dabei insbesondere anzusetzen bei

- einer konsequenten Umsetzung des vorhandenen Rechts- und Verordnungsrahmens sowie einer weiteren Ausdifferenzierung in verschiedenen Bereichen (z.B. Wettbewerbs- und Steuerrecht),
- einer Strukturreform in der Verwaltung, deren Verhaltensmuster im wesentlichen noch aus der Zeit des alten Systems stammen; bürokratische Strukturen sind einer freien Entfaltung der Wirtschaft eher abträglich,
- dem Ausbau und der Qualitätssteigerung und -sicherung der noch insuffizienten Finanz- und Beratungsstrukturen,
- dem Ausbau der wirtschaftsinstitutionellen Infrastruktur (z.B. Auf- und Ausbau des Kammerwesens),
- dem Abbau von Benachteiligungen der kleineren und mittleren Unternehmen (z.B. durch Abbau von Subventionen für große Betriebe – staatlich oder privat –; Aufbrechen der monopolartigen Machtstrukturen durch eine effiziente Wettbewerbspolitik),
- einer Strukturreform im Bildungs- und Fortbildungswesen.

Aufgabe der Politik in Polen und Litauen kann es letztlich unter den genannten Vorzeichen nur sein, das große Potential, welches der Privatinitiative und hier insbesondere dem Mittelstand innewohnt, zu mobilisieren. Bei einer weiteren Ausgestaltung von Förderprogrammen wird es wesentlich darauf ankommen, Impulse für die Eigeninitiative der einzelnen Unternehmen und der breiten Masse der Bevölkerung zu geben.

5. Entwicklung des unternehmerischen Mittelstandes

Die Entwicklung der mittelständischen Wirtschaft in den untersuchten Ländern Polen und Litauen soll aufgrund ihrer Schlüsselposition im Rahmen des Transformationsprozesses näher beleuchtet werden. Von besonderem Interesse sind hierbei sowohl der Bildungsprozeß der mittelständischen Wirtschaft, das Gründungsgeschehen und der Privatisierungsprozeß; es soll aber auch eine kurze soziologische Analyse über den neuen Mittelstand anschließen sowie eine Analyse der sektoralen und der räumlichen Strukturen der mittelständischen Wirtschaft.

5.1 Volkswirtschaftliche Stellung des unternehmerischen Mittelstandes

Für die genaue Bewertung der volkswirtschaftlichen Stellung des unternehmerischen Mittelstandes in den untersuchten Ländern sind exakte Angaben über Anzahl, Produktion, Beschäftigung usw. eine unabdingbare Voraussetzung. In den postkommunistischen Ländern Polen und Litauen fehlte es aber noch häufig genau an diesem exakten, auf aktuellen Stand gebrachten Datenmaterial, so daß sich eine Analyse auf die Veröffentlichungen internationaler Organisationen, auf Erhebungen verschiedener Drittstaaten und auf allgemeine (internationale und nationale) Presseveröffentlichungen sowie auf offizielle Selbstdarstellungen der beiden Länder – denen zwangsläufig stets ein gewisser Propagandacharakter anhaftet –, stützen mußte.

Statistische Daten unterschiedlicher Quellen zu vergleichbaren Sachverhalten wichen zwar zuweilen deutlich in ihren Absolutwerten voneinander ab, doch wiesen Tendenzen und Trends dennoch meist in dieselben Richtungen, was letztendlich doch auf eine realitätsnahe Abbildung der tatsächlichen Sachverhalte hindeutete.

Mittlerweile sind die Staaten im Umbruch jedoch bemüht, auch hinsichtlich der Erfassung, Verwertung und Auswertung von Daten sich dem westeuropäischen Standard anzugleichen oder zumindest schrittweise anzunähern – der beabsichtigte Beitritt zur Europäischen Union zeichnet hierfür in ganz erheblichem Maße verantwortlich –; auch ein weiterer Versuch, sich von dem planwirtschaftlichen Erbe zu befreien.

Privatwirtschaftliche Unternehmen wurden zu Zeiten der Planwirtschaft nur äußerst mangelhaft erfaßt, da sich der Hauptanteil der privatwirtschaftlichen Aktivitäten in einer Grauzone am Rande der Legalität abspielte und schon von daher einer statistischen Erfassung gewisse Grenzen gesetzt waren. Und die adäquate Erfassung kleiner und mittlerer Betriebe läßt in den Untersuchungsländern auch heute noch zu wünschen übrig, da die alten Verhaltensmuster noch zu tief sitzen.

So weisen auch heute noch die statistischen Erhebungen erhebliche Mängel auf, weil

- Informationen über die Anzahl mittelständischer Unternehmen auf Gewerberegisterdaten – und nicht aufgrund von Stichproben oder neuerlichen Zählungen – basieren, was zwangsläufig das Untersuchungsergebnis verzerrt;
- privatwirtschaftliches Agieren im Graubereich auch weiterhin statistisch nicht existent ist, wenngleich es im volkswirtschaftlichen Gesamtgefüge sehr wohl relevant ist. Nur vage Schätzungen können den Umfang messen;
- sie sich an den Gewerberegistereintragungen orientieren, die den Handelsregistereintragungen an Genauigkeit unterliegen (die meisten im Handelsregister eingetragenen Unternehmen bestehen tatsächlich). Dennoch bleibt die Schwierigkeit, ein Unternehmen eindeutig als „staatlich" oder „privat" einzuklassifizieren;
- insbesondere da, wo durch Kapitalgesellschaften gemischtes Einkommen eine Rolle spielt, amtliche Zuordnungen problematisch sind;
- privatisierte Unternehmen statistisch erst nach abgeschlossenem Privatisierungsprozeß dem Privatsektor angehören – was sich in der Praxis allerdings als sehr schlecht feststellbar erweist;
- sich auch die Zuordnung der Genossenschaften als problematisch gestaltet, da diese im Zuge der Privatisierung meist eine neue Rechtsform wählen;
- die Ungewißheit über die tatsächliche Anzahl der privaten Unternehmen exakte Produktionsdaten nicht realistisch erwarten läßt; weniger unzuverlässig – wenn auch nicht unbedingt der Realität entsprechend – sind die Daten bezüglich der Beschäftigten.

5.1.1 Entwicklung der privaten Wirtschaft in Polen und Litauen 1990 bis 1995

In den Untersuchungsländern Polen und Litauen hat sich der prozentuale Anteil der Privatwirtschaft an der Gesamtwirtschaft drastisch erhöht.

Während in Polen bereits 1989 rund 28% des BIP durch den privaten Sektor erwirtschaftet wurden, lag der hier erbrachte Anteil 1990 schon bei etwa 31,4%. Seit dem Jahre 1992 ist die Expansion der privaten Wirtschaft Motor des kräftigen Wachstums in Polen. Der Anteil der privaten Wirtschaft am BIP betrug 1993 bereits 59%. Der relativ hohe Anteil an der gesamtwirtschaftlichen Wirtschaftsleistung ist vor allem auf die zahlreichen Neugründungen privater Unternehmen und deren dynamische Entwicklung zurückzuführen. Nach offiziellen polnischen Angaben waren Ende 1995 rund 95% aller wirtschaftlichen Betriebe in privater Hand. Dieser Anteil ist durch die Masse der privaten Kleinunternehmen bestimmt. Der private Sektor erwirtschaftete Ende 1995 ca. 63% des BIP. Private Unternehmen prägen heute die polnische Wirtschaftsentwicklung, wenn auch die Privatisierung von bestehenden Staatsunternehmen eher schleppend verläuft. Die

Zahl der registrierten Privatunternehmen erreichte nach offiziellen polnischen Angaben Ende 1995 bereits 2,2 Mio. (1993: 1,9 Mio.).

In Polen herrscht derzeit eine Aufbruchstimmung, die psychologisch mit der Deutschlands in den beiden Nachkriegsjahrzehnten vergleichbar ist.

Die Anteile der Privatwirtschaft an der Industrieproduktion sind gewaltig: Für Polen liegen sie bereits 1993 bei 35%, 1995 bei 39%, Tendenz steigend (vgl. auch Kapitel 5.2.3.9). In anderen Bereichen ist die Dominanz der privaten Wirtschaft noch ausgeprägter. Im Handel liegt ihr Anteil bei 89%, im Export bei 56% und im Import bei 70%. Im Baubereich befindet sich 86% in privater Hand. Beschäftigte der private Sektor 1990 noch 49% aller Arbeitskräfte Polens, waren es Ende 1995 bereits rund 63%.

Diese hohen Anteile am erwirtschafteten BIP und bezüglich der Beschäftigtenzahlen ergeben sich jedoch auch aus der Tatsache, daß in Polen die Landwirtschaft fast ausschließlich nicht kollektiviert betrieben wurde. Einer der Unsicherheitsfaktoren in den polnischen Statistiken liegt außerdem darin, daß hier seit 1991 Genossenschaften dem Privatsektor zugeschlagen werden, was sich besonders dann als problematisch herausstellt, wenn dieses Prozedere auch rückwirkend Anwendung findet. Eine weitere Problematik bei der statistischen Erfassung stellen die privatwirtschaftlichen illegalen Aktivitäten dar, deren Bezifferung sich nur sehr vage schätzen lassen und je nach politischer Intention des Schätzers überzogen hoch oder verniedlichend tief angesiedelt werden. So schwanken die Schätzungen für Polen zwischen 10 und 30% der Erwerbstätigen mit einer nicht registrierten Tätigkeit.

In Litauen verläuft die Entwicklung der privaten Wirtschaft im Vergleich mit Polen deutlich langsamer. Die zögerliche Umsetzung der Strukturreformen in allen Bereichen der Gesellschaft wirkt auch hier fort. Die private Wirtschaft entsteht in Litauen vorwiegend aus Privatisierung. Auf Methoden der Privatisierung und deren Auswirkung wird später ausführlich eingegangen. Die Gründung neuer Unternehmen spielt eine eher untergeordnete Rolle. Zwar preisen die offiziellen Vertreter der Regierung die Erfolge bei der Privatisierung, doch sind die für 1995 angegebenen wertmäßigen Anteile der Privatwirtschaft von 71% (Dienstleistung), 67% (Bau), 60% (Handel) und 31% (Industrie) deutlich überhöht,[1] zieht man in Betracht, daß – nach eigenen litauischen Angaben – bis Ende 1995 nur etwa 30% des ehemaligen Staatsvermögens privatisiert wurde.[2] Auch die offiziellen litauischen Angaben zum Anteil der privaten Wirtschaft am BIP (1995 ca. 70%) sowie zur Beschäftigung von Arbeitskräften (danach sollen ca. 70% aller Arbeitskräfte bei Privatunternehmen angestellt sein) sind – in Ermangelung anderer Quellen – mit der gebotenen Vorsicht zu sehen; die Zahlen bezüglich Beschäftigung und BIP scheinen geschönt – mehr noch als die Angaben für Polen.

---

1 Ministry of Finance, Privatisation in Lithuania, Vilnius 1996, http://www.finmin.lt.

2 Lithuanian Development Agency: Privatisation, 1996, in: http://www.lda.lt.

Verläßliche Zahlen zu – echten – Neugründungen gibt es für Litauen nicht. Eine Analyse des Gründungsgeschehens fällt daher schwer. Problematisch erscheint, daß auch in Litauen nahezu die gesamte Landwirtschaft als privatisiert gilt (97%) und in die Statistik der privaten Wirtschaft mit einfließt. Wie in Polen stellt auch in Litauen die Schattenwirtschaft ein erhebliches Problem dar. Nach Angaben der litauischen Zentralbank dürfte das Inlandsprodukt 1994 um 8 bis 12%, nach Berechnungen der Weltbank sogar um mehr als 25% höher liegen, als in den offiziellen Statistiken erfaßt.[3]

Gleichwohl gewinnt auch die litauische private Wirtschaft an Fahrt und wird zunehmend ihrer Rolle als Triebkraft der Transformation gerecht. Die Indikatoren weisen hier eine eindeutige Richtung, wenngleich die durchaus positive Gesamtentwicklung durch Bankenkrise, politische Querelen in diesem Zusammenhang und den bekannten Strukturproblemen derzeit gehemmt scheint und in keiner Weise mit der Entwicklung Polens Schritt hält. Von einer Euphorie, wie derzeit in Polen erkennbar, ist in Litauen wenig zu spüren. Litauen kann nominal zwar durchaus auf einen großen privatwirtschaftlichen Anteil verweisen, die Stimmung im Land ist jedoch Ende 1995 eher gedrückt. Es scheint fast, Litauen befände sich in einer moralischen Krise und es seien zunächst auch mentale Probleme zu lösen.

Es wird am polnischen Beispiel deutlich, daß die private Wirtschaft Motor der Entwicklung hin zu einer schnellen und weitgehend erfolgreichen Transformation des Wirtschaftssystems sein kann. Die Aufbruchstimmung in Polen gilt es zu nutzen, um die Vorzüge der privaten Wirtschaft noch stärker in der Gesellschaft zu verankern und einer noch breiteren Bevölkerungsschicht nahezubringen.

5.2 Entstehung des unternehmerischen Mittelstandes

Im Zuge der Einführung des Staatssozialismus wurde der Privatsektor verstaatlicht oder zumindest äußerst restriktiv überwacht. Der Entwicklungsprozeß des unternehmerischen Mittelstandes – weg von der sozialistischen Reglementierung hin zur marktwirtschaftlichen Eigenverantwortung – soll in seinen wichtigsten Schritten aufgezeigt werden.

5.2.1. Der Mittelstand vor 1989

Mit Ende des Zweiten Weltkrieges hielt die sozialistische Wirtschaft Einzug in die untersuchten Länder. Litauen wurde 1940 von der UdSSR annektiert und nach den Jahren der deutschen Besatzung während des Zweiten Weltkrieges 1944 definitiv als Sowjetrepublik in die UdSSR inkorporiert; Polen wurde 1945 sozialistische Volksrepublik.

---

3 Bank of Lithuania, Bulletin of the Bank of Lithuania 95.1, S. 19, in: www.lbank.lt.

Die Verstaatlichung setzte bei der Großindustrie, beim Handel und in der Landwirtschaft zügig ein; in Polen blieben kleine Produktionsstätten und Betriebe bis in die 50er Jahre in privater Hand, erst Ende der 50er Jahre fielen auch sie der Verstaatlichung zum Opfer. In den folgenden annähernd zwei Jahrzehnten war der unternehmerische Mittelstand praktisch ausgestorben. Die Lücke, die sein Verschwinden riß, konnte die rigide Planwirtschaft nicht füllen, es entwickelte sich eine „zweite Wirtschaft", eine Schattenwirtschaft, toleriert, am Rande der Legalität oder schon in der Illegalität, mit Nebenerwerbstätigkeiten in Landwirtschaft und Handwerk, oft als Nachbarschaftshilfe kaschiert, durch private Nutzung der Ressourcen der Staatsbetriebe und auf dem Schwarzmarkt. Im allgemeinen standen die Regierungen im Zwiespalt zwischen Genehmigung oder zumindest wohlwollender Duldung von Privatunternehmen zum Ausgleich von Versorgungsengpässen und der Wahrung der reinen sozialistischen Lehre im Wirtschaftsbereich.

Dementsprechend schwankte das Volumen dieser inoffiziellen Wirtschaft stark, je nachdem, in welche Richtung die Regierung tendierte, wie rigide oder liberal sie das Problem gerade sah.

In Polen setzten 1972 und 1974 neue Gesetze Signale für eine dauerhafte Liberalisierung. Unter der Erkenntnis, daß die staatliche Wirtschaft die Bedürfnisse einer zunehmend unzufriedenen Bevölkerung nicht mehr befriedigen konnte, wurde die Gründung von privaten Unternehmen legalisiert; ab 1976 wurde Exilpolen erlaubt, mit ihrem ausländischen Kapital Firmen in Polen zu gründen („Polonia-Firmen").

Bis Ende der 80er Jahre wuchs eine nennenswerte Schicht privater mittelständischer Unternehmen: Von 1981 bis 1988 verdoppelte sich ihre Zahl auf ca. 485.000. Zur Jahreswende 1988/89 wurde ein Paket von Reformgesetzen beschlossen, die grundsätzliche Gewerbefreiheit und Gleichheit aller Unternehmen unabhängig von der Eigentumsform garantierten[4].

Der Schwerpunkt lag zunächst bei den landwirtschaftlichen Betrieben: Mehr als 75% der landwirtschaftlich genutzten Fläche fand sich 1989 in privater Hand[5]. 1989 erwirtschafteten Privatbetriebe 15% des BIP auf dem Landwirtschaftssektor, 6% des BIP in den anderen Sektoren.

Diese Liberalisierung darf allerdings nicht darüber hinwegtäuschen, daß rigide Steuergesetze, harte Kontrolle und stetige Gängelung dafür sorgten, daß der Privatsektor nur zur Einkommenserwirtschaftung ohne große Risikobereitschaft diente; Entwicklung und Investitionen fanden unter den gegebenen Rahmenbedingungen, wo nicht Markt, sondern die persönliche Situation des Unternehmers Steuergröße war, praktisch nicht statt. Erst nach 1989 kam der Umbauprozeß richtig in Gang.

---

4 Machowski, H.: Polens schwieriger Weg in die Marktwirtschaft, in: Aus Politik und Zeitgeschehen. Beilage zur Wochenzeitschrift Das Parlament 3/1990, S. 35.

5 Ginsburg, H.J.: Soziale Basis, in: WirtschaftsWoche Nr. 27 v. 26.6.1992, S. 50.

Wenn sich auf diesem privaten Sektor auch weniger regelrechte unternehmerische Fähigkeiten unter Beweis stellten, so war doch eine permanente Flexibilität Garant für ein wichtiges zukünftiges Potential im beginnenden Transformationsprozeß.

Die Situation Litauens war demgegenüber um einiges ungünstiger. Nicht nur Satellitenstaat, sondern integraler Teil der Sowjetunion (der Republikstatus darf darüber nicht hinwegtäuschen) war in System und Wirtschaft sehr viel rigider eingebunden; während sich in den Satellitenstaaten ein, wenn auch planwirtschaftliches, so doch nationales Wirtschaftsgefüge entwickelte, war die Wirtschaft des Baltikum stets in den Großplan der Union integriert und auf die Gesamtversorgung des Sowjetreichs orientiert. Der Mittelstand war in der Blüte der Sowjetzeit praktisch nicht existent, die Produktion einseitig, spezialisiert und entsprechend den Bedürfnissen der Union sehr groß dimensioniert[6] (z.B. die Mammut-Raffinerie Mazeikiai, Atomkraftwerk Ignalina[7]), was zwar den Werktätigen einen bescheidenen Wohlstand verschaffte, aber für eine spätere Unabhängigkeit zusätzliche Hürden schuf[8]. Gerade die enge Einbindung ins Sowjetsystem im Verein mit relativem Wohlstand hielt die Entwicklung einer „zweiten Wirtschaft" auf einem relativ geringen Niveau. Änderungen zeichneten sich erst Ende der 80er Jahre ab – und da waren die baltischen Nachbarn deutlich aktiver und agiler als Litauen: In Estland gab es schon 1987 Pläne für die „Selbstbewirtschaftung", für die eigene Währung und für marktwirtschaftliche Umgestaltung[9]. In Litauen, weniger hochindustrialisiert als seine beiden nördlichen Nachbarn, war diese Entwicklung wesentlich verhaltener (vielleicht entsprechend dem bedächtigen Naturell, das die Nachbarn den Litauern nachsagen). Und war der Systemwechsel in Polen gewissermaßen ein interner Prozeß, so war die Erlangung der staatlichen Unabhängigkeit der baltischen Staaten – ohne die eine marktwirtschaftliche Entwicklung in Litauen nicht möglich gewesen wäre, zumal das Sowjetsystem zu der Zeit noch nicht an Umbau dachte – verbunden mit harten Auseinandersetzungen, Embargo und militärischer Konfrontation mit Toten, bis der sowjetische Staatsrat im September 1991 einlenkte und Litauens Eigenstaatlichkeit anerkannte. Erst nach diesem Ereignis kam auch der wirtschaftliche Umbau nennenswert in Gang.

5.2.2 Gründungsgeschehen nach 1989

In den Jahren von 1989 bis 1993 fand ein bemerkenswerter Aufbruch in die Selbständigkeit statt. Die erste Größe, die diese Entwicklung für Polen veranschaulicht, ist die Zahl der registrierten nichtlandwirtschaftlichen Einzelunternehmen: Sie stieg von 650.000 im Jahre 1989 auf 1.700.000 in 1993. Doch ist

---

6 Pissulla, P., in: HWWA-Report Nr. 122/1993, a.a.O., S. 69.

7 O.Verf.: in:Süddeutsche Zeitung vom 25.5.1994, S. 24.

8 Ruess, A. / Göppert, K.: Baltikum: Der sowjetische Westen, in: WirtschaftsWoche Nr. 37 v. 6.9.1991, S. 26.

9 Ziesemer, B.: Ökonomische Grenze, in: WirtschaftsWoche Nr. 7 v. 8.2.1991, S. 36.

diese imposante amtliche Zahl zu relativieren, denn die amtlichen statistischen Daten der Registrierung liegen deutlich höher als die reale Unternehmenszahl. Ein im Herbst 1992 per Umfrage erhobener Zensus der kleinen und mittleren Betriebe kam auf etwa 1,2 Mio. außerhalb der Landwirtschaft unternehmerisch tätige Personen. Gründe für diese Diskrepanz liegen in den „prophylaktischen" Gewerbeanmeldungen, die nie in eine tatsächliche unternehmerische Tätigkeit münden, und in „Feierabendgeschäften" (die nicht zu gering geachtet werden sollten, da sie Hinweis sind auf wirtschaftliche Interessen und noch vorhandenes Potential).

Bezieht man die Selbständigen in der Landwirtschaft mit ein – 1993 rund 2,3 Mio. Betriebsinhaber –, erreicht in jenem Jahr der Anteil der Selbständigen, gemessen an der Zahl aller Erwerbstätigen, 23,7% (nichtlandwirtschaftliche Selbständige real 8,5%).

Wenn auch von prinzipiell ähnlicher Struktur, lief die Entwicklung in Litauen deutlich langsamer, wohl auch bedingt durch eine Staatsführung, die bewußt das Privatisierungstempo drosselte und sehr auf soziale Abfederung aus war (wenn auch zu Beginn des Transformationsprozeßes in Litauen um 1992 ohne überzeugenden Erfolg), wie auch aufgrund der Kapitalunsicherheit durch den langsamen Ausstieg aus der Rubel-Zone und das lange Warten – über den Umweg der Talonas – auf eine eigene stabile und konvertierbare Währung. Immerhin war der Hemmeffekt auf die Privatisierung mit Entstehung kleiner und mittlerer Unternehmen weniger ausgeprägt als im Bereich der Großindustrie. So stieg die Zahl der Privatunternehmen von vernachlässigbaren Zahlen vor 1991 auf 2.391 in 1994; dabei führten Einzelhandelsunternehmen (1.050) und Dienstleistungsbetriebe (748) die Tabelle an[10]. Auch trotz Unsicherheiten in der Gesetzgebung über Rückgabe oder Kompensation von Landeigentum stieg die Zahl der Privatbauern in Kleinbetrieben (durchschnittliche Hofgröße 8,8 ha) bis Januar 1994 auf 113.000 an.[11]

5.2.2.1 Strukturen des Gründungsgeschehens

Die amtliche statistische Erfassung von Gründungs- und Wirtschaftsgeschehen war und ist trotz Bemühungen, sie zu modernisieren und effizient zu gestalten, noch unzulänglich. Selbst in bezug auf Registrierung von Gewerben findet man nur die Erfassung eines statischen Augenblicksbildes, Zahlen zur Marktdynamik, bezüglich des Marktein- und -austritts fehlen zu oft; aus dem erhältlichen Datenmaterial läßt sich lediglich global sagen, daß das Gründungsgeschehen ausgesprochen turbulent verlief: Viele der neugegründeten kleinen Betriebe stellten ihre Arbeit nach sehr kurzer Zeit schon wieder ein. Auch Konkurszahlen geben kein schärferes Bild, schließen doch eine nicht unbeträchtliche Zahl von kleinen und mittleren Betrieben, ohne überhaupt den Konkurs anzumelden.

---

10 Melnikas, B. / Melnikas, L., a.a.O., Tabelle 9, S. 26.

11 (Lithuanian) State and Government, 1996, in: http://neris.mii.lt/state.html.

Die sektorale Erfassung ist ebenfalls sehr inhomogen und oft von zu geringer sektoraler Tiefe. Immerhin zeigt sie das Muster einer Aufgliederung, das die Folgen, die Aufarbeitung und Anpassung der alten planwirtschaftlichen Struktur an eine marktwirtschaftliche widerspiegelt. Die Schwerpunktbildung im Bereich Handel und Dienstleistungen wird noch betont durch geringere Zugangsbarrieren in diesem Bereich.

So entfallen in Polen etwa 20% der registrierten kleinen und mittleren Unternehmen auf das verarbeitende Gewerbe, um 12% auf die Bauwirtschaft. Handel und Instandsetzung nehmen ca. 40% ein, ca. 24% der Dienstleistungssektor.

Die Erfassung in Litauen ist – zeitversetzt – noch weniger aussagekräftig; erst nach 1991 wurden überhaupt relevante Daten gesammelt. Inzwischen setzt das statistische Landesamt Vilnius wirtschaftsrelevante Dateien sogar in ihre Homepage des Internet (http://www.std.lt); der bearbeitete Sektor ist jedoch noch lange nicht hinreichend. Pathognomonisch mag erscheinen, daß die EU im Rahmen des Phare-Programms in Litauen einen speziellen Programmteil Statistik inkorporiert hat (The 1994 Phare Multi-Country Programme for Statistical Cooperation).

Generell ist aber das Geschehen von einer starken Dynamik geprägt: Allein im Januar 1994 wurden 418 Unternehmen neu registriert[12]. Anfang 1993 gab es um 91.000 Privatunternehmen[13]. Demgegenüber nehmen andere Autoren[14] an, daß rund 15% der zwischen 1991 und 1993 gegründeten Unternehmen bereits wieder ihre Tätigkeit eingestellt haben.

5.2.3 Privatisierung

Innerhalb einer Eigentumsordnung als Element der Wirtschaftsordnung stehen sich als Alternativen das Privateigentum oder das Kollektiveigentum an Produktionsmitteln gegenüber. Eigentumsrechte sind definiert durch den Handlungs- und Verfügungsbereich hinsichtlich der Aneignung, Nutzung und Übertragung von knappen Gütern.[15]

Als Privatisierung ist definiert der Vorgang, der darauf abzielt, bisher staatliche Aktivitäten in den privaten Sektor der Volkswirtschaft zu verlagern[16] mit dem Endziel, daß die neuen Eigentümer die – mittels rechtsstaatlicher Rahmenordnung garantierten – gesamten Verfügungs- und Nutzungsrechte über die nun selbstverwalteten Ressourcen innehalten.

---

12 Boroch, W. / Lösch, D., in: HWWA-Report Nr. 146/1994, a.a.O., S. 42.

13 O.Verf.: in: Baltic News Nr. 4 v. 16.2.1994, S. 15.

14 Boroch, W. / Lösch, D., in: HWWA-Report Nr. 146/1994, a.a.O., S. 42.

15 Woll, A., Wirtschaftslexikon, a.a.O., Eintrag: Institutionenökonomik.

16 Gabler Wirtschaftslexikon, a.a.O., CD-Rom-Ausgabe, Eintrag: Privatisierung.

5.2.3.1 Bedeutung der Privatisierung für die Systemtransformation

Die Bedeutung privater Verfügungsrechte liegt zu allererst in der Tatsache, daß dem Einsatz, Gebrauch und Verbrauch von Ressourcen ein je individueller Wert beigemessen wird in Abhängigkeit von den je privaten Folgen dieses Einsatzes.

So ist es überhaupt erst möglich, daß Entscheidungen innerhalb des Verfügungsbereichs getroffen werden: Erst aus der Kopplung von Entscheidung und daraus resultierenden persönlichen Konsequenzen läßt sich für den Einzelnen seine ganz persönliche Werteskala der Ressourcen ermitteln. Die Grundlage bildet ein Menschenbild, das den Einzelnen als Nutzenmaximierer ausweist.

Die Schaffung von Privateigentum bedeutet damit gleichzeitig auch eine maßgebliche Entfaltung der Privatinitiative als Grundstein für eine Wirtschaft, die sich auf die Risikofreudigkeit und Kreativität von auf eigene Kosten wirtschaftenden Unternehmern gründet. Damit ist aber auch die Rückumwandlung des staatlichen Eigentums an allen Produktionsmitteln und allem Grundbesitz in privates Eigentum – selbst wenn das mit gewissen Einschränkungen geschieht – die *conditio sine qua non* für die Entstehung eines marktwirtschaftlichen Wirtschaftssystems.

Es bleibt dabei fraglich, inwieweit – oder ob überhaupt – dem Privatisierungsprozeß die Sanierung von Staatsunternehmen vorangestellt werden soll.

Diskussionswürdig scheint weiterhin, in welchem Tempo die Privatisierung vonstatten gehen soll. Rückblickend läßt sich konstatieren, daß sich der Privatisierungsprozeß als tiefgreifende Veränderung über einen längeren Zeitraum erstrekken mußte, als von Experten hierfür ursprünglich veranschlagt worden war. Gründe hierfür liegen u.a. in der Tatsache, daß sowohl die personellen als auch die technischen Ressourcen für eine sachgemäße Abwicklung nicht ausreichten, daß lange Zeit zu wenig Kapital in privater Hand war, daß Ressentiments gegen einen „nationalen Ausverkauf“[17] bestanden – und noch bestehen. Insbesondere in Litauen ging die Tendenz der Privatisierung zunächst noch stark in diese Richtung: Lange Zeit wurden große Bereiche von der Privatisierung ausgespart und im übrigen versucht, den Besitz innerhalb des Landes zu halten. Die Coupon-Privatisierung machte aus den Litauern ein Volk von Kleinaktionären, brachte aber Litauen kein zusätzliches Kapital[18].

> „... man wollte auf diese Weise die Unternehmen nach Möglichkeit im inländischen Besitz halten, hat aber dabei völlig übersehen, daß all diese Unternehmen für ihre Modernisierung dringend frisches Kapital und wirtschaftliches know-how brauchen, das im eigenen Land nicht vorhanden ist ...“[19],

zitiert die Frankfurter Allgemeine Zeitung einen Wirtschaftsfachmann vor Ort.

---

17 Lagemann et al., a.a.O., S. 31.

18 Bottler, S.: Baltische Staaten im Aufbruch, in: Die Welt v. 14.11.1994, S. 18.

19 O.Verf.: Immer mehr westliche Investoren entdecken Litauen, in: Frankfurter Allgemeine Zeitung v. 24.1.1995, S. 12.

5.2.3.2 Privatisierungspolitik im institutionellen Zusammenhang

Die Reformstaaten Polen und Litauen sahen sich zu Beginn des Transformationsprozesses, also 1989/90 bzw. 1991/92, vor der gewichtigen Aufgabe, zumindest einen Großteil der Wirtschaft in privaten Besitz zu überführen, ohne hierfür auf irgendeinen Erfahrungsschatz zurückgreifen zu können, der als Garant hätte dienen können.

So verwundert es nicht, daß auf der Suche nach Möglichkeiten zur Verwirklichung der Privatisierung auf ausländische Erfahrungen zurückgegriffen wurde, die wiederum teils mit eigenem Ideengut verquickt wurden. Letztlich war die Konzeption der Privatisierung somit eine Mixtur aus mehr oder minder zufälligen Faktoren – beispielsweise bedingt durch persönliche Privatisierungspräferenzen – und den Ratschlägen in- und ausländischer Berater. Außerdem beeinflußte das institutionelle und politische Umfeld die Formulierung der Privatisierungspolitik in den Gesetzen.

In Polen wurde als Konsequenz aus der Solidarność-Bewegung die Unternehmensverfassung völlig geändert: In den staatlichen Unternehmen übernahmen sog. Arbeiterräte die Kontrollfunktion über die Unternehmensleitung, wobei ihre Stimme ein beachtliches Gewicht hatte. Gleichzeitig wurde den Unternehmen mehr Entscheidungsfreiheit gegenüber den staatlichen Planungs- und Aufsichtsbehörden zugestanden. Die daraus resultierende Machtposition von Arbeiterräten und Belegschaften konnte von seiten der nichtkommunistischen Regierung nicht negiert werden und spielte im Privatisierungsprozeß eine gewichtige Rolle.

Damit war der Privatisierungsprozeß in Polen ein Konkurrieren der Selbstverwaltungsideen der Arbeiter mit der rein technokratischen Idee einer Privatisierung von seiten der Regierung. Das Privatisierungsgesetz imponiert somit als ein Kompromiß zwischen diesen beiden Extremen: In Polen hat man sich auf dem Weg hin zur Privatisierung dafür entschieden, sowohl den Arbeiterräten als auch dem Management viel Entscheidungsfreiraum einzuräumen; gleichzeitig kommt der Übertragung von Eigentums- und Nutzungsrechten an Belegschaften und Management eine tragende Rolle zu.

Das in Polen bereits 1988 diskutierte sog. „Massenprivatisierungsverfahren“[20] hat erst nach der Verabschiedung des Gesetzes zur Privatisierung von 1993 eine reelle Chance auf Realisierung.

In Litauen waren bis zur Unabhängigkeit 1991 die Planstrukturen der Wirtschaft unverändert. Die Aktivitäten zum wirtschaftlichen Umbau und damit zur Privatisierung gingen im wesentlichen von der Regierung aus, die das gesetzliche Rahmenwerk schuf: ein Gesetzeswerk von über 100 Gesetzen, worunter die wichtig-

---

20 Unter Massenprivatisierung versteht man die weitgehend kostenfreie Verteilung von Vermögenstiteln an die Bevölkerung. Als vorteilhaft muß angesehen werden die damit erreichte breite Streuung, negativ ist jedoch, daß die Bevölkerung den Privatisierungsprozeß recht wenig mitgestaltet.

sten das „Gesetz über die Grundlage des Eigentums“ und das „Gesetz über die anfängliche Privatisierung“ waren[21]. Betraut mit der Durchführung wurden die betroffenen Fachministerien und – regierungsabhängige – Privatisierungskommissionen. Diese starke rechtliche und institutionelle Grundlage darf aber nicht über die Tatsache hinwegtäuschen, daß sich in der Realität die litauische Führung sehr lange mit der Privatisierung schwer tat: Viele der Verordnungen sind halbherzig, noch geprägt von Ideen eines dirigistischen Staates. Kernstücke der Industrie wurden von der Privatisierung ausgespart und gerade bei der Großindustrie oft nur auf dem Papier abgewickelt[22], der Zugang für Ausländer aus „Überfremdungsängsten“ so erschwert, daß das Interesse ausländischer Investoren erlahmte.

5.2.3.3 Privatisierungsmethoden

Mit dem Zusammenbruch des Kommunismus im Jahre 1989 in Polen bzw. im Jahre 1990/91 in Litauen begann ein sozialpolitischer Wandel, der in der Wirtschaft dazu führte, daß eine Rückkehr zum Kapitalismus – und damit: zum Privateigentum – unumgänglich war. Das bedeutete aber auch eine einschneidende Änderung in der Bewertung bisher als richtig anerkannter Werte, kam also einer gesellschaftlichen Revolution gleich. War Privateigentum bislang eher als Übel rezipiert worden, sah sich das Management nun vor völlig neue Anforderungen gestellt, indem erklärtes Ziel nun die Schaffung von Privateigentum war.

Wesentliches Element zur Schaffung dieses Privateigentums – neben der Reprivatisierung jenes Vermögens, das nach Kriegsende unter Verletzung des Eigentumsrechts enteignet und in Staatsbesitz überführt worden war, und neben der Neuschaffung von Privateigentum durch private Kleinunternehmen – ist die Eigentumsumwandlung, also die Privatisierung des staatlichen Vermögens an Land, Wohnfläche und Produktionsmitteln, für die verschiedene, in anderen Industriestaaten schon erprobte Verfahren neben dem einfachen Verkauf oder der einfachen Versteigerung zur Verfügung standen oder stehen.

5.2.3.3.1 Öffentliche Ausschreibung

In diesem Verfahren werden Betriebe vom Staat zu definierten Rahmenbedingungen, in die nicht nur Preis, sondern auch Unternehmensplan, Beschäftigungspolitik, Umweltplan oder Entwicklungsideen eingehen, öffentlich ausgeschrieben (Tender) und dem besten Anbieter zugeschlagen.

---

21 Eine übersichtliche Darstellung zur Gesetzeslage in Litauen Ende 1993 gibt Boroch, W. / Lösch, D., in: HWWA-Report Nr. 146/1994, a.a.O., S. 13-25.

22 FAZ Informationsdienste (Hrsg.): Investitionsführer Mittel- und Osteuropa, Litauen 1996, Frankfurt/Main und Hamburg 1996, S. 16.

5.2.3.3.2 Voucher-System

Prinzip des Verfahrens ist es, vouchers (synonym mit Coupon oder Investitionsscheck zu gebrauchen) über eine bestimmte Summe an alle Bürger auszugeben. Für diese Coupons können die Bezieher die eigene Wohnung auslösen oder sie im Wege der Auktion gegen andere Eigentumswerte eintauschen oder Aktienkapital privatisierter Unternehmen erwerben. Vorteil dieses Voucher-Systems ist, daß alle Bürger formell die gleichen Chancen erhalten, an der Privatisierung teilzuhaben, wobei der Einfluß von Barvermögen gemindert oder ausgeschlossen wird. Nachteil des Systems ist es, daß die Gleichheit der Bürger nur formell ist. Freilich werden Vouchers gehandelt und von Leuten mit Barvermögen aufgekauft, wodurch wieder die alten begünstigten Kreise in wirtschaftliche Spitzenpositionen rücken, was sich vordergründig als Nachteil ausnimmt. Gleichwohl muß aber bedacht werden, daß es oftmals eben diese Kreise sind, aus denen sich zur gegebenen Zeit Führungskräfte rekrutieren lassen und die ein Risiko zu tragen fähig und willens sind. Daneben sorgen die niedrigen Ausgabewerte für große Spekulationsgewinne und hohe Verluste für den Staat, und letztlich bringt die Privatisierung nach dem Voucher-System keine zusätzlichen Finanzmittel in die Staatskasse, die aber für Investitionen unerläßlich sind.

5.2.3.3.3 Management- und Belegschafts-Buy-Out

In diesem Verfahren tritt das Management oder aber Teile oder die gesamte Belegschaft als Käufer des eigenen Betriebes auf, wobei der Staat in der Regel Sonderkonditionen konzediert.

Ihren ersten zögerlichen Anfang nahm diese Art der Privatisierung in Polen bereits vor der dezidierten Formulierung und Implementierung des Balcerowicz-Planes. Schon im Vorfeld dieses nationalen Gesamtprogramms zur Transformation Polens in eine marktwirtschaftliche Ökonomie kam es vereinzelt zur sog. „Nomenclatura Privatisierung“: Einige der staatseigenen Unternehmen wurden in Aktiengesellschaften umgewandelt, wobei der Erwerb der Aktien den Direktoren vorbehalten blieb.

> „From a legal and moral point of view it was highly questionable. But it also did the change irreversible. The need to create an effective legislative framework of ownership then became necessary, and the former state enterprise managers were ‘bribed’ into not trying to hinder the reform process.“[23]

Im weiteren Verlauf der Privatisierung war es dann auch der Belegschaft möglich, über Aktien Miteigentümer an „ihrer“ Firma zu werden. Beide Gruppen, Manager gleichwie Belegschaft, hatten in den unsicheren Zeiten der Transformation ein erhebliches Interesse daran, das Schicksal der Firma in die eigenen Hän-

---

23 Kalmi, P.: Evolution of Ownership Change and Corporate Control in Poland, in: Review of Economies in Transition, Suomen Pankki/Bank of Finland, Helsinki, Vol. 6/1995, S. 47.

de zu nehmen – dem möglichen Verlust des Arbeitsplatzes infolge von Firmenschließungen vorzubeugen.

An den zum Management- und Belegschafts-Buy-Out vorgesehenen Firmen hatten die einfachen Arbeiter und Angestellten am Ende des Jahres 1991 einen Aktienanteil von 90%.[24] Im Juni des Jahres 1994 betrug dieser Anteil nur noch 72%.

> „The trend is clear. ... The managers have strengthened their position. It would not be a bad guess to say that management in initiating the privatization had a clear strategy to gain control in these companies. ... The employees, despite their share ownership, do not practice decision-making power in the enterprises. Perhaps considering these enterprises as employee-owned is misleading: it might be closer to the truth to say, that managers consider establishing the company as a way of securing their own domination in the enterprises, and they use the employees to finance the operation."[25]

Die Eigentumsstruktur privatisierter staatlicher Industrieunternehmen in Litauen unterscheidet sich aufgrund der gesetzlichen Vorgaben für ein Belegschafts-Buy-Out deutlich von der Eigentumsstruktur in Polen. Per Gesetz wurde geregelt, daß nur bis zu maximal 50% der Aktienanteile an Management und Belegschaft gehen dürfen, während die andere Hälfte der Aktien Streubesitz darstellen, von Investmentfonds gehalten werden oder in staatlicher Hand verbleiben.[26]

Prinzipiell lassen sich Argumente finden sowohl für als auch gegen die Privatisierungsmethode Management- und Belegschafts-Buy-Out, wie sich ebenso über die Höhe der Management- und Belegschaftsbeteiligungen diskutieren läßt.

Grundsätzlich für eine solche Methode spricht die intime Kenntnis der betrieblichen Produktionsabläufe und prinzipieller Absatzmärkte sowie die Motivation, für den „eigenen" Betrieb zu arbeiten.

Gegen diese Art der Privatisierung spricht die Tatsache, daß das „alte" Management die privatisierten Unternehmen weiterhin kontrolliert, die Art der Unternehmensführung und Unternehmensphilosophie damit durchaus weiterhin „sozialistisch" geprägt sein kann. Die seilschaftliche Verbundenheit mit Regierungskreisen kann Subventionierungen bedeuten, die die rein betriebswirtschaftliche Führung von Unternehmen in einem marktwirtschaftlichen Kontext zumindest teilweise verhindern.

In Litauen existiert zudem ein überaus schuldnerfreundliches Konkursrecht, so daß es selbst in Fällen von Illegalität und Überschuldung nicht zur Eröffnung eines Konkursverfahrens kommt.

---

24 Gardawski, J.: Kierunki zmian struktury wlasnosci i wladzy w spolkach pracowniczych (Directions of the Change in Ownership Structure and Power in Employee-Owned Companies), in: Jarosz, M. (ed.): The Splendours and Miseries of Employee-Owned Companies in 1991-1994. Polish Academy of Science, Warsaw, S. 34.

25 Kalmi, P., a.a.O., S. 57.

26 Boroch,W., in: HWWA-Report Nr. 157/1996, a.a.O., S. 32.

5.2.3.4 Privatisierungseinrichtungen

Polen

In Polen wacht ein Privatisierungsministerium über die Privatisierung, es ist zuständig für Planung, Implementierung, Genehmigungen und Ausnahmeregelungen. Hinzu kommen zu diesem Zweck eingerichtete Mittelstandsabteilungen in den verschiedenen Ministerien, die die Regierungen auch beraten hinsichtlich ihrer Mittelstandspolitik, hinsichtlich des Ausbaus der mittelständischen Infrastruktur und der Koordinierung nationaler und internationaler Förderprogramme. Da diese Mittelstandsabteilungen kleine Einrichtungen mit begrenztem Personalstab sind (die Bildung einer schlagkräftigen und unabhängigen Einheit unter der Regierung Suchocka blieb ein vorübergehendes Experiment), fehlt es ihnen vielfach an der breitenwirkungsvollen Akzeptanz von seiten der anderen Abteilungen, die die Mittelstandsabteilungen bislang oftmals als überflüssige Einrichtung betrachten.

Mit der Ausgabe der Anteilsscheine wurde eine (gewählte) Bank betraut, der die ordnungsgemäße Verteilung der Anteilsscheine an schätzungsweise 27,9 Mio. erwachsene Polen obliegt.

Die Privatisierung der staatlichen Landwirtschaftsbetriebe und des staatlichen Eigentums an Grund und Boden als auch der staatlichen landwirtschaftlichen Immobilien wird von der sog. Agentur für Landwirtschaftlichen Staatsbesitz geregelt. Diese ist bestrebt, den Staatsbesitz an Privaterwerber zu veräußern, ihn in neugegründete Gesellschaften zu überführen oder ihn an Privatpersonen zu verpachten.

Durch die Einrichtung von – zumindest langfristig betrachtet – konkurrenzfähigen Warenbörsen unterstützt die Stiftung der Staatlichen Agentur für Agrarmarkt die privatwirtschaftlich Tätigen, indem sie sie besser mit Waren versorgt und den Mitarbeitern der Warenbörsen spezielle Ausbildungen zukommen läßt.

Litauen

Bislang lag die Durchführung der Privatisierung in den Händen der Branchenministerien und der zugehörigen Privatisierungskommissionen. Im Sommer 1995 wurde die Gründung einer sog. Privatisierungsagentur angekündigt, was lange und kontroverse politische Diskussionen auslöste. Diese Privatisierungsagentur, eine von der Privatisierungskommission kontrollierte Einrichtung, in der auch die Ministerien weiterhin ein Mitspracherecht ausüben, nahm 1996 ihre Tätigkeit auf. Im Prinzip die deutsche Treuhand als Vorbild, suchte diese neue Einrichtung den vergleichbaren Institutionen in den anderen baltischen Staaten nachzueifern und versuchte, die Tender-Privatisierung voranzutreiben; ohne Beratung und ohne Erfahrung war sie jedoch recht erfolglos, weswegen sie sich schließlich an die Treuhand

Osteuropa Beratungsgesellschaft[27] zwecks Kooperation wandte. Man erwartet davon einen Schub in den noch ausstehenden Privatisierungen[28].

5.2.3.5 Privatisierungsprioritäten

Die Festlegung von Prioritäten innerhalb der Privatisierung eines Großteils staatlichen Eigentums geschieht vor dem Hintergrund eines ganzen Bündels von Überlegungen. Zielkonflikte können auftreten, die nur dadurch entschärft werden können, daß die mit der Umsetzung der Privatisierung betrauten Gremien deutlichst formulieren, in welche Richtung die Gesamtentwicklung gehen soll. Voraussetzung dafür ist die Feststellung des Status quo der ökonomischen Landschaft sowie derjenigen Variablen, die eine wirtschaftliche Prosperität begünstigen oder verhindern könnten.

Vor der Festlegung von Prioritäten für eine Privatisierung gilt es in Abhängigkeit von der landeseigenen Situation, Überlegungen zu folgenden Bereichen anzustellen:

- Was überhaupt soll privatisiert werden? Welche Sektoren der Wirtschaft sind von so großer nationaler Bedeutung, daß sie vorzugsweise auch in staatlichem oder überwiegend staatlichem Eigentum verbleiben sollten? Sollen z.B. Energieversorgung oder Telekommunikation als Kernbereiche einer Volkswirtschaft zentral gesteuert werden? Und wenn ja, soll dies auch unter betriebswirtschaftlichen Gesichtspunkten erfolgen oder z.B. subventioniert?
- Wie kann die Grundversorgung der Bevölkerung zur Zeit des Umbaus gewährleistet werden? Soll etwa die Landwirtschaft von einer Privatisierung ausgenommen werden?
- Bestehen private Ansprüche auf staatliches Eigentum aus der Zeit vor der Verstaatlichung? Konkret für Polen: In welchem Maße sollen die Besitzverhältnisse vor der Bodenreform 1944 und vor der Verstaatlichung der Industrie 1946 Berücksichtigung finden? Ähnliches gilt für Litauen, das in der Zeit zwischen dem Ersten und dem Zweiten Weltkrieg eine auf Privateigentum basierende Wirtschaftsordnung aufwies.
- Sollen die historischen Besitzverhältnisse Vorrang haben vor der Frage nach einer gegenwärtigen sozial gerechten Gestaltung der neuen Besitzverhältnisse? Soll und kann überhaupt sozial gerecht privatisiert werden?

---

27 Die Treuhand Osteuropa Beratungsgesellschaft mbH (TOB) mit Sitz in Berlin betreut seit 1992 Privatpersonen und Organisationen (darunter z.B. die Europäische Kommission, EBRD, IBRD, UNDP) bei Fragen der Privatisierung in Transformationsländern (siehe dazu auch homepage http://www.tob.de).

28 FAZ Informationsdienste (Hrsg.), Investitionsführer Mittel- und Osteuropa, Litauen 1996, a.a.O., S. 16.

- Soll staatlicher Besitz in kommunalen Besitz übergehen, um so mittels regionaler Entscheidungen der Eigentumsübertragung eine effektivere und ökonomisch sinnvollere Eigentumsverteilung zu erreichen?
- Betriebe welcher Größe sollen den Ausgangspunkt für eine gesunde ökonomische Entwicklung bilden? Sollen die staatlichen Großbetriebe als ganzes erhalten bleiben und eine Publikumsgesellschaft darstellen oder können kleinere Eigentümerunternehmerbetriebe gebildet werden? Sollen Handelsketten mit einem zentralen Vertriebssystem bestehen bleiben oder in private Kleinbetriebe umgewandelt werden? Sollen sektorale und regionale Überlegungen überhaupt eine Rolle spielen?
- Sollen privatisierte Betriebe als ganze überhaupt erhalten bleiben, oder darf der Betrieb liquidiert werden, so daß zwar Vermögenswerte privatisiert worden wären, aber die betriebliche Einheit für die ökonomische Landschaft verloren wäre?
- Wie soll die Kapitalisierung der zu privatisierenden Unternehmen erfolgen? Reicht es aus, nur Anteilsscheine zu vergeben? Wenn per Ausschreibung oder Auktion privatisiert werden soll, ist dann überhaupt genügend inländisches Kapital vorhanden? Unter welchen Umständen und in welchem Maße dürfen sich ausländische Investoren an welcher Art von Betrieben beteiligen?
- Welche Methode der Überführung von staatlichem in privates Eigentum soll Anwendung finden? Soll eine Übertragung sofort und gänzlich erfolgen, indem Eigentumsrechte übertragen werden, oder sind Alternativen sinnvoller, etwa in Form von Nutzungsrechten wie der Pacht?
- In welchem Umfang ist überhaupt das nötige technische und betriebswirtschaftliche Know-how vorhanden? Kann auf ausländisches Know-how verzichtet werden?

Die Ausgangslage, der Status quo für eine Privatisierung in Polen und Litauen, differiert erheblich. Die Wirtschaftsgeschichte ist eine andere, die sektoralen und räumlichen Verteilungen von Landwirtschaft, Industrie, Handel und produzierendem Gewerbe sind unterschiedlich so wie die ökonomische Leistungsfähigkeit. Hinzu kommt, daß Polen bereits ab 1972 vorsichtig auf privatwirtschaftliche Initiative setzte, was seine dezidierte Ausgestaltung mit den Reformgesetzen zur Gewerbefreiheit 1988/89 fand. In Litauen dagegen – eingebunden und abhängig von der sowjetischen Wirtschaft – setzte eine ähnliche, aber weitaus zaghaftere Entwicklung erst Ende der 80er Jahre ein, so daß die Vorlaufzeit oder auch Einübungsphase marktwirtschaftlichen Verhaltens wesentlich kürzer war (vgl. auch Kapitel 5.2.1).

Vor diesem Hintergrund verwundert es nicht, daß die Prioritäten für eine Privatisierung in Polen anders gesetzt wurden als in Litauen. Zwar grob vereinfacht, aber durchaus als oberste Priorität der Privatisierung zu benennen, stand für Litauen die soziale Gerechtigkeit im Vordergrund, während Polen rigide auf ökonomische Nützlichkeitskalküle setzte und soziale Spannungen durchaus in Kauf nehmen wollte.

Die Republik Litauen wollte vor allem allen Bürgern formell die gleichen Chancen bei der privaten Vermögensbildung einräumen. In einer Einschätzung von 1993 dieser Hauptintention heißt es: „Der Prozeß der Privatisierung war zu sehr von sozialen Überlegungen bestimmt und wollte 'gerechte' Ziele anstreben."[29]

Die Frage nach der Privatisierungsmethode beantwortete Litauen im Vorfeld der Privatisierung dann auch eindeutig. Abgesehen von dem für eine Restitution vorgesehenen Eigentum war beabsichtigt, einen erheblichen Teil des staatlichen Vermögens über die Investitionsschecks (Voucher) an die Bevölkerung zu geben. Im Wert abhängig vom Lebensalter sollten die Schecks dazu dienen, Unternehmen, Wohnungen oder Grundstücke direkt zu kaufen, sich an Investitionsfonds zu beteiligen oder sie als Eigentumsoptionen bei Auktionen zu verkaufen.[30] Der übrige Teil staatlichen Eigentums, mit Ausnahme strategisch wichtiger Unternehmen, sollte über Auktionen und Ausschreibungen privatisiert werden, wobei der Belegschaft und dem Management vorrangig Zugang zu den jeweiligen Betrieben eingeräumt wurde.

Dezidiert bis zum Jahre 2000 ausgenommen von der Privatisierung wurden erwähnte volkswirtschaftlich-strategische Unternehmen, an denen eine maximale Minderheitenbeteiligung zwischen 10-30% erlaubt sein sollte.[31]

Die Belastung der Bevölkerung durch die Friktionen der Privatisierung vor Augen galt eine Priorität als unumstößlich: Aus sozialen Gründen sollte die Landwirtschaft in Litauen auf jeden Fall erhalten bleiben, und zwar über den Weg der Restitution, um so kleinere Einheiten zu schaffen, die in dezentraler landwirtschaftlicher Produktion vor Ort die Versorgung der Bevölkerung sicherstellen. Seinen Abschluß soll dieses Programm aber erst 1997 finden.[32]

Die Stoßrichtung des polnischen Programms zur Privatisierung läßt sich hervorragend ablesen an den Zielsetzungen der durch die Regierung *Mazowiecki / Balcerowicz* eingesetzten Behörde des *Bevollmächtigten für Fragen der Eigentumsumgestaltung*. Das Grundprinzip des Eigentumserwerbs soll der „öffentliche, für alle Bürger und die an wirtschaftlicher Effektivität interessierten Institutionen zugängliche Verkauf"[33] sein. Des weiteren sollen Belegschaftsaktien zugelassen werden sowie Streubesitz bei den zu schaffenden Aktiengesellschaften. Angestrebt und unterstützt werden soll auch genossenschaftliches Eigentum sowie der vollständige Erwerb von Gesellschaften durch die Beschäftigten. Den Kommunen bzw. territo-

29 O.Verf.: Litauens Wirtschaftspolitik vor großen Herausforderungen, in: Neue Zürcher Zeitung Nr. 27 v. 16.2.1993, S. 9.

30 Startiene, G.: Probleme der Wirtschaftlichen Transformation aus Sicht der Baltischen Länder. Konferenz der deutschen Akademien der Wissenschaften e.V., Mainz 1996, S. 12.

31 BFAI, Wirtschaftsentwicklung Litauen 1995, a.a.O., S. 8.

32 Pissulla, P., in: HWWA-Report Nr. 122/1993, a.a.O., S. 31.

33 Gramatzki, H.E., a.a.O., S. 123.

rialen Selbstverwaltungen soll Staatseigentum übertragen werden, das weiterveräußert werden darf.

Ähnlich wie in Litauen sollten auch in Polen solche Unternehmen von der Privatisierung ausgeschlossen bleiben, die für die Volkswirtschaft als besonders wichtig angesehen wurden: Kohlebergbau, Energieversorgungsunternehmen, Telekommunikation.

Insgesamt war man in Polen bestrebt, möglichst viele Kleinunternehmen entstehen zu lassen. Dadurch sollte eine wirtschaftliche Basis für viele selbständige Kleinunternehmer geschaffen werden. Der Vergabemodus sollte dementsprechend dann auch eine Direktvergabe durch die Kommunen sein und nicht eine Auktion. So sollte erreicht werden, daß Eigentum oder Besitz in die Hände der Menschen kommt, die auch regional die Bevölkerung versorgen könnten. Anders als in Litauen gab man in Polen dadurch der möglichen Entstehung eines gesunden Mittelstandes wesentlich bessere Chancen. Dieser Art der Massenprivatisierung wurde allerdings erst mit dem Privatisierungsgesetz von 1993 eine echte Chance eingeräumt, obwohl schon 1988 angedacht.[34]

Wie im Programm des *Bevollmächtigten für Fragen der Eigentumsumgestaltung* jedoch festgelegt, wollte man zunächst den Arbeiterräten und dem Management durch Eigentums- und Nutzungsrechten an ihren Betrieben die Möglichkeit eröffnen, diese als Gesamtheit und mit entsprechendem Insider-Know-how fortzuführen. Eine kluge Überlegung, die sich bereits in einer Einschätzung von 1993 so ausnimmt: „Manager staatlicher Unternehmen gewöhnten sich an die Marktbedingungen und erkannten, daß ihre Zukunft und ihr Ansehen untrennbar verbunden war mit dem Erfolg der Firma ...“[35]

Priorität innerhalb der Privatisierung hatte somit zunächst die Überführung großer und mittlerer Betriebe mittels einer Umwandlung in Kapitalgesellschaften oder durch Liquidation, sofern sie erwarten lassen konnten, daß sie auch unter marktwirtschaftlichen Bedingungen überlebensfähig sein würden. Arbeitnehmer des umzuwandelnden Unternehmens sollten das Recht haben, bis zu 20% der Anteile oder Aktien der Gesellschaft zu einem Vorzugspreis von 50% des Nennwerts zu erwerben.

Anders als in Litauen gab es für den Agrarsektor in Polen keine Vorgaben. Vielmehr herrschte Unschlüssigkeit angesichts der Eigentumsfrage. In der Rückschau nimmt sich dieser Problembereich so aus:

> „Polen war das einzige sozialistische Land mit nicht-kollektiviertem Agrarsektor: mit dem Ergebnis, daß wir eine Unzahl kleiner Landwirtschaften von ein paar Hektar haben, die kaum überlebensfähig sind. Es ist daher notwendig, klare Visionen zur Neustrukturierung

---

34 Lagemann et al., a.a.O., S. 230 f.

35 Hume, M.I. / Pinto, B.: Vorurteile und Fakten bei der Transformation der Industrie in Polen, in: Finanzierung und Entwicklung, Juni 1993, S. 19.

des polnischen Dorfes zu entwickeln, denn das EU-Subventionssystem wird auf die polnische Landwirtschaft nicht anwendbar sein."[36]

5.2.3.6 Verlauf der Privatisierung

Um den Verlauf der Privatisierung in Polen und Litauen, wie auch in den übrigen Transformationsstaaten, nachzeichnen zu können, wird üblicherweise das staatliche Sachvermögen in zwei Kategorien eingeteilt. Einerseits ist die Betriebsgröße entscheidend, andererseits ein möglicher Anspruch an Eigentum aus Zeiten vor der Verstaatlichung (vgl. Kapitel 5.2.3.6.1 bis 5.2.3.6.3).

Je nach Betriebsgröße spricht man von „kleiner" oder „großer Privatisierung". Die „kleine Privatisierung" bezieht sich auf die Privatisierung kleinerer Einheiten des staatlichen Sachvermögens wie etwa Läden, Restaurants, Werkstätten, Kleinbetriebe. Der Ausdruck „große Privatisierung" bezieht sich auf die Privatisierung größerer Industrie- und Handelsunternehmen, etwa die einstigen Kombinate. Die Grenzen sind jedoch fließend, so daß eine statistische Zuordnung oft nicht ganz exakt vorgenommen werden kann. Erstens existiert kein exakter Maßstab (Zahl der Mitarbeiter, Unternehmenswert, Geschäftsfeld o.ä.). Zweitens ist es ungeklärt, worunter z.B. die Aufteilung einer Handels- oder Hotelkette in kleinere, gänzlich voneinander unabhängige Betriebe fallen soll.

Neben dieser Kategorie 'Betriebsgröße' ist für den Verlauf der Privatisierung von Bedeutung, ob Besitzansprüche bestehen oder nicht, die über die Reprivatisierung (Restituierung) erfüllt werden. Entscheidend deshalb, weil hier die Frage der Kapitalisierung eines Unternehmens und des Know-hows berührt wird.

Eine andere Dimension des Verlaufs der Privatisierung wird dann auch durch die Privatisierungsmethode mit Blick auf eine zusätzliche Kapitalisierung der Unternehmen sowie Staatseinnahmen aufgespannt, das heißt auf welche Art und Weise Vermögenswerte übertragen werden.

In Litauen waren bis 1995 81% des für die Privatisierung vorgesehenen Staatsvermögens privatisiert. 49,98% (= 2.720 Unternehmen) über öffentliche Aktienzeichnung, die dem Staat keine Einnahmen bescherte, 48,99% (= 2.666 Unternehmen) über Auktionen, 0,22% (= zwölf Unternehmen) über Ausschreibungen und 0,81% (= 44 Unternehmen) als Veräußerung an ausländische Investoren. 58% aller Beschäftigten arbeiteten zu dieser Zeit im privaten Sektor.[37] Das verbliebene Privatisierungsportfolio umfaßt einige Hundert Minderheitsbeteiligungen, einige zu 100% staatliche Industriebetriebe sowie staatliche Unternehmen aus strategischen Sektoren.[38]

---

36 O.Verf., in: Die Presse, Internationale Sonderbeilage Polen v. 8.10.1996, S. 1.

37 Startiene, G., a.a.O., S. 10.

38 FAZ Informationsdienste (Hrsg.), Osteuropa Perspektiven Jahrbuch 1996/1997, Bd. 2, a.a.O., S. 38.

Am 5.7.1995 hat das litauische Parlament ein neues Privatisierungsgesetz verabschiedet und damit die zweite Stufe der Privatisierung in Gang gesetzt. Die Voucherprivatisierung ist damit gestoppt. Zukünftig sollen staatliche Vermögenswerte nur noch über kommerzielle Privatisierungsmethoden veräußert werden.

Die erste Phase der Privatisierung bis 1.4.1995 war nominal sehr erfolgreich. Den Ausgangspunkt bildeten 6.194 staatliche Unternehmen im Privatisierungsprogramm. Davon wurden 5.451 bis zum 1.4.1995 in Privateigentum überführt.[39]

In Polen erwies sich die Kapitalprivatisierung der großen staatlichen Unternehmen als weniger erfolgreich, als ursprünglich angenommen.

Demgegenüber steht die Privatisierung durch Liquidation, die gerade im Bereich mittlerer und kleinerer Betriebe deutliche Erfolge in punkto Überlebensfähigkeit oder Umstrukturierung errungen hat.

Bis Ende Dezember 1995 wurden 3.378 (40,0%) Unternehmen von den ursprünglich 8.441 staatlichen Betrieben privatisiert. Werden jene Staatsunternehmen hinzugerechnet, bei denen in irgendeiner Form der Privatisierungsprozeß schon eingeleitet wurde, ergeben sich für Ende 1994 schon 63%.[40]

5.2.3.6.1 „Kleine" Privatisierung

Wie bereits in Kapitel 5.2.3.6 kurz angesprochen, bezieht sich der Terminus „kleine" Privatisierung auf kleinere Einheiten des staatlichen Sachvermögens. Für eine statistische Zuordnung jedoch existiert kein zweifelsfreier Maßstab. Unter die „kleine" Privatisierung fallen in jedem Fall Verkaufsläden, Gaststätten, Hotels, Handwerksbetriebe und kleinere Industriebetriebe. Bei mehrbetrieblichen Unternehmen wie etwa Handelsketten fällt die Zuordnung schwer.

Im Vorfeld dieser Privatisierungsmethode sind zunächst drei Überlegungen von ausschlaggebender Bedeutung. Die erste Überlegung bezieht sich auf die Art und Weise der Überführung in private Hände, die zweite auf mögliche negative Veränderungen der ökonomischen Landschaft (Zerbrechen der alten Handelsstrukturen), die dritte auf das Entwicklungspotential der neuen Einheiten (dezentral, Direktvergabe an Insider oder früheren Betreiber der kleinen Unternehmen, Kaufoption mit abwartender Haltung).

Die Art und Weise der Überführung in private Hände will wiederum aus mehrfachen Gründen wohl überlegt sein. Angesprochen ist hier die Frage nach möglichen Staatseinnahmen ebenso wie die nach der Kapitalisierung der neuen, selbständig wirtschaftenden Betriebe. Werden diese, versehen mit einer Kaufoption, etwa nur verpachtet und nicht verkauft, können durch die Betreiber keine Kredite aufge-

---

39 FAZ Informationsdienste (Hrsg.), Osteuropa Perspektiven Jahrbuch 1996/1997, Bd. 2, a.a.O., S. 38. Die Zahlen weichen geringfügig ab von der Referenz Fußn. 6.

40 FAZ Informationsdienste (Hrsg.), Osteuropa Perspektiven Jahrbuch 1996/1997, Bd. 1, a.a.O., S. 160.

nommen werden, bei denen Eigentumstitel als Sicherheit gegeben werden könnten. Der Staat bzw. die Kommunen haben nun zwar dauerhaft Einnahmen, leben aber mit dem Risiko, daß die Betriebe mangels Kapitals möglicherweise nicht prosperieren. Andererseits ist mit der vorläufigen Vergabe von Nutzungsrechten Rücksicht genommen worden auf die beschränkte Finanzkraft potentieller neuer Betreiber. Hinzu kommt, daß auf diese Art und Weise gleichsam getestet werden kann, inwieweit dem Betrieb wirtschaftlicher Erfolg beschieden ist, so daß dann auch ein für die Kommunen attraktiver Verkaufspreis festgelegt werden kann. Daneben kann so eine gerade in Polen unbeantwortete Frage weiterhin in der Schwebe gehalten werden, ohne vorschnell Fakten zu schaffen, die rechtsstaatlich nicht zu halten wären: Es ist dies die Frage nach den ungeklärten Eigentumsverhältnissen, resultierend aus der einstigen Verstaatlichung (vgl. Kapitel 5.2.3.6.3).

Die zweite Überlegung im Vorfeld der „kleinen“ Privatisierung zielt gerade in der Übergangszeit auf die Leistungsfähigkeit der alten im Vergleich zu den neuen Strukturen. Denn unabhängig davon, ob die neuen Strukturen der betrieblichen Einheiten größere Prosperität erwarten lassen als die alten, gilt es, zumindest die Grundversorgung der Bevölkerung dauerhaft sicherzustellen.

Die dritte Überlegung schließt in gewisser Weise hier an. Sie zielt direkt auf die Anzahl der zu schaffenden neuen Einheiten. Weniger, aber größere Einheiten, haben den Vorteil, daß sie eventuell wirtschaftlicher arbeiten können. Viele kleine hingegen bilden eine wirtschaftliche Basis für eine große Zahl an neuen Kleinunternehmern. Insgesamt ist dies zunächst eine strukturpolitische Entscheidung.

Sieht man nun konkret auf Polen und Litauen, so zeigt sich ein deutlicher Unterschied innerhalb der „kleinen“ Privatisierung im Modus der Vergabe der in Frage stehenden betrieblichen Einheiten.

In Polen wurden rund 90% der Betriebe (vor allem Verkaufsläden) nach ihrer Überführung in Gemeindeeigentum via Direktvergabe an Insider verpachtet und nicht verkauft. Neben den o.a. Überlegungen könnte ein weiterer Grund hierfür schlichtweg in der Abneigung der polnischen Gemeinden liegen, das ihnen gerade vom Staat übertragene Eigentum angesichts niedriger Verkaufserlöse sofort weiterzuveräußern.[41] Die direkte Übertragung der Nutzungsrechte an Insider vor Ort hingegen scheint von Vorteil, kommen so doch diejenigen zum Zuge, die sich mit der Praxis am besten auskannten.

Die „kleine“ Privatisierung in Litauen dagegen führte hauptsächlich über Auktionen. Jeder, ob erfahren oder nicht, ob mit Kenntnis der regionalen und örtlichen Strukturen oder nicht, konnte mitbieten.[42] An Kleinunternehmen wurden bis zum 1.4.1994 insgesamt 2.391 (bis zum April 1995 2.666) aus den folgenden

---

41 Lagemann et al., a.a.O., S. 224, 225.

42 Startiene, G., a.a.O., S. 10.

Branchen privatisiert: Industrie 39, Transport 7, Bauwesen 18, Handel 1.050, Kommunalwirtschaft 147, Dienstleistung 748, andere 382.[43]

5.2.3.6.2 „Große" Privatisierung

Der Terminus „große" Privatisierung bezieht sich auf größere und große Einheiten des staatlichen Sachvermögens. Gemeint sind hier Betriebe von überregionaler, nationaler Bedeutung, wie in Polen etwa der Technologiekonzern Elektrim.

Voraussetzung für eine Privatisierung größerer Einheiten ist die grundsätzliche Entscheidung durch den Staat, ein Unternehmen in private Hände zu legen und damit dem Marktgeschehen auszusetzen. Die Basis der Überlegungen hierzu bildet das Spannungsfeld zwischen dauerhaft sicherzustellender Versorgung der Bevölkerung einerseits und dem Aufbrechen von monopolistischen Strukturen andererseits.

Des weiteren gilt es festzulegen, welcher Modus der Überführung in Privateigentum am günstigsten erscheint. Sieht man zunächst einmal von administrativ-organisatorischen Alternativen ab wie ebenso von der Frage nach der Kapitalisierung und der der Staatseinnahmen (vgl. Kapitel 5.2.3.9 und 5.2.3.10), so bleibt eine zentrale Überlegung übrig. Einerseits bietet die Privatisierung der großen betrieblichen Einheiten die Chance umzustrukturieren, indem räumliche oder produktive Einheiten ausgegliedert und einzeln veräußert werden. Andererseits besteht das Risiko der Zerschlagung von funktionierenden Strukturen. Einhergehend mit dieser Überlegung ist die Frage nach der größtmöglichen Akzeptanz der Maßnahmen durch die Unternehmensleitungen. Eine Entflechtung und Aufteilung in einzeln veräußerbare Einheiten bedeutet einen Verlust liebgewonnener Positionen der alten Unternehmensleitungen, die schon aus diesem Grund wenig an möglicherweise sinnvollen Aufspaltungen und Ausgliederungen interessiert sein dürften.

Wird andererseits die Entflechtung der alten Strukturen von vornherein zu zaghaft durchgeführt, besteht die Gefahr, daß sich ausgegliederte Unternehmen angesichts der Wettbewerbsverzerrung durch verdeckte Subventionen oder quasi-monopolistische Strukturen nicht hinreichend und rasch genug entwickeln können.

Eingebettet sind o.a. Überlegungen in die Frage nach der Rohstoff- und Energieversorgung, sofern es sich um Betriebe der Schwerindustrie oder des allgemein produzierenden Gewerbes handelt, sowie nach der veränderten Struktur in den Absatzmärkten. Die litauische Industrie verfügt nach der Unabhängigkeit von der Sowjetunion so z.B. nicht mehr über günstige Energie- und Rohstoffquellen, so daß viele Betriebe angesichts der Weltmarktpreise vollkommen ineffektiv geworden sind, zumal die Kaufkraft in vielen Regionen der ehemaligen UdSSR, dem ehemaligen Haupthandelspartner Litauens, allgemein abgenommen hat. Berührt sind in diesem Zusammenhang auch Faktoren wie Zollrecht und Währungs- bzw. Inflationsrisiken.

---

43 Melnikas, B. / Melnikas, L., a.a.O., S. 24.

Deutlich wird hier ein fundamentaler Unterschied zur „kleinen" Privatisierung. Innerhalb der „großen" Privatisierung spielen weitaus mehr übernationale Überlegungen eine Rolle, besonders wenn es um eine mögliche Zergliederung der großen Betriebe geht. In Litauen hat sich dieses als fatal herausgestellt.

> „In Litauen hat eine künstliche, oft vollkommen ungerechtfertigte Zerschlagung vieler großer und mittlerer Unternehmen, die eine innere technologische und organisatorische Ganzheit bildeten, in einzelne selbständige Wirtschaftseinheiten stattgefunden. Dies führte zu zusätzlichen Brüchen in den Produktionszusammenhängen und zum Verlust eines großen Teils des ökonomischen und intellektuellen Potentials."[44]

Die erste Phase der „großen" Privatisierung in Polen erwies sich als nicht weniger problematisch. Über die Kommerzialisierung wurden rund zwei Dutzend große Kombinate in Aktiengesellschaften umgewandelt.[45] Die Aktien waren frei an der Börse handelbar, so auch diejenigen des Technologiekonzerns Elektrim, der u.a. zum Motor des polnischen Konjunkturaufschwungs wurde. Im Jahr 1993 stiegen die Aktienkurse dieser Unternehmen um durchschnittlich mehr als das Siebenfache, angeheizt durch immer mehr Polen, die sich von dieser Seite des Kapitalismus begeistern ließen. Realistischerweise vorsichtig wurden hingegen ausländische Investoren, so daß der Privatisierungsminister *Kaczmarek* wenig Chancen sah, die weniger zukunftsträchtigen Großbetriebe – wie etwa die Kohlengruben, die Textil- oder Schwerindustrie – in ökonomisch erfolgreiche private Hände abgeben zu können.[46] Die erste Phase der polnischen „großen" Privatisierung von Unternehmen unter staatlicher Kontrolle, aber mit privaten Anteilen, wurde weniger intensiv angegangen. Statt dessen wurden 600 große Unternehmen über das Programm der Massenprivatisierung dem direkten staatlichen Zugriff entzogen.[47]

Insgesamt war die erste Phase der „großen" Privatisierung in Polen weitaus weniger effektiv als geplant. Bis Ende 1995 wurden nur 160 StaatsUnternehmen kapitalprivatisiert.[48] Diese entstammten insbesondere der Bauwirtschaft, dem Fernmeldewesen, der chemischen Industrie, dem Werkzeugmaschinenbau und der Brau- und Tabakindustrie.

5.2.3.6.3 Reprivatisierung

Unter Reprivatisierung bzw. Restitution wird die Rückgabe ehemals verstaatlichter Unternehmen einschließlich landwirtschaftlicher Betriebe an ihre früheren Besitzer oder deren Erben verstanden.

---

44 Melnikas, B. / Melnikas, L., a.a.O., S. 24.

45 Zum konkreten Gang dieser Kapitalprivatisierung s. Kapitel 5.2.3.9.

46 Ginsburg, H.J. / Ziesemer, B.: Privatisierung. Vor allem schnell, in: WirtschaftsWoche Nr. 25 v. 17.6.1994, S. 38.

47 Zur begrifflichen Abgrenzung s. Kapitel 5.2.3.9.

48 FAZ Informationsdienste (Hrsg.), Osteuropa Perspektiven Jahrbuch 1996/1997, Bd. 1, a.a.O., S. 160.

In Polen wurden mit dem Dekret zur Bodenreform vom 6.9.1944 die großen zusammenhängenden Bodenflächen parzelliert, der Landadel verlor seine materielle Grundlage. Am 3.1.1946 wurde die Industrie verstaatlicht. In Litauen setzte die Verstaatlichung mit dem Einfluß der Sowjetunion ein.

Die Reprivatisierung innerhalb der Umgestaltung der Marktordnungen in Polen und Litauen birgt, unabhängig von ihrer praktischen Durchführbarkeit, Chancen, aber auch Risiken.

Ähnlich wie bei der erst kürzlich vorgenommenen Rückzahlung bzw. Begleichung von Verbindlichkeiten aus Zeiten des Zarenreichs durch Rußland ist eine Reprivatisierung eine Maßnahme der Vertrauensbildung. Dem neuen Prinzip Marktwirtschaft, gebunden an individuelle Eigentums- und Verfügungsrechte, wird auf diese Art Geltung verschafft, die Akzeptanz erhöht. Auch wenn, wie im Falle Polens und Litauens, rund 50 Jahre zwischen Enteignung und möglicher Restitution liegen, so steht doch zu erwarten, daß an familiäre Traditionen einer selbständigen unternehmerischen Betätigung angeknüpft werden könnte.[49] Der Vorteil liegt damit auf der Hand, denn die Motivation zu unternehmerischer Tätigkeit würde sich so nicht nur aus einer Gewinnerwartung speisen, sondern ebenso aus der Verpflichtung gegenüber der familiären Vergangenheit.

Die mit einer Reprivatisierung verbundenen möglichen Nachteile sollten allerdings auch nicht übersehen werden. Zum einen könnten Ansprüche inländischer Dritter eine direkte Rückübertragung verkomplizieren, etwa dann, wenn in gutem Glauben zwischenzeitlich Besitz erworben worden ist. Zum anderen könnten im Zuge der Rückübertragung von Vermögenstiteln gerade im Falle Polens deutsche Vertriebene Ansprüche anmelden. Abgesehen davon bildet der gesamte Komplex Restitution auch ein administratives Problem, das die Justiz und den Verwaltungsapparat schnell überfordern könnte.

In Polen existiert bislang kein besonderes Reprivatisierungsgesetz, obwohl Entwürfe dafür bestehen. Eines der Grundprobleme in Polen liegt darin, daß viele ehemalige Vermögenswerte zerstört sind. Einer der Entwürfe sieht vor, daß der Staat eine Vermögensreserve für Entschädigungen in Form von zurückzubehaltenden staatlichen Anteilen an Unternehmen bildet. Über Reprivatisierungsgutscheine würden diese dann in privates Eigentum übergehen. Vorgesehen ist auch, enteignetes Vermögen als Sachwerte zurückzuerstatten. Insgesamt wird mit etwa 200.000 Reprivatisierungsanträgen gerechnet mit einem Gesamtwert an Forderungen von ca. 7,3 Mrd. US$.

Ähnlich wie in Estland und Lettland hat auch Litauen ein Gesetz über die Rückgabe enteigneter Immobilien bereits verabschiedet. Einbezogen sind Grund und Boden, Waldflächen, Industriegebäude und Wohnungen. Die Restitution für Zwecke der Bildung privaten Bodeneigentums in der Landwirtschaft hat in Li-

---

49 Lagemann et al., a.a.O., S. 220.

tauen die größte Bedeutung.[50] Am 12.1.1993 wurde dieses Gesetz erweitert: Eine Eigentumsrückgabe konnte danach auch in Form von Ersatzobjekten oder in Form von Investitionszertifikaten erfolgen.

5.2.3.7 Auswirkungen der Privatisierung auf den Mittelstand

Die Auswirkungen der Reprivatisierung, der „kleinen" und der „großen" Privatisierung im Hinblick auf die Entwicklung eines unternehmerischen Mittelstandes, lassen sich wie folgt darstellen:

Das ungelöste Reprivatisierungsproblem in Polen hatte nur marginalen direkten Einfluß auf die Herausbildung mittelständischer Strukturen. Wie erwähnt liegen der Regierung zahllose Restitutionsforderungen vor, wobei über die Rechtmäßigkeit der Ansprüche hingegen in den allermeisten Fällen noch nicht entschieden ist. Indirekt jedoch läßt sich ein Einfluß zumindest erahnen. Der Rückhalt von Reprivatisierungsreserven staatlicherseits bindet nicht nur längerfristig Kapital, sondern bedeutet möglicherweise auch, daß staatliche Anteile an Großbetrieben ihre Entflechtung verhindern.

Der Reprivatisierung in Litauen kommt eine etwas größere Bedeutung im Hinblick auf den Mittelstand zu, da hier ein eindeutiges Reprivatiserungsgesetz vorliegt, das die Rückgabe auch von Industriebetrieben vorsieht. Auch wenn exakte Zahlen nicht vorliegen, so darf vermutet werden, daß eine Reihe von mittelständischen Betrieben über diesen Weg der Privatisierung nunmehr frei wirtschaften.

Die Auswirkungen der „großen" Privatisierung auf die Herausbildung mittelständischer Strukturen sowohl in Polen als auch in Litauen sind vergleichsweise gering. Die Ursachen hierfür liegen in Polen in der Strategie der Kommerzialisierung der Großunternehmen in der ersten Phase der Privatisierung, die dadurch als nicht aufgeteilte betriebliche Einheiten ihren Weg in Richtung Marktwirtschaft nahmen. Lediglich aus den durch Liquidation in Privateigentum überführten Betriebe ging eine Reihe von kleineren und mittleren Betrieben hervor. Exaktes Datenmaterial jedoch, wie viele der liquidierten Betriebe als organisatorische Einheit bestehen blieben und bei wie vielen das Betriebsvermögen in andere Gesellschaften eingebracht wurde, liegen nicht vor.

In Litauen hatte die „große" Privatisierung nahezu keinen direkten Einfluß auf mittelständische Strukturen. Die ehemaligen Großbetriebe wurden entweder als Ganzes mittels Anteilsscheinen entstaatlicht oder aber mit so unglücklicher Hand zergliedert, daß überlebensfähige Betriebe mittlerer Größe schon nach kurzer Zeit stillgelegt werden mußten bzw. sogar gänzlich demontiert wurden.

Die Auswirkungen der „kleinen" Privatisierung auf den Mittelstand sind in Polen und Litauen recht unterschiedlich. Grundsätzlich gilt, daß die „kleine" Privatisierung durch den Charakter ihrer Regionalität und Eingebundenheit in örtliche

50 Startiene, G., a.a.O., S. 10.

Strukturen wesentlich erfolgversprechender ist. Mit der Direktvergabe kleinerer und mittlerer Betriebe hat sich dieses in Polen eindrucksvoll bewahrheitet. Eine Vielzahl an überlebensfähigen Betrieben ist entstanden, die ihre Konkurrenzfähigkeit und ihre Entwicklungsmöglichkeiten unter Beweis gestellt haben. In Prozent ausgedrückt dürfte das Verhältnis von Neugründungen zu privatisierten kleinen und mittleren Betrieben 'jedoch' bei etwa 12:1 liegen.[51]

Da für Litauen das Datenmaterial ebenso widersprüchlich wie spärlich ist, lassen sich Aussagen zur Auswirkung der „kleinen" Privatisierung nur höchst allgemein machen. Zwar liegen die absoluten Zahlen für kleinere und mittlere Betriebe vor (vgl. Kapitel 5.2.3.6.1); weiterführendes Datenmaterial, aus dem sich das Verhältnis von Neugründungen zu den privatisierten Betrieben erschließen läßt, existiert jedoch nicht.

5.2.3.8 Alternativen zur Privatisierung

Der Entschluß, eine Wirtschaftsordnung in Richtung Marktwirtschaft zu transformieren, birgt neben sozioökonomischen Risiken und praktischen Problemen auch erhebliche Risiken hinsichtlich der Finanzierung der Transformation. Werden die staatlichen Vermögenswerte z.B. über kostenlose Investitionsschecks oder eine bloße Vergabe privatisiert, besteht zwar die Aussicht auf zukünftige Steuereinnahmen aus den Gewinnen. Zur Deckung der laufenden Staatsausgaben wie etwa auch gezielten Investitionskrediten fehlt es dann allerdings an Kapital.

Aus nationalstrategischen Erwägungen heraus wie ebenso aus Überlegungen zur praktischen Durchführbarkeit einer umfassenden und raschen Privatisierung sollten für bestimmte Bereiche des staatlichen Eigentums Alternativen zur Privatisierung bestehen. Erstens für jene Bereiche, die von nationaler Bedeutung sind, zweitens für diejenigen, die nur unter zu staatlicherseits nicht annehmbaren Bedingungen privatisiert werden könnten, also z.B. solche Betriebe, die so marode sind, daß ein Investor ausschlachten würde, was der Staat als eine betriebliche Einheit erhalten sehen möchte. Gründe hierfür könnten etwa beschäftigungspolitischer Natur sein.

Die Alternative zur Privatisierung kann nicht eine vollkommene Abschottung bestimmter Betriebe vom Marktgeschehen sein. Dies würde über Subventionen u.ä. zu Wettbewerbsverzerrungen führen, die das Aufkeimen konkurrenzfähiger Betriebe derselben Branche verhindern würde. Eine echte Alternative zur Privatisierung muß daher eine Art Kommerzialisierung[52] der staatlichen Unternehmen sein.

In Polen wird die Kommerzialisierung durch das Schatzministerium durchgeführt. Der Plan des Premiers *Pawlak* (Stand 1995) ist es, vorerst 3.000 Staatsun-

---

51 Zu konkreten Zahlen s. Kapitel 5.2.3.9.

52 Unter Kommerzialisierung wird in diesem Kontext die Umwandlung staatlicher Betriebe in Kapitalgesellschaften – mit dem Staat als zunächst alleinigem Anteilseigner – verstanden.

ternehmen nicht zu privatisieren, sondern nur zu kommerzialisieren. Dabei sollen Aktiengesellschaften zunächst im 100%igen Staatsbesitz entstehen.[53]

Neben anderem besteht der Vorteil einer solchen Art der Kommerzialisierung in der Möglichkeit einer Börseneinführung und einer Plazierung von Aktienpaketen. Daneben kann nach Börseneinführung jederzeit über den Aktienkurs der Marktwert des Unternehmens exakt abgelesen werden. So entsteht ein Maßstab für einen staatlicherseits akzeptablen Zeitpunkt zur Umsetzung weiterer Privatisierungsschritte oder einer vollständigen Privatisierung.

5.2.3.9 Der Privatisierungsprozeß in Polen

Nach dem am 13.7.1990 verabschiedeten Gesetz über die Privatisierung von den bislang staatlichen Unternehmen standen und stehen zwei verschiedene Methoden zur Umsetzung der Privatisierung von staatlichem Vermögen zur Wahl:

- Privatisierung durch Kapitalverfahren,
- Privatisierung durch Liquidation.

Hinzu kam – unter dem Eindruck des schleppenden Privatisierungsverlaufs – die Privatisierung nach dem Gesetz über die nationalen Investitionsfonds und über die Privatisierung vom April 1993 (Programm der Allgemeinen Privatisierung, PPP, „Massenprivatisierung").

– Privatisierung durch Kapitalverfahren

Die Kapitalprivatisierung war und ist als Verfahren bevorzugt für die staatlichen mittleren und großen Betriebe, die unter marktwirtschaftlichen Gesichtspunkten lebensfähig erscheinen. Dabei lassen sich zwei Phasen unterscheiden. Während in der ersten Phase die Umwandlung des staatlichen Unternehmens in eine Gesellschaft mit dem Staat als alleinigem Anteilseigner erfolgt (Kommerzialisierung), wobei der staatliche Einfluß auf die Tätigkeit des Unternehmens in ungeänderter Weise fortbesteht und lediglich sein rechtlicher Status verändert ist, werden in einer zweiten Phase die Aktien bzw. Anteile an Drittpersonen veräußert. Sind in der ersten Phase die Betriebe zu einer Aktiengesellschaft im Sinne des Handelsrechts geworden, in denen ein staatlicher Repräsentant höchstes Organ der Gesellschaft darstellt, so endet in der zweiten Phase die Alleinaktionärsstellung des Staates, wenn schließlich Anteile oder Aktien der Gesellschaft von neuen Aktionären übernommen werden. Die staatliche Gesellschaft wird also durch eine gewöhnliche Aktiengesellschaft (Kapitalgesellschaft) abgelöst.

Laut Gesetz über die Privatisierung können 20% der Aktien zu Vorzugsbedingungen (50% des Preises) von Mitarbeitern des privatisierten Unternehmens erworben werden. Alle weiteren Anteile werden im Wege einer öffentlichen Versteigerung oder per Ausschreibung veräußert. Es steht in der Macht des Privati-

53 O.Verf.: Polen. Lähmende Konflikte, in: WirtschaftsWoche Nr. 7, 9.2.1995, S. 40.

sierungsministeriums, die Anteile auch unlimitiert an ausländische Investoren zu veräußern.

Dieser Weg der Kapitalprivatisierung erlangte weniger Bedeutung, als man von ihm anfangs erwartet hatte: Von 1990 bis Anfang 1996 wurden nur 165 vorwiegend große Betriebe auf diese Weise privatisiert[54], etwa die Hälfte davon unter Beteiligung ausländischer Investoren. Auf der Suche nach strategischen Investoren verzögert sich das Programm der Privatisierung der polnischen Wirtschaft.

– Privatisierung durch Liquidation

Wesentlich wichtiger im polnischen Privatisierungsprozeß war und ist das Liquidationsverfahren. Es hat sich vor allem im Bereich der wirtschaftlich angeschlagenen, unwirtschaftlichen und im Bereich der kleinen und mittleren Betriebe bewährt.

Liquidation bedeutet entweder die faktische Auflösung des staatlichen Unternehmens als eigenständiges Unternehmen oder aber lediglich die Auflösung im rechtlichen Sinne.

In einer ersten Form der Liquidation, der Direktprivatisierung, wird das Betriebsvermögen als Ganzes oder in Bruchstücken veräußert oder in eine andere Gesellschaft eingebracht. Es kann auch einer aus den Reihen der Arbeitnehmer formierten Gesellschaft übertragen werden, die die Aktiva und Passiva übernimmt nach Genehmigung durch die Gläubiger und das Privatisierungsministerium (modifiziertes Belegschafts-Buy-Out). Auch die Übertragung an Interessenten in Form eines Leasing-Vertrages unter dem Namen einer „Beschäftigten-Gesellschaft" ist möglich. Bis Anfang 1996 wurden 1.188 Unternehmen auf diese Weise abgewickelt.

In einer weiteren Form, der Konkursliquidation, veräußert ein bestellter Liquidator alle Vermögenswerte, um die Gläubiger zu befriedigen. Dieser Weg stand für viele marode staatliche Kleinbetriebe zahlenmäßig an erster Stelle: Bis Anfang 1996 wurden so 1.391 Betriebe aufgelöst.

– Das Programm der Allgemeinen Privatisierung (polnisches Kürzel PPP)

Als Grundlage für das Programm „Massenprivatisierung" dient das Gesetz über die Nationalen Investitionsfonds und deren Privatisierung vom 30.4.1993. Dieses Programm beinhaltet über 500 große und mittlere staatliche Unternehmen, die mehr als 10% der Industrieproduktion darstellen, und deren Finanzsituation solide ist. Sie sollten schnell zeitgleich privatisiert, die Aktien der privatisierten Unternehmen auf die Nationalen Investitionsfonds verteilt werden.

In der ersten Phase des Programms der Allgemeinen Privatisierung werden die Unternehmen in staatliche Einmann-Gesellschaften überführt; danach erfolgt die

54 FAZ Informationsdienste (Hrsg.), Osteuropa Perspektiven Jahrbuch 1996/1997, Bd. 2, a.a.O., S. 38 f.

Zuteilung von Aktien. Jedem hierfür ausgewählten Unternehmen wird ein Investor zugeteilt, einer der 15 im Rahmen dieses Programms der Massenprivatisierung gebildeten Nationalen Investitionsfonds. Der strategische Investor erhält das Kontrollpaket an Aktien – bestehend aus 33% der Anteile –, weitere 28% werden in kleinen Paketen von jeweils 2% der Anteile auf die übrigen 14 Nationalen Investmentfonds verteilt. 25% der Anteile bleiben in staatlicher Hand, und die verbleibenden 14% der Anteile werden unentgeltlich an die Mitarbeiter der privatisierten Unternehmen verteilt.

In der zweiten Phase wählt ein Selektionsausschuß die Mitglieder eines jeden Fonds. Die in den Aufsichtsrat Gewählten sind Vertreter sowohl des führenden Nationalen Investitionsfonds, der übrigen Nationalen Investitionsfonds, des Staates und der Mitarbeiter.

In der dritten Phase schließt der Aufsichtsrat Verträge mit ausgewählten Geschäftskonsortien, die mit der Geschäftsführung betraut werden mit dem Ziel, den Marktwert der Unternehmen auszubauen, sie umzustrukturieren, zu modernisieren, Kapital zu gewinnen, neue Absatzmärkte zu eruieren und einzunehmen und den Zugang zu modernen Technologien zu erleichtern. Die finanzielle Honorierung der mit der Geschäftsführung Beauftragten steht in Abhängigkeit zum Aktienmarktwert der jeweilig verwalteten Gesellschaft.

Seit November 1995 hat die Bevölkerung ein Recht auf Beteiligung an der Privatisierung, das heißt, es besteht die Möglichkeit für jeden erwachsenen polnischen Bürger, einen Anteilsschein käuflich zu erwerben, solange der Wert nicht 10% des Monatsdurchschnittslohns übersteigt. Untereinander besteht die Möglichkeit, die Anteile zu einem beliebigen Preis weiterzuveräußern. Ein Jahr nach der Eröffnung des Programms zur Allgemeinen Privatisierung werden die Aktien der Nationalen Investitionsfonds an der Warschauer Papierbörse in Umlauf gebracht. Jeder Inhaber eines Anteils kann diesen dann in ein Paket umwandeln, in dem je eine Aktie eines jeden der 15 Investitionsfonds enthalten sein wird. Die Aktien der einzelnen Gesellschaften werden an der Börse notiert.

Bis Oktober 1995 umfaßte das Programm 413 Unternehmen, zusätzlich sollen weitere 101 Unternehmen einbezogen werden. Nach anderen Quellen wurden im Rahmen des Programms bis Ende 1995 588 Betriebe privatisiert[55]. Seit Frühjahr 1995 sind alle 15 Nationalen Investitionsfonds funktionell, die Verträge bezüglich der Geschäftsführung unterzeichnet. Die Zuteilung der 33%igen Kontrollpakete erfolgte plangemäß wie die Zuteilung der Minderheitspakete (2%). Für die Ausgabe der Anteilsscheine ist eine Bank gewählt worden, die mit der Ausgabe der Anteile – an schätzungsweise 27,9 Mio. erwachsene polnische Bürger – am 29.11.1995 begann. Für die Verteilung wird ein Zeitraum von ungefähr einem Jahr veranschlagt. Der Festpreis für einen Anteil liegt mit 20 Zloty weit unter den geforderten 10% vom Monatsdurchschnittsgehalt. Bis Mitte 1996 wurden etwa

---

55 Creditreform e.V. (Hrsg.): Länderinfo: Polen 1996, Neuss 1996, S. 60.

16,5 Mio. Anteilsscheine ausgegeben[56] an 25,7 Mio. Bürger (95% aller Berechtigten)[57]. Mit Ausgabe der Anteilsscheine entwickelte sich auch ein Markt: die Scheine wurden – außerbörslich – gehandelt bis zu Preisen von 120 Zloty per Stück.

Polen erhofft sich neben der Verbesserung der Effizienz der Geschäftsführung und neben der Neuerschließung neuer Technologien und Zugang zu Kapital, daß das Programm der Allgemeinen Privatisierung die Wertpapierbörse beleben und damit die Bedeutung des Kapitalmarkts für die Wirtschaft anheben wird. Auch die Entwicklung des Freiverkehrs und ein erwarteter Anstieg der Produktivität der Mitarbeiter durch deren persönliche Einbindung in das Programm könnten sich vorteilhaft auswirken.

Finanzielle Unterstützung erfährt das Programm der Allgemeinen Privatisierung durch internationale Finanzorganisationen (Europäische Bank für Wiederaufbau und Entwicklung, Weltbank u.a.) sowie durch die Europäische Union im Rahmen des Phare-Programms.

– Die Privatisierung der Staatlichen Landwirtschaftsbetriebe

Mehr als 75% der landwirtschaftlich genutzten Fläche fand sich 1989 in privater Hand[58]. 1989 erwirtschafteten Privatbetriebe 15% dessen, was die Landwirtschaft zum BIP beitrug.

Die Privatisierung des sich in Staatsbesitz befindlichen Bodens wird durch ein Gesetz vom 19.10.1991 geregelt. Da in Polen fast die gesamte Agrarproduktion durch viele kleine Bauernhöfe erbracht wird, ist die Ausgangslage für eine Privatisierung in Polen günstig. Böden und landwirtschaftliche Immobilien – bisher Eigentum der liquidierten staatlichen Landwirtschaftsbetriebe bzw. zugehörig zum Staatlichen Bodenfonds – werden von einem Regierungsorgan, der Agentur für Landwirtschaftlichen Staatsbesitz, verwaltet mit dem Ziel, den Staatsbesitz an Privaterwerber zu veräußern oder ihn in neugegründete Gesellschaften einzubringen, an denen der Staat Anteile besitzt.

Zudem besteht die Möglichkeit, landwirtschaftliche Betriebe an private Pächter zur kostenpflichtigen Nutzung abzugeben.

Seit Mitte 1995 übernahm die Agentur für Landwirtschaftlichen Staatsbesitz über 4,35 Mio. ha Grund und Boden, hauptsächlich aus staatlichen Landwirtschaftsbetrieben. 173.000 ha, ca. 4%, wurden durch die Agentur veräußert, 2,4 Mio. ha wurden verpachtet und 1,3 Mio. ha blieben weiterhin in Staatsbesitz. Verantwortlich für das verhaltene Kaufinteresse sind sicherlich die geringe Rentabilität auf

---

56 FAZ Informationsdienste (Hrsg.), Osteuropa Perspektiven Jahrbuch 1996/1997, Bd. 1, a.a.O., S. 161.

57 FAZ Informationsdienste (Hrsg.), Investitionsführer Mittel- und Osteuropa, Polen 1997, a.a.O., S. 35.

58 Ginsburg, H.J.: Soziale Basis, in: WirtschaftsWoche Nr. 27 v. 26.6.1992, S. 50.

dem Sektor der landwirtschaftlichen Produktion, insbesondere in Kombination mit teuren Krediten.

Neben dem Ackerland steht eine Vielzahl ehemaliger Landadelssitze zum Kauf an. Meist sind sie in einem recht heruntergekommenen Zustand, bieten sich aber in umgebautem und renoviertem Zustand zu Fremdenverkehrszwecken an, zumal der Kaufpreis niedrig ist.

– Das Entstehen von Warenbörsen als Resultat des Privatisierungsprozesses

In Polen existieren ungefähr 30 Warenbörsen, die aufgrund ihres Erscheinungsbildes und aufgrund ihrer niedrigen Geschäftsabschlüsse eher als Vermittlerbüros firmieren. Aber selbst bei geringem Auftragsvolumen belegen sie die wirtschaftliche Umstrukturierung mit den damit einhergehenden geänderten Eigentumsverhältnissen: Es besteht hierdurch ein zunehmender Bedarf an professionell arbeitenden Warenbörsen, um Kosten auf seiten der privatwirtschaftlich Tätigen zu minimieren und diese somit konkurrenzfähig zu machen.

Die staatliche Agentur für Agrarmarkt hat deshalb eine Stiftung ins Leben gerufen, unterstützt u.a. durch die US-Regierung. In Kooperation mit der größten Warenbörse der USA, der Warenbörse in Chicago, wurde so die Warschauer Warenbörse (Warsaw Board of Trade) gebildet, deren Mitarbeiter in Chicago ausgebildet werden.

Es bleibt anzumerken, daß von 1990 bis Ende 1995 5.357 Unternehmen in den Privatisierungsprozeß einbezogen wurden; veräußert wurden 1.707[59]. Nach anderen Quellen sind bislang noch ca. 60% der ursprünglich vorhandenen Staatsbetriebe von der Privatisierung nicht berührt[60].

5.2.3.10 Der Privatisierungsprozeß in Litauen

Litauen hat sich für die Eigentumsumwandlung das Privatisierungsmodell Tschechiens zum Vorbild genommen. Der wesentliche Teil der Privatisierung wurde mittels sog. Investitionsschecks (Vouchers, Coupons) durchgeführt. Nach dem Gesetz über die Erstprivatisierung 1991 erhielt jeder Bürger Litauens die Investitionsschecks kostenfrei in Form eines persönlichen Banksparbuchs, wobei der Wert abhängig vom Lebensalter des Beziehers war. Jeder Besitzer der Investitionsschecks konnte diese einlösen gegen die bewohnte Wohnung, gegen im Rahmen einer Auktion offeriertes Eigentum oder gegen den Besitz von Aktien privatisierter (bzw. kommerzialisierter) Unternehmen. Diese Art der Privatisierung wurde von 1991 bis Mitte 1995 verfolgt, weil damit formell allen litauischen Bürgern das gleiche Recht auf den Erwerb bzw. die Schaffung an Privateigentum gesichert wurde. Selbst Personen, die über ein ansehnliches Kapital verfügten, wurde im Zuge der Privatisierung offiziell und primär keine privilegierte Behand-

---

59 FAZ Informationsdienste (Hrsg.), Osteuropa Perspektiven Jahrbuch 1996/1997, Bd. 2, a.a.O., S. 40.

60 BFAI, Wirtschaftsentwicklung Polen 1995, a.a.O., S. 12.

lung zuteil. Zunächst war auch eine Übertragung von Coupons nur auf nächste Angehörige möglich – und dennoch fanden sich Wege, das Übertragungsverbot zu umschiffen; ab 1.7.1992 fiel diese Regelung zur Übertragbarkeit von Coupons weg, so daß eine Kumulierung möglich wurde: Es entstanden Investmentgesellschaften (inzwischen fast 390 Gesellschaften). Der Nachteil des Coupon-Systems zeigte sich schnell: Vermögende Personen waren sehr wohl in der Lage, mit ihrem Kapital Coupons auf dem privaten Markt in großem Umfang anzukaufen und auch in den Investmentgesellschaften rasch die führende Rolle zu übernehmen, so daß die Privatisierung wieder zu einer gewissen Konzentration von ehemaligem Staatseigentum in den Händen einer Minderheit führte, in der oft die Mitglieder der alten Nomenklatura vertreten waren neben den Vertretern mit fragwürdigem Kapital aus der Schwarzmarktzeit[61]. Dies war einer der Gründe, weswegen die Privatisierung bei großen Bevölkerungsschichten auf Mißtrauen, ja schließlich Ablehnung stieß. Es muß aber konstatiert werden, daß durch die begüterten Kreise deren Kapital und deren Bereitschaft, Verantwortung zu übernehmen, eingebracht wurden, ohne die eine Transformation nicht hätte vonstatten gehen können.

Die Couponmethode brachte noch einen weiteren gravierenden Nachteil mit sich. Der Verkauf von Staatseigentum per ausgegebener Coupons war letztlich nur interner Kapitaltransfer: Litauen wurde zu einem Land der Kleinaktionäre, aber das notwendige Kapital für dringende Investitionen und das notwendige Know-how von außen wurde dadurch nicht gewonnen.

Die erste Phase der Privatisierung verlief schleppend. Der Verkauf von kleinen und mittleren Betrieben lief nach vielversprechendem Anfang langsam, noch schwerfälliger entwickelte sich die Privatisierung von Großbetrieben. Die Zahlen und deren Bewertungen sind widersprüchlich. In einem Papier des IWF Ende 1992 werden 3.080 kleine und mittlere Betriebe als verkauft angegeben (zwei Drittel davon über Auktionen) – 80% der angebotenen Objekte. Ein regierungsinternes Papier zum gleichen Zeitpunkt spricht dagegen von 4.462 veräußerten Objekten, 2.437 per Auktion, 2.025 per öffentlicher Ausschreibung[62].

Die Verunsicherung bezüglich der Richtigkeit des Datenmaterials wird noch größer, wenn man dazu die Zahlen der Bank von Litauen nimmt, die die bis Ende März 1994 veräußerten Betriebe auf 4.573 beziffert (2.181 große und mittlere, 2.392 kleinere und kleine Objekte)[63]. Gerade bei mittleren und großen Betrieben darf das Etikett „privat" nicht darüber hinwegtäuschen, daß sich lediglich die Rechtsform geändert hat und vor allem der Staat neben Management, Belegschaft oder Investmentgesellschaften, daß sich aber an Betriebs- und Führungsstruktur nichts geändert hat[64].

---

61 Melnikas, B. / Melnikas, L., a.a.O., S. 27.

62 Pissulla, P., in: HWWA-Report Nr. 122/1993, a.a.O., S. 30 f.

63 Boroch, W. / Lösch, D., in: HWWA-Report Nr. 146/1994, a.a.O., S. 30, Tab. 1.

64 Boroch, W. / Lösch, D., in: HWWA-Report Nr. 146/1994, a.a.O., S. 31.

Doch selbst diese Tatsache nicht mitberücksichtigt, war bis 1994 immer noch der Löwenanteil des Produktionsvermögens in staatlichem Besitz – lediglich 20% waren bis zu diesem Zeitpunkt in privater Hand.

1,2 Mio. Menschen waren noch im Staatssektor tätig, lediglich 200.000 waren im privaten Sektor beschäftigt.

Gründe für die schleppende Entwicklung – und hier unterscheiden sich die beiden konkurrierenden politischen Lager trotz aller öffentlich ausgetragenen Kontroversen im Grunde nur graduell – liegen einerseits in der mißtrauischen Haltung bzw. Ängsten vor nationalem Ausverkauf ausländischem Kapital gegenüber, verbunden oft mit überzogenen Wert- und Preisvorstellungen. Im gleichen Kontext steht wohl auch die Herausnahme von Schlüsselindustrien – wie z.B. dem Telekommunikationssektor oder der Energiewirtschaft – aus dem Privatisierungsplan.

Die Privatisierung gerade der großen Betriebe per Ausschreibung für ausländische Investoren gegen harte Währung war von vornherein mit so vielen Restriktionen und bürokratischen Hindernissen versehen, daß sie in den ersten Jahren der Privatisierung kaum eine Rolle spielte. Gesetzesänderungen, die diese Hürden 1993 abbauen sollten, standen wiederum neue Verordnungen gegenüber (z.B. die Erhöhung des Vorkaufsrechts der Belegschaft von 30% auf 50% des Aktienkapitals), die ausländisches Kapital eher abschreckten denn anzogen[65].

Der unternehmerische Mittelstand entwickelte sich dennoch besser als die Zahlen – wenn sie auch offiziell schon günstiger als die der Großbetriebe sind – annehmen lassen. Insbesondere im Handel und im Dienstleistungssektor wurden Betriebe in großer Zahl ganz neu gegründet.

Begünstigt wurde der Sektor der kleinen Betriebe durch die Entscheidung der Regierung 1993, kleinere Einheiten von Großbetrieben (z.B. Werkstätten, Fuhrpark) losgelöst zu verkaufen und den öffentlichen Dienstleistungssektor auf den privaten Bereich zu verlagern.

Im ersten Privatisierungsschub von 1991 bis zum 1.7.1995, mit der die erste Phase der Privatisierung offiziell als abgeschlossen erklärt wurde, wurde ca. ein Drittel des litauischen Industrie-, Anlagen- und Wohnungsvermögens gegen Coupons an litauische Bürger verteilt. Von 6.194 zur Privatisierung vorgesehenen Objekten wurden bis zum 1.4.1995 5.451 veräußert[66], nach anderen Quellen 5.442 (davon 2.720 gegen Investitionsschecks, 2.666 in Auktionen, 12 per Ausschreibung); nur 44 Betriebe wurden gegen Devisen verkauft.[67]

Ein erheblicher Anteil der ausgegebenen Scheine wurde zum Erwerb der eigenen Wohnung benutzt; das Industrievermögen wurde vornehmlich vom jeweiligen

---

65 Pissulla, P., in: HWWA-Report Nr. 122/1993, a.a.O., S. 30 f.

66 FAZ Informationsdienste (Hrsg.), Osteuropa Perspektiven Jahrbuch 1996/1997, Bd. 2, a.a.O., S. 38.

67 Startiene, G., a.a.O., S. 10.

Betriebsmanagement oder auch der Belegschaft erworben. 2.920 Betriebe wechselten mittels Coupons den Besitzer; gerade im Rahmen von Belegschafts- und Management-Buy-Out wurde zusätzlich ein erheblicher Anteil über Kredite litauischer Banken finanziert, oft ohne Wirtschaftlichkeitsprüfungen – eine Wurzel für die gravierende Krise des litauischen Bankwesens[68].

Von untergeordneter Bedeutung war in dieser Phase zwangsläufig der Zufluß von ausländischem Know-how und Investitionskapital, was auch letztlich dieses Procedere fragwürdig erscheinen ließ. Anfang 1996 räumten auch offizielle Stellen ein, daß die erste Privatisierungsphase aus diesen Gründen gescheitert sei. Es wurde eine zweite Phase konzipiert, die in der zweiten Hälfte 1995 anlaufen sollte und wegen vieler Widerstände erst Anfang 1996 mit der Gründung der Privatisierungsagentur langsam Gestalt annahm. Beschäftigt mit der Festlegung von Verfahrensweisen und der Erstellung von Verordnungen stand erst Mitte 1996 eine Liste der weiterhin zu privatisierenden Betriebe fest: Ein weiteres Drittel des Industrievermögens samt der in der ersten Phase nicht veräußerten Werte sollen nun gegen Devisen per internationaler Ausschreibung verkauft werden, wobei die Konditionen für ausländische Anleger deutlich verbessert wurden, hierfür war die Verfassungsänderung vom 20.6.1996, die beinhaltet, daß Ausländer in Litauen Grund und Boden erwerben dürfen, sicher einer der wesentlichsten Schritte. Die Erwartungen sind dennoch nicht zu hoch gespannt, weil viele der eingeschlossenen Objekte für Anleger wenig interessant sind; außerdem behält sich die Regierung weiterhin wichtige „strategische" Unternehmen (Luftfahrt, Energie, Telekommunikation) zurück[69].

Für die Landwirtschaft ging die Umsetzung der Privatisierung etwas zügiger (wenn auch von vornherein angestrebt war, den Privatisierungsprozeß in der Landwirtschaft nicht vor 1997 abzuschließen).

War der private landwirtschaftliche Sektor zu Sowjetzeiten praktisch ausgelöscht, ging die Wiederbelebung nach Auflösung der Planwirtschaft sehr rasch vonstatten: Waren es Anfang 1992 noch 5.900 private Landwirte, so stieg die Zahl der landwirtschaftlichen Familienbetriebe bis Mitte 1992 auf 48.000[70], bis Ende 1993 auf 108.500[71] und bis Januar 1994 auf 113.000[72]. Diese Kleinbetriebe, deren Durchschnittsgröße bei 8,8 ha liegt, bearbeiten über 30% der gesamten landwirtschaftlichen Fläche, weitere jeweils 25% werden von Nebenerwerbslandwirten und von – privatrechtlich organisierten – Genossenschaften beackert.

---

68 FAZ Informationsdienste (Hrsg.), Osteuropa Perspektiven Jahrbuch 1996/1997, Bd. 1, a.a.O., S. 139.

69 FAZ Informationsdienste (Hrsg.), Osteuropa Perspektiven Jahrbuch 1996/1997, Bd. 1, a.a.O., S. 139; vgl. auch BFAI, Wirtschaftsentwicklung Litauen 1995, a.aO., S. 8.

70 Pissulla, P., in: HWWA-Report Nr. 122/1993, a.a.O., S. 45.

71 Boroch, W. / Lösch, D., in: HWWA-Report Nr. 146/1994, a.a.O., S. 31.

72 http://neris.mii.lt/economy/economy.html.

Größter Hemmschuh im Prozeß der Privatisierung der Landwirtschaft war die Bodeneigentumsregelung. Es galt von Anfang an der Grundsatz, daß Restitution vor Entschädigung geht. Es war bis zum 1.4.1994 die Frist gesetzt für Antragstellung auf Landrückgabe an den Besitzer; bis 1994 wurden aber nur 86.000 Fälle bearbeitet. Anfang 1993 trug die Regierung der großen Unsicherheit (die insbesondere in den Genossenschaften stark ausgeprägt war, da diese sich nie sicher sein konnten, welche Anteile ihres Bodens noch anderen Besitzern zufallen könnten) Rechnung und verließ den Grundsatz „Restitution vor Entschädigung"; Eigentumsrückerstattung war fortan auch in Form von Ersatzobjekten oder Investitionszertifikaten möglich.[73] Immerhin waren bis 1995 etwa 80% der Privatisierung abgeschlossen[74].

5.2.3.11 Zusammenfassung

Der Privatisierung von Staatsvermögen sollte sowohl in Polen als auch in Litauen eine zentrale Funktion innerhalb der Systemtransformation zukommen. Eigentum sollte in private Hand gegeben werden. Unterschiede zwischen den beiden Ländern lassen sich nicht nur in bezug auf die Privatisierungsmethoden ausmachen, sondern auch hinsichtlich des in den Privatisierungsprogrammen vorgesehenen Staatsvermögens.

Wird die „große" Privatisierung betrachtet, so zeigt sich sowohl in Polen als auch in Litauen, daß die bloße Vergabe oder der Verkauf von Anteilsscheinen oder Aktien auf keinen besonders fruchtbaren Boden fiel. Die Privatisierung über die vorgeschaltete Liquidation hingegen hat sich in Polen als sehr erfolgreich erwiesen. Anders als in Litauen konnten die Inhaber von Eigentumsrechten entsprechend der individuellen Einschätzung von Produktivvermögen dieses in neue betriebliche Einheiten einbringen. Einerseits wurden so Eigenverantwortung, Eigeninitiative und ökonomische Kreativität gefördert. Andererseits verschwanden auf diese Art und Weise sehr rasch marode, subventionsabhängige Betriebe von der Bildfläche. Eventuellen Wettbewerbsverzerrungen sowie einer Belastung des Fiskus wurde so vorgebeugt.

Die „kleine" Privatisierung war in Polen durch die Wahl der Privatisierungmethode – Direktvergabe an Insider vor Ort als Übertragung von Nutzungsrechten – nicht nur mengenmäßig erfolgreich, sondern auch durch die Berücksichtigung vorhandenen Know-hows strukturell weitsichtig.

Der Privatisierungsmodus in Litauen dagegen – gekennzeichnet überwiegend durch Auktionen – überführte Staatsvermögen endgültig in den Besitz von Eigentümern, deren Qualifikation offen blieb.

---

73 Pissulla, P., in: HWWA-Report Nr. 122/1993, a.a.O., S. 30 f., wie auch Boroch, W. / Lösch, D., in: HWWA-Report Nr. 146/1994, a.a.O., S. 31 f.

74 BFAI, Wirtschaftsdaten aktuell – Litauen 1996, a.a.O., S. 8.

Die Auswirkungen der Privatisierung auf die Entwicklung eines unternehmerischen Mittelstandes sind eher indirekt als direkt. Die dynamische wirtschaftliche Entwicklung in Polen geht in viel größerem Maße auf Neugründungen zurück als auf „nur“ privatisierte betriebliche Einheiten. Indirekt war es aber gerade der radikale Rückzug des Staates, der erst die entsprechenden Nischen für erfolgversprechende Neugründungen hat entstehen lassen.

Litauen setzte hingegen auf die Beibehaltung der Wirtschaftsstrukturen, nur eben unter privaten Vorzeichen, so daß sich nicht einmal indirekte Auswirkungen in größerem Maße zeitigten.

Daß der Veränderung der Struktur der ökonomischen Landschaft, eben die Möglichkeit zur Ausdifferenzierung, zur Heterogenisierung, zur Nischenfindung und Nischengenerierung, zum aktiven Verfügen über privates Eigentum innerhalb individuell überschaubarer ökonomischer Horizonte eine Schlüsselfunktion innerhalb des Transformationsprozesses zukommt, zeigt der Vergleich zwischen Polen und Litauen sehr deutlich.

Welche wichtige Funktion der Privatisierung innerhalb der Transformation als Katalysator für eine rasche Vervielfältigung des wirtschaftlichen Impulses zukommt, zeigt auch das Beispiel Estland. Der baltische Nachbar Litauens – vor Beginn der Reformen in einer nahezu identischen Ausgangssituation – gilt gemeinhin als osteuropäisches Musterbeispiel für die gelungene Privatisierung von Staatsbetrieben. Der estnische Erfolg beruht auf einer klaren Strategie und beherztem Vorgehen. Die Privatisierung wurde konsequent und rasch umgesetzt. Dabei war man sich in Estland schnell klar, daß das Land die notwendigen finanziellen Mittel für einen Neubeginn nicht selbst würde aufbringen können. So wurde vorwiegend auf ausländische Investoren gesetzt, und man band sich ökonomisch an den Teil der Welt, an den man sich anzulehnen suchte. Als Nebeneffekt löste man sich so sehr schnell aus der Umklammerung Rußlands. Eine Coupon-Privatisierung, die Eigentum zersplittert, stand zu keinem Zeitpunkt zur Diskussion. Heute sind nahezu alle privatisierten Unternehmen – vorwiegend durch ausländisches Kapital und Know-how – wieder auf die Beine gekommen, und ihr Angebot sowie der Bedarf an Zulieferung und Dienstleistung hat eine Gründungswelle ausgelöst. Die private Wirtschaft Estlands generiert bereits über 80% der estnischen Wertschöpfung. Das Beispiel Estlands könnte für Litauen im derzeitigen Stadium der Privatisierung bei schneller Adaption der wesentlichen Komponenten dazu beitragen, den bisherigen Verlauf in Litauen deutlich positiv zu beeinflussen.

5.2.4 Entwicklung von Direktinvestitionen und ihre Auswirkung auf den Mittelstand

Während der Zeit der Planwirtschaft gab es kaum Direktinvestitionen seitens Unternehmen aus westlichen Industrieländern. Ein Indiz dafür, wie gering das Investitionsvolumen von westlichen Industrieländern zu dieser Zeit war, ist schon das

Fehlen diesbezüglicher Daten. Verantwortlich für das mangelnde Investitionsinteresse zeichnet sicherlich zu einem nicht unbedeutenden Ausmaß die Tatsache, daß der Erwerb von Privateigentum für Ausländer in den sozialistischen Planwirtschaften äußerst restriktiv gehandhabt wurde.

So verwundert nicht, daß das Investitionsvolumen seitens ausländischer Direktinvestoren seit 1990 drastisch anstieg, in Polen insbesondere ab 1991, nachdem ein Gesetz zur verbesserten Stellung ausländischer Investoren verabschiedet worden war.

Bislang überwiegen in den Untersuchungsländern Investitionen westlicher multinationaler Konzerne, die sich so den osteuropäischen Markt sichern wollen. Diese wenigen Investoren lassen dadurch kaum aussagekräftige Rückschlüsse auf die regionale Herkunft der Investoren als auch hinsichtlich der sektoralen Verteilung auf die einzelnen Investitionsobjekte zu, da die Gesamtanzahl der Fälle viel zu gering ist, um letztlich statistisch überhaupt interpretierbar zu sein. Beispielsweise betrug das Gesamtinvestitionsvolumen von lediglich vier beteiligten, ausländischen Unternehmen in Polen 1992 412 Mio. US$[75], was etwa 40% aller bis dahin getätigten Investitionen ausmacht.

Als ausländische Investoren treten hauptsächlich amerikanische Unternehmen auf, gefolgt von Deutschland und Österreich, was sicherlich mit der historischen Verflechtung in Zusammenhang gebracht werden muß.

In sektoraler Hinsicht wird vorrangig im verarbeitenden Gewerbe investiert – ein Grund hierfür dürften die vergleichsweise niedrigen Arbeitslöhne hier sein. Innerhalb des verarbeitenden Sektors bildet wiederum die Nahrungsmittelindustrie einen Schwerpunkt, da sich die ausländischen Investoren diesen – recht krisenfesten – Markt sichern wollen, der schon aufgrund des Nachholbedarfs in den Reformländern eine gute Rendite verspricht.

In Polen fällt auf, daß fast das gesamte Volumen an Direktinvestitionen ausländischer Unternehmen in sog. „Greenfield"-Projekte fließt, das heißt daß lediglich 3% der Investitionen in Privatisierungsobjekte fließen[76], wohingegen der gesamte Rest in Neugründungen investiert wird.

Ein besonderes Phänomen bilden die Direktinvestitionen in mittelständische Unternehmen von Emigranten aus den Untersuchungsländern: Durch die Neugründung eines kleinen oder mittelständischen Unternehmens in der ursprünglichen Heimat unterstützen sie den Aufbau der mittelständischen Wirtschaft (vgl. insbesondere die sog. „Polonia"-Firmen, die bereits während der 80er Jahre eine bedeutende Rolle spielten).

---

75 Foreign Trade Research Institute, in: European Bank of Reconstruction and Development, Country Profile Poland 1996, Part 3, in: www.ebrd.org., S. 2, S. 32 f.

76 Wiener Institut für Internationale Wirtschaftsvergleiche (WIIW) (Hrsg.): Presseschau Ostwirtschaft. Zur Auslandsinvestitionstätigkeit, Heft 10 (Jg. 31/1993), S. 13 f.

Ebenso positiv für den Aufbau eines gewerblichen Mittelstandes müssen Direktinvestitionen in Form von Joint Ventures betrachtet werden, bei denen ausländische mittelständische Unternehmen unmittelbar mit den osteuropäischen Partnern kooperieren. Allerdings ist die Anzahl solcher Projekte bisher gering, trotzdem sollte der positive Beitrag dieser (noch) wenigen Joint Venture-Projekte für die Etablierung eines gewerblichen Mittelstandes nicht übersehen werden. Zwar verursachen die wenigen Joint Venture-Projekte keine starken Veränderungen hinsichtlich der Beschäftigungsmöglichkeit und der Personalschulung – vielmals erfüllen die Joint Venture-Projekte eher den Anspruch einer „verlängerten Werkbank", dienen also vorrangig einer Auslagerung der Produktionsstätte aufgrund von niedrigeren Personalkosten. Dennoch schaffen diese bislang wenigen Vernetzungen einen Zugang zum internationalen Markt, was als evidenter Vorteil anzusehen ist.

Generell muß aber konstatiert werden, daß Direktinvestitionen den Privatisierungsprozeß dennoch mittelbar beschleunigen und unterstützen und damit für den Aufbau und Ausbau mittelständischer Strukturen dienlich sind.

Direktinvestitionen ausländischer Unternehmen bringen sowohl Zugriff auf finanzielle Ressourcen und eröffnen bzw. ermöglichen ebenso den Zugang zum ausländischen Markt. Allerdings muß an dieser Stelle wiederholt auf die doch recht weitverbreiteten und tiefsitzenden Ressentiments innerhalb der osteuropäischen Bevölkerung – hier insbesondere in Litauen – hingewiesen werden, die sich in ihrer permanenten Angst vor Überfremdung und Angst vor nationalem Ausverkauf äußern.

Daneben besteht eine Gefahr in der Tendenz der ausländischen Investoren, lediglich – oder zumindest vorrangig – in bereits bestehende, florierende (Groß-)Unternehmen einzusteigen. Damit werden weder die starren monopolistischen Strukturen der ehemaligen Planwirtschaft aufgebrochen, noch ein Aufbau des privatwirtschaftlich agierenden Mittelstandes unterstützt.

Unterschätzt werden darf allerdings nicht die Bedeutung vom Transfer von Know-how, wenngleich er auch meist – zumindest primär – weniger in die mittelständischen Betriebe denn in Großunternehmen fließt. Von hier aus zieht er aber Kreise und erreicht schließlich auch für die mittelständischen Betriebe eine Verringerung der internationalen Isolation und öffnet Wege hin zu neuen Technologien.

Bedingt dadurch, daß ein Großteil der Direktinvestitionen in den verarbeitenden Bereich fließt, werden sich in diesem Sektor vielfach mittelständische Zulieferer- und Abnehmerstrukturen entwickeln. Zwar wird nicht verkannt, daß eine temporäre „verlängerte Werkbank"-Strategie durchaus einen erheblichen Beitrag zur Entwicklung der Wirtschaft leisten kann; auf längere Sicht allerdings arbeitet die zunehmende Globalisierung gegen den Ausbau mittelständischer Strukturen in den Reformstaaten: Einzig als Gewinner kann hier derjenige hervorgehen, wer eine Leistung anzubieten hat, die im Ausland die Beschaffung nicht lohnt (z.B. Gebäudereinigung). Dies muß als Beispiel angesehen werden, wie Direktinvestitionen den Aufbau einer privatwirtschaftlich agierenden Mittelschicht letztlich verhindern helfen.

Unterm Strich bleibt jedoch festzuhalten, daß Direktinvestitionen ausländischer Unternehmen in den Ländern Polen und Litauen die Marktwirtschaft positiv beeinflussen, auch wenn dies teilweise indirekt passiert, etwa durch die Verbesserung der gesamten regionalen Infrastruktur, durch den Ausbau des Telekommunikationsnetzes, durch eine verbesserte Verkehrsanbindung usw.

Der direkte Anteil an der Förderung des Aufbaus mittelständischer Unternehmen wird weitgehend von Emigranten oder ebenfalls mittelständischen, ausländischen Betrieben getragen.

Letztlich können Direktinvestitionen – so wertvoll und wichtig sie auch sind – nicht als tragendes Element beim Aufbau eines unternehmerischen Mittelstandes betrachtet werden, selbst wenn sie diesen bisweilen beflügeln.

Damit kommt den Direktinvestitionen eher eine Art Steigbügelfunktion zu: Sie ermöglichen und erleichtern den Transformationsprozeß in den Untersuchungsländern, aber ohne die tatkräftige Unterstützung einer breiten Gesellschaftsschicht – hier: des gewerblichen Mittelstandes – wären die Direktinvestitionen lediglich ein Strohfeuer. Einzig das induzierte Engagement einer breiten Schicht kann ihnen somit längerfristig Bedeutung zumessen.

5.2.5 Sektorale Strukturen der mittelständischen Wirtschaft

Für die Zeit der sozialistischen Planwirtschaft gilt, daß die sektorale Struktur in den untersuchten Ländern verzerrt war durch einen weit überdimensionierten Industriesektor – insbesondere Schwerindustrie – bei gleichzeitig wenig entwickeltem Dienstleistungssektor. Die Grundlagen hierfür waren politischer Art. Der stalinistisch geprägte Sozialismus forcierte in den einstigen Agrarstaaten den Ausbau einer Schwerindustrie vor allem für Investitions- und Rüstungsgüter. Die so entstandenen Großbetriebe waren der Wirtschaftsplanung leichter zugänglich; und da sie leichter planbar erschienen, bevorzugte sie auch die Planungsbürokratie.

Für Litauen kam die feste Einbindung in die UdSSR erschwerend hinzu. Das einstige Agrarland wurde industrialisiert – wenn auch weniger als seine baltischen Nachbarn – mit Industriezweigen, die für die Versorgung der Gesamtunion und der Rüstung geplant wurden. Somit stand der vollständig in Großbetrieben verstaatlichten Landwirtschaft ein überblähter großindustrieller Sektor gegenüber; Dienstleistungssektor und Handel waren unterdimensioniert (so kamen z.B. nur 18 Einzelhandelsläden auf 10.000 Einwohner, während es im Unionsdurchschnitt 26, im Nachbarland Lettland gar 27 waren[77]).

77 Pissulla, P., in: HWWA-Report Nr. 113/1993, a.a.O., S. 85.

Auch in Polen dominierten 1989 noch die staatlichen Großunternehmen: In lediglich 8% aller Unternehmen produzierten sie mit 45% aller Erwerbstätigen ca. 50% der gesamten Industrieproduktion.

Der Dienstleistungssektor wurde als „nicht produktiv“ vernachlässigt und in einer Statistik, die sich ausschließlich an der ausgestoßenen Produktion orientierte, nur sehr unvollkommen erfaßt. Dieses Manko wirkt in beiden Staaten noch nach in dem bis heute nicht optimalen statistischen Erfassungssystem.

Zur Erfassung der Verzerrung, bzw. für den Verlauf ihrer Entwicklung, aber auch als Grundlage für Bedarfsaussagen, braucht es einen klar definierten „Normalwert“. Die Normalstrukturen einer Industriegesellschaft und die Beteiligung der einzelnen Sektoren daran entwickelt die Hypothese von Chenery[78,79] Orientiert man sich daran, so muß man sich freilich gewärtig sein, daß viele spezifische Faktoren das tatsächliche Geschehen sehr komplex gestalten, so daß es schwierig ist, hinreichend viele mit den im Transformationsprozeß befindlichen Staaten vergleichbare westliche Industriestaaten auszumachen. Hinzu kommen die hieraus resultierenden Schwierigkeiten bei der Erfassung des BIP der untersuchten Länder – neben den generellen Schwächen der statistischen Erfassung.

5.2.5.1 Polen

Wie in allen zentralen Planwirtschaften galt auch in Polen das Dogma, daß industrielle Großbetriebe die überlegene Form der Produktionsstätten seien – eine sich selbst bestätigende Wahrheit, da die Planungsbürokratie bestenfalls diese Produktionsform bewältigen konnte.

Mit dem durch die Transformation bedingten Strukturwandel eröffnete sich auch im verarbeitenden Sektor ein immenser Bedarf an mittelständischen Klein- und Mittelbetrieben. Denn die Restrukturierung der Industrie mit Entflechtung der Großeinheiten und Privatisierung der einzelnen kleineren Produktionseinheiten war notwendig, aber reichte nicht aus, so daß im Bereich mittelständischer Unternehmen in fast allen Sektoren zusätzlicher Bedarf bestand.

Die rasche Entwicklung und Expansion der Privatwirtschaft im Transformationsprozeß war der Motor für einen tiefgreifenden Strukturwandel. Die Unternehmen

78 Chenery, H.B.: Patterns of Industrial Growth, in: American Economic Review Vol. 50/1960, S. 624 f.

79 „Derzeit wird analysiert, wie sich diese Form der Arbeitsteilung ['verlängerte Werkbänke' – 'slice of the product chain', Anmerkung des Autors] auf die Wirtschaftsstrukturen in West- und Osteuropa auswirkt, aber auch welche Konsequenzen sich daraus für die Beurteilung der konjunkturalen Entwicklung im Außenhandel ergeben. Die Analyse langfristiger Entwicklungsstendenzen in Osteuropa wurde fortgesetzt. Mit der Rekonstruktionshypothese wurde dabei – nach der Chenery-Hypothese [= theoretischer Ansatz, um sog. 'Normalstrukturen' zu bestimmen, Anmerkung des Autors] und Gravitationsmodellen – ein weiterer 'Strukturansatz' herausgegriffen, der geeignet erscheint, Erkenntnisse über Transformationsprozesse zu vermitteln. (htpp://www.rwi-essen.de/publikat/ver-ar98.htm).“

paßten sich den Angebot- und Nachfragestrukturen an, und dies insbesondere in den Bereichen, in denen reiche Erträge zu erwarten waren: Hier *boomten* die Neugründungen mittelständischer Unternehmen.

Der Löwenanteil an mittelständischen Unternehmen fällt in den Handels- und Dienstleistungssektor – nicht zuletzt auch deshalb, weil man dort am schnellsten Erträge erhoffte bei gleichzeitig geringsten Auflagen oder Marktzugangsbeschränkungen.

Polnische Kleingewerbe ohne Handelsregistereintragung weisen nach Lageman et al. 1993 lediglich durchschnittlich 1,6 Beschäftigte auf, während in Industriebetrieben immerhin durchschnittlich 2,6 Beschäftigte zu verbuchen sind.[80]

Die notwendige Restrukturierung der Industrie mit Entflechtung der Großeinheiten und Privatisierung der einzelnen kleineren Produktionseinheiten im verarbeitenden Sektor konnte die Strukturlücke Klein- bis Mittelbetrieb nicht ausfüllen, so daß zusätzlicher Bedarf an Neugründungen bestand – und immer noch besteht.

Der Trend zur Verkleinerung der Betriebsgröße hält weiterhin an. Privatunternehmen (Personengesellschaften) arbeiten im Schnitt mit 1,6 Angestellten, im verarbeitenden Bereich mit 2,6; Unternehmen des Handels beschäftigen durchschnittlich 1,4 Mitarbeiter, im Dienstleistungsgewerbe sind es gerade einmal 0,7.[80]

Die Beschäftigtenzahlen bei inländischen Privatgesellschaften (Kapitalgesellschaften) liegen höher: Ein Drittel von ihnen hat immerhin zwischen sechs und 50 Angestellten.

Die Sektoren im einzelnen:

– Industrieller Sektor

Die Anzahl mittelständischer Unternehmen im verarbeitenden Gewerbe und im produzierenden Handwerk ist noch relativ gering (ca. 340.000), insbesondere im Vergleich mit den Zahlen aus den Bereichen Handel oder Dienstleistungsgewerbe. Prozentual ist sogar ein Rückgang zu verzeichnen, der aber weniger auf Betriebsaufgaben denn auf Änderungen der Rechtsform des Betriebes zurückgeht. Bei Kapitalgesellschaften im genannten Sektor ist das Wachstum konstant. Insgesamt ist der Anteil des Privatsektors bis 1995 auf 44% gestiegen.[81]

Die Bedeutung ist deswegen nicht gering zu achten: Der Anteil der industriellen Produktion am BIP, der 1989 bei 44,1% lag, liegt nach der Talfahrt von 1990/91 für 1993 wieder bei 32,2%[82]. (1995: 28,9%[83]) Davon erwirtschaften die Privatunternehmen 35% (1993; zum Vergleich 1989: 6%).

---

80 Lagemann et al., a.a.O., S. 266.

80 Lagemann et al., a.a.O., S. 266

81 Creditreform e.V. (Hrsg.): Länderinfo: Polen 1996, a.a.O., S. 60.

82 Sachs, V.: Polen, in: Osteuropa Perspektiven Jahrbuch 1996/1997, Bd. 1, a.a.O., S. 160 ff.

Noch größer ist die Bedeutung der Privatunternehmen für die Beschäftigung. Inzwischen arbeiten 39% aller Beschäftigten der genannten Branche in einem Privatunternehmen (1993; zum Vergleich 1989: 8%); 33,3% aller Beschäftigten in Privatunternehmen ohne Handelsregistereintrag arbeiten im industriellen Sektor.

– Landwirtschaft

Die Landwirtschaft nahm vor 1989 in der Entstehung eines Mittelstandes eine wichtige Rolle ein, waren es doch bäuerliche Kleinbetriebe, die aus der ersten Liberalisierung der 70er Jahre gestärkt hervorgingen. Gingen indes 1989 noch 12% des BIP auf das Konto der privat geprägten Landwirtschaft, fiel der Anteil auf 6,2% in 1994 ab – mit weiterhin fallender Tendenz. Wohl sind noch immer mehr als 20% aller Beschäftigten in dieser von mittelständischen Kleinunternehmen geprägten Branche tätig[84].

– Baugewerbe

Mit der Transformation wuchs die Zahl privater Bauunternehmen sehr schnell an: wenn auch kapitalintensiv, so versprach die große Nachfrage doch satte Erträge. Von 1991 bis 1993 stieg die Zahl der Privatunternehmen um 15,5% auf ca. 180.000. Bis Ende 1995 sind 90% des Sektors in private Hand übergegangen[85]. An der Gesamtheit aller mittelständischen Unternehmen haben die Bauunternehmen einen beachtlichen Anteil von ca. 19%.

Wohl ist die Transformation in diesem Sektor weit fortgeschritten: Mittelständische Unternehmen machen 78,7% aller Bauunternehmen aus. Diese mittelständischen Unternehmen erwirtschafteten 1993 ca. 85% des Branchenumsatzes (der wiederum 5,7% des BIP ausmacht; 1995: 5,2%).

Auch hinsichtlich der Beschäftigung ist das Baugewerbe wichtig. Während im Gesamtbausektor die Beschäftigungszahlen sinken, ist die Zahl der in mittelständischen Baufirmen Beschäftigten von 1991 auf 1993 um 16,9% gestiegen; 80% aller Branchenbeschäftigten arbeiten in mittelständischen Unternehmen.

– Handel und Gastronomie

Private Handelsunternehmen sind gewissermaßen das Flaggschiff des Transformationsprozesses. Der große Anstieg an privatem Konsum ließ die Zahl mittelständischer Handelsbetriebe rasch wachsen, noch begünstigt durch die Tatsache, daß es hier keinerlei spezielle Anforderungen an Qualifikation und keinerlei Zulassungsbeschränkungen gab, zudem war der Kapitalbedarf recht gering.

---

83 FAZ Informationsdienste (Hrsg.), Investitionsführer Mittel- und Osteuropa, Polen 1997, a.a.O., S. 9.

84 Sachs, V., in: Osteuropa Perspektiven Jahrbuch 1996/1997, Bd. 1, a.a.O., S. 160 ff.

85 Creditreform e.V. (Hrsg.): Länderinfo: Polen 1996, a.a.O., S. 60.

Außerdem beflügelte die Unternehmensgründer eine Reihe essentieller Wettbewerbsvorteile gegenüber dem staatlichen Sektor: Flexibilität, reichhaltiges Angebot, Kundenservice, günstigere Kostenstruktur, günstigere Preisstruktur über Direkteinkauf und geringere Lagerhaltung und damit geringere Kapitalbindung.

Gab es 1989 lediglich 2.000 Handelsgesellschaften und 81.000 Gewerbetreibende, waren es 1993 bereits 26.150 Handelsgesellschaften und 661.100 Einzelunternehmen. An der Gesamtheit aller mittelständischen Unternehmen haben Handelsunternehmen einen Anteil von ca. 38%.

Dementsprechend gehen 85% des Branchenumsatzes auf das Konto mittelständischer Handelsunternehmen (ein Branchenumsatz, der 1994 ca. 13,5% des BIP ausmachte).

Von seiten der Beschäftigung hat der Sektor Handel nicht die gleiche bedeutsame Position. Zwar arbeiten 90% aller Branchenbeschäftigten in einem mittelständischen Unternehmen, und von der Gesamtheit aller in mittelständischen Unternehmen Beschäftigten arbeiten 36% im Handel. Dies liegt jedoch unter dem Anteil, den dieses Gewerbe an der Gesamtheit der Unternehmen hat, was zurückzuführen ist auf die niedrigen Angestelltenzahlen pro Betrieb (1,4).

Neben dem Einzelhandel blühte der Sektor Gastronomie und Hotelgewerbe – mitsamt vergleichbaren Dienstleistungsbetrieben – auf. In diesem Sektor, der zu Planwirtschaftszeiten nur wenig attraktiv gestaltet war, bestand ein großer Nachholbedarf, und politische Öffnung und fallende Reiserestriktionen sorgten für ein Aufleben des Tourismus: Schon 1990 kamen 17 Mio. Besucher (mit mindestens einer Übernachtung) ins Land; diese Zahl stieg weiterhin an auf 18,8 Mio. in 1994 und auf 19,2 Mio. in 1995.

So stieg die Zahl der mittelständischen Unternehmen und die Zahl der dort Beschäftigten sehr rasch, wenn auch die Beschäftigungswirksamkeit mit durchschnittlich 0,7 Angestellten pro Betrieb geringer ist als die der anderen Sektoren, und wenn auch der Anteil am Gesamtwirtschaftsgeschehen noch relativ bescheiden ist.

Außerdem ist die Bedeutung als Devisenquelle nicht zu unterschätzen: 1993 kamen so 4,5 Mrd. US$ ins Land, 1995 schon 6,4 Mrd. Rechnet man den Tages- und Einkaufstourismus dazu, verbessert sich die Bilanz noch; 1995 kamen immerhin 82 Mio. Besucher ins Land, die nochmals 0,6 Mrd. US$ ausgaben[86].

Der Trend ist zu beobachten, daß vermehrt kapitalkräftige ausländische Anleger in der Tourismusbranche offensiv investieren, woraus den einheimischen mittelständischen Unternehmen dieses Sektors eine starke Konkurrenz erwächst. Inwieweit die inländischen Unternehmen sich am Markt weiterhin dagegen werden behaupten können, bleibt abzuwarten.

86 FAZ Informationsdienste (Hrsg.): Wirtschaftshandbuch Polen, Bd. 1: Politik, Wirtschaft, Infrastruktur, 2. Aufl., Frankfurt/Main und Hamburg 1997, S. 30.

Andererseits bedeutet der damit einhergehende Anstieg des Tourismusmultiplikators für die jeweilig gesamte Region immer einen wirtschaftlichen Auftrieb. Die Auswirkungen von Tourismus auf die gesamtökonomischen Regionalstrukturen lassen sich anhand der konsumorientierten Ausgaben der Reisenden für diverse Produkte und Dienstleistungen erschließen. Die Verteilung der Einnahmen aus dem Teilbereich Tourismus auf die verschiedenen Sektoren einer Wirtschaftseinheit resultiert wiederum aus dem Wechselspiel zwischen Nachfrage und Angebot in der jeweiligen Region. Die Darstellung des Wirkungsgefüges zwischen diesen Ausgaben, die als externe Nachfragestimulanz zu verstehen sind, und den gegebenen regionalen Ökonomien erfordert ein geeignetes Instrument.[87]

– Andere Dienstleistungen und freie Berufe

Weite Teile des Dienstleistungssektors waren zu sozialistischen Zeiten aus politisch-ideologischen Gründen vernachlässigt worden. Mit Beginn der Transformation ergab sich sehr plötzlich ein großer Bedarf an neuen Dienstleistungsbetrieben, auf den überstürzt Gründungen von Privatunternehmen des Sektors Finanzdienstleistungen, Maklerwesen, Unternehmens- und Steuerberatung erfolgten. Von 1990 bis 1993 stieg ihre Zahl um 72% auf 49.633 Einzelunternehmen, dazu kamen 11.000 private Gesellschaften. Auch im juristischen Bereich schuf die Privatisierung eine große Anzahl privater Kanzleien.

Da auf keine Traditionen im alten System aufgebaut werden konnte, sowie bedingt durch Unerfahrenheit im marktwirtschaftlichen System und stete Veränderung von Verordnungen und Rahmenbedingungen, sind sowohl Qualität wie Zahl der Privatunternehmen noch sehr unvollkommen: Es gibt zu wenige, und davon sind zu viele von schlechter Qualität.

Andere Bereiche des Dienstleistungssektors haben sich schon besser adaptiert. Während im Bereich Transport und Verkehr die Gesamtbeschäftigung um 18% zurückging, stieg sie im Bereich der mittelständischen Unternehmen der Branche von 1990 bis 1993 um 37,1%; Ende 1992 waren 25,4% aller Branchenbeschäftigten bei mittelständischen Unternehmen angestellt.

Im Finanz- und Versicherungsgewerbe waren immerhin 27,6% aller Branchenbeschäftigten im Privatsektor tätig.

Dennoch trägt trotz aller Expansion der Sektor recht wenig zur Gesamtbeschäftigung bei: Lediglich 1,2% aller Beschäftigten sind in ihm tätig.

---

87 Die Analyse von Input und Output bietet ein solches ökonomisches Instrument zur regionalen Analyse der Einflüsse von Einnahmen aus dem Sektor Tourismus auf verschiedene Wirtschaftsbereiche und auf ökonomische Größen wie Output, Einkommen und Beschäftigung. Vgl. zu den einzelnen Multiplikatoren: Jensen, R. / West, G.: Input-Output for practitioners, Vol. 1 and 2, Canberra 1986, S. 117.

Zur freiberuflichen Tätigkeit – von der man lediglich sagen kann, daß auch in diesem Bereich die Zahlen von Unternehmen steigen – gibt es kein verläßliches statistisches Zahlenmaterial.

5.2.5.2 Litauen

Was im vorausgegangenen Abschnitt hinsichtlich der Situation in Polen ausgeführt wurde bezüglich des Stellenwerts der industriellen Großbetriebe im sozialistischen System und in der Planungsbürokratie, trifft für Litauen in noch krasserem Maße zu.

Im Gegensatz zu Polen war und ist die Anpassung des aufgeblähten und einseitig-verzerrten industriellen Sektors wesentlich schwieriger, langwieriger und schmerzlicher.

Um so größer war und ist die Bedeutung des mittelständischen Sektors für die Umgestaltung der Wirtschaft.

Charakteristisch sind die Verkaufszahlen während der Privatisierung: Von den zur Veräußerung vorgesehenen Klein- und kleineren Mittelbetrieben wurden im wesentlichen alle verkauft, ganz im Gegensatz zu den Großbetrieben, wo die tatsächliche strukturelle Stagnation noch kaschiert wird durch Management-Buy-Out, was letztlich nur unter neuer – nämlich privatrechtlicher – Gesellschaftsform die alten Strukturen fixiert.

Zu den Käufen im Bereich der kleineren Unternehmen kam eine zwar nicht näher bezifferte, aber von allen Seiten als sehr hoch angesiedelte Zahl von Unternehmensneugründungen. Verständlicherweise waren hierbei der Handel und der Dienstleistungssektor die unbestrittenen Spitzenreiter aus den nämlichen Gründen wie in anderen Reformstaaten: geringste Auflagen, vergleichsweise niedriger Kapitalbedarf und die reelle Aussicht auf schnelle Erträge.

Die Entscheidung der Regierung 1993, von den nichtverkauften Großbetrieben vermehrt kleinere Einheiten herauszulösen und als Kleinunternehmen zum Kauf anzubieten, begünstigte diese Entwicklung der kleinen und mittleren Unternehmen; in die gleiche Richtung wirkte die Entscheidung, Teile des öffentlichen Dienstleistungssektors dem – in diesem Sektor im wesentlichen mittelständischen – Privatsektor zu übertragen.

Trotz alledem bleibt die Entwicklung eher verhalten. Bis 1995 steigerte sich der Anteil des Dienstleistungssektors am BIP auf etwa 28%, der des Handels auf rund 30%; die Tendenz – vor allem auf dem Dienstleistungssektor – ist auch weiterhin deutlich ansteigend, was zu einem nicht unerheblichen Anteil auf weitere Unternehmensneugründungen zurückgeht[88].

---

88 FAZ Informationsdienste (Hrsg.), Investitionsführer Mittel- und Osteuropa, Litauen 1996, a.a.O., S. 10.

Die wertmäßigen Anteile der Privatwirtschaft an der Binnenwirtschaft lagen nach offiziellen Zahlen für 1995 für den Dienstleistungssektor bei 71%, für den Bausektor bei 67%, für den Handel bei 60% und im industriellen Sektor bei 31%. Insbesondere die Angabe hinsichtlich des Privatanteils am industriellen Sektor ist mit gewisser Zurückhaltung zu betrachten, wenn man davon ausgeht, daß hinsichtlich des Vermögens (hinsichtlich der Anzahl von zur Privatisierung angebotenen Objekten sieht das anders aus) zu diesem Zeitpunkt erst um 30% des gesamten ehemaligen Staatsvermögens privatisiert waren[89].

Beschäftigungspolitisch ist das Gewicht geringer. Waren noch Anfang 1993 lediglich 200.000 Erwerbstätige im privaten Sektor tätig, so steigerte sich der Anteil zusehends; offiziellen Angaben zufolge waren 1994 landesweit etwa 58% aller Beschäftigten im privaten Sektor tätig[90], eine Angabe, die mit Vorsicht zu betrachten ist.

Wenn auch das Material wenig detailliert und von geringer sektoraler Tiefe ist, hier die Sektoren im einzelnen:

– Industrie

Der industrielle Sektor vollzieht den Strukturwandel sehr langsam. Die Produktivität ist seit 1989 drastisch zurückgegangen, nämlich von 1989 bis 1992 um insgesamt etwa 55%[91], und eine Trendwende zeichnet sich erst zögerlich ab. Entsprechend sank auch der Anteil am BIP. 1993 trug der Industriesektor insgesamt zum BIP noch 30,5% bei[92], 1995 noch 27,1%[93]. Dabei ist weitgehend der Status der Großbetriebe erhalten worden; in vielen Betrieben tritt das alte Management oder auch der Staat als alleiniger Aktionär auf, wodurch die alten Strukturen konserviert wurden. Nur wenige Betriebe wurden so aufgespalten, daß Betriebe von mittelständischer Größe daraus resultierten; als Kenngröße sei erwähnt, daß bis zum 1.4.1994 nur 39 als klein eingestufte industrielle Unternehmen veräußert wurden[94].

– Landwirtschaft

Bis Januar 1994 wuchs die Zahl von privaten landwirtschaftlichen Betrieben auf 113.000[95]. Diese Kleinbetriebe, deren Durchschnittsgröße bei 8,8 ha liegt, bearbeiten über 30% der gesamten landwirtschaftlichen Fläche, weitere jeweils 25% wer-

89 FAZ Informationsdienste (Hrsg.), Osteuropa Perspektiven Jahrbuch 1996/1997, Litauen, Bd. 1, a.a.O., S. 139.

90 Nach Aljansas, 1994, Nr. 12, in: Startiene, G.: Probleme der wirtschaftlichen Transformation aus der Sicht der baltischen Länder, Mainz 1996, S. 12.

91 O.Verf.: Litauens Wirtschaftspolitik vor großen Herausforderungen, in: Neue Zürcher Zeitung, Nr. 27 v. 16.2.1993, S. 10.

92 Melnikas, B. / Melnikas, L., a.a.O., S. 19.

93 BFAI, Wirtschaftsentwicklung Litauen 1995, a.a.O., S. 13.

94 Boroch, W. / Lösch, D., in: HWWA-Report Nr. 146/1994, a.a.O., S. 30, Tab. 1.

95 http://neris.mii.lt/economy/economy.html.

den von Nebenerwerbslandwirten und von privatrechtlich organisierten Genossenschaften beackert. Bis 1995 sind ca. 80% der Landwirtschaft privatisiert worden.

Die Produktivität hat deutliche Einbußen erlitten im Vergleich zu 1989 (je nach Produktionszweig von 25% bis zu 50%)[96], wobei der Trend nach 1993 sich langsam wieder umkehrt. Sicherlich sind dafür auch wetterbedingte Mißernten verantwortlich zu machen; ein wesentlicher Punkt aber sind sowohl die schlechte Ausstattung als auch die oftmals geringe Qualifizierung gerade dieser „Neubauern". Zwar hat die Regierung Fördermittel für Investitionen zur Verfügung gestellt, aber in viel zu geringem Ausmaß. Zudem verfügt Litauen über keine eigene Agrarmaschinenproduktion, so daß die Bauern auf teure Importe angewiesen sind[97].

Trotz Fortschreitens der Privatisierung konnte so die Talfahrt der litauischen Landwirtschaft noch nicht gebremst werden. Erwirtschaftete der Sektor, in dem immer noch fast 30% der arbeitenden Bevölkerung tätig sind, nach der Wende noch etwa 25% des BIP[98], so erbringt er 1995 nur noch knapp 9%[99], ein Anteil, von dem er sich nicht so rasch entfernen wird.

– Baugewerbe

Der Bausektor ist mittlerweile zu weiten Teilen – für 1995 wird ein Anteil von 67% angegeben[100] – in private Hände übergegangen. In ähnlichem Rahmen bewegen sich die Angaben in offiziellen Statistiken für 1993, die besagen, daß etwa 62% aller Bauaktivitäten von privaten Unternehmern ausgeführt werden[101]. Wohl muß man dabei berücksichtigen, daß die Bauaktivitäten insgesamt eher gering sind. So trug der Sektor 1993 etwa 7,6%, 1995 etwa 7,4% zum BIP bei. Der Sektor schließt 8% aller Beschäftigten ein[102]. Im Vordergrund stehen hier Bausanierungen in den Städten und der private Wohnungsbau. Abzuwarten bleibt, ob nach Decken des Nachholbedarfs der Bausektor sich weiter stabilisieren bzw. ob er expandieren kann.

– Handel und Dienstleistungssektor

Private Handels- und Dienstleistungsunternehmen waren mit Abstand der Sektor mit der rasantesten Entwicklung.

Der große Anstieg an privatem Konsum ließ die Zahl mittelständischer Handelsbetriebe rasch wachsen, begünstigt noch durch die Tatsache, daß es hier keinerlei

96 Melnikas, B. / Melnikas, L., a.a.O., S. 20.

97 Pissulla, P., in: HWWA-Report Nr. 122/1993, a.a.O., S. 45 f.

98 Melnikas, B. / Melnikas, L., a.a.O., S. 20.

99 BFAI, Wirtschaftsentwicklung Litauen 1995, a.a.O., S. 13.

100 FAZ Informationsdienste (Hrsg.), Osteuropa Perspektiven Jahrbuch 1996/1997, Bd. 1, Litauen, a.a.O., S. 139.

101 (Lithuanian) State and Government, 1996, aus: http://neris.mii.lt/state.html.

102 FAZ Informationsdienste (Hrsg.), Investitionsführer Mittel- und Osteuropa, Litauen 1996, a.a.O., S. 10.

spezielle Anforderungen an Qualifikation und keinerlei Zulassungsbeschränkungen gab, während gleichzeitig der Kapitalbedarf relativ gering war. Wenn auch absolut betrachtet keine große Anzahl, so zeigt die Zahl von 1.150 im Rahmen der Privatisierung veräußerten Klein- und kleinen Mittelbetriebe die Tendenz: Sie ist in dieser Kategorie die mit Abstand größte.

Außerdem profitierten die Jungunternehmer von essentiellen Wettbewerbsvorteilen, die sie gegenüber dem staatlichen Sektor genießen: Sie bieten Flexibilität, ein reichhaltiges Angebot, Kundenservice bei günstigerer Kostenstruktur, günstigerer Preisstruktur über Direkteinkauf und geringen Lagerhaltungskosten, so daß in diesem Sektor die Zahl der Neugründungen sehr groß war – ein Trend, der ungebrochen anhält.

Der wertmäßige Anteil des privaten Sektors betrug 1995 um 60%. Diese Zahl wird um so bedeutsamer, wenn man die Entwicklung des Anteils des Handels am BIP verfolgt: Lag selbst 1993 der Anteil noch bei knapp 8%[103], lag er 1995 bereits bei 24,7%[104], Tendenz weiter steigend. Auch für den beschäftigungspolitischen Bereich hat der Handel eine bedeutsame Position erreicht: 24% aller Beschäftigten sind in diesem Sektor tätig[105].

Für den Dienstleistungssektor gilt das nämliche. Mit Beginn des wirtschaftlichen Umbaus entwickelte er sich ohne Einbrüche, wobei der überwiegende Anteil auf Neugründungen beruhte.

Der wertmäßige Anteil des privaten Dienstleistungssektors an der Binnenwirtschaft lag 1995 nach offiziellen Zahlen bei 71%. Wie beim Handel ist auch hier der Anteil am BIP auffällig hoch: Von unbedeutenden Zahlen vor dem Transformationsprozeß steigerte er sich kontinuierlich bis auf 29,1% in 1995[106], wobei die Tendenz weiter steigend ist. Diese große Bedeutung des Dienstleistungssektors spiegelt sich in den Beschäftigtenzahlen wider: 28% aller Beschäftigten arbeiten hier.

Der Dynamik dieser beiden, von mittelständischen Unternehmen geprägten Sektoren ist weitgehend das erstmalige nennenswerte Wachstum des BIP von 2,2% in 1995 zuzuschreiben[107].

Der Tourismussektor, in Ländern wie Polen oder Tschechien in deutlicher Aufwärtsentwicklung, spielt in Litauen noch keine nennenswerte Rolle. Zwar ist das Land reich an touristisch vermarktbaren Naturschönheiten, doch fehlt auch weiterhin die hierfür notwendige Infrastruktur.

Fehlendes Know-how scheint einer der entscheidenden Schwachpunkte zu sein; so ist in der Anzahl der Übernachtungen pro Jahr noch kein Aufwärtstrend fest-

---

103 Melnikas, B. / Melnikas, L., a.a.O., S. 19.

104 BFAI, Wirtschaftsentwicklung Litauen 1995, a.a.O., S. 13.

105 FAZ Informationsdienste (Hrsg.), Investitionsführer Mittel- und Osteuropa, Litauen 1996, a.a.O., S. 10.

106 BFAI, Wirtschaftsentwicklung Litauen 1995, a.a.O., S. 13.

107 BFAI, Wirtschaftsentwicklung Litauen 1995, a.a.O., S. 13.

zustellen: mit 0,3 Mio. Übernachtungen in 1993, 0,2 Mio. in 1994 und 0,2 Mio. in 1995[108].

In den Sektoren Energiewirtschaft und Telekommunikation dominieren auch weiterhin die Staatsbetriebe. Das gilt auch für den Sektor Transport, wo die Kernbereiche Bahn und Schiffsverkehr noch vom Staat kontrolliert werden. Der Bereich Luftfahrt, der aus der ehemaligen Aeroflot als nationale Fluggesellschaft herausgelöst inzwischen wieder Gewinne einfährt, ist ebenfalls nicht zur Privatisierung vorgesehen.

Mit Beginn der Transformation ergab sich ein großer Bedarf an neuen Dienstleistungsbereichen, die im alten System keine Existenzgrundlage hatten. Der Systemwandel erforderte die Gründung von Privatunternehmen des Sektors Finanzdienstleistungen, Maklerwesen, Unternehmens- und Steuerberatung. Im Rahmen des Dienstleistungssektors wächst ebenfalls – nicht näher ausgewiesen – dieser Bereich, der Domäne der Freiberufler ist.

Auch im juristischen Bereich schuf die Privatisierung eine große Anzahl privater Notariate und Kanzleien: Die etwa 200 Notare (davon 185 Notarinnen) wurden mit einem völlig neuen Tätigkeitsspektrum in die Freiberuflichkeit entlassen – eine Freiberuflichkeit, die allerdings noch etwas durch massive Eingriffsmöglichkeiten des Staates in die Tätigkeit relativiert ist. Einst eher in unteren Einkommensbereichen angesiedelt, hat das neue Angebotsspektrum und das Privatliquidationsprinzip den Sektor erstarken und anwachsen lassen. Ähnliches gilt auch für die 500 Anwälte und 600 Rechtsberater des Landes[109].

Da es keine Traditionen aus dem alten System gibt, sorgen Unerfahrenheit im marktwirtschaftlichen System und stete Veränderung von Verordnungen und Rahmenbedingungen dafür, daß die Qualität der Dienstleistungsunternehmen noch sehr schwankend ist; erschwerend kommt hinzu, daß das Vertrauen in den neuen Finanzdienstleistungs- und Maklerbereich von Anfang an erschüttert wurde durch Finanzhaie, Glücksritter oder schlichtweg durch die Inkompetenz der Anbieter[110].

5.2.6 Räumliche Strukturen der mittelständischen Wirtschaft

Geographisch-regional gesehen sind die beschriebenen wirtschaftlichen Entwicklungen nicht homogen verteilt, vielmehr bestehen erhebliche regionale Unterschiede, die oftmals noch über die Zeit der Planwirtschaft zurückzuverfolgen und nicht durch den Umbruch bedingt sind.

---

108 FAZ Informationsdienste (Hrsg.), Osteuropa Perspektiven Jahrbuch 1996/1997, Bd. 1, Litauen, a.a.O., S. 43.

109 Huff, M.: Fast alle Notare in Litauen sind Notarinnen, in: Frankfurter Allgemeine Zeitung v. 28.5.1996, S. 14

110 Flottau, H.: Litauens schwieriger Abnabelungsprozeß, in: Süddeutsche Zeitung v. 22.5.1995, S. 24.

Historisch waren Ungleichheiten schon vorgezeichnet – besonders in Polen, wo etwa die Region Oberschlesien schon auf eine langwährende industrielle Tradition zurückblickt, deren Gewicht durch die Westverschiebung Polens nach 1945 vergrößert wurde.

Während der Zeit der Planwirtschaft kam die ideologisch begründete Industrialisierung in Kombinaten in beiden Ländern hinzu, wobei die unorganische Gründung von Großkomplexen auf der „grünen Wiese" – auf die Bedürfnisse der Sowjetunion ausgerichtet – inmitten rein agrarischer Regionen in Litauen noch krasser ausfiel.

Um diesen in der wirtschaftlichen Entwicklung nach dem Umbruch fortbestehenden Disparitäten nachzuspüren, sind zwei Kenngrößen hilfreich, nämlich die regionale Unternehmensdichte und die regionale Arbeitslosenquote.

Zwischen beiden Größen läßt sich weitgehend ein Verhältnis umgekehrter Proportionalität feststellen – von Ausnahmen abgesehen.

5.2.6.1 Polen

In Polen sind die Entwicklungsunterschiede recht ausgeprägt. Die Ballungszentren haben sich privatwirtschaftlich gut entwickelt, was sicherlich auch begründet ist in noch existenten privatwirtschaftlichen Traditionen: Der Privatsektor vor der Wende lebte im wesentlichen in diesen Ballungszentren. So ging der Umbau dort auch viel schneller vonstatten als auf dem Lande, die Bedeutung der Staatsbetriebe in punkto Produktivität und Beschäftigtenzahlen hat hier sehr stark abgenommen. In Wechselwirkung hat sich ein sehr breiter und aktiver Dienstleistungssektor entwickeln und etablieren können, der wiederum zum wirtschaftlichen Florieren beiträgt.

Dementsprechend liegen die Arbeitslosenzahlen in Ballungsgebieten vergleichsweise niedrig.

Zu diesen wirtschaftlich gut entwickelten Ballungszentren sind die Regionen Gdansk (Danzig), Warsaw (Warschau), Krakow (Krakau), Lodz, Poznan (Posen) und Szczecin (Stettin) zu zählen.

Schwerer tun sich dagegen die Regionen der klassischen Schwerindustrie (Eisen und Stahl, Kohle), etwa die Regionen Katowice (Kattowitz) oder Walbrzych (Waldenburg), da Kohle und Stahl sowohl hinsichtlich der Produktivität und Nachfrage als auch hinsichtlich der Beschäftigungszahlen stark rückläufig sind. Das Interesse privater Anleger ist dementsprechend gering, der Anteil an Staatsbetrieben noch hoch. Mit geringer Wirtschaftskraft hat sich auch der Dienstleistungssektor nur spärlich entwickeln können; die Arbeitslosenquote ist hier entsprechend hoch.

Auch das Zentrum der Textilindustrie, die Region Lodz, hat ähnliche Probleme. Insbesondere der staatliche Sektor leidet unter der Konkurrenz durch Billigimporte. Der private Sektor hingegen hat sich inzwischen zur Konkurrenzfähigkeit entwickelt und floriert, im Aufwind der Wirtschaftskraft hat der Dienstleistungssektor sehr gut nachgezogen, so daß eine Besserung der noch vergleichsweise hohen Arbeitslosenzahlen absehbar ist.

Die ländlichen Regionen sind in der wirtschaftlichen Entwicklung eindeutig benachteiligt. Hohe Arbeitslosenquoten werden gemeldet aus den ländlichen Gebieten des Nordens und Nordostens, den Regionen der Ostgrenze und des Südostens.

Legt man die Zahlen von Ende 1992 zugrunde, ergibt sich folgendes synoptische Bild:

Die Ballungszentren Warsaw (Warschau) und Poznan (Posen) liegen mit über 20 privatwirtschaftlichen Betrieben per 10.000 Einwohnern und einer Arbeitslosenquote von unter 10% vorne, gefolgt von den Regionen Szczecin (Stettin), Gdansk (Danzig) und Wroclaw (Breslau) mit der gleichen Unternehmenszahl, aber einer Arbeitslosenquote von 10-15%.

Die Industrieregion von Lodz liegt ähnlich, jedoch beträgt die Arbeitslosenquote hier 15-20%, in Katowice (Kattowitz) und Walbrzych (Waldenburg) ist die Situation noch schlechter (mit einer Arbeitslosenquote von 15- 20% bzw. über 20%).

Der Nordosten – das ehemalig Ostpreußen – kann nur mit 6-10 privaten Betrieben per 10.000 Einwohnern aufwarten, die Arbeitslosenquote liegt entsprechend über 20%, und ähnliches gilt für die pommersche Küste.

Während in den östlichen zentralen Gebieten – Radom und Lublin – die Betriebsdichte besser ist mit 10-20 privaten Betrieben pro 10.000 Einwohnern bei einer Arbeitslosenquote von 10-15%, ist die Ostgrenze – Chelm und Zamosc – mit 6-10 Betrieben und 10-15% Arbeitslosen deutlich schlechter, der Südosten (Przemysl) bildet gar das Schlußlicht mit weniger als sechs Betrieben auf je 10.000 Einwohner und einer Arbeitslosenquote von über 20%.

5.2.6.2 Litauen

Auf einer Gesamtfläche von lediglich 65.200 qkm[111] konzentriert sich die Groß- und Schwerindustrie Litauens in und um nur wenige Städte.

Die Verwaltungsstruktur gliedert sich in 44 Bezirke und elf Stadtbezirke. Diese teilen sich wiederum in Gemeinden auf.

Zentren der Industrie sind die Hauptstadt Vilnius (Wilna) im Südosten sowie das benachbarte Kowno (Kaunas) im Süden. Das größte Kernkraftwerk der drei baltischen Republiken findet sich in Ignalina in Ostlitauen. Für die Energieversorgung des Landes zeichnet ebenfalls verantwortlich die Ölraffinerie Mazeikia im Nordwesten. Ein wichtiger Umschlagplatz für Waren und Güter des Im- und Exports ist der größte Hafen Litauens, Klaipeda (Memel), an der Memelmündung in die Ostsee, im äußersten Nordwesten, gelegen.

---

111 BFAI, Wirtschaftsentwicklung Litauen 1995, a.a.O., S. 11.

Die erwähnten Strukturen mögen darüber hinwegtäuschen, daß Litauen ein vorwiegend agrarisch geprägtes Land ist. Kleinstbetriebe auf dem Land übernehmen die örtliche und die regionale Versorgung, während ein langsam aufstrebendes Segment von Klein- und Mittelbetrieben sich als Zulieferer, Dienstleistungsanbieter, Händler (bzw. Zwischenhändler), Importeure und Exporteure, um die Industriezentren herum angesiedelt hat und sich hier mittlerweile mehr oder weniger etabliert hat.

Daß die Bestrebungen der litauischen Regierung nicht unbedingt und ausschließlich in Richtung einer raschen Herausbildung der o.a. Strukturen gehen, wird an der allenthalben kolportierten Maxime deutlich: „Das Dorf soll gleichwertiger Partner sein und nicht armer Verwandter.“[112]

So umschrieb eine von vielen Zeitungen den Fokus und die Marschroute der litauischen Politik.

Zu erwarten steht, daß die weitere räumliche Entwicklung um die zentralen Orte herum an Ausgestaltung – und damit an Gewicht – gewinnt. Der Trend hin zu einer klaren Trennung in agrarisch geprägte Randgebiete und städtische und stadtnahe Gewerbe und Industrieregionen scheint vorgezeichnet.

112 BFAI, Wirtschaftsdaten aktuell – Litauen 1995, a.a.O., S. 6.

6. Zusammenfassung

Die Grundsatzentscheidungen für Demokratie, Marktwirtschaft, Rechtsstaatlichkeit, Westorientierung des polnischen und litauischen Rechts-, Steuer- und Wirtschaftssystems sowie der Wunsch einer schnellen Integration in NATO und EU basieren in beiden Untersuchungsländern auf einem breiten gesellschaftlichen Konsens. Seit der Wende in den Jahren nach 1989 wurden und werden sie von keiner Regierung oder anderen politischen Entscheidungsträgern ernstlich in Frage gestellt. Damit ist das gesellschaftspolitische Fundament wesentlich stabiler, als dies die teilweise heftigen innenpolitischen Auseinandersetzungen und Regierungswechsel der vergangenen Jahre vermuten lassen. Querelen, Skandale, machtpolitische Auseinandersetzungen gehörten in den letzten Jahren zum innenpolitischen Alltag. kDiese politischen Turbulenzen haben allerdings den kontinuierlichen Aufschwung und die Entwicklung der privaten Wirtschaft in den Untersuchungsländern wegen der stabilen Grundsatzentscheidung zu keiner Zeit entscheidend gefährdet. Sie haben gleichwohl zu Verzögerungen bei dringlichen Strukturreformen, vor allem im Sozialversicherungs-, Bildungs- und Verwaltungswesen, geführt.

Die Zeit nach 1989 war in Polen und Litauen zunächst geprägt von einer aufblühenden Parteienlandschaft und politischen Machtkämpfen zwischen Reformern und Exkommunisten. Fast scheint die politische Entwicklung Polens und Litauens ein Spiegelbild der sozioökonomischen Situation der Wahlbürger im Betrachtungszeitraum zu sein. Nach der Loslösung von Moskau überwog die Hoffnung, die jedoch zunächst nicht von der Regierung der Bürger- und Gewerkschaftsbewegung in Polen oder des Reformbündnisses Sajudis in Litauen eingelöst werden konnte, so daß recht rasch wieder Zuflucht zur kommunistisch gefärbten Politik gesucht wurde. Nachdem sich Ende 1995 die wirtschaftliche Situation in Polen deutlich zum Guten wendet, und die Litauer eher über die nicht ausreichend schnell perzipierten wirtschaftlichen Verbesserungen durch die regierenden Exkommunisten enttäuscht sind, scheint sich das Blatt wieder zu wenden.

Freilich gibt es bei den Grundfragen keine prinzipiellen Meinungsunterschiede zwischen den im polnischen oder litauischen Parlament vertretenen Parteien mehr: Alle treten entschieden für die Marktwirtschaft ein, wenn auch mit unterschiedlichem Impetus und Ansatz, befürworten die Westintegration, ob NATO oder EU. Selbst die ideologischen Etiketten – kommunistisch, links, konservativ, national – sind anders zu bewerten.

Bedingt durch den in beiden Ländern latent vorhandenen sozioökonomischen Druck ist Wählergunst offenbar nur über sozioökonomische Stabilisierung und wirtschaftliches Wachstum zu gewinnen. Demzufolge konzentrieren sich die Parteien, Spitzenkandidaten und Wahlstrategen auf die aktuellen wirtschaftlichen Probleme. Ein eingefahrenes Wählerverhalten ist in Polen oder Litauen noch nicht erkennbar: Die Wähler geben ihre Stimme der Partei, die in der Bewältigung der vitalen Probleme Erfolg verspricht.

Obwohl in Polen und in Litauen weite Kreise der Bevölkerung seit der politischen Wende drastische Einschnitte bei ihrem Lebensstandard hinnehmen mußten, scheint dennoch das Vertrauen in das demokratische System nach wie vor relativ hoch zu sein. Der Transformationsprozeß wird mit all seinen ökonomischen Härten zum Ende des Betrachtungszeitraums und wohl auch in Zukunft von einer klaren Mehrheit der Bevölkerung getragen. Die Erfahrungen mit dem kommunistischen Regime und der Mangelwirtschaft im Sozialismus wirken so gründlich negativ nach, daß der demokratische Staat und die Marktwirtschaft als Ordnungsprinzip weitgehend akzeptiert werden.

Motor des kräftigen Wirtschaftswachstums seit 1992 in Polen und nunmehr auch in Litauen ist die private Wirtschaft.

Um ein Agieren innerhalb einer Marktwirtschaftsordnung überhaupt zu ermöglichen, war eine radikale Änderung des Wirtschaftssystems erforderlich. Für diesen Prozeß läßt sich aber bis heute kein geschlossenes wissenschaftliches Modell, eine Theorie, formulieren. Fehlt es aber an einer solchen Theorie, stellt sich unweigerlich die Frage nach den wirtschaftspolitischen und sozialen Effekten bewußt etablierter neuer Rahmenbedingungen. Dabei muß berücksichtigt werden, daß die Gestaltung der politischen, wirtschaftlichen und sozialen Landschaft nicht ohne die Erfahrungen der Länder vonstatten ging, an die sich die Untersuchungsländer anlehnen: die westeuropäischen Staaten.

Die wissenschaftliche Diskussion über die Systemtransformationen orientiert sich vielfach stark an einer konstruktivistischen Sicht des Prozesses: Die Durchsetzung der Marktwirtschaft reduziert sich durch diese Sicht auf eine Strategieform zur Überführung zentralverwaltungswirtschaftlicher in marktwirtschaftliche Strukturen. Damit wäre auch der Aufbau mittelständischer Strukturen eine eindeutig der Planwirtschaft anheimfallende Aufgabe.

Die tägliche Praxis unterscheidet sich jedoch von derartigen theoretischen Überlegungen; vielmehr geht es in einem täglich neuen Prozeß des Versuchens und Ausprobierens (Trial and Error) darum, das Wechselspiel von Akteuren unterschiedlicher Zielrichtung mit denen der beteiligten Bürokraten in Einklang zu bringen, noch dazu mit der Bürde eines zeitweilig beschränkten oder eingeschränkten Problembewußtseins einzelner (bzw. gegebenenfalls aller) am Geschehen Beteiligter. Formelle Institutionen lassen sich bei Bedarf rasch ändern oder gar abschaffen, wohingegen informelle Institutionen sich einem staatlichen Einfluß gänzlich entziehen können und sich eine diesbezügliche Änderung als ein langwieriger, eher schleichender Prozeß gestaltet. Deshalb muß für diesen Anpassungsprozeß eine äußerst großzügige Zeitspanne angesetzt werden, denn derartig weitgreifende Gesellschaftsänderungen brauchen meist Generationen, um wirklich ins Handlungs- und Verhaltensmuster einzudringen.

Die Entwicklung der mittelständischen Wirtschaft erfüllt wesentliche Funktionen für diesen Transformationsprozeß.

Eine risikobereite und dynamische Unternehmerschicht gibt der Wirtschaft die notwendigen Impulse und kann darüber hinaus zur schnellen Verankerung der noch neuen, teilweise ungewohnten Regeln der Marktwirtschaft im Bewußtsein breiter Massen beitragen.

Für eine funktionierende Wettbewerbswirtschaft ist die Teilnahme einer großen Anzahl von Mitbewerbern auf dem Markt vonnöten: Die neugeschaffene breite Eigentümerschicht bildet die Basis für die wettbewerbliche Wirtschaftsordnung. Nur mittelständische Unternehmen sind in der Lage, regionale und landesweite Monopole der sozialistischen Großunternehmen aufzubrechen. Unter dem Druck des Marktes entstehen optimale Betriebsgrößen. Die kleinen und mittleren Betriebe können die aus Umstrukturierung freigewordenen Arbeitskräfte auffangen und leisten damit einen wichtigen Beitrag zur Entlastung des Arbeitsmarktes.

Grundlegendes Ziel der Politik hinsichtlich der Unterstützung des Aufkeimens mittelständischer Unternehmen ist es, Strukturen zu schaffen, die eine privatwirtschaftliche Betätigung ermöglichen. Die Aufgabe besteht dann in der Schaffung eines marktwirtschaftlichen Rechtsrahmens sowie der Stabilisierung des makroökonomischen Umfeldes.

Allgemein gesprochen geht es um die Verankerung eines marktwirtschaftlichen Regelwerks im Wirtschaftsleben. Der Staat fungiert als Impulsgeber, der jene Strukturen schafft, innerhalb derer ein privates Wirtschaften entstehen und prosperieren kann.

6.1 Rahmenbedingungen

Die Eckpfeiler einer Gesellschaft bilden die Ordnungspolitik, die Wirtschafts- und Steuerpolitik, die Rechts- und Sozialpolitik sowie die Bildungspolitik.

Beide Länder haben den notwendigen ordnungspolitischen Rahmen geschaffen und leben darüber hinaus in – anerkannterweise – funktionierenden parlamentarischen Demokratien, wenngleich teilweise unterschiedliche Wege beschritten wurden.

Von westlichen Experten wird die makroökonomische Stabilisierung sowie die Schaffung eines institutionellen Rahmens als primär zu erfüllende Forderung für den Transformationsprozeß angesehen. Die polnische Regierung hat ihrem Land eine ungepufferte, rasche Transformation, eine „Schocktherapie“, verordnet, während man in Litauen einem gradualistischen Übergang den Vorzug gab und soziale Gerechtigkeit in den Vordergrund stellte. Folge war, daß der Prozeß der vollständigen Demokratisierung und die Errichtung eines marktwirtschaftlichen Systems westlichen Zuschnitts in Litauen langsamer vor sich ging als in Polen. Der weitere Verlauf hat dem polnischen Weg Recht gegeben – was jedoch keineswegs als Scheitern des Transformationsprozesses in Litauen vorschnell mißgedeutet werden darf. Vielmehr galten und gelten in Litauen andere Bedingungen, die nach einem anderen Weg verlangten. Das ausländische Interesse an der polnischen Wirtschaft ist größer, die Privatisierung weiter fortgeschritten, der Lebensstandard der Bevölkerung höher.

Unabhängig davon, welche Faktoren man zur Erklärung der unterschiedlichen Geschwindigkeit und wirtschaftlichen Effizienz der Transformation heranzieht, waren die sozialen Friktionen in beiden Ländern zunächst vergleichbar.

Es sind sozialpolitische Probleme, die das Gelingen – zumindest das *rasche* – des Transformationsprozesses gefährden, denn diese korrelieren direkt mit der Akzeptanz von seiten einer breiten Bevölkerungsschicht.

Makroökonomisch betrachtet entwickelten sich die Reformstaaten ähnlich. Die Inlandsproduktion sank um fast ein Drittel, Inflations- und Arbeitslosenraten stiegen. Mit einer Reform des Steuersystems haben beide Länder eine wichtige Basis zur Stärkung der Staatseinnahmen geschaffen. Der Abbau von Staatsausgaben stößt indes an Grenzen. Zwar war die Verringerung von Subventionsleistungen für die defizitäre Lage der Staatshaushalte dienlich; allerdings werden die hier erzielten Gewinne aufgefressen von den wachsenden Kosten (verursacht durch Arbeitslosigkeit, zur Finanzierung des Gesundheits- und Bildungssystems sowie den Kosten für den notwendigen Ausbau der Infrastruktur), und beide Staaten weisen im Untersuchungszeitraum ein Haushaltsdefizit aus. Durch hohe Zinsen gelang es in beiden Ländern, die Inflation zu brechen und durch eine ausgewogene Geldpolitik eine Stabilisierung des Preisniveaus herbeizuführen. Aufgebaut wurde ein zweistufiges Bankensystem mit einer unabhängigen Notenbank sowie Geschäftsbanken. Schwieriger und weitaus weniger berechenbar gestaltet sich die geldpolitische Feinsteuerung, weil hier recht unerfahren agiert wird bei gleichzeitig noch nicht – oder nur unzureichend – ausgebautem Geschäftsbankensystem.

Die Entwicklung der Finanzmärkte, insbesondere das Geschäftsbankwesen, ist noch in erheblichem Maße mit strukturellen Problemen behaftet. Die Geschäftsbanken können nur sehr bedingt die ihnen zugedachte Finanzierung und Kreditierung der privaten Wirtschaft ausfüllen. Neben einer strikten Geldmengenpolitik der Notenbanken erschwert die nicht ausreichende Eigenkapitalausstattung das Agieren am Markt. Kredite werden oftmals zögerlich oder gar nicht vergeben, wodurch der Aufbau eines privatwirtschaftenden Sektors be- oder verhindert wird. Die Organisationsstruktur der Banken und fehlendes Know-how bei den Mitarbeitern verstärkt die Problematik. Polen hat – mit zunehmendem Erfolg – Anstrengungen unternommen, ausländisches Kapital in das Land zu locken. Die damit einhergehende Dynamik hat zu einer zunehmenden Kapitalakkumulation geführt, die für die kommenden Jahre eine deutlich verbesserte Kreditierung erwarten läßt. Litauen hat sich zunächst eher von ausländischem Kapital abgeschottet. Die Folgen waren verheerend und fanden ihren Höhepunkt in der Bankenkrise Ende 1995. Nur eine grundlegende Reform des Bankwesens sowie der Privatisierungsmethodik, einhergehend mit einer drastischen Öffnung der Wirtschaft für ausländisches Kapital, kann Besserung versprechen. Das Musterbeispiel Estlands könnte hier gute Dienste leisten.

Eine angepaßte Währungspolitik fördert mit stabilen Wechselkursen das Vertrauen der inländischen Bevölkerung in die eigene Währung, verhindert damit Kapitalflucht einerseits und bietet ausländischen Investoren eine gewisse Sicherheit. Andererseits verursachen stabile Kurse bei gleichzeitig hoher Inflationsrate eine reale Aufwertung, wodurch sich die Exportchancen verringern. In Polen hat eine ständige Wechselkursanpassung an die Inflationsunterschiede (Crawling Peg) zunächst zu einer drastischen Steigerung des Exports geführt, was bis Ende 1995 jedoch von der gesamt-weltwirtschaftlichen Krise wieder zunichte gemacht worden ist. Litauen hat einen wesentlichen Schritt zu stabilen Wechselkursen durch die Anlehnung des Litas an den US-Dollar getan.

Polen und Litauen haben nach 1990 relativ schnell einen akzeptablen rechtlichen Rahmen geschaffen, der sich formal weitgehend an westeuropäischen Rechtssystemen orientiert.

Die Schaffung von Privateigentum als Grundlage einer maßgeblichen Entfaltung der Privatinitiative wurde gesetzlich normiert. Daneben wurde ein Vertrags- und Gesellschaftsrecht, Konkurs- und Wettbewerbsrecht etabliert. Mögliche Überschreitungen von Gesetzen müssen sanktioniert werden. Wichtig für die breite Akzeptanz ist, daß mit Traditionen, Sitten und Bräuchen nicht gebrochen wird, da eine derartige Überwerfung zu einer ablehnenden Haltung führt und dadurch den Umsetzungsprozeß erheblich verzögert, wenn nicht gar gänzlich gefährdet.

Das Steuersystem, das in gewisser Weise auch Subventionen (im Sinne von Steuererleichterung, Verlustvortrag usw.) gewähren kann, hat sich im Betrachtungszeitraum etablieren können. In den untersuchten Ländern fehlt es jedoch an einer einheitlichen Durchsetzung und Auslegung der Gesetze. Auch die schlechte Steuermoral stellt ein Problem dar.

Drei Hauptproblembereiche lassen sich bei der Umsetzung der Gesetzgebung ausmachen: Schwierigkeiten aufgrund bestimmter Rechtsvorschriften und der damit verbundenen institutionellen Ausstattung, Schwierigkeiten aufgrund fehlender Rechtsakzeptanz und aufgrund von Schwächen des Staates.

Mangelhafte institutionelle und personelle Infrastruktur gepaart mit fachlicher Inkompetenz erschwert und verzögert die Umsetzung. Die fachliche Inkompetenz rührt von einer noch rückständigen juristischen Ausbildung; Weiterbildungsmöglichkeiten gibt es kaum, außerdem wird im öffentlichen Dienst dermaßen schlecht bezahlt, daß viele Angehörige des öffentlichen Dienstes gerne in gutdotierte Positionen der Wirtschaft abwandern.

Die negative oder zumindest abwartende Haltung der mittelständischen Unternehmer gegenüber staatlichen Organen und die Unerfahrenheit in Sachen Wirtschaftsgesetzgebung führt dazu, daß vielfach versucht wird, die gesetzlichen Regelungen zu umschiffen, die den Unternehmer zu finanzieller Disziplin anhalten sollen. Paradoxerweise wird dieses Verhalten unterstützt durch die noch mangelnde Rechtsadministration, die zwar Sanktionen bereithält, in der Durchführung allerdings äußerst verzögert agiert. Zeigt sich der Staat in der Umsetzung der Gesetze als wenig durchsetzungswillig oder -fähig, erschwert er dem Unternehmer, das notwendige Vertrauen aufzubauen. Daß eine zögerliche Umsetzung aber auch von Vorteil sein kann, darf hier nicht außer acht gelassen werden (z.B. Erhaltung von Arbeitsplätzen und Einsparung der Sozialkosten durch Nichtliquidierung überschuldeter und unwirtschaftlich agierender Betriebe).

Vergleichend bleibt festzustellen, daß Polen trotz der aufgezeigten Defizite die gelungenere Umsetzung für sich beanspruchen kann. In Litauen wird in der Umsetzung des wirtschaftsrechtlichen Rahmens eine Politik der äußerst behutsamen – vermeintlich sozialverträglichen – Anpassung verfolgt — mit allen damit einhergehenden Nachteilen für eine prosperierende Entwicklung mittelständischer Unternehmen.

Die angestrebte Integration in die EU könnte einen positiven Einfluß auf die Harmonisierung des Wirtschaftsrechts in den untersuchten Ländern ausüben.

Mit dem erheblichen Produktionsrückgang zu Beginn der Transformationsphase, einhergehend mit den personellen Überkapazitäten zu Zeiten der Planwirtschaft, wurde Arbeitslosigkeit zum bislang unbekannten, drängenden Problem.

In beiden Untersuchungsländern bestehen nunmehr gesetzliche Grundlagen für die Ausgestaltung einer Lohn- und Arbeitsmarktpolitik, die u.a. Lohnautonomie und Arbeitslosenunterstützung vorsehen.

Der Entwicklung der Arbeitskosten kommt hinsichtlich der internationalen Wettbewerbsfähigkeit eine Schlüsselposition zu. Von daher war es erklärtes Ziel der Lohnpolitik, den Lohnzuwachs – insbesondere in Staatsbetrieben – zu begrenzen. Dadurch gingen die Reallöhne zurück. Während die Produktivität erhöht werden mußte, um weiterhin wettbewerbsfähig zu sein, mußten in den bereits bestehenden Betrieben mehr Arbeitskräfte eingespart werden, als zur gleichen Zeit vom Privatsektor aufgefangen werden konnten.

Alle Reformstaaten stehen vor der schwierigen Aufgabe, den zunehmenden Bedarf an sozialpolitischen Maßnahmen finanzieren zu müssen und gleichzeitig die Abgabenbelastung der Unternehmen in erträglichen Grenzen zu halten. Die untersuchten Länder haben Sozialversicherungssysteme geschaffen oder Systeme der Mindestversicherung eingeführt, die durch Transfers helfen sollen, ökonomische Härten abzufedern.

In beiden Untersuchungsländern existiert Ende 1995 noch ein Übergangssystem sozialer Absicherung, welches sowohl Organisationselemente staatlich verfügter Versorgung westlicher Prägung als auch Elemente staatlicher Sozialversorgung sozialistischer Prägung enthält. Zwar wurde versucht, das um 1989 bestehende Sozialsystem zu reformieren, die Schaffung eines Sozialversicherungsträgers, der rechtlich unabhängig und selbständig gegenüber Regierung und Behörden ist, konnte jedoch bis heute nicht in letzter Konsequenz durchgeführt werden.

Der Transformationsprozeß hat zunächst einen Rückgang der ökonomischen Aktivitäten mit sich gebracht, die Unternehmen wurden verstärkt dem Wettbewerb ausgesetzt; damit war aber auch die Beitragshöhe für steuer- und beitragsfinanzierte Sozialleistungen rückläufig. Die Lebensbedingungen haben sich vordergründig verschlechtert. Allein durch die Umstellung von Steuer- auf Beitragsfinanzierung werden die Probleme der Sicherungssysteme nicht zu bewältigen sein. Polen hat erste Überlegungen angestellt und ein Drei-Säulen-Modell geplant, das die herkömmliche Umlagefinanzierung zugunsten starker privater Vorsorgeanreize reduziert.

In Litauen scheint die Bevölkerung die Reformen als unausweichliches Schicksal zu akzeptieren.

Nach Einführung der Marktwirtschaft gilt es, die überkommenen, am System der zentralen Planwirtschaft orientierten Bildungsformen schnell zu ersetzen, um ein leistungsstarkes Humankapital zu schaffen, das dem neuen System Rechnung trägt. Für die mittelständischen Unternehmen bedeutet dies in erster Linie, die Berufsbildungssysteme am Arbeitskräftebedarf der expandierenden kleinen und mittleren Unternehmen auszurichten.

Erheblich beeinträchtigt wird die Transformation der Aus- und Weiterbildungssysteme durch eine Aufspaltung der Verantwortung auf mehrere Institutionen und damit erhebliche Koordinationsprobleme durch Kompetenzzersplitterung, die fehlende Anpassung von Bildungsmethoden und -mitteln, überholte und überalterte Lehrmittel sowie Orientierungslosigkeit bezüglich der zu implementierenden Bildungssysteme aufgrund erheblicher Verharrungstendenzen in den alten Strukturen.

Die sich durch den Bereich der (schulischen) Erziehung und Bildung bietende Chance, demokratische Inhalte und Strukturen innerhalb einer Bevölkerung langfristig zu etablieren, wird offenbar in den untersuchten Ländern entweder nicht erkannt, oder ihr wird ein untergeordneter Stellenwert beigemessen.

Die berufliche Erstausbildung krankt daran, daß sich Lehrinhalte noch immer an den alten Bedürfnissen der Groß- und Massenproduktion orientieren und eher theoretisch und damit wenig praxisbezogen vermittelt werden. Staatliche Fördermaßnahmen gibt es kaum.

Eine berufliche Weiterbildung, während des Sozialismus auf die Vermittlung gesellschaftspolitischer Ziele ausgerichtet, findet losgelöst von Staat und Betrieb innerhalb des privaten Weiterbildungsmarktes statt. Nachteilig ist, daß keinerlei Abschlußprüfungen stattfinden, anhand derer ein Erfolg meßbar wäre. Weiterbildungsprogramme für Arbeitslose spielen aus Finanzgründen in den Reformstaaten fast keine Rolle.

Erfreulich dagegen hebt sich die Managerfortbildung ab, vielfach gefördert von nationaler oder internationaler Seite.

Nimmt man das gesamte Paket der Rahmenbedingungen und resümiert, so ergibt sich für die beiden Untersuchungsländer: Die wissenschaftlich-theoretische Vorbereitung der Transformation und von staatlicher Seite initiierte Umsetzung daraus abgeleiteter, konkreter institutioneller und gesetzlicher Rahmenbedingungen müssen als Katalysator angesehen werden. Nachdem ein vertretbarer institutioneller und gesetzlicher Rahmen entstanden ist, zeigen sich in den unterschiedlichen Bereichen ähnliche Mängel.

Es sind nicht die geschaffenen formalen gesetzlichen Regeln, die eine weitere positive Entwicklung behindern; vielmehr krankt es in beiden Untersuchungsländern an einer strikten Umsetzung und Durchsetzung der Regeln. Die Gründe sind häufig deckungsgleich und greifen ineinander.

Die noch zu stark bürokratische – und teilweise sozialistischem Denken verhaftete – Verwaltung gilt es zu entschlacken und für die neuen Erfordernisse besser auszubilden. Der Bildungsbereich ist in beiden Ländern zu reformieren und die marktwirtschaftlichen Rahmenbedingungen (insbesondere Gesetze) sind der breiten Masse der Bevölkerung näherzubringen. Transparenz für die Bürger kann vorhandene Skepsis eliminieren. Schließlich besteht in Polen und Litauen ein erheblicher Reformbedarf im Sozialbereich sowie in Litauen im Bankwesen.

Faßt man den gesamten Prozeß metaphorisch als großes Spiel, dann läßt sich sagen: Die neuen Spielregeln für Polen und Litauen sind in zweierlei Hinsicht noch nachbesserungswürdig. Erstens lassen sie sich noch relativ leicht übertreten, zweitens sind sie noch nicht hinreichend bekannt. Grundsätzlich bürgen sie aber in beiden Ländern dafür, daß die Spieler mit einer begründeten Aussicht auf Gewinn teilnehmen können – und mit zunehmender Zeit müssen.

6.2 Entwicklung der mittelständischen Wirtschaft

In Polen und Litauen hat sich der prozentuale Anteil der Privatwirtschaft an der Gesamtwirtschaft drastisch erhöht. Die Stellung der privaten Wirtschaft hat sich im Verlauf des Transformationsprozesses grundlegend geändert.

In Polen erwirtschaftete der private Sektor Ende 1995 bereits ca. 63% des BIP. Private Unternehmen prägen heute die polnische Wirtschaftsentwicklung. Sie beschäftigen bereits 63% (Ende 1995) der Arbeitskräfte und dominieren Handels-, Bau- und Dienstleistungssektor. In Polen herrscht zum Ende des Betrachtungszeitraums eine Aufbruchstimmung, die psychologisch mit der Deutschlands in den beiden Nachkriegsjahrzehnten vergleichbar ist.

Die Entwicklung der privaten Wirtschaft in Litauen nachzuzeichnen erscheint schwierig. Problematisch für Litauen ist, daß statistisches Material in allen untersuchungsrelevanten Bereichen nur in begrenztem Maße vorhanden ist. Daten für den Zeitraum vor 1991 stehen kaum, für die Zeit bis Ende 1995 nur für die wichtigsten Indikatoren der Wirtschaft zur Verfügung. Die offiziellen litauischen Angaben sprechen von Anteilen der Privatwirtschaft am BIP bei ca. 70% (Ende 1995). Bedenkt man, daß Ende 1995 gerade etwa 30% des ehemaligen Staatsvermögens privatisiert war, nahezu die gesamte Landwirtschaft als privatisiert gilt, die private Wirtschaft vorwiegend aus Privatisierung entsteht und die Gründung neuer Unternehmen eher eine untergeordnete Rolle spielt, dürfte dieser Anteil überhöht sein.

Gleichwohl gewinnt auch die litauische private Wirtschaft im Vergleich zu den Vorjahren bis Ende 1995 an Fahrt und wird zunehmend ihrer Rolle als Triebkraft der Transformation gerecht, wenngleich die durchaus positive Gesamtentwicklung durch Bankenkrise, politische Querelen in diesem Zusammenhang und die bekannten Strukturprobleme gehemmt scheint. Von einer Euphorie, wie derzeit in Polen erkennbar, ist in Litauen wenig zu spüren. Zwar kann Litauen auf einen nominal großen privatwirtschaftlichen Anteil verweisen, die Stimmung im Land ist jedoch Ende 1995 eher gedrückt.

In beiden Ländern ist die Privatisierung von Großunternehmen vergleichsweise fehlgeschlagen. Die „kleine“ Privatisierung dagegen erwies sich als wichtig für die Herausbildung eines Mittelstandes.

Während in Polen bei der „kleinen“ Privatisierung überwiegend diejenigen zum Zuge kamen, die es sich in Kenntnis der Verhältnisse vor Ort zutrauten, Betriebe erfolgreich zu führen, war die Situation in Litauen wesentlich unspezifischer. Außerdem kam in Polen auf diese Art recht schnell Geld in die Staatskasse, und die Verlängerung der Nutzungsrechte war gekoppelt an den wirtschaftlichen Erfolg der Unternehmen, was sicherlich die Motivation steigerte.

Die Prioritäten der Privatisierung in Polen sind damit offensichtlich. Es wurde rigide auf ökonomisches Nützlichkeitskalkül gesetzt und soziale Spannungen durchaus in Kauf genommen.

Die Voucher-Privatisierung in Litauen hat zwar – sozial gerecht – zu einem breitgestreuten privaten Eigentum geführt, nicht aber zu kleineren, überschaubaren betrieblichen Einheiten, über die auch als ganze verfügt werden konnte.

Die Restrukturierung der Betriebe in Litauen wurde verhindert oder zumindest behindert. Auch die teilweise Übernahme durch das alte Management änderte nichts daran, sondern zementierte vielmehr überkommene Strukturen. Durch entsprechend enge Kontakte zu Regierungskreisen, verbunden mit allen Vorteilen direkten Interventionismus oder Subventionismus, zielte die Mentalität eher auf Besitzstandswahrung denn auf Restrukturierung, um am Markt überleben zu können.

Stellvertretend für eine ganze Reihe von ähnlichen Einschätzungen dieser Privatisierungsmethode mögen die zwei folgenden Zitate stehen:

> „Litauen holt ebenfalls nur langsam auf. ... Die unter der früheren Ministerpräsidentin Prunskiene eingeleitete Privatisierung nach Coupon-Verfahren hat zwar aus Litauen ein Volk von Kleinaktionären gemacht, brachte aber dem Staat weder zusätzliches Geld noch westliches Know-how. ... Gegenüber den schon seit Jahrzehnten wesentlich entwickelteren

nördlichen Nachbarn wird der überwiegend agrarisch geprägte Staat einen schwachen Stand haben."[1]

und

„Ist die Geschwindigkeit der Privatisierung als Erfolg zu werten ..., so scheint die Restrukturierung der Betriebe noch weniger weit gediehen zu sein. Oftmals wurden Unternehmen von der bisherigen Führung übernommen, was bedeutet, daß Eigentümer und Management weiterhin nicht getrennt sind. In zahlreichen Betrieben hat sich der Staat ferner auch noch einen größeren Anteil belassen."[2]

Die Coupon-Privatisierung gilt heute (nicht nur in Litauen) als der falsche Weg.

Durch das Verfahren der Liquidation, vorgeschaltet vor die Aufnahme operativer Geschäfte unter Marktbedingungen, wurden in Polen schon im Vorfeld günstigere Strukturen geschaffen. Hier konnte Betriebsvermögen als Ganzes oder in Bruchstücken als Anlagevermögen entsprechend alternativen Erfordernissen oder Ideen in neu konfigurierte Betriebe eingebracht werden, was eine Herausbildung mittelständischer Unternehmen positiv beeinflußte.

Die äußerst schleppende Privatisierung der Großunternehmen in Polen im Gegensatz zur höchst erfolgreichen „kleinen" Privatisierung sowie den Neugründungen kann als Gradmesser dienen, wie sehr Privateigentum und der Drang zu betrieblichen Entscheidungen in Zeiten des Umbruchs miteinander gekoppelt sind.

Die überwiegende Mehrheit der Pressestimmen zollt Polen Respekt. In der Gesamtbeurteilung des in Polen zurückgelegten Weges und zukünftiger Entwicklungen heißt es etwa:

„1989 ging Polens Wirtschaft als die schwächste Mitteleuropas in die Wende. Jetzt liegt sie auf der Zielgeraden zum Jahr 2000 klar vorne. 'Europameister im Wachstum' ist das Land schon seit zwei Jahren, 1995 mit sieben Prozent. Anders als Deutschland hält sich Polen mit einem Haushaltsdefizit von 2,7 Prozent bereits im dritten Jahr an die Maastrichter Norm."[3]

6.3 Mittelstandspolitik

Mittelstandspolitik stellt sich in der wirtschaftspolitischen Praxis im wesentlichen als Summe einer Vielzahl von Einzelmaßnahmen zur Förderung privater Unternehmen dar. Aufgabe der Politik soll es sein, das große Potential, welches der Privatinitiative innewohnt, zu mobilisieren.

Die große Bedeutung der kleinen und mittleren Unternehmen für die Transformation wird in den Untersuchungsländern sehr wohl erkannt, und es wird durchaus versucht, eine Mittelstandspolitik zu etablieren. So haben sich teils auf nationaler

---

1 Bottler, S.: Die Baltischen Staaten im Aufbruch, in: DIE WELT v. 14.11.1994, a.a.O., S. 18.

2 O.Verf.: Litauens Wirtschaft auf dem Weg der Besserung, in: Neue Zürcher Zeitung Nr. 146 v. 27.6.1995, S. 10.

3 Schmidt-Häuser, C., in: DIE ZEIT, Nr. 49 v. 29.11.1996, a.a.O., S. 3.

Ebene, jedoch weitgehend mittels internationaler Hilfe, zahlreiche Förderprogramme herausgebildet, deren Wirkung jedoch vielfach den angestrebten Effekt für die breite Masse des Mittelstands nicht induzieren konnte.

Die Frage, ob in Polen und Litauen die jeweilige Mittelstandspolitik für die Herausbildung des unternehmerischen Mittelstandes verantwortlich zeichnet, kann für beide Länder verneint werden: Eine kohärente Mittelstandspolitik ist in beiden Ländern nicht erkennbar. Die Regierungen agieren eher kurzatmig, nicht von stringenten Konzepten oder einer klaren Prioritätensetzung bestimmt.

Zwar haben sich die Rahmenbedingungen innerhalb eines zufriedenstellenden, wenngleich noch nachbesserungswürdigen Rahmens entwickelt. Ungenügend sind jedoch Ausmaß und Effektivität einer auf direkte Induzierung gewerblicher Tätigkeit zielenden Politik und Mittelstandsförderung. Die hemmenden Faktoren sind offensichtlich:

Aufgrund fehlender Gesamtstrategie sind die – durchaus zahlreichen – Einzelmaßnahmen wenig koordiniert und in ihrer Zusammenstellung eher zufällig; die Förderung ist vielfach auf individualorientierte und finanzorientierte Unterstützung beschränkt. Flankierende Beratung und Consulting ist häufig aufgrund der strukturellen Gestaltung wirkungslos. Den für die Mittelstandsentwicklung nachbesserungswürdigen Rahmenbedingungen (z.B. Bankwesen, Verwaltung, Bildung) wird zu wenig Beachtung geschenkt. Die in Polen und Litauen angebotenen Fördermöglichkeiten im finanzbezogenen Bereich erreichen die breite Masse der mittelständischen Unternehmen nicht. Zum einen sind die fast ausschließlich von supranationalen Institutionen dargestellten Fördermaßnahmen im Kredit- und Bürgschaftsbereich vorwiegend an bestehende und prosperierende Unternehmen gerichtet, zum anderen sind bereits die Zugangsbedingungen für den kleinen Mittelständler kaum darstellbar. Schließlich wirkt sich die Verfahrensweise der Vergabe über inländische Geschäftsbanken aufgrund der insuffizienten, noch bürokratischen Bankenstrukturen hemmend aus. Die Steuerpolitik krankt an der fehlenden Umsetzung der Steuergesetze. Arbeitsmarktpolitische Maßnahmen sind vielfach nicht am mittelstandspolitischen Ansatz orientiert, sondern haben vielmehr sozialpolitischen Hintergrund. Daß die Maßnahmen auch unter mittelstandspolitischen Instrumenten subsumiert werden könnten, ist eher zufällig.

Die Fördermaßnahmen der supranationalen Organisationen im nichtfinanzbezogenen Bereich (Beratung, Consulting, Schulungen) richten sich vielfach nur an die staatlichen Institutionen und haben daher – über die Entwicklung des unternehmerischen Umfelds – allenfalls indirekt Einfluß auf die Mittelstandsentwicklung. Bei der direkten Förderung kleiner und mittlerer Unternehmen ist aufgrund der großen Anzahl meist privater Anbieter ein Urteil über die Wirkung auf den Mittelstand kaum möglich. Erste hoffnungsvolle Ansätze einer größeren Reichweite der direkten Beratung zeigen sich in Polen Ende 1995 durch Maßnahmen der Polnischen Agentur für Regionalentwicklung.

Der sehr hohe – geschätzte – Anteil von zwischen 15% und 30% am BIP, erwirtschaftet in der Schattenwirtschaft, belegt augenfällig – vergleichbar mit der Bundesrepublik Deutschland –, daß die Mittelstandspolitik, zumindest teilweise, versagt. Es wird zwar gearbeitet, aber außerhalb der politischen Rahmenbedingungen. Der notwendige Umkehrschluß ist dann aber, daß die Mittelstandspolitik offenbar an den Bedürfnissen des Mittelstandes vorbeigeht bzw. die als Rahmenbedingungen akzeptierbaren Grenzen – zumindest aus Sicht des Mittelstandes – falsch gezogen sind.

Aufgrund der noch relativ geringen Breitenwirkung der direkt angebotenen Fördermaßnahmen auf den Mittelstand gilt für beide Untersuchungsländer unter den am Ende des Betrachtungszeitraums gegebenen Voraussetzungen, daß die weitere Ausgestaltung der wirtschaftlich-institutionellen Rahmenbedingungen die effektivste Mittelstandsförderung darstellt.

6.4 Ausblick

Am Beginn des Transformationsprozesses stand die Absicht, ein politisches System und eine Marktordnung aufzulösen, die sich als unzureichend erwiesen hatten. Faktoreneinsatz und Güterverteilung hatten sich als ineffizient herausgestellt, die Versorgung der Bevölkerung war dürftig. Ebenso war erkannt worden, daß eine zentral verwaltete Wirtschaft in erheblichem Maße die Nutzung des individuellen Potentials ökonomischer Entscheidungen von vornherein unmöglich gemacht hatte, weil erst Privateigentum an Produktionsvermögen jeglicher Art individuelles Engagement ermöglicht. Erst die Aussicht auf individuelle Nutzenmaximierung hält die Entwicklungschancen einer Volkswirtschaft bereit. Die fortschreitende globale Verzahnung der Wirtschaft tat ihr übriges.

Das Ziel, das Individuum mit staatsbürgerlicher und wirtschaftlicher Mündigkeit auszustatten, ist sowohl in Polen als auch in Litauen erreicht worden. Neben anderem gibt es freie Wahlen, das Recht auf Privateigentum an Produktionsmitteln sowie Vertragsfreiheit. In beiden Ländern wurde dadurch der politische und ökonomische Weg in Richtung Entstehung und Entwicklung eines unternehmerischen Mittelstandes geebnet.

Die Prognose für Polen ist dabei günstig, auch wenn wachstumsgefährdende und wachstumsbegrenzende Umstände auf der Hand liegen. Die Entwicklung des Mittelstandes hemmend ist die immer noch geringe Kaufkraft weiter Bevölkerungsschichten. Günstig auf die Erstarkung des Mittelstandes in Polen wirken sich die kontinuierlich steigenden Auslandsinvestitionen aus, die neben einem Zufluß von Kapital auch die Einbringung an Know-how sicherstellen. Die zunehmende Zahl an Joint Ventures läßt eine solide und breite Entwicklung mittelständischer Unternehmen erwarten.

Ebenfalls auf eine gesunde wirtschaftliche Entwicklung deuten die steigenden Unternehmensgewinne der Klein- und Mittelbetriebe hin, bei gleichzeitigem Rückgang der Gewinne in den großen Staatsbetrieben. Reinvestitionen können vorgenommen werden, und mit steigenden Unternehmenswerten erhöht sich die Kreditwürdigkeit.

Positiv wird sich auch weiterhin die vorgesehene Durchführung einiger der national koordinierten Infrastrukturmaßnahmen (Telekommunikation, Autobahnbau, Energieversorgung) auswirken. Die Zahl der noch vergleichsweise wenigen mittelständischen produzierenden Betriebe kann sich nur erhöhen, wenn auch der Zugang zu Exportmärkten zumindest physisch gegeben bzw. weiterhin verbessert wird.

Allgemein bürgt die fortgeschrittene Heterogenisierung der polnischen Wirtschaftslandschaft für eine gesunde Konkurrenz, die sich auch in der Produktivität widerspiegelt. War die erste Phase der Transformation gekennzeichnet von Klein- und Mittelbetrieben, die noch Markteroberung betrieben, so konsolidieren Ende 1995 viele Betriebe, um gestärkt neue Nischen ausfindig zu machen.

Inwieweit die Einkommensunterschiede erneut zu Streiks und sozialen Unruhen führen werden, bleibt abzuwarten.

Die Prognose für den unternehmerischen Mittelstand in Litauen fällt ungünstiger aus: Zum ersten ist das nach wie vor vollkommen unzureichende Banken- und Kreditsystem dafür verantwortlich. Die Zäsur einer an sich erfolgversprechenden Entwicklung bildete der Zusammenbruch zweier der größten inländischen Banken im Dezember 1995. Die Konsequenzen können verheerend genannt werden. Die Geldmenge mußte verringert, das Zinsniveau angehoben werden. Selbst vor Steuererhöhungen schreckte die Regierung nicht zurück, um weitere Banken in der Krise unterstützen zu können. Die Rückwirkung auf die Klein- und Mittelbetriebe war entsprechend. Die Konsumneigung der Haushalte ging drastisch zurück, die Investitionstätigkeit der Unternehmen wurde beeinträchtigt. Zum anderen ist die eher homogene Struktur der Wirtschaftslandschaft, die als direkte Konsequenz aus der Privatisierungsmethode gewertet werden kann, nicht gerade förderlich. Das Ausmaß staatlicher Kontrolle über die – teils sehr erfolgreichen – Großunternehmen behindert in Litauen die zügige Herausbildung und Etablierung eines Mittelstandes.

Hinzu kommt die Frage nach den sich ändernden Eigentumsverhältnissen. Durch das Voucher-System ist ein Großteil der Privatisierung über die Vergabe von Anteilsscheinen abgewickelt worden. Da diese frei verkäuflich sind, kann es zu einer Akkumulation von Vermögenswerten kommen – und damit zur Zementierung bestehender Unternehmensgrößen.

Die Optionen für die Zukunft des Mittelstandes in Polen und Litauen im direkten Vergleich lassen sich pointiert so darstellen:

Gelingt es in Polen, soziale Spannungen aufgrund der sich rapide auseinanderentwickelnden Einkommensniveaus zu glätten, steht der Entwicklung der tragenden Säule Mittelstand wenig entgegen. Das Modell „soziale" Marktwirtschaft als gesamtpolitisches Ziel könnte hier wichtige Dienste leisten.

Gelingt es in Litauen umgekehrt, die staatlichen Einflüsse und die Eingriffe staatlicher Repräsentanten zu verringern, das Gesamtgeschehen somit zu „liberalisieren", steht der Entwicklung eines breiten gewerblichen Mittelstandes ebenfalls wenig entgegen. Anlaß zu diesem Optimismus, der bewußt viele möglicherweise hemmende Faktoren vernachlässigt, ist die rasch fortschreitende Einbindung sowohl Polens als auch Litauens in das politische, wirtschaftliche und kulturelle Geschehen des ehemals westlichen Auslandes.

Was immer man anführen mag an spezifischen historischen Voraussetzungen, Mentalitätsunterschieden oder inländischem und innenpolitischem Begünstigungs- und Gefährdungspotential: Eine prosperierende Wirtschaft ist für Nachbarländer und übrige Handelsnationen eher ein zusätzlicher Markt als unliebsame Konkurrenz. Ein politisch instabiles Land ist keine Enklave, sondern birgt internationalen Zündstoff.

Allein diese zwei Gesichtspunkte werden dafür sorgen, daß die politische und wirtschaftliche Verzahnung Polens und Litauens mit vor allem dem westlichen Ausland voranschreiten wird.

Literaturverzeichnis

Aljansas, 1994, Nr. 12, in: Startiene, G.: Probleme der wirtschaftlichen Transformation aus der Sicht der baltischen Länder, Mainz 1996.

Apolte, Th. / Cassel, D.: Dezentralisierung durch „kapitalistische Marktwirtschaft“: Radikaler Systembruch, in: Hartwig, K.-H. / Thieme, H.J. (Hrsg..): Transformationsprozesse in sozialistischen Wirtschaftssystemen. Ursachen, Konzepte, Instrumente. Reihe: Studies in Contemporary Economics, Berlin u.a. 1991.

Baecker, D.: Informationen und Risiko in der Marktwirtschaft, Frankfurt 1988.

Baerwald, J.M.: Egoismus ohne Reue, Die Kunst sich nicht selbst im Weg zu stehen, München 1993.

Bank of Lithuania (Hrsg.): Bulletin of the Bank of Lithuania 95.1, Vilnius 1995, in: www.lbank.lt

- The Monthly Bulletin of the Bank of Lithuania 3/97, Vilnius März 1997, in: www.lbank.lt
- Main economic indicators, 1998, in: www.lbank.lt

Bertram, C.: Der große Drang nach Westen, in: Die Zeit Nr. 12 v. 14.03.97, S. 11

BFAI – Bundesstelle für Außenhandelsinformation (Hrsg.):

- Länderreport Litauen. Wirtschaftstrends zum Jahreswechsel 1994/1995, Dokument Nr. 3260, Köln und Berlin, 1/1995.
- Wirtschaftsentwicklung:
  - Litauen 1995, Dokument Nr. 4706, Köln und Berlin, 6/1996.
  - Polen 1995, Dokument Nr. 4746, Köln und Berlin, 11/1996.
- Wirtschaftsdaten aktuell:
  - Litauen 1996, Dokument Nr. 15.982, Köln 11/1996.
  - Wirtschaftsdaten aktuell, Polen 1996, Dokument Nr. 15.916, Köln, 11/1996.

Bielecki, J.: in: European Bank of Reconstruction and Development (Hrsg.): Country Profile Poland 1996, Part 3, in: www.ebrd.org.

Borch, K.: Wirtschaftliches Verhalten bei Unsicherheit, München 1969.

Boroch, W.: Litauen – Regulierung und Deregulierung im Transformationsprozeß. Die Wirtschaftliche und soziale Entwicklung, in: HWWA-Institut für Wirtschaftsforschung-Hamburg (Hrsg.), Report Nr. 157/1996.

Boroch, W. / Lösch, D.: Litauen – Die Entwicklung der Wirtschafts- und Sozialpolitik, IV, in: HWWA-Institut für Wirtschaftsforschung-Hamburg (Hrsg.), Report Nr. 146, Hamburg 1994.

Bottler, S.: Baltische Staaten im Aufbruch, in: Die Welt v. 14.11.1994, S. 18.

Bühl, W.L.: Krisentheorien. Politik, Wirtschaft und Gesellschaft im Übergang, 2. Aufl., Darmstadt 1988.

Bundesverwaltungsamt (Hrsg.): Merkblätter für Auslandstätige – Polen, Edition Nr. 126, Lebenshaltungskosten, Köln 1995.

Butenschön, M.: Estland, Lettland, Litauen. Das Baltikum auf dem langen Weg in die Freiheit, München 1992.

Chenery, H.B.: Patterns of Industrial Growth, in: American Economic Review Vol. 50/1960.

Cox, H. / Hübener, H.: Wettbewerb. Eine Einführung in die Wettbewerbstheorie und Wettbewerbspolitik, in: Cox, H. / Jens, U. / Markert, K. (Hrsg.): Handbuch des Wettbewerbs, Wettbewerbstheorie, Wettbewerbspolitik, Wettbewerbsrecht, München 1981.

Creditreform e.V. (Hrsg.):
- Länderinfo:
  - Litauen, März 1996, Neuss 1996.
  - Polen, März 1996. Neuss 1996.

Dawkins, R.: Das egoistische Gen, Heidelberg 1978.

Delhaes, K. v. / Fehl, U.: Der Transformationsprozeß in der Zeit: Konsequenzen von Dauer und Reihung systemverändernder Maßnahmen, in: Hartwig, K.-H. / Thieme, H.J. (Hrsg.): Studies in Contemporary Economics, Transformationsprozesse in sozialistischen Wirtschaftssystemen. Ursachen, Konzepte, Instrumente, Berlin u.a. 1991.

Dembinski, P.H. / Unterlechner, H.C.: Barriers to entry for Private Enterprises, in: Revue européenne des sciences sociales, Paris, vol. 23, Nr. 96/1993.

Dietl, H.: Institutionen und Zeit, Tübingen 1993.

European Bank of Reconstruction and Development (EBRD), (Hrsg.):
- Activities in Lithuania, in: www.ebrd.com/opera/index.htm.
- Country Profile Poland 1996, Teil 3, in: www.ebrd.com.

European Commission: The Phare Programme, What is Phare?, Priority Sectors, in: European Commissions website, in: www.europe.eu.int.

Falk, B. / Wolf, J.: Handelsbetriebslehre, 11. Aufl., Landsberg/Lech 1992.

Fickel, F.W.: Optimale Standortwahl im Einzelhandel. Den Wettbewerb um den Kunden gewinnen, Wiesbaden 1997.

Flottau, H.: Litauens schwieriger Abnabelungsprozeß, in: Süddeutsche Zeitung v. 22.5.1995, S. 24.

Foerster, H.v.: On self-organizing systems and their environments, in: Yovits, M./Cameron, S. (Hrsg.): Self-organizing systems, London 1960.

Frankfurter Allgemeine Zeitung Informationsdienste (Hrsg.) (zitiert: FAZ Informationsdienste [Hrsg.]):
- Länderanalysen, Baltikum, Frankfurt/Main und Hamburg 1996
- Osteuropa Perspektiven Jahrbuch 1996/1997:
  Bd. 1: Politischer Hintergrund und Wirtschaftsentwicklung, Frankfurt/Main und Hamburg 1996.
  Bd. 2: Geschäftspraxis, Investitions- und Außenhandelsbedingungen, Frankfurt/Main und Hamburg 1996
- Investitionsführer Mittel- und Osteuropa:
  - Litauen 1996, Frankfurt/Main und Hamburg 1996.
  - Polen 1997, Frankfurt/Main und Hamburg 1997.
- Wirtschaftshandbuch Polen:
  Bd. 1: Politik, Wirtschaft, Infrastruktur, 2. Aufl., Frankfurt/Main und Hamburg 1997.
  Bd. 3: Unternehmensgründung, 2. Aufl., Frankfurt/Main und Hamburg 1997.
  Bd. 5: Wirtschaftsförderung, 2. Aufl., Frankfurt/Main und Hamburg 1997.
- Mittel- und Osteuropa Perspektiven Jahrbuch 1998/1999:
  Bd. 1: Statistisches Profil – Polen und Litauen, Frankfurt/Main und Hamburg 1998.
  Bd. 2: Geschäftspraxis, Investitions- und Außenhandelsbedingungen, Frankfurt/Main und Hamburg 1998

Fuhrmann, R.: Polen Handbuch. Geschichte, Politik, Wirtschaft, Hannover 1981.

Gabler Wirtschaftslexikon:
  - 13. Aufl., Wiesbaden 1993.
  - 14. Aufl., CD-Rom Ausgabe, Wiesbaden 1998.

Gardawski, J.: Kierunki zmian struktury wlasnosci i wladzy w spolkach pracowniczych (Directions of the Change in Ownership Structure and Power in Employee-Owned Companies), in: Jarosz, M. (ed.): The Splendours and Miseries of Employee-Owned Companies in 1991-1994. Polish Academy of Science, Warsaw.

Gaidys, V.: New Public Opinion Poll And New Predictions; Lithuania Seimas, in: Kaunas University of Technology, Department of Public Administration (Hrsg.): in: http://vingis.sc-uni.ktu.lt/rinkimai/opinnew. htm, Kaunas 1996.

Gesellschaft für Versicherungswissenschaft und -gestaltung (Hrsg.): Litauen, in: Die Sozialversicherung in Mittel- und Osteuropa, Baden-Baden 1994.

Ginsburg, H.J.: Zwielicht im Übergang, in: WirtschaftsWoche Nr. 50 v. 6.12.1991, S. 44.

– Soziale Basis, in: WirtschaftsWoche Nr. 27 v. 26.6.1992, S. 50.

Ginsburg, H.J. / Student, D.: Schwacher Trost, in: WirtschaftsWoche Nr. 48 v. 26.11.1993, S. 37-44.

Ginsburg, H.J. / Ziesemer, B.: Privatisierung. Vor allem schnell, in: WirtschaftsWoche Nr. 25 v. 17.6.1994, S. 38.

Glanville, R.: Behavioral Science 27: Inside every white box there are two black boxes trying to get out, 1982.

Gramatzki, H.E.: Polen im Übergang zur Markt- und Geldwirtschaft. Vom „weichen" Geld zur Schocktherapie des Jahres 1990, in: Baske S. (Hrsg.): Polen im Übergang zu den 90er Jahren, Wiesbaden 1992.

Gutersohn, A.: Das Gewerbe in der freien Marktwirtschaft, Bd. 1: Das Wesen des Gewerbes und die Eigenart seiner Leistung, in: Schriftenreihe des Schweizerischen Instituts für Gewerbliche Wirtschaft an der Hochschule St.Gallen, Bd. 3, Berlin u.a. 1977.

Haffner, F.: Ansätze zur Theorie einer Transformation. Die Entwicklung von Märkten, in: Biervert, B. / Held, M. (eds.): Evolutorische Ökonomik. Neuerungen, Normen, Institutionen, Frankfurt/Main 1992.

Hartwig, K.-H.: Geldpolitik im Transformationsprozeß. Verlauf und Restriktionen, in: Thieme, H.J. (Hrsg..): Geld und Kredit im Transformationsprozeß, Schriften des Vereins für Socialpolitik, Bd. 236, Berlin 1995.

Hartwig, K.-H. / Thieme, H.J. (Hrsg.): Transformationsprozesse in sozialistischen Wirtschaftssystemen. Ursachen, Konzepte, Instrumente, Reihe: Studies in contemporary Economics, Berlin u.a. 1991 (zitiert: Bearbeiter, in: Hartwig/Thieme).

Hellmann, M.: Grundzüge der Geschichte Litauens und des litauischen Volkes, Darmstadt 1990.

Hesse, W.: Moralische Krise nach dem wirtschaftlichen Aufschwung, Aktuelles Zeitgeschehen Informationsdienst, Siegburg 1996, in: www.aziheister.com/april96/litauen.htm.

Heuss, E.: Allgemeine Markttheorie, Tübingen/Zürich 1965.

http: www.neris.mii.lt/economy/economy.html.

http: www.tob.de.

Huff, M.: Fast alle Notare in Litauen sind Notarinnen, in: Frankfurter Allgemeine Zeitung v. 28.5.1996, S. 14.

Hume, M.I. / Pinto, B.: Vorurteile und Fakten bei der Transformation der Industrie in Polen, in: Finanzierung und Entwicklung, Juni 1993.

Huppert, E.: Warenhäuser im Lebenszyklus der Betriebsformen, in: Dynamik im Handel 11-96.

HWWA Institut für Wirtschaftsforschung, Hamburg (Hrsg.):

– Report

– Nr. 113, Hamburg 1993.
– Nr. 122, Hamburg 1993.
– Nr. 136, Hamburg 1994.
– Nr. 146, Hamburg 1994.
– Nr. 157, Hamburg 1996.

Jaruzelski, W.: Hinter den Türen der Macht, Leipzig 1996.

Jensen, R. / West, G.: Input-Output for practitioners, Vol. 1 and 2, Canberra 1986.

Kalmi, P.: Evolution of Ownership Change and Corporate Control in Poland, in: Review of Economies in Transition, Suomen Pankki/Bank of Finland, Vol. 6/1995.

Kalnoky, B.: Die Investoren hoffen auf einen Wahlsieg der Linken, in: Welt am Sonntag Nr. 38 v. 21.9.1997.

Kaunas University of Technology, Department of Public Administration (o.Verf.):
– Basic Facts on Lithuania's Political Parties. 1988-1996, in: http://vingis.sc-uni.ktu.lt/ rinkimai/basipart.htm, Kaunas, Oktober 1996.
– Second Reverse Wave: Position of the Lithuanian Conservatives are becoming Stronger in New Parliament Again, in: http://vingis.sc-uni.ktu.lt/rinkimai/iiround.htm, Kaunas 1996.
– Dynamics of Public Opinion; Lithuania Seimas, in: http://vingis.sc-uni.ktu.lt/rinkimai/opinion.htm, Kaunas 1996.

Kim, J.: Poland – Recent Developments, in: (U.S.) Congressional Research Service (CRS) Issue Brief vom 20.11.1996, U.S. Foreign Affairs and National Defense Division, Dokument 92051, S. 7, in: www.fas.org/man/crs/92-051.htm.

Kinkel, K.: Ost-Erweiterung der Europäischen Union – Chance und Herausforderung, Rede des Bundesminister des Auswärtigen am 12.11.1996 in Hamburg, in: www.auswärtiges-amt.government.de/sw/ europa/r961114.htm.

Klaus, G. / Buhr, M. (Hrsg.): Marxistisch-Leninistisches Wörterbuch der Philosophie, Schlagwort: Soziale Schicht, Reinbek 1972.

Kleer, J. / Laurinkari, J. / Brazda, J.: Der Transformationsprozeß in Osteuropa und die Genossenschaften, in: Berliner Schriften zum Genossenschaftswesen, Bd. 7, hrsg. von Hagedorn, K. / Turner, G. / Wickström, B-A., Göttingen 1996 (zitiert: Kleer et al.).

Klös, H.P.: Osteuropas Arbeitsmärkte im Umbruch. Beiträge zur Wirtschafts- und Sozialpolitik Nr. 204, Köln 1992.

Korhonen, I.: Banking Sectors in Baltic Countries, in: Review of Economies in Transition, Suomen Pankken/Bank of Finland, Vol. 3/1996.
– A Few Observations on the Monetary and Exchange Rate Policies of Transitions Economies, in: Review of Economies in Transition, Suomen Pankken/Bank of Finland, Vol. 3/1997.

Koppelmann, U.: Marketing. Einführung in Entscheidungsprobleme des Absatzes und der Beschaffung, 5. Aufl., Düsseldorf 1997.

Kraatz, K. / Thieme H.: Abbau von Transformationshemmnissen: Ursachen, Formen und Flankierungsstrategien, in: Hartwig, K.-H. / Thieme, H.J. (Hrsg..): Transformationsprozesse in sozialistischen Wirtschaftssystemen. Ursachen, Konzepte, Instrumente. Reihe: Studies in Contemporary Economics, Berlin u.a. 1991.

Krzoska, M.: Entwicklung und Bedeutung der Solidarność, in: Danzig Gdansk. Deutsch-polnische Geschichte, Politik und Literatur, Dillingen 1996.

Küppers, B.-O.: Der Ursprung biologischer Information. Zur Naturphilosophie der Lebensentstehung, München 1986.

Lagemann, B. / Friedrich, W. / Döhrn, R. / Brüstle, A. / Heyl, N. / Puxi, M. / Welter, F.: Aufbau mittelständischer Strukturen in Polen, Ungarn, der Tschechischen Republik und der Slowakischen Republik, Essen 1994 (zit. Lagemann et al.).

Lehtonen, K.: Theory of Economic Reform and the Case of Poland, in: Suomen Pankki / Bank of Finland: Review of Economic Transition, Vol. 6/1997.

Leipold, H.: Politische Ordnung und wirtschaftliche Umgestaltung: Zu Restriktionen und Reformen in Politik und Verwaltung, in: Hartwig, K.-H./Thieme, H.J. (Hrsg.): Transformationsprozesse in sozialistischen Wirtschaftssystemen. Ursachen, Konzepte, Instrumente, Reihe: Studies in Contemporary Economics, Berlin u.a. 1991.

Lithuanian Department of Statistics (Hrsg.):

- Main Economic Indicators of Lithuania 1994, Vilnius 1994, in: www.std.lt
- Information on Unemployment 1995, Vilnius 1995, in: www.std.lt
- Lithuanian Labour Exchange: Situation in Labour Market 1995, Vilnius 1995.
- (Lithuanian) State and Government, 1996, in: http://neris.mii.lt/state.html.
- Lithuanian Development Agency: Privatisation, 1996, in: http://www.lda.lt.
- (Lithuania) Ministry of Finance: Privatisation in Lithuania, Vilnius 1996, in: http://www.finmin.lt.
- Main economic indicators 1994-1998, Vilnius 1998, in: www.std.lt

Lösch, D.: Litauen – Ausgewählte Probleme der Wirtschaftspolitik, in: in: HWWA-Institut für Wirtschaftsforschung-Hamburg (Hrsg.): Report Nr. 136/1994.

Lück, W.: Lexikon der Betriebswirtschaft, 4. Aufl., Landsberg 1990.

Luhmann, N.: Soziale Systeme: Grundriß einer allgemeinen Theorie, Frankfurt/Main 1984.

Lukosaitis, A.: Lithuania's Parties in the Seimas Elections, Department of Analysis and Information, Lithuania's Seimas, in: www.vingis.sc-uni.ktu.lt/rinkimai/expert1.htm.

Machowski, H.: Polens schwieriger Weg in die Marktwirtschaft, in: Aus Politik und Zeitgeschehen. Beilage zur Wochenzeitschrift Das Parlament, März 1990.

Mampel, S. / Uschakow, A. (Hrsg.): Die Reformen in Polen und die revolutionären Erneuerungen in der DDR, Berlin 1991.

Marx, K.: Das Kapital: Kritik der politischen Ökonomie, Bd. 1, Berlin 1980.

Marx, K. / Engels, F.: Von der kapitalistischen zur kommunistischen Gesellschaft, in: Marx, K. / Engels, F.: Ausgewählte Schriften in zwei Bänden, Bd. 1, Berlin 1974.

Matlak, J.: Regelungssysteme der Sozialen Sicherung, in.: v. Maydell, B./Hohnerlein, E.-M. (Hrsg.): Die Umgestaltung der Systeme sozialer Sicherheit in den Staaten Mittel- und Osteuropas, Berlin 1993.

Melnikas, B. / Melnikas, L.: Die aktuelle politische und wirtschaftliche Situation in Litauen. Sonderveröffentlichung des Bundesinstitut für ostwissenschaftliche und internationale Studien, Köln 1995.

Meyers Lexikonredaktion (Hrsg.): Schlaglichter der Weltgeschichte. Bundeszentrale für politische Bildung, Bonn 1994.

Moscovici, S.: Versuch über die menschliche Geschichte der Natur, Frankfurt/Main 1982.

Nowotny, H.: Eigenzeit. Entstehung und Strukturierung eines Zeitgefühls, Frankfurt/Main 1989.

Ohne Verfasser:

- in: Orientierungen zu Wirtschafts- und Gesellschaftspolitik v. 30.4.1991.
- Litauens Wirtschaftspolitik vor großen Herausforderungen, in: Neue Zürcher Zeitung Nr. 27 v. 16.2.1993, S. 9.
- (ohne Titel) in: Baltic News Nr. 4 v. 16.2.1994, S. 15.

– (ohne Titel) in: Süddeutsche Zeitung v. 25.5.1994, S. 24.
– Immer mehr westliche Investoren entdecken Litauen, Frankfurter Allgemeine Zeitung v. 24.1.1995, S. 12.
– Polen. Lähmende Konflikte, in: Wirtschaftswoche Nr. 7 v. 9.2.1995, S. 40.
– Litauens Wirtschaft auf dem Weg der Besserung, Rohstoff- und Energieabhängigkeit als Nachteil, in: Neue Zürcher Zeitung Nr. 146 v. 27.6.1995, S. 10.
– Litauische Banken zahlungsunfähig, in: Neue Zürcher Zeitung Nr. 299 v. 23.12.1995, S. 11.
– Polen korrigiert den Wechselkurs, in: Neue Zürcher Zeitung Nr. 299 v. 23.12.1995, S. 9.
– Litauen – Moralische Krise nach dem wirtschaftlichen Aufschwung, in: Aktuelles Zeitgeschehen Informationsdienst, Siegburg 1996, S. 1 f., in: www.aziheister.com/april96/litauen.htm.
– Wende ohne Ende. Die Postkommunisten verlieren die Macht, Reformpolitiker gewinnen die Wahlen – von Litauen bis Bulgarien, in: Der Spiegel, Heft 46/1996, S. 169 f.
– Keine weiteren Ermittlungen gegen Jaruzelski, in: Neue Zürcher Zeitung Nr. 37 v. 14.2.1996, S. 2.
– Internationale Sonderbeilage Polen v. 8.10.1996, in: Die Presse (Österreich).
– An mehr als 8000 Firmen Polens sind Ausländer beteiligt, in: Welt am Sonntag Nr. 33/1996, S. 36.
– Postkommunisten in Polen beherrschen die Wirtschaft, in: Welt am Sonntag Nr. 49/1996, S. 71.

Paleckis, R.: Medienlandschaft in Litauen, Berichte des Bundesinstituts für ostwissenschaftliche und internationale Studien, Bd. 37/1993, Köln 1993.

Paulauskas, V.: Erscheinungen des Rechtsextremismus und Nationalismus in Litauen, Berichte des Bundesamtes für ostwissenschaftliche und internationale Studien, Bd. 21, Köln 1996.

Peterhoff, R.: Wirtschaftsreformen als Krisenmanagement: Systemerhalt durch „muddling through"?, in: Hartwig, K.-H. / Thieme, H.J. (Hrsg.): Transformationsprozesse in sozialistischen Wirtschaftssystemen. Ursachen, Konzepte, Instrumente, Berlin u.a. 1991.

Piontek-Rapetzki, R.: Die Entbehrungen beginnen sich auszuzahlen, in: Süddeutsche Zeitung Nr. 91, Beilage v. 21.4.1993.

Pissulla, P.: Aktuelle Entwicklungslinien, Problemfelder der Wirtschaftspolitik und ordnungspolitischen Veränderungen in Litauen, in: HWWA-Institut für Wirtschaftsforschung-Hamburg (Hrsg.): Report Nr. 122/1993.
– Litauen: Wirtschaftspotential und Wirtschaftsordnung, in: HWWA-Institut für Wirtschaftsforschung-Hamburg (Hrsg.): Report Nr. 113/1993.

Popper, K.R.: Das Elend des Historizismus, Tübingen 1974.

Poznanska, K.: Transformationsprozesse in Polen, Hamburg 1994.

Paraskewopoulos, S.: Erklärungsansätze der Systemtransformation, in: Hartwig, K-H. / Thieme, H.J. (Hrsg.): Transformationsprozesse in sozialistischen Wirtschaftssystemen. Ursachen, Konzepte, Instrumente. Reihe: Studies in Contemporaray Economics, Berlin u.a. 1991.

Redwitz, G.: Handelsentwicklung, Wertewandel-Perspektiven für die Handelslandschaft; in: Wertewandel und Konsum, 1991.

Richter, R.: Institutionen ökonomisch analysiert. Zur jüngeren Entwicklung auf dem Gebiete der Wirtschaftstheorie. Landeszentralbank im Saarland (Hrsg.), Saarbrücken 1992.

Robbins, L.: An essay on the nature and significanca of economic science, 2. ed., London-Basingstone 1972.

Ros, A.: Kausale, teleologische und teleonomische Erklärungen, in: Zeitschrift für allgemeine Wissenschaftstheorie XIII/2, 1982.

Rose, R. / Haerpfer, C.: Mass Response to Transformation in Post-Communist Societies, „Euro-Asia-Studies“, Abingdon, Vol. 40/1994.

Ruess, A. / Göppert, K.: Baltikum: Der sowjetische Westen, in: WirtschaftsWoche Nr. 37 v. 6.9.1991, S. 26.

Ryssel, G.: Innenpolitische Demokratisierungsprozesse und grenzüberschreitende Vernetzungen der Bevölkerungen als Motor einer zukünftigen Stabilisierung und Intensivierung der polnisch-litauischen Beziehungen, Bornheim 1997.

Sachs, V.: Polen, in: Osteuropa-Perspektiven Jahrbuch 1996/97, Bd. 1, S. 160 ff.

Salowsky, H.: Soziale Sicherheit, Lohnfindung und Arbeitskosten in Mittel- und Osteuropa, in: Institut der deutschen Wirtschaft (Hrsg.): Osteuropa auf dem Weg in die Marktwirtschaft, Köln 1993.

Sauerland, D.: Die Möglichkeiten und Grenzen der Transformation – Der Versuch eines ordoliberalen Ordnungsentwurfs, in: Deutsch-Polnische Wissenschaftliche Studien, Bd. 10: Probleme der Wirtschaftsstruktur im Prozeß der polnischen Transformation und der europäischen Integration, hrsg. v. J. Schumann, Bad Honnef 1994.

Schmalen, H.: Das hybride Kaufverhalten und seine Konsequenzen für den Handel. Theoretische und empirische Betrachtungen; in: Zeitschrift für Betriebswirtschaft, 64. Jahrg. 1994.

Schmidt-Häuser, C.: Wie Polen seine Geschichte verläßt, in: DIE ZEIT Nr. 49 v. 29.11.1996, S. 3.

Smeets, H.-D.: Preisniveaustabilität durch Wechselkursbindung. Eine erfolgversprechende Strategie für die Länder Mittel- und Osteuropas? in: Thieme, H.J. (Hrsg.): Geld und Kredit im Transformationsprozeß, Schriften des Vereins für Socialpolitik Bd. 236, Berlin 1995.

Soltwedel, R.: Die Marktwirtschaft muß neue Kraft schöpfen, in: Frankfurter Allgemeine Zeitung Nr. 57 v. 8.3.1997, S. 15.

Startiene, G.: Probleme der Wirtschaftlichen Transformation aus Sicht der Baltischen Länder. Konferenz der deutschen Akademien der Wissenschaften e.V., Mainz 1996.

Steiner-Jordan, S.: Die Reform der beruflichen Bildung in Polen seit 1989, Münster und New York 1995.

Strobel, G.: Politisches System und Pluralismus in Polen, in: Aus Politik und Zeitgeschichte. Beilage B12-13/1990 zur Wochenzeitung Das Parlament v. 16.3.1990.

Szczypiorski, A.: Berlin kommt zu uns, SPIEGEL-Archiv 4/96, S. 128-132.

Thieme, H.J. (Hrsg.): Geld und Kredit im Transformationsprozeß, Schriften des Vereins für Socialpolitik, Bd. 236, Berlin 1995.

United Nations Development Programme: Lithuanian Human Development Report, 1996, Vilnius 1997.

United Nations/Economic Commission for Europe, The Economic Survey of Europe 1996, Basic Data on transition economies 1994-1996, Table 3.1.1., Geneva 1997, in: www.unece.org.

– Statistical Divison: Trends in Europe, Lithuania, Geneva 1997, in: www.unece.org/statistics.

U.S. Government Sources, Institute for Defense Analysis (LDA), Sources of Financial Assistance, Dokument Nr.: D-1936, in: www.vm.ee/nato/ccms/pilot/finance/textii.htm; Statement by U.S. Government Press Secretary J. Fitzwater on Baltic-American Fund, v. 28.10.1992 in www.csdl.tamu.edu/bushlib/papers /1992/92102809. htm.

Welfens, P.J.: Privatisierung und Wettbewerb: Entwicklungen in Polen, in: Orientierungen zur Wirtschafts- und Gesellschaftspolitik, Stuttgart, Nr. 50/1991.

Wiener Institut für Internationale Wirtschaftsvergleiche (WIIW) (Hrsg.): Presseschau Ostwirtschaft: Zur Auslandsinvestitionstätigkeit, Heft 10 (Jg. 31/1993), Wien 1993.

Witt, U.: Überlegungen zum gegenwärtigen Stand der evolutorischen Ökonomik, in: Biervert, B. / Held, M. (Hrsg.): Evolutorische Ökonomik. Neuerungen, Normen, Institutionen, Frankfurt/Main 1992.

Woll, A.: Wirtschaftslexikon, 6. Aufl., München/Wien 1992, Eintrag: Institutionenökonomik.

World Economic Research Institute (Hrsg.): Transforming the Polish Economy, Warschau 1993, S. 263 ff.

Zeroulis, D.: Comparative Analysis of Parties' Electoral Programs, Institute of International Relations and political Science, University of Vilnius, Version vom 18.1.1998.

Zielinska, K.: Das Berufsbildungswesen in Polen zwischen status quo und Reform. Unveröffentliches Manuskript, Poznan 1992 (zitiert nach Lagemann et al.).

Ziesemer, B.: Ökonomische Grenze, in: WirtschaftsWoche Nr. 7 v. 8.2.1991, S. 36.

Zippelius, R.: Die Rechtsgemeinschaft als System geordneter Freiheit; in: Geschichte der Staatsideen, München 1971.

Peter Robejsek

Plädoyer für eine „sanfte" NATO-Osterweiterung

Including English Summary

Frankfurt/M., Berlin, Bern, New York, Paris, Wien, 1999. 330 S.
ISBN 3-631-34288-8 · br. DM 89.–*

Die mit der NATO-Osterweiterung verbundenen Risiken könnten vermieden werden, wenn die Aufnahme neuer Mitglieder als eine Chance zur Neuorientierung der europäischen Sicherheitspolitik aufgefaßt werden würde. Gut geeignet wäre dafür die Anwendung der Konzeption der „strukturellen Angriffsunfähigkeit" in den neuen Mitgliedsländern. Eine solche „sanfte" Osterweiterung des Bündnisses würde entgegen den Befürchtungen eine militärische Verdünnung auf unserem Kontinent zur Folge haben. Sie würde darüber hinaus die Umgestaltung der Allianz einleiten und einen Impuls zur Herausbildung einer gesamteuropäischen Friedensarchitektur darstellen, die Verteidigungskosten neuer Mitgliedsländer vermindern, maßgeblich zur Überwindung der politischen und ökonomischen Teilung des Kontinents beitragen und die „Bedrohungs- und Isolationsängste" Rußlands gegenstandslos machen.

Aus dem Inhalt: Der Transformationsprozess und seine sozialen Kosten · Die Nachfolgestaaten der Sowjetunion und die Bedrohungsszenarien für Osteuropa · Sicherheitspolitik ostmitteleuropäischer Staaten vor neuen Herausforderungen · Wirtschaftliche Westintegration und Sicherheit · NATO – Der Weg zur Erweiterung · Umfassende Sicherheitspolitik für Osteuropa · Defensivansatz – Ein sicherheitspolitischer Ausweg für Osteuropa?

Kolibri 360 GmbH
Ferdinand-Jühlke-Straße 7
99095 Erfurt, Deutschland
produktsicherheit@kolibri360.de

Druck:
CPI Druckdienstleistungen GmbH
im Auftrag der
Kolibri 360 GmbH
Ferdinand-Jühlke-Str. 7
99095 Erfurt